21 世纪高职航海系列教材

运 输 统 计 学

主　编　丁国良
副主编　杨　峰

HEUP 哈尔滨工程大学出版社

内 容 简 介

本书主要介绍统计原理中有关运输方面需要的知识。全书共分四编。第一编为统计基础理论,介绍了统计的基本概念、统计综合指标、动态数列、统计指数、抽样推断、相关与回归分析等。第二编为水运,介绍了港口主要指标的内容、计算公式、分析方法等内容;介绍了船舶营运方面的数量与质量指标、船舶维修和燃料消耗方面的指标、港口吞吐量和装卸工作方面的指标、计算方法、应用实例等。另外,还系统地介绍了运输成本分析,以及安全与质量的统计分析。第三编为公路,主要介绍了车辆的运输量指标、车辆的维修与保养、公路运输企业安全与质量管理、企业劳动生产率的提高途径与方法、企业财务成本核算等。第四编为铁路,介绍了铁路运输统计组织、铁路货物运输统计、铁路旅客运输统计、车辆及机车统计、铁路运输统计分析等。

本书可作为高职高专院校相关专业的教材,也可供相关作业人员参考。

图书在版编目(CIP)数据

运输统计学/丁国良主编. —哈尔滨:哈尔滨工程大学出版社,2009.9(2024.1 重印)
ISBN 978 – 7 – 81133 – 585 – 9

Ⅰ.运…　Ⅱ.丁…　Ⅲ.运输统计　Ⅳ.F502

中国版本图书馆 CIP 数据核字(2009)第 177851 号

出版发行	哈尔滨工程大学出版社
社　　址	哈尔滨市南岗区南通大街 145 号
邮政编码	150001
发行电话	0451 – 82519328
传　　真	0451 – 82519699
经　　销	新华书店
印　　刷	哈尔滨午阳印刷有限公司
开　　本	787mm×1 092mm　1/16
印　　张	22.5
字　　数	543 千字
版　　次	2010 年 1 月第 1 版
印　　次	2024 年 1 月第 9 次印刷
定　　价	40.00 元

http://www.hrbeupress.com
E-mail:heupress@ hrbeu.edu.cn

21 世纪高职航海系列教材编委会

（按姓氏笔画排序）

主　任　　孙元政

副主任　　王景代　　丛培亭　　刘　义　　刘　勇
　　　　　杨永明　　杨泽宇　　罗东明　　季永青
　　　　　施祝斌　　康　捷　　熊仕涛

委　员　　马瑶珠　　王景代　　丛培亭　　刘　义
　　　　　刘　勇　　刘义菊　　孙元政　　闫世杰
　　　　　杨永明　　杨泽宇　　陈良政　　沈苏海
　　　　　周　涛　　罗东明　　季永青　　俞舟平
　　　　　胡适军　　施祝斌　　徐立华　　唐永刚
　　　　　郭江平　　柴勤芳　　康　捷　　熊仕涛
　　　　　蔡厚平

前 言

　　近年来,随着科学技术突飞猛进的发展,社会经济发生了重大的变化。在这种背景下,整个高等职业教育也处在巨大的变革之中。人才的培养已从过去的封闭、单一型的教育转向开放、复合型的教育。全面提高学生素质,培养具有综合职业能力的人才已经成为高职教育的目标。加强对学生的运输管理素质的培养,正是为适应这一转变,达到这一目标所采取的重要措施。

　　本书是为适应高职高专发展新形势、新变化的教学需要所编写的。本教材力争将高职类学生培养成不但具有一定的运输管理理论知识,而且具有较强的实践能力的应用型人才。本书介绍了运输统计中各项指标的范围、计算方法,让学生通过学习,能够正确计算各种运输方式的有关指标。

　　本书以高职高专的学生为主要读者对象,针对这类专业的培养目标,以让学生了解、理解必备的运输管理知识为出发点,介绍运输统计的基本理论、方法和实务。

　　本书第一编统计基础理论由孙小平老师编写,第二编公路运输统计由杨峰老师编写,第三编水运统计由丁国良老师编写,第四编铁路运输统计由李上康老师编写。

　　在本书的编写过程中,我们广泛参考了国内教材与书籍,借鉴和吸收了其他同行教材的内容,在此一并致谢! 由于编写时间仓促,编者水平有限,错误之处在所难免,恳请广大同行、专家和读者批评指正。

编者
2009 年 5 月

目录

第一编　统计基础理论

第二编　公路运输统计

第三编　水运运输统计

第四编　铁路运输统计

第一编

统计基础理论

第一章　统计基本概念

第一节　统计的概念和特点

一、统计的概念

统计的含义可以从不同角度去理解。从统计实际工作来看,统计就是对统计对象的大量数据的收集、整理和分析。从统计理论研究来理解,包括三种不同的含义,一是指统计活动,即统计工作;二是指统计资料,即统计所提供的数字和分析资料;三是指统计学,即阐明收集、整理和分析统计资料的理论与方法的科学。

统计活动、统计资料、统计学三者之间是密切联系的。统计资料是统计活动提供的,是统计活动的成果;统计学是统计实践经验的理论概括和深化;统计学形成以后,又反过来指导统计活动,使统计资料准确可靠,它们是理论与实践的关系。

二、统计的特点

统计是以社会经济现象总体的数量方面作为研究对象的,它是研究社会经济现象的现状及其发展规律的一种手段。

1. 数量性

由于统计的研究对象是大量社会经济现象总体的数量方面,因此,数量性就成为统计的基本特点。数量性特点具体包括三方面的内容。

(1)数量的多少　即研究现象的规模大小、水平等。如某地区的人口总量、实现的国民生产总值等。

(2)现象间的数量关系　即研究现象的内部结构、比例关系、相关关系等。如某地区的人口结构、男女比例等。

(3)质与量间的关系　即研究现象的质与量互变的界限,研究质与量的统一。如完成计划与未完成计划是质的差别,反映的就是质与量互变的界限。又如,统计国民生产总值,首先要确定国民生产总值的质,在认识国民生产总值的质的基础上来统计国民生产总值的数量,就是质与量的统一。

2. 总体性

所谓总体性,是指统计是从整体上反映和分析事物数量特征,而不是着眼在个别事物上,因为事物的本质和发展规律只有从整体上观察,才能作出正确的判断。个别事物由于受种种偶然因素的影响,其数量特征并不能代表一般。如对全国或某地区农民收入进行统计,显然不能以个别农民或农户的收入为依据,而是必须把全国或某地区的全体农民作为一个整体,反映其收入水平和变化的数量表现,这样的数据才能说明一般。但也要指出,统计研究现象总体的数量特征是从对个体数量的认识开始的。

一般来说,统计研究范围的大小是相对的。统计研究的范围越大,统计所揭示的内容也就越丰富,分析也就可能越深入。如一个地区比一个企业所要揭示的统计分析内容要深入得多。但是,随着总体范围的扩大,统计研究的难度也相应增大,而统计研究的地位也显得更加重要。

3.社会性

统计是以社会经济现象作为研究对象的,它所研究的数量不是纯数量研究,更不是抽象数字,而是具体的活生生的社会现实。统计与撇开自然和社会现象的具体内容进行抽象研究的纯数学研究有显著差异,它是紧密结合社会经济现象质的内容研究量的关系,因而具备社会性的特征。

4.具体性

统计所研究的总体数量特征并不能脱离个体的数量特征而存在,不能撇开丰富的具有个性的个别具体事实,它是对个体数量特征的综合反映。统计研究的量是在具体时间、地点条件下的量,这个量总是和质紧密地联系在一起。例如,工业生产经营状况统计必须从工业企业生产经营的基本特征了解开始,直至综合反映工业总体的状况和特征。从这个意义上说,对个别单位的统计调查登记是统计研究的起点和基础,是十分重要的基础环节。

三、统计学中的几个基本概念

(一)统计总体和总体单位

统计总体是指客观存在的、在同一性质基础上结合起来的许多个别事物构成的整体,简称总体。它是由特定研究目的而确定的统计研究对象。总体单位是构成总体的个别事物,是总体的基本单位。如果将总体作为一个集合,则总体单位就是集合中的基本元素。根据研究目的不同,它可以是人、物、单位等。如研究某个班级的学生学习状况,则统计总体是该班全体学生,而每个学生就是统计研究的总体单位。

作为一个统计总体是有其质的规定性和量的规定性的,只有同时具备了同质性、大量性、变异性这三个基本特征,才能形成统计总体,三者的统一是构成统计总体的必要条件。

1.同质性

总体的同质性是指构成总体的各个单位或事物至少有一种共同的性质。它是将总体各单位结合起来构成总体的基础,是总体的质的规定性。如把全国工业企业作为统计总体,则每个总体单位都必须具有从事工业生产活动的企业特征,不具有这些特征的就不能称之为工业企业。如果违反同质性,把不同性质的单位结合在一起,对这样的总体进行统计研究,不仅没有实际意义,甚至会产生虚假和歪曲的分析结论。

同质性的概念是相对的,它是根据一定的研究目的而确定的,目的不同,同质性的意义也就不同。如研究全国工业企业的生产状况时,所有工业企业都是同质的,而研究全国纺织工业企业生产状况时,其他性质(如钢铁、机械等)的工业企业与纺织工业企业就是异质的。

2.大量性

总体的大量性是指总体的形成要有一个相对规模的量,它表明了总体量的规定性。由个别单位或极少量的单位是不能构成统计总体的,因为统计的研究对象是大量现象的数量方面,只有观察足够多的量,才能综合计算出总体的一般数量特征,消除偶然因素的影响,反映出统计总体的规律和特征。

大量性也是一个相对的概念,它与统计研究目的、客观现象的现存规模以及总体各单位的差异程度等都有关系。当总体中的单位数是有限的、可计数时,这种总体称为有限总体。

如全国人口普查、全国工业物质普查等,尽管其总体单位数较大,但都是有限的。当总体中的单位数无限多且无法计数时,这种总体称为无限总体。如生产线上大量连续不断生产出的某种小件产品,由于生产时间不断延续,则总体单位数无法计数。对于无限总体不可能对每个总体单位都进行调查,只能抽取其中一小部分进行非全面调查,据以推断总体;对有限总体既可以进行全面调查,也可以进行非全面调查。

3. 变异性

总体的变异性是指总体各个单位除了具有某种或某些共同的性质外,在其他方面存在差异。如某个班级的全体学生在同质性条件下,性别、年龄、身高等方面具体表现不尽相同、互有差别。是普遍存的,变异是统计研究的前提,有变异才有统计。在统计中,对变异的研究主要是通过变量的形式进行的。

统计总体和总体单位的概念不是固定不变的,随着研究目的的不同,原来的总体有可能变为总体单位,原来的总体单位有可能变为总体。如研究某纺织工业企业的生产状况时,该企业是一个统计总体,而当研究该企业所在的纺织工业局所有企业的生产状况时,则该企业就成为一个总体单位。可见,总体和总体单位并非是严格界定的,而是根据一定的统计研究目的确定的。

(二)标志和指标

1. 标志

标志是指总体单位的特征或属性的名称。每个总体单位都有其不同的属性和特征,如在某个班级学生总体中,每个学生的性别、年龄、身高、籍贯等都是标志。统计上所指的标志必须是统计总体各单位都共同具有的属性或特征,这样经汇总综合后,才能达到认识总体数量特征的目的。

标志是一种名称,而不是具体数值。标志表现是标志特征在总体各单位的具体体现,是统计调查所得的结果。标志表现有两种形式:其一为文字;其二为数值,又称为标志值。如性别分为男、女,这里的"性别"是标志,男、女是性别标志的具体表现;再如某小组学生某课程考试的成绩分别为 67 分、78 分、81 分、90 分,这里的"成绩"是标志,成绩分数则是成绩标志的具体表现,即标志值。

标志按其表现形式不同,有品质标志和数量标志之分。品质标志表明总体单位属性方面的特征,其标志表现不能以数值表示,只能以文字描述,用以说明事物质的规定性。如性别、学历、职业等;数量标志表明总体单位数量方面的特征,其标志表现以数值表示,用以说明事物量的规定性。如年龄、身高、体重等。把标志分为品质标志和数量标志,对统计方法,特别是统计分组法的应用和分析,是十分必要的。

标志按变异情况的不同分为不变标志和可变标志。在一个统计总体中,当一个标志在各个单位的具体表现都相同时,这个标志称为不变标志。如某个班级全体学生在"性别"这个标志上都表现为男性,则"性别"就是不变标志。不变标志是构成总体同质性的基础。在一个统计总体中,当一个标志在各个单位的具体表现不相同时,该标志称为可变标志。如某个班级全体学生在"性别"这个标志上表现为男、女,此时"性别"就是可变标志。构成统计总体变异性的条件就是总体单位必须具有至少一个或一个以上的可变标志。由于社会经济现象的复杂多变性,大多数总体各单位的具体表现在总体各单位之间是不相同的,因此,变异是广泛存在的。

2. 指标

指标是指说明总体特征的名称。对于统计指标有两种不同的理解,其一是反映总体数量特征的概念或范畴。如国民生产总值、国土面积、人口总数、固定资产投资额等。其二是反映总体数量特征的概念或范畴加具体数值。如某地区人口总数 500 万人、固定资产投资额 100 亿元等。在实际中,每种理解都是以另一部分的存在作为前提的,因此,一个完整的统计指标应该是由两部分构成,即统计指标概念和统计指标数值。

统计指标一般包括六个构成要素,即指标名称、计量单位、核算方法、时间限制、空间限制、指标具体数值。如 2007 年我国国内生产总值按现行价格计算为246 619亿元。一般来说,统计指标概念是相对稳定的,一经确定,不宜经常变化,而统计指标数值则是经常变动的。

统计指标的分类较多,这里仅介绍两类。

(1)统计指标按其反映总体特征的性质不同,分数量指标和质量指标。数量指标是指反映总体规模大小、数量多少的统计指标,它表示总体的外延量大小。通常以总量指标形式出现,用绝对值表示,其指标数值大小随总体范围的大小而增减变动。如企业总数、职工总数、工资总额等。质量指标是指反映总体的强度、密度、效果、工作质量等的统计指标,它表示总体的内涵量状况。通常以相对数或平均数的形式表示,其指标数值大小与总体范围大小没有直接的关系。如产品合格率、劳动生产率、单位产品成本、资金利润率等。

(2)统计指标按其计量单位的特点不同,主要分实物指标和价值指标。实物指标是以实物单位计量的指标。所谓实物单位,是根据事物的实物形态及性能特点,由国家统一规定的计量单位,如米、千克、千瓦时等计量的指标;价值指标是以货币单位计量,反映事物价值量的指标,如 2007 年 1～11 月份我国规模以上工业实现利润22 951亿元;另外,还有一种用劳动时间单位计量的指标,如"工日""工时"等,这类指标多用于企业内部统计,宏观核算一般不用。

统计指标和标志都是质的规定性和量的规定性的结合,是统计研究的工具,两者既有区别又有联系。

两者的区别有如下两点。

(1)反映的范围大小不同。统计指标是说明总体的数量特征,而标志是说明总体单位的数量特征。

(2)运用的形式不同。统计指标都是可以用数值表示的,而标志有能用数值表示的数量标志和不能用数值表示只能用文字表示的品质标志。

两者的联系有如下三点。

(1)具有对应关系。在统计研究中,通常标志是统计指标的核算基础,它们的名称往往是同一个概念,因而具有对应关系。

(2)具有汇总关系。许多统计指标的数值是由总体单位的数量标志值汇总而来的。如对某企业工资总额的统计,总体是全部职工,工资总额是数量指标,是把每一位职工即总体单位的工资额这一数量标志加以汇总而得到的。

(3)具有变换关系。随着研究目的的改变,原来的总体变为总体单位,原来的指标相应地变为数量标志;原来的总体单位变为总体,原来的数量标志也相应地变为指标。

3. 变异和变量

变异是指标志的具体表现在总体各单位间的差异,包括质的差别和量的差别。如性别标志表现为男、女,年龄标志表现为 20 岁、22 岁等。

变量是指可变的数量标志。它是统计中常用的一个重要概念,如职工的年龄、身高、体重、工资等。变量的具体表现用变量值来表示。

变量值是指可变数量标志具体表现的数值,也称标志值。如某小组学生某课程考试成绩分别是 65 分、68 分、74 分、86 分,其中成绩是变量,65 分、68 分、74 分、86 分就是变量值。

变量按其具体表现的数值是否连续,可分为连续变量和离散变量。连续变量是指各个变量值是连续不断的,相邻两个数值之间可作无限分割,如身高、体重等,其数值通常需用测量、计量等方法取得;离散变量是指各个变量值都是按整数位断开的,如职工人数、企业个数、设备台数等,离散变量由于只有整数,通常可用计数方法取得。

第二节　统计调查

一、统计调查的定义和分类

(一)统计调查的定义

要正确认识社会经济现象,取得反映其总体数量特征的资料,必须进行统计调查。完成一项统计工作一般需要经历四个过程,即统计设计、统计调查、统计整理和统计分析。其中统计设计贯穿于整个统计工作全过程,后三者是依次进行、相互独立,但又彼此衔接、相互依存的,任何环节上出现偏差或失误,都会影响到统计工作的质量和统计决策。

统计调查就是根据统计研究的目的和要求,运用科学的调查方法,有计划、有组织地向调查对象收集统计资料的过程。

统计调查收集来的资料有两种。一种是对被调查单位未做任何加工整理的原始资料,又称为初级资料。如某地区的工业企业生产情况调查中,向每个被调查的工业企业收集的有关产品产量、原材料消耗量等资料。另一种是已经经过加工整理,能在一定程度上说明总体特征的统计资料,称为次级资料或间接资料。如从统计年鉴、有关报表及报刊、杂志上所收集的数据资料。一切次级资料都是从原始的初级资料过渡而来的。

统计调查在统计工作中具有重要意义,它担负着提供基础资料的任务。统计资料的整理、计算汇总与分析研究都必须在调查收集来的资料基础上进行。因此,调查工作质量的好坏,取得的资料是否完整与正确,将直接影响到以后各个阶段工作的好坏,影响到整个统计工作任务的完成。这就要求统计调查的资料必须准确、全面、及时,不能有丝毫的疏忽。

(二)统计调查的分类

社会经济现象是错综复杂的,调查目的又是各种各样的。要做好统计调查工作,就需要根据调查的目的和任务,以及被调查对象的特点,选择适当的调查方式与方法。统计调查的分类主要有以下几种。

1.按调查组织方式不同,可以分为统计报表制度和专门调查

统计报表制度是我国统计调查方法体系中的一种重要的组织方式。它是根据国家的统一规定,按统一的表格形式,统一的指标内容,统一的报送时间,自下而上逐级提供统计资料的统计报告制度。统计报表制度具备统一性、时效性、全面性、可靠性的特点,可以满足各级管理层次的需要。国家利用统计报表制度定期地取得国民经济与社会发展情况的基本统计资料,而各地区、各部门、各基层单位执行统计报表制度是向国家履行的一种义务。

专门调查是指为了研究某一特定情况或问题而专门组织的调查。这种调查多属一次性调查,如普查、重点调查、抽样调查和典型调查。

2. 按调查对象包括的范围不同,可以分为全面调查和非全面调查

全面调查是指对调查对象中的所有调查单位都进行调查。其主要目的是要取得反映总体的全面、系统、完整的总量资料,但采用这种方法需要耗费大量的人力、物力和时间,如人口普查、工业普查等。

非全面调查是指对调查对象中的一部分单位进行调查。非全面调查由于调查的单位少,可用较少的人力、物力和时间取得较为细致深入的资料,但无法取得反映所有调查单位的全面资料,如重点调查、抽样调查、典型调查等。

3. 按调查登记时间是否连续,可以分为经常性调查和一次性调查

经常性调查是指随着研究对象发展变化,而连续不断地进行登记。它的主要目的是获得事物全部发展过程及其结果的统计资料。如企业的产品产量、原材料消耗等,这些指标是随着时间的推移而不断变化的,变化的时间愈长其指标数值也就愈大,只有进行连续登记观察,才能满足统计需要。

一次性调查是指对研究对象在一定时点上的状态所进行的登记。它的主要目的是获取事物在一定时点状态上的资料。如学校对学期初学生在册人数的登记、我国历次全国人口普查人数的登记等,这些指标由于是反映事物在一定时点上的状态,若将两个时点的指标相加起来是没有意义的,因此,通常采用一次性调查。

4. 按收集资料的方法不同,可以分为直接观察法、报告法、询问法

直接观察法是指由调查人员亲自到调查现场,对调查对象进行观察,采用点数和计量的方法,获取调查资料。如对期末商品库存量的盘点,由调查人员亲自参加盘点、计数,取得相关资料等。直接观察法因其直接性保证了所获得资料的真实性和准确性,但同时又需要花费大量的人力、物力和时间,而且在某些条件下,无法用直接观察法获得所需要的资料,如不能用于对历史资料的收集。

报告法是指基层单位依据上级的要求,以各种原始记录和核算资料为基础,提供给有关部门。目前我国实现的统计报表制度就是运用了这种调查方法。该方法在正常情况下,可以保证资料的准确性。

询问法是指根据事先拟定好的调查提纲,由调查人员向被调查者访问,提出问题,由被调查者答复以取得资料的一种方法。它又分为口头询问法和被调查者自填法。口头询问法是由调查人员对被调查者逐一询问,根据其回答获取所需资料。这种方法由于调查人员和被调查者面对面交流沟通,往往能收集到较为深入、确实可靠的资料,但需花费较多的人力和时间,不宜采用全面调查。如开座谈会等。被调查者自填法是由调查人员将调查表提供给被调查者,由被调查者按表中项目填写后收回或者由被调查者寄回。这种方法与口头询问法相比能节省人力和时间,但在实际应用中,该方法会受到社会、文化、心理等因素的影响,造成调查资料质量的下降。因此,对回收的调查资料应进行分析研究加以应用,确保整个统计工作的顺利进行。

目前,随着通信事业的发展,通信法在统计调查中得以应用。通信法是指利用信件、电话、电传、互联网等通信手段进行统计调查的方法。近年来,随着科技的发展,电话、电传、互联网等现代化的通信设施在统计工作中的应用,大大提高了统计调查的时效性。

二、统计调查方案

统计调查是一项复杂而又细致的工作,它涉及面广、量大,如果没有周密、详尽的调查方

案,其调查的科学性就无法保证。因此,一个科学的、周密的调查方案是使一项统计调查取得成功的基础。

(一)确定调查目的

在调查进行之前,首先应明确调查所要研究和解决的问题是什么,达到什么要求,它关系到调查的范围、内容、方法等的确定。如果任务目的不明确,就无法确定向谁调查,调查什么,用什么方法调查。就会导致收集到的资料不合需要,浪费了人力、物力和时间,而需要了解的资料却没有在调查结果中得到反映。因此,确定调查目的时,应做到具体明确,突出中心,同时避免面面俱到,以提高统计调查的质量。

(二)确定调查对象和调查单位

调查目的愈明确、愈具体,调查对象和调查单位的确定也就愈容易。所谓调查对象就是需要进行调查的某个社会经济现象的总体。如调查某个学校学生的基本情况,则调查对象就是该学校的学生总体。确定调查对象,就是要明确规定所调查的总体范围界限。只有科学地、正确地确定调查对象,才能避免因界限不清而导致调查登记的重复或遗漏,从而保证调查资料的准确性。

调查单位是指调查对象中所要调查的具体单位。如上例中,调查对象是某个学校的学生总体,则该校每位学生就是调查单位。

在确定调查对象和调查单位的同时,还应规定好填报单位。调查单位是调查登记的标志表现的直接承担者,而填报单位则是负责向上报告调查内容的单位。如对工业企业设备进行普查,每个工业企业的每台设备都是一个调查单位,而每个工业企业则是一个填报单位,此时两者是不一致的;当进行工业企业普查时,每个工业企业既是一个调查单位,同时又是一个填报单位,此时两者又是一致的。

(三)确定调查项目与调查表

调查项目就是准备要调查的内容。应根据调查目的和调查对象的性质、特点、变化等来确定所要调查的项目。调查项目设计时,是通过说明总体特征的一些指标和指标体系来体现的,它是调查方案设计的关键。

调查项目确定以后,必须将这些项目通过以一定的顺序和方式设计的调查表来表示。调查表有两种形式,一种是单一表,另一种是一览表。前者是将一个调查单位的项目登列在一份表上,其特点是可以容纳较多的调查项目,取得比较详尽的资料,而且便于整理、分类;后者是把许多个调查单位和相应的项目按次序登记在一张表上,其特点是每个调查单位的共同事项只需登记一次,可以节省人力、物力和时间,而且便于合计和核对差错,但在设计时应注意表中的项目不宜太多。

为了保证填报材料的正确性和统一性,在确定调查项目时,应注意以下几点。

1.只列入符合调查目的所必需的而又能够得到确切答案的项目。对于可有可无的或备而不用的项目不应列入,以免延长调查时间,影响调查工作的质量。

2.列入的调查项目应明确、易懂。要有明确的含义和统一的解释,避免引起误会和出现差错。

3.列入的调查项目之间应尽可能相互联系、彼此衔接。以便于相互核对和检查,便于从整体上进行观察和分析。

4.有些调查项目的答案应规定其表现形式,对数字答案应标明其计量单位。

（四）确定调查时间

调查时间是指调查资料所属的时间。确定调查时间，应根据调查目的和反映现象的特征加以规定。如果调查的现象是时点现象，就要规定统一的时点，即标准时间。如商品库存的盘点，通常规定在月末或季末。如果调查的现象是时期现象，则要规定资料所属的起止时间。如产品产量，规定是一季度的，资料所属的起止时间是 1 月 1 日至 3 月 31 日。

（五）确定调查组织实施计划

为了保证调查工作顺利进行，还需制定一个严密细致的调查组织实施计划。包括的主要内容有：明确调查组织机构、调查工作完成的期限及工作进度、调查的方式及汇总的方法、调查人员的组织及培训、经费的筹集以及调查前的其他准备工作等。

三、统计调查中常见的组织方式

（一）统计报表制度

统计报表制度是我国定期取得统计资料的主要方法，其内容主要包括以下几个方面。

1. 表式

是由国家统计部门根据研究的目的和任务而专门设计制定的统计报表表格，用于统计资料的收集。表格中包括：主栏项目、宾栏项目、补充资料项目等。每张表列有表名、表号、审批单位、制表单位、批准文号、填报单位、报出日期、制表人及单位负责人的签名等。

2. 填表说明

具体规定统计表的填报范围、指标解释等。

填报范围，即统计报表的实施范围。明确规定每种统计报表的报告单位与填报单位，各级统计部门与主管部门的综合范围等。

指标解释，即对列入表式的统计指标的口径、计算方法、计算中注意的问题及其他有关问题的具体说明。指标解释对填报人有了明确统一的理解，从而能够保证统计资料的准确性。

分类目录，即对有关统计报表主栏中应进行填报的有关项目的分类，它是填报单位进行填报的重要依据。

其他有关事项的规定，如受表机关、报送方式、报送时间、报送份数等。

统计报表的资料来源，主要是基层的原始记录、台账以及内部报表。因此，建立、健全基层的原始记录制度，是保证统计报表资料质量的基础。原始记录是基层单位采用一定的表格形式对生产、经营活动的过程和成果所作的最初记录，是未经加工整理的初级资料。

（二）普查

普查是专门组织的一次性的全面调查。主要用来调查属于一定时点上的社会经济现象的总量。它适用于收集某些不能够或不适于定期的全面统计报表收集的统计资料。通过普查，可以全面系统地掌握关系到国情国力方面的重要数据。如我国历次的人口普查。

普查的组织方式有两种。一种是组织专门的普查机构，派专门的普查人员，对调查单位进行直接登记。如我国历次的人口普查，都是采用这种方式。另一种是利用调查单位的原始记录和核算资料，下发调查表，由调查单位按要求自行填报。如我国历次物资库存普查。

普查具有资料包括的范围全面、详尽、系统的优点，但普查涉及面广、量大，组织工作复杂繁重，且耗资也多，一般不宜经常进行。

（三）重点调查

重点调查是指在全部调查单位中，选择一部分重点单位进行的一种非全面调查。重点单位是指单位的数目在全部总体单位数目中仅占较小的比重,但其标志总量在总体标志总量中却占有绝大部分。如了解我国钢铁产量的基本情况,可以选择鞍钢、宝钢、首钢等少数几家重点钢铁企业进行调查,足以反映我国钢铁生产的基本情况。虽然这些重点钢铁企业只占全国钢铁企业中的少数,但其钢铁产量却占绝对大的比重。

重点调查与全面调查相比较,可以节省人力、物力和时间。当调查的任务只要求掌握调查对象的基本情况,不一定要求掌握全面的准确资料,而且在总体中确实存在着重点单位时,进行重点调查是比较适宜的。

需要指出,重点单位由于和其他一般单位的差别悬殊,因而重点调查不具备推断总体指标的条件。

(四)抽样调查

抽样调查是指按照随机原则从总体中抽取一部分单位作为样本进行观察研究,用抽样样本的观察结果去推算总体数量特征的一种非全面调查。

所谓随机原则是指完全排除主观意识的作用,保证每个调查单位有同等的机会被选取。采用抽样调查,只有遵守随机原则,才能使抽样样本对总体具有更大的代表性,才有可能计算抽样误差。因此,它是进行抽样推断的前提条件。

抽样调查与其他调查方式相比较,既能节省人力、物力,又有较高的时效性。抽样调查具有其他非全面调查所不具有的特点,在统计调查和统计分析中有着广泛的运用。详细内容,将在后面抽样推断一章中介绍。

(五)典型调查

典型调查是指根据调查目的和要求,在对被调查对象进行全面分析的基础上,有意识地选取若干具有代表性的典型单位进行的调查。通过对典型单位进行深入细致的调查研究,借以认识和揭示调查对象的本质和规律性。

典型调查大体可以分为两种:一种是对个别典型单位进行的调查研究,被称之为"解剖麻雀"式的典型调查;另一种是按照一定的标志,将调查对象划分为若干类,从各类中选取少量典型单位进行的调查,称为"划类选典"式的典型调查。

典型调查与其他调查方式比较,具有灵活机动,通过少数典型即可取得深入、细致的统计资料的特点。但是,这种调查方式在很大程度上受调查人员主观意识上的影响,因此,应注意与其他调查方式结合使用,避免出现片面性。

第三节 统 计 整 理

一、统计整理的概念和程序

(一)统计整理的概念

统计整理是指根据统计研究的目的和任务,将调查取得的大量原始资料,进行科学的综合与加工,使之系统化、条理化,从而得出反映总体特征的综合资料。有时,还包括对已经整理过的统计资料(次级资料)进行加工,以满足统计分析的要求。

统计整理是一项非常重要的工作,它是统计调查的继续,也是统计分析的前提和基础,起着承前启后的作用。统计整理工作质量的好坏,直接影响到能否对社会经济现象进行准确的数量描述和分析。

(二)统计整理的程序

统计整理是一项周密细致的工作,需要有组织、有计划、有步骤地进行。其基本程序有:

1. 设计统计资料整理方案

设计整理方案就是根据统计研究任务的要求,对资料整理的各个环节作出具体的安排与规定,拟定工作计划,以保证整理工作顺利进行。主要有:确定统计指标、分组方法、汇总组织形式和技术方法、编制整理表等。

2. 对原始资料进行审核与检查

为了确保统计工作的质量,在对资料整理汇总前,首先要做好对原始资料的审核检查工作。主要从准确性、完整性、及时性、适用性等方面进行审核,检查调查资料是否齐全,是否有遗漏或重复,有无迟报、漏报、不报的情况。如果报送齐全,还应对资料进行计算和逻辑检查,以保证资料的准确,满足各方面的需要。

3. 确定分组方法

主要规定各种指标汇总时要进行哪些分组,如果是按数量标志分组,还要确定组数、组距、组限值等。

4. 选择适当的整理组织形式和整理技术方法

统计整理涉及的范围广、资料多,同时,对整理资料的要求也不尽相同,需要采用的整理组织形式也不同,主要有逐级整理和集中整理两种。逐级整理是按照一定的统计管理体制,自下而上地对调查资料逐级进行整理;集中整理是将全部调查资料集中到组织统计调查的最高一级机构一次进行整理。统计整理的技术主要有:手工汇总,即用算盘或小型计算器进行。电子计算机汇总,包括编制程序、编码、数据录入、逻辑检查、制表打印等过程。

5. 编制统计表

统计整理的结果须用一定的形式加以反映,统计表是表现统计资料结果的最有效也是最常见的形式。它可以简明扼要地表述统计资料的内容,反映调查总体在数量方面的具体表现和有关联系。

二、统计分组和分布数列

(一)统计分组

统计分组是根据研究的目的,按照一定的标志,将统计总体区分为若干个组成部分的一种统计方法。

社会经济现象是复杂的,现象之间既存在相互联系、相互制约的关系,又存在着质与量方面的差异。进行统计分组的目的,就是要揭示现象内部存在的差异,从数量方面剖析、研究总体的特征,从而认识事物的本质及规律性。

1. 统计分组的作用

(1)区分社会经济现象的类型

在复杂的社会经济现象中,往往要将社会经济现象总体划分为性质不同的类型,它是统计工作中应用最广泛、最主要的分组。如企业可以按所有制分组、按经济活动性质不同分组等。利用统计分组,就能根据统计研究的目的,将总体区分为各种性质不同的类型,来研究各类现象的数量差异和特征以及相互关系。

(2)研究总体的内部结构

从表1-1可以看出,我国人口内部结构比重发生了变化,其中城镇人口比重逐年上升,乡村人口比重逐年下降；年龄结构比重上，低年龄结构比重下降，而中老年结构比重呈现上升趋势。所以，通过统计分组，可以对现象内部结构的变化进行动态研究，反映现象总体发展变化的过程、趋势和规律。

表 1-1　2003～2005 年我国人口数比重及其构成　　（单位：万人）

指标＼年份	2003 年末	2004 年末	2005 年末
全国总人口	100.0	100.0	100.0
其中：城镇	40.53	41.8	43.0
乡村	59.47	58.2	57.0
其中：男性	51.5	51.5	51.5
女性	48.5	48.5	48.5
其中：0～14 岁	22.1	21.5	20.3
15～64 岁	70.4	70.9	72.0
65 岁及以上	7.5	7.6	7.7

（3）研究现象之间的依存关系

社会经济现象之间存在着广泛的联系和相互制约关系，通过统计分组，可以揭示这种关系及其在数量上的表现。

表 1-2 的资料表明，商品流通费用率与商品销售额之间具有明显的依存关系，即随着商品销售额的增加，商品流通费用率相应降低。

表 1-2　某年某地区部分商品流通企业商品流通费用率表

按商品销售额分组/万元	企业数/家	商品流通费用率/%
200 以下	12	15.2
200～400	21	13.7
400～600	40	10.3
800～1 000	17	8.5
1 000 以上	6	6.8

上述统计分组三方面的作用是相互联系、相互补充的，在统计研究中有着重要地位。

2. 统计分组的方法

统计分组的关键在于正确选择分组标志和确定各组的界限，其中选择好分组标志是统计分组的核心问题。

（1）分组标志的选择

分组标志是统计分组的依据。正确选择分组标志，能使分组作用得以充分发挥，也是使统计研究获得正确结论的前提。正确选择分组标志，须考虑到以下三点。

①根据研究问题的目的来选择

任何事物都有许多标志，标志选择不当，分组结果必然不能正确反映总体的性质特征。

这就要求根据统计研究的目的,采取不同的分组标志。例如,对工业企业进行研究,目的是了解工业企业生产计划的完成情况,那就以工业企业计划完成的程度作为分组标志;如果目的是要了解工业企业生产内部结构,那就以生产部门作为分组标志;如果目的变为了解工业生产技术力量状况,那就以职工技术等级、技术装备水平等为分组标志。可见,分组标志是随目的的不同而变化的。

②要选择最能反映被研究现象本质特征的标志作为分组标志

这就须以社会经济理论分析和对客观事物的分析为依据,在相同的研究目的下选择最能反映事物本质特征的标志作为分组标志。如在研究国民经济的现状、发展和平衡关系时,按所有制的分组、按国民经济部门的分组都是最基本的、最重要的分组标志。

③要结合现象所处的具体历史条件或经济条件来选择

社会经济现象随着时间地点条件的变化而变化,历史条件不同,事物特征也会有变化。因此,随着历史条件的变化,分组标志也应作相应改变。如企业按规模分组,反映企业规模的标志很多,有职工人数、生产能力、产值、固定资产价值等,这就需要视具体条件选择分组标志。如果是在技术不发达或劳动密集型的条件下,宜选用职工人数作为分组标志;如果是在技术发达或技术密集型的条件下,宜采用生产能力或固定资产价值等作为分组标志。

(2)分组方法

①按分组标志性质不同分按品质标志分组和按数量标志分组

按品质标志分组,又称品质分组,就是用反映事物的属性、性质的标志分组。如职工按性别、民族、籍贯、文化程度、技术等级等标志分组。

品质分组比较简单,如上例,这是因为分组中,分组标志所表现的差异比较明确和稳定,组和组的界限较容易确定。但多数情况下,这种分组非常复杂,分组界限不太明确,不容易划分。因此,必须对经济现象进行具体的深入的了解,从而制定出具体分类标准。目前,国家有关部门制定了标准分类目录,如《工业部门分类目录》、《主要商品分类目录》等,以统一全国的分类口径,便于各部门掌握和使用。

按数量标志分组,又称变量分组,就是选择反映事物数量差异的数量标志分组。如职工按年龄、工龄等分组。

按数量标志分组,关键是如何确定各组在数量上的差别,并通过数量上的变化来区分各组的不同类型和性质。需要解决两个问题:一是划分多少组数为宜,二是各组组限如何划分。这取决于统计研究的任务和被研究现象的特点,将在分布数列中作介绍。

②按分组标志的多少分简单分组和复合分组

简单分组就是对被研究的总体只按一个标志进行的分组。如职工按性别分组,按文化程度分组等。其特点是只能反映现象在某一标志特征方面的差异情况,而不能反映现象在其他标志特征方面的差异。

复合分组就是对同一总体选择两个或两个以上标志层叠起来进行的分组。即先按一个标志分组,然后再按另一个标志将已分好的各个组又划分为若干小组。如人口按城乡、按性别两个标志的复合分组:

按城乡分组	按性别分组
城镇人口	$\begin{cases} 男 \\ 女 \end{cases}$

$$农村人口\quad\begin{cases}男\\女\end{cases}$$

进行复合分组,要确定分组标志的主次顺序。首先要按照最重要的标志对总体进行第一次分组,其次按相对较重要的标志进行第二次分组,依此类推。

复合分组比简单分组更能深入细致地说明问题,但复合分组的组数随着分组标志的增加而成倍增多,在组数过多时,总体单位分布过于分散,反而不利于揭示现象的内部构成和分布规律。因此,一般不宜采用太多的标志进行复合分组。

(二)分布数列

1.分布数列的概念和种类

将总体按照一定的标志进行分组,列出各组总体单位数,形成总体单位数在各组之间的分布,称为分布数列或次数分布。分布在各组的总体单位数,称次数或频数。编制分布数列可以反映总体各单位的分布状况和特征,是进一步分析总体平均水平和变异程度的基础。

根据分组标志的性质不同,可以分品质分布数列和变量分布数列。

品质分布数列就是按品质标志分组形成的分布数列,简称品质数列。品质数列有两个构成要素:一是各组名称,二是各组的次数(频数)或比率(频率)。如某校在校学生按性别分组编制的品质数列,如表1-3所示。

表1-3 某校学生按性别分组表

按性别分组	学生数/人	比率/%
男 性	5 380	63.15
女 性	3 140	36.85
合 计	8 520	100.00

编制品质数列,要根据统计研究目的和现象的特征,选择正确的分组标志,使总体单位之间质的差异明确地表现出来,这样有利于各组间界限的划分。

变量分布数列是指按数量标志分组形成的分布数列,简称变量数列。变量数列由两部分构成:一是各组变量值,用x_i表示;二是各组次数。次数有两种表现形式:①以绝对数形式表现的次数(频数),用f_i表示;②以相对数形式表现的次数(频率或比率),即各组次数占总次数的比重,用$\dfrac{f_i}{\sum f}$表示。如表1-4所示。

表1-4 某厂某车间工人按日产量分组表

工人按日产量分组 x_i /件	工人数 f_i /人	工人数比重 $\dfrac{f_i}{\sum f}$ /%
9	6	10
10	15	25
11	22	36.7
12	12	20
13	5	8.3
合计	60	100.0

变量数列按变量类型的不同,可分为连续变量数列和离散变量数列。

连续变量数列是由连续变量分组构成的变量数列。如按工资、身高、体重等分组编制的变量数列就是连续变量数列。

离散变量数列是由离散变量分组构成的变量数列。如按职工人数、企业数、设备台数等分组编制的变量数列。表1-4就是离散变量数列。

变量数列按分组形式不同,可分单项变量数列和组距变量数列。

变量数列中每一组仅用一个变量值来表示的,称为单项变量数列。如表1-4所示。

变量数列中每一组用一定数值范围的两个变量值来表示的,称为组距变量数列。如表1-5所示。

表1-5　某班学生某课程考试成绩分组表

按成绩分组/分	学生人数/人	比重/%
60 以下	3	6.3
60 ~ 70	10	20.8
70 ~ 80	17	35.4
80 ~ 90	12	25
90 ~ 100	6	12.5
合计	48	100.0

在组距变量数列中,涉及到一些基本概念。

(1)组数　即组距变量数列中分组的数目。如表1-5中分组数目为5组。

(2)组限　即每组的两端数值,表示各组的数量界限,包括上限和下限。各组中的最大值称作该组上限,最小值称作下限。表1-5中第二组的上限为70,下限为60。

(3)组距　即每组下限到上限的距离,如表1-5中第二组的组距为10。各组组距之和等于全距,即第一组下限至最大一组的上限的距离。组距数列又有等距和不等距之分。组距数列中各组组距都相等为等距数列;各组组距不相等的为不等距数列,如分组:100~200,200~400,400~800,800~1 600等。等距数列,由于各组组距相等,可直接比较各组的次数;对于不等距数列,其各组次数要受组距大小不同的影响,为消除此影响,确切反映各组次数的实际分布状况,可计算次数密度或标准组距次数。次数密度是单位组距内分布的次数(即用各组次数除以各组组距);标准组距次数,即选定数列中某一合适的组距作为标准组距,用标准组距除以各组组距,得到各组组距折合为标准组距的系数,再将各组的折合系数分别乘以各组的次数,即得各组的标准组距次数。次数密度与标准组距次数的关系为:标准组距次数等于次数密度乘以标准组距。

(4)闭口组和开口组　变量数列中各组上、下限都齐全的称为闭口组,如分组:10~20,20~30,…,80~90,90~100;第一组缺下限、最末组缺上限的称为开口组,通常第一组用以下、最末组用以上来表示,如表1-5中,第一组为60以下,就是开口组。一般当资料中存在少数特大或特小变量值时,采用开口组可避免组数增加过多或组距过大的情况出现。

(5)组中值　即各组中上限与下限的中点数值。

在闭口组条件下,组中值 $= \dfrac{\text{上限} + \text{下限}}{2}$

如表 1－5 中,第二组的组中值为 65$\left(即 \dfrac{60+70}{2}=65\right)$。

在开口组条件下,缺下限组中值 = 上限 $-\dfrac{邻组组距}{2}$

$$缺上限组中值 = 下限 + \dfrac{邻组组距}{2}$$

如表 1－5 中,第一组的组中值 $= 60 - \dfrac{10}{2} = 55$

若最末一组也为开口组即 90 以上,则最末组组中值 $= 90 + \dfrac{10}{2} = 95$

2. 变量数列的编制

变量数列的编制较为复杂,在编制时,不仅要考虑反映总体各组单位之间的数量差异和特征,还应考虑通过各组数量界限的划分,反映出各组质的差异,这样,才能比较准确揭示出总体的本质特征。下面简要说明变量数列的编制过程。

(1)第一步,将原始资料按其数值大小依次排列。

原始资料是杂乱无章的,首先按其数值大小排序,这样,既可以确定资料的最大值、最小值及全距,又可以大致看出集中趋势,作为确定组距和组数的依据。

例如,某班 40 名学生某课程期末考试成绩如下,要求编制变量数列。

85	66	79	54	74	92	63	67	60	75
78	83	78	64	89	36	87	99	71	70
88	74	72	83	70	85	80	95	68	81
98	73	77	81	78	74	83	81	84	86

将上例资料按从小到大的顺序排列:

36	54	60	63	64	66	67	68	70	70
71	72	73	74	74	74	75	77	78	78
78	79	80	81	81	81	83	83	83	84
85	85	86	87	88	89	92	95	98	99

通过排序反映出资料的一些特征:首先,该班学生成绩分布在 36～99 分之间,全距为 63 分,波动幅度较大;其次,多数学生的成绩在 70 到 90 分之间,即总体单位数在其间分布得多。

(2)第二步,确定变量数列的类型。

对掌握的资料是采用单项变量数列还是组距变量数列分组,主要取决于所研究变量的类型以及资料中变量的变异幅度。如果研究的变量是连续变量,只能编制组距数列;如果是离散变量且变量值较少或变异幅度较小时,可编制单项变量数列;若变量值较多且变异幅度较大时,应编制组距数列。上例中变量值较多且变异幅度也较大,应编制组距数列。

(3)第三步,确定组距和组数。

组距与组数是互相制约的,组数愈多,组距愈小;组数愈少,组距愈大。任意缩小或扩大组距,增加或减少组数,都不能准确真实地反映客观现象。因此,确定组距和组数时,应尽可能反映出总体内部结构分布,揭示总体的分布特征和规律。当资料中的变量值变动比较均匀时,适宜采用等距分组的方法编制变量数列。同时,根据研究现象的特征或资料中有极大值、极小值时,为避免分组组数过多或组距过大,可编制开口组数列。如上例中,60 分以下有两个变量值,而且跨度大,总体单位数少,一般可考虑首组采用开口组。

对于组距和组数,不能机械地规定先确定哪一个。组距和组数的关系是

$$组距 = (最大值 - 最小值)/组数$$

从计算角度出发,组距一般用 5 或 10 的倍数为好,尽量用整数。如上例中可考虑用 10 分作组距。组数 = (99 - 36)/10 = 6.3,可确定为 7 组。由于成绩一般以 60 分为及格,而且上例中 60 分以下变量值较少,故首组用开口组 60 以下,这样组数就确定为 5 组。

(4)第四步,确定组限。

组限应根据变量的性质来确定,要有利于反映出总体各单位的实际分布特征,具体应注意以下几点。

第一,最好用整数作组限。

第二,组限一般不用负值表示,最小为零。

第三,最小一组的下限应小于最小变量值,最大一组的上限应大于最大变量值。

第四,对于连续变量,相邻两组的组限应重叠,并遵循"上组限不在内"的原则。如分组:10 ~ 20,20 ~ 30,30 ~ 40 等,若变量值为 19.9,应归入第一组,若变量值为 20,则归入第二组中;对于离散变量,相邻两组的组限应间断且相互衔接,如分组:0 ~ 9,10 ~ 19,20 ~ 29 等。

(5)第五步,编制变量数列,计算各组单位数。

根据上述步骤确定的方法编制变量数列,并计算出各组的单位数。如根据上例编制变量数列,如表 1 - 6 所示。

表 1 - 6　某班 40 名学生某课程期末考试成绩分组表

按成绩分组/分	学生数/人	比率/%
60 以下	2	5.0
60 ~ 70	6	15.0
70 ~ 80	14	35.0
80 ~ 90	14	35.0
90 ~ 100	4	10.0
合计	40	100.0

3. 分布数列的表示方法

(1)列表法

列表法就是用统计表形式来表述分布数列的方法。常用计算累计次数或累计频率的方法来分析研究次数的分布状况。累计次数或累计频率有两种:较小制累计和较大制累计。如根据上例编制变量数量,如表 1 - 7 所示。

较小制累计是指把各组的次数或频率从变量值小的组向变量值大的组逐项累计,每组的累计次数表示小于该组变量值上限的次数共有多少。

较大制累计是指把该组的次数或频率从变量值大的组向变量值小的组逐项累计,每组的累计次数表示大于该组变量值下限的次数共有多少。

表 1 −7　某班学生按成绩分组的次数分布表

按成绩分组/分	次数		较小制累计		较大制累计	
	学生数/人	频率/%	学生数/人	频率/%	学生数/人	频率/%
60 以下	2	5.0	2	5.0	40	100.0
60 ~ 70	6	15.0	8	20.0	38	95.0
70 ~ 80	14	35.0	22	55.0	32	80.0
80 ~ 90	14	35.0	36	90.0	18	45.0
90 ~ 100	4	10.0	40	100.0	4	10.0
合计	40	100.0	—	—	—	—

（2）图示法

图示法就是利用各种统计图形来描述次数分布的方法。它比列表法更直观、更清晰地表明总体次数分布的状况和特征。常用的有:直方图、折线图和曲线图等。

①直方图

就是利用坐标轴以直方形的高度表示各组次数或比率,宽度表示各组组距绘制的图形。

②折线图

就是在直方图的基础上,用折线连接各个直方形顶边中点所绘制的图形。

③曲线图

当变量数列的组数无限增多时,折线便近似地表现为一条平滑的曲线,这样的图形称为次数分布曲线图。

三、统计表

（一）统计表的概念

统计表是用来表现统计资料整理结果的最常用的形式。就是将整理后的资料,按一定的项目和顺序填列在以纵横交叉的线条绘制的表格内,这种表格就是统计表。统计表有广义和狭义之分,狭义的统计表仅指反映统计整理结果的统计表;广义的统计表指的是统计工作中所使用的一切表格。

（二）统计表的结构

统计表从形式上看,主要由总标题、横行标题、纵栏标题和数字资料四部分构成。

统计表从内容上看,主要由主词和宾词所构成。主词是统计表所要说明的对象,即研究的总体及其分组;宾词是用来说明主词的统计指标,包括指标名称和指标数值。统计表的结构如表 1 −8 所示。

表 1 - 8　2007 年底某市人口分布 （总标题）

按城乡分组	总 人 口		纵栏标题
	绝对数/万人	比重/%	
城镇	340	35.2	指标
乡村	626	64.8	数值
合计	966	100.0	

横行标题（左侧纵向）

主　词　　　　　　　　　　　　　　宾　词

(三)统计表的种类

统计表可以根据主词和宾词分组的不同加以分类。

统计表按主词分组不同分为简单表、简单分组表、复合分组表三种。

1. 简单表

简单表是指统计表的主词栏,未经任何分组,仅仅按各单位名称或按时间顺序排列的表格,如表 1 - 9。

表 1 - 9　简单表示例表

城市名称	人口数	其中:市辖县人口数

2. 简单分组表

简单分组表是指统计表的主词栏按某一标志分组的表格,如表 1 - 8。

3. 复合分组表

复合分组表是指统计表的主词栏按两个或两个以上标志进行分组的表格。如对学生按年级、性别分组。

统计表按宾词分组不同分为简单分组设计、复合分组设计。

1. 简单分组设计

简单分组设计是指统计表的宾词栏按不同标志进行简单分组后,将其在表中平行地排列,如表 1 - 10。

表 1 - 10　按地区、人口、性别和教育程度统计表

按地区分组	人口总数/人	性　别		教 育 程 度		
		男	女	初等教育	中等教育	高等教育
甲						
乙						
合计						

2. 复合分组设计

复合分组设计是指对宾词栏的指标按两个或两个以上的标志进行复合分组后,在表中

作层叠的排列,如表1-11。

表1-11　按地区人口性别和教育程度统计表

按地区分组	人口总数/人	教育程度								
		初等教育			中等教育			高等教育		
		男	女	合计	男	女	合计	男	女	合计
(1)	(2)	(3)	(4)	(5)	(6)	(7)	(8)	(9)	(10)	
甲										
乙										
合计										

（四）统计表的设计

统计表的设计,应遵循科学、实用、简明、美观的原则,同时,应注意以下问题。

1. 设计统计表时,要对列入表中的内容进行通盘考虑与安排,做到主次分明,简明准确,科学合理。

2. 统计表的格式要规范、统一,上下线为粗线,中间细线,两边开口。

3. 纵栏项目较多时,可以按栏的顺序编号,便于阅读和了解指标之间的关系,如表1-11中的(1)、(2)、(3)等。

4. 统计表中应注明指标数值的计量单位和资料表示的时间。文字书写要工整,数字填写要整齐。

5. 对表中资料来源及必要的注释,应在表的下端予以说明。

思考与练习

一、思考题

1. 统计的基本含义是什么,关系如何?

2. 简述说明统计的特点。

3. 总体和总体单位的概念,它们的关系如何? 举例说明。

4. 什么是标志和标志表现? 什么是品质标志和数量标志? 什么是不变标志和可变标志? 各举例说明。

5. 统计指标一般包括哪些要素? 举例说明。

6. 什么是数量指标和质量指标,它们各有什么特点?

7. 举例说明标志和指标的关系。

8. 什么是连续变量和离散变量? 举例说明。

9. 简述统计调查工作的重要性。

10. 统计调查有哪些分类,其特点如何?

11. 举例说明调查单位和填报单位的关系。

12. 简要说明调查表的种类和特点。

13. 说明重点调查、抽样调查、典型调查三种非全面调查方式的特点。

14. 简要说明统计整理的程序。

15. 什么是分组标志？选择分组标志时应注意哪些问题？

16. 什么是品质数列和变量数列？说明变量数列的编制过程。

17. 异距数列中如何消除各组组距不等的影响？

18. 什么是较小制累计和较大制累计？

19. 统计表的结构从形式上和内容上分有哪些内容？

二、练习题

1. 某车间某班组 20 名工人的资料如下表所示。

要求:(1)按性别、文化程度和技术等级分别编制分布数列；

　　　(2)按组距 20~30 岁、30~40 岁、40~50 岁、50 岁以上分组,编制组距数列。

工人序号	性别	年龄	文化程度	技术等级
1	男	20	高中	2
2	女	20	高中	2
3	男	22	初中	2
4	男	23	初中	2
5	女	24	初中	2
6	男	26	初中	3
7	女	26	初中	3
8	女	26	初中	4
9	男	28	中专	4
10	男	29	中专	4
11	女	29	中专	4
12	男	33	初中	5
13	女	34	初中	5
14	男	36	高中	5
15	男	36	高中	6
16	男	36	高中	6
17	男	41	高中	6
18	女	43	高中	7
19	男	48	初中	7
20	女	59	高中	7

2. 某企业 20 名工人看管机器台数资料如下(单位:台):

2,5,4,2,4,3,4,4,2,2,4,3,4,5,3,4,4,2,4,3

要求:试根据上述资料编制变量数列。

3. 设甲、乙两个企业某年末有关资料如下表所示。

按工龄分组 /年	甲企业			乙企业		
	人数/人	男	女	人数/人	男	女
1 以下	82	40	42	120	36	84
1～5	335	184	151	237	104	133
5 以上	438	298	140	63	42	21
合计	855	522	333	420	182	238

　　要求:设计一张主词按甲、乙企业分组,宾词作复合分组设计的统计表,表明甲、乙企业的职工总数和不同工龄中男、女人数。

第二章　统计综合指标

通过统计调查收集到大量说明总体单位特征的原始资料,并对这些资料加以整理、汇总、计算,就得到反映社会经济现象总体特征的统计指标,就是统计综合指标。综合指标是对社会经济现象总体特征认识的结果,又是进一步进行定量分析的基础。综合指标按其反映研究总体数量特征的不同分为总量指标、相对指标、平均指标三种不同形式。

第一节　总量指标和相对指标

一、总量指标

(一)总量指标的意义

总量指标是指反映社会经济现象总体在一定时间、地点和条件下总规模、总水平的统计指标。总量指标是用绝对数形式表示的,因此也简称为绝对数。例如,一个国家或地区在一定时期内的国民生产总值、粮食总产量等,或在一定时点状态上的人口总量、劳动力总量等。总量指标只能根据有限总体计算,其数值大小受总体范围的制约,即总体范围大,指标数值大,总体范围小,指标数值相应就小。总量指标也可表现为不同时间、不同空间条件下社会经济现象总体总量之间的差数。例如,某地区 2006 年完成国民生产总值6 580亿元,2007 年完成国民生产总值8 250亿元,2007 年比 2006 年国民生产总值净增加1 670亿元,这一增加额也是总量指标。用差额表示时,可以表现为正,以" + "表示;也可以表现为负,以" - "表示。

总量指标是认识社会经济现象总体数量特征的基础指标,它是编制和检查计划、进行科学管理的依据,是反映国情和国力的重要指标,同时还是计算相对指标和平均指标的基础,是统计中最常用、最基本的指标。

(二)总量指标的种类

1. 按反映总体内容的不同,分为总体单位总量和总体标志总量

总体单位总量是指反映总体本身规模大小的总量指标,由总体单位数加总得到。总体标志总量是指总体单位的某一数量标志值的总和。例如,研究工业企业职工的平均工资情况时,"职工人数"是总体单位总量,"工资总额"就是总体标志总量。

总体单位总量和总体标志总量是相对的,随着研究目的的不同、总体的变化,两者会发生变化。例如,上例中,当研究企业的平均规模时,"企业数"是总体单位总量,而各企业的"职工人数"就成为总体标志总量。

2. 按反映的时间状况不同,分为时期指标和时点指标

时期指标是指社会经济现象总体在一段时期内发展过程的总量。如产品产量、商品销售额等。时点指标是指社会经济现象总体在某一时点状态上的总量。如人口数、商品库存量等。时期指标与时点指标各有不同特点。

时期指标的特点有如下几点。

（1）不同时期的指标数值具有可加性。不同时期的指标数值相加后,表明相应时期内现象总的发展水平。例如,将 1 月到 12 月份的产品产量相加就得到全年的产品产量。

（2）时期指标数值的大小与研究现象的时期长短直接相关。即时期长,指标数值相对大;时期短,指标数值相对小。如一年的产量要大于一个季度或月的产量。

（3）时期指标反映的是现象总体发展变化的一个过程。时期指标数值是通过连续不断的登记取得的,反映现象总体在一定时期内发展变化的总量。如月产品产量是从月初累计到月末得到的。

时点指标的特点有如下几点。

（1）不同时点上的指标数值不具有可加性,相加后不具有实际意义。

（2）时点指标的数值大小与其时间间隔长短无直接关系。如某村生猪存栏数 1 月末为 1 000 头,5 月末为 600 头,12 月末为 950 头,表明时点指标数值的大小并不直接受时点间隔长短的影响。

（3）时点指标反映的是现象总体在某一时点状态上的总量。由于不可能对每一时点的数量都进行登记,所以通常是相隔一定时点进行一次性登记取得。

3. 按采用的计量单位不同,分为实物指标、价值指标、劳动量指标

实物指标是指以实物单位计量的总量指标,用以反映各种同类实物的总量,但不能用于不同类别的总量的汇总。实物单位有自然单位,如人口以"人"为单位,汽车以"辆"为单位等;度量衡单位,如钢材以"吨"、木材以"立方米"为单位等;专用单位,如发电量按"度"、供热量按"大卡"计算等;复合单位,如货物周转量按"吨·公里"、电的度数按"千瓦时"表示等;标准实物单位,如把含氮量不同的化肥都折合成含氮 100% 的标准化肥、把各种能源都折合成热量值为 7 000 千卡/公斤（29.29 兆焦耳/公斤）的标准煤等。

价值指标是指以货币单位计量的总量指标。价值指标能解决不同性质的数量的加总问题,使总量指标的应用范围更广泛。如某商场某月销售电冰箱 2 000 台,销售额 580 万元,销售电视机 500 台,销售额 175 万元,全月实现销售额计 755 万元。但如果仅用价值指标表达,往往会掩盖事物数量的丰富表现形式,因此,价值指标需要结合实物指标一起加以分析。

劳动量指标是指以劳动单位计量的总量指标,通常在企业内部进行考核时采用。企业首先根据自身的生产状况制定出生产单位产品所需的工时定额,再乘以产品的实物即得以劳动单位计量的产量指标——劳动量指标,也叫作定额工时总产量。

二、相对指标

（一）相对指标的概念

总量指标是统计中最常用、最基本的综合指标,它用来反映现象的总规模、总水平,但不能反映现象发展的程度和现象之间数量联系的程度。要对社会经济现象进行综合反映,仅仅利用总量指标是远远不够的。如果要对事物作深入的了解,就需要对总体的组成和其各部分之间的数量关系进行分析、比较,这就必须计算相对指标。

相对指标,又称相对数,是指用两个有联系的指标进行对比,来反映现象数量特征和数量关系的综合指标。

相对指标通过不同指标数值的对比,将现象数量上的绝对差异抽象化,可以使那些由于规模不同、条件不同,无法直接对比的现象找到了比较的基础。

相对指标数值的表现形式分有名数和无名数两种。凡是由两个性质不同而又有联系的指标对比计算所得的相对数,一般都是有名数,多用复合计量单位表示,即对比的分子和分母的计量单位同时使用,如人口密度用人/平方公里、人均国民收入用元/人表示等;无名数是一种抽象化的数值,根据不同的情况分别采用系数、倍数、成数、百分数、千分数等来表示。系数或倍数是指把对比的基数抽象为 1 而计算出来的相对数,一般当对比的两个数值相差不大时用系数,对比的两个数值相差较大时用倍数。成数是指把对比的基数抽象为 10 计算的相对数,一成表示 $\frac{1}{10}$;百分数和千分数是把对比的基数抽象为 100 和 1 000 计算的相对数;百分数是相对数中最常用的一种数值表现形式,如计划完成程度、发展速度、增减速度等。一般当分子与分母数值相差不大时用百分数,分子数值小于分母数值很多时,宜用千分数表示。

(二)相对指标的种类及计算

相对指标按其作用和计算方法不同可分为结构相对指标、比例相对指标、比较相对指标、强度相对指标、动态相对指标和计划完成程度相对指标。

1. 结构相对指标

结构相对指标是指在总体分组的基础上,用总体内某一部分的数值与总体全部数值对比求得的结果。

$$\text{结构相对指标} = \frac{\text{总体中某部分数值}}{\text{总体全部数值}} \times 100\% \qquad (2-1)$$

例 2-1 以某班学生为总体,该班有学生 52 人,其中男生 35 人,女生 17 人,则:

以男生人数计算的结构相对指标 $= \frac{35}{52} \times 100\% = 67.3\%$

以女生人数计算的结构相对指标 $= \frac{17}{52} \times 100\% = 32.7\%$

结构相对指标通常用百分数表示,有时也用成数或系数表示。同一总体中各组的结构相对指标数值之和等于 100% 或 1,其分子和分母指标不能颠倒。

2. 比例相对指标

比例相对指标是指同一总体内不同组成部分的指标数值对比的结果。

$$\text{比例相对指标} = \frac{\text{总体中某部分指标数值}}{\text{总体中另一部分指标数值}} \times 100\% \qquad (2-2)$$

比例相对指标一般用百分数表示,也可以用几比几的形式表示。如某校有男生 800 人,女生 200 人,则男生对女生的比例用百分数可表示为 400%,也可表示为 4:1。

3. 比较相对指标

比较相对指标是指同一时期两个同类指标数值在不同空间条件下对比的结果。

$$\text{比较相对指标} = \frac{\text{某条件下的某类指标数值}}{\text{另一条件下的同类指标数值}} \times 100\% \qquad (2-3)$$

比例相对指标一般用倍数表示,有时也可用系数表示。如甲、乙两个百货公司 2006 年商品销售额分别为 6.5 亿元和 4.3 亿元,则甲公司商品销售额为乙公司的 1.51 倍(6.5/4.3 = 1.51)。

4. 强度相对指标

强度相对指标是指两个性质不同而有联系的总量指标对比的结果,可以反映现象的强度、密度和普遍程度。

$$\text{强度相对指标} = \frac{\text{某一总量指标数值}}{\text{另一性质不同而有联系的总量指标数值}} \qquad (2-4)$$

强度相对指标通常用复名数表示,且有正逆指标之分,如人口密度、劳动生产率等;还有一些强度相对指标采用百分数、千分数表示,如商品流通费用率用百分数、人口死亡率用千分数表示。强度相对指标还具有平均的意义,如按人口平均的各种产量、产值等,但它和平均指标有着本质的区别。

5. 动态相对指标

动态相对指标是指同一总体、不同时期的两个同类指标对比的结果,也称为发展速度。通常用百分数表示,有时也用倍数表示。

$$动态相对指标 = \frac{报告期指标数值}{基期指标数值} \times 100\% \qquad (2-5)$$

公式中的基期是指作为比较标准的时期,研究现象所属的时期为报告期。基期的选择应根据不同的研究对象和研究目的加以确定。

例 2-2 某企业某年 6 月份某种产品产量完成了 2 500 套,5 月份完成数为 2 300 套,则该企业 6 月份对 5 月份的某种产品产量的动态相对指标为

$$动态相对指标 = \frac{2\ 500}{2\ 300} \times 100\% = 108.7\%$$

6. 计划完成程度相对指标

计划完成程度相对指标又称计划完成百分比,它是将某一时期的实际完成数与同期计划数对比,表明某一时期内所研究现象的计划完成的程度,一般用百分数表示,基本计算公式为

$$计划完成程度相对指标 = \frac{实际完成数}{同期计划数} \times 100\% \qquad (2-6)$$

实际工作中,由于计划数可表现为绝对数(总量指标)、相对数(相对指标)、平均数(平均指标)等形式,因此,计算计划完成相对指标的方法也不尽相同。

(1)计划数为绝对数

$$计划完成程度相对指标 = \frac{实际水平}{计划水平} \times 100\% \qquad (2-7)$$

例 2-3 某企业某月计划生产甲产品 500 件,实际生产了 550 件,则

$$计划完成程度相对指标 = \frac{实际水平}{计划水平} \times 100\% = \frac{550}{500} \times 100\% = 110\%$$

计算结果表明,超额 10% 完成生产计划。

(2)计划数为相对数

$$计划完成程度相对指标 = \frac{实际完成百分数}{计划规定百分数} \times 100\% \qquad (2-8)$$

在计算应用时,不能将实际与计划的增减百分数直接对比,而应该将包括基数(100%)在内的实际完成百分数与计划规定百分数进行对比,这样才符合计划完成程度相对指标计算的基本形式。

例 2-4 某企业甲产品单位成本,计划规定比上期降低 5%,实际比上期降低了 8%,则甲产品单位成本降低率计划完成程度为

$$计划完成程度相对指标 = \frac{实际完成百分数}{计划规定百分数} \times 100\% = \frac{100\% - 8\%}{100\% - 5\%}$$

$$= \frac{92\%}{95\%} \times 100\% = 96.84\%$$

说明超额完成成本降低率计划 3.16%。

例 2-5 某企业计划规定劳动生产率比上年提高 10%,实际提高了 15%,则劳动生产率计划完成程度为

$$计划完成程度相对指标 = \frac{实际完成百分数}{计划规定百分数} \times 100\% = \frac{100\% + 15\%}{100\% + 10\%} \times 100\%$$

$$= \frac{115\%}{110\%} \times 100\% = 104.55\%$$

表明劳动生产率计划超额完成 4.55%。

实际工作中,有时也采用相减的方法来说明计划完成情况,如上例用相减方法计算:

$$15\% - 10\% = 5\% \quad 或 \quad 115\% - 110\% = 5\%$$

其结果与前面对比方法计算的结果不同,意义也不同。它表明劳动生产率实际比计划提高了 5 个百分点,并不能确切反映计划完成的程度,应注意区别。

(3)计划数为平均数

$$计划完成程度相对指标 = \frac{实际平均水平}{计划平均水平} \times 100\% \tag{2-9}$$

例 2-6 某企业 A 产品计划平均单位成本 100 元/件,而实际平均单位成本为80 元/件,则

$$计划完成程度相对指标 = \frac{实际平均水平}{计划平均水平} \times 100\% = \frac{80}{100} \times 100\% = 80\%$$

说明 A 产品平均单位成本实际比计划降低 20%。

利用计划完成程度相对指标不仅可以检查计划完成情况,而且可以检查计划进度执行情况。

$$计划完成程度相对指标 = \frac{自期初累计至报告期止的实际完成数}{计划全期计划规定数} \times 100\% \tag{2-10}$$

例 2-7 某企业 2006 年某产品产量计划生产 10 000 件,一季度生产完成产量 2 450 件,二季度生产完成产量 2 650 件,计划进度执行情况为

$$计划完成程度 = \frac{自期初累计至报告期止的实际完成数}{计划全期计划规定数} \times 100\%$$

$$= \frac{2\ 450 + 2\ 650}{10\ 000} \times 100\% = 51\%$$

通过计算可以看出,该企业至二季度末,时间过半,完成计划任务也过半,正常情况下能够超额完成生产计划。

三、计算和应用总量指标及相对指标原则

(一)总量指标的运用原则

1. 必须明确各项总量指标的含义、范围,分清它与有关指标的界限。例如,在考察国民生产总值、国民收入等时,只有明确它们各自的含义与范围才能运用这些指标来分析。

2. 注意不同种类的实物总量指标的数值不能加总,只有同类现象才能计算实物总量。例如,自行车产量与电视机产量显然不能加总,而同为农作物的小麦产量与棉花产量也不可混为一谈。

3. 同类现象的总量指标的数值,其计量单位必须一致才能加总,否则必须先换算成统一

的计量单位。

（二）相对指标的运用原则

1. 分子分母指标必须具有可比性

对比的两个指标是否可比是计算结果能否正确反映现象之间数量联系的重要条件。分子分母指标的可比性主要指内容是否相适应，总体包括的范围是否一致，对比的结果是否有意义。

2. 正确选择对比的基数

相对指标的意义与对比基数的选择直接有关，对比的基数不同，同样的相对数会反映出不同的比较结果。只有基数选择恰当，构造出相对科学、合理的相对指标，计算的结果才有客观实际意义。

3. 注意把相对指标与总量指标结合运用

通过计算相对指标把现象的绝对水平抽象化了，不能说明现象绝对量的差异。因此，在运用相对指标进行对比分析时，要注意把相对指标和总量指标结合起来进行分析，既看到现象的变化程度，也看到绝对量的变化，从而深刻地认识现象变化的实质。

4. 注意相对指标之间的结合运用

要全面、深刻地反映研究现象的特征和发展规律，单靠个别相对指标是不能满足需要的，只有根据现象的具体情况把多个相对指标结合起来运用，才能比较深刻地说明问题。

第二节　平均指标和标志变异指标

一、平均指标

（一）平均指标的意义和作用

1. 平均指标的意义

平均指标亦称平均数，是统计中广泛应用的一种综合指标，它是指同质总体各单位某一数量标志值在具体时间、地点、条件下达到的一般水平。平均指标有两个特点：第一，平均指标是通过平均将总体各单位变量值之间的差异抽象化；第二，平均指标用反映总体各单位变量值的代表值，可以表明总体各单位变量值分布的集中趋势。

2. 平均指标的作用

（1）平均指标可以用来比较同类现象的优劣状况。

例如，比较生产规模不同的企业之间的生产水平，不能单纯用总产量、总产值等指标比较，而应计算平均产量、平均产值等平均指标进行对比分析，才能确切反映不同企业生产的一般水平，从而作出客观正确的评价。

（2）平均指标经常用来进行同类现象在不同空间、不同时间条件下的对比分析，以揭示该现象发展变化的趋势和规律。

例如，某厂职工 1995 年到 2000 年的平均工资分别为 500 元、580 元、650 元、780 元、950元、1 100 元，可以看出该厂职工的平均工资随着时间的变化，呈现不断增长的趋势。

（3）平均指标可用来分析现象之间的依存关系。

例如，将某种农作物的耕地按施肥量、耕作的机械化程度等分组，再分别计算出各组农作物的平均亩产量，就可以分析施肥量的多少或机械化程度高低与平均亩产量之间的依存

关系。

（4）利用平均指标可以进行推算和估计。

在抽样调查中，往往通过计算样本平均数来推算或估计总体平均数。

平均指标按计算和确定的方法不同，分为算术平均数、调和平均数、几何平均数、众数、中位数。前三种平均数是根据总体各单位的变量值计算得到的平均数，称为数值平均数；后两种平均数是根据变量值在变量数列中的位置确定的，称为位置平均数。

（二）平均指标的种类

1. 算术平均数

算术平均数是最常用的一种平均指标，它是用总体标志总量去除以总体单位总量求得的平均数。算术平均数的基本公式为

$$\text{算术平均数} = \frac{\text{总体标志总量}}{\text{总体单位总量}} \qquad (2-11)$$

上述公式中的分子和分母必须同属一个总体，具有一一对应关系，即一个总体单位必有一个变量值与之对应。只有这样计算出的平均指标才能表现总体的一般水平。正是基于这一点，平均指标与强度相对指标表现出性质上的差异。强度相对指标是两个有联系的不同总体的总量指标对比，这两个总量指标没有依附关系，而只是在经济内容上存在客观联系。

算术平均数根据掌握资料的不同，分别采用简单算术平均数和加权算术平均数公式计算。

（1）简单算术平均数

根据未分组的原始资料，将总体各单位的标志值简单加总求和，再除以总体单位数，所得结果即为简单算术平均数。其计算公式为

$$\bar{X} = \frac{x_1 + x_2 + \cdots + x_n}{n} = \frac{\sum x}{n} \qquad (2-12)$$

式中 $\bar{X}$ ——算术平均数；

  x ——各单位标志值（变量值）；

  n ——总体单位数。

例 2-8 某销售柜组有 5 位售货员，某天的销售额分别是 2 500 元、1 800 元、2 200 元、1 480 元、2 350 元，则平均每人日销售额为

$$\bar{X} = \frac{\sum x}{n} = \frac{2\,500 + 1\,800 + 2\,200 + 1\,480 + 2\,350}{5} = \frac{10\,330}{5} = 2\,066(\text{元})$$

（2）加权算术平均数

根据分组资料，将各组标志值（组距数列为组中值）乘以相应各组总体单位数求出各组标志总量，再累计得到总体标志总量，除以总体单位总数，即得到加权算术平均数。其计算公式为

$$\bar{X} = \frac{x_1 f_1 + x_2 f_2 + \cdots + x_n f_n}{f_1 + f_2 + \cdots + f_n} = \frac{\sum xf}{\sum f} \qquad (2-13)$$

式中 f ——次数即权数。

变量数列有单项数列和组距数列两种，先举例说明单项数列资料计算加权算术平均数。

例 2 - 9　根据表 2 - 1 中的资料计算 30 名工人平均日产量。

表 2 - 1　某车间有 30 名工人加工某种零件的资料

按日产量分组 x/件	工人人数 f/人	日总产量 xf/件
8	3	24
9	6	54
10	10	100
11	7	77
12	4	48
合计	30	303

$$\bar{X} = \frac{\sum xf}{\sum f} = \frac{303}{30} = 10.1(件)$$

如果是组距数列,应先计算各组的组中值,再用各组的组中值计算加权算术平均数。

例 2 - 10　将例 2 - 9 日产量换成用组距数列分组:

表 2 - 2　某车间加工某种零件分组资料

按日产量分组 /件	组中值 /x	工人人数 f /人	日总产量 xf /件	各组频率 $\left(\dfrac{f_i}{\sum f}\right)$ /%
10 ~ 20	15	3	45	10.0
20 ~ 30	25	6	150	20.0
30 ~ 40	35	10	350	33.3
40 ~ 50	45	7	315	23.4
50 ~ 60	55	4	220	13.3
合计	—	30	1 080	100.0

$$\bar{X} = \frac{x_1 f_1 + x_2 f_2 + \cdots + x_n f_n}{f_1 + f_2 + \cdots + f_n} = \frac{\sum xf}{\sum f} = \frac{15 \times 3 + 25 \times 6 + 35 \times 10 + 45 \times 7 + 55 \times 4}{30}$$

$$= \frac{1\,080}{30} = 36(件)$$

从上面例子的计算中可知,加权算术平均数是依据变量 x 和次数 f 两个因素计算的,平均数的大小不仅受各组标志值大小的影响,而且还与次数 f 多少有关。某组标志值对应的次数大,它对平均数的影响就大,因此,标志值的次数在平均的过程中,对平均数起着权衡轻重的作用,又被称为权数。权数有两种形式:一是用绝对数表示的,即上述计算中的 $\sum f$;二是用相对数表示的,即权数比重 $\dfrac{f_i}{\sum f}$。

用权数比重计算平均数的公式为

$$\bar{X} = x_1 \frac{f_1}{\sum f} + x_2 \frac{f_2}{\sum f} + \cdots + x_n \frac{f_n}{\sum f} = \sum x \cdot \frac{f}{\sum f} \qquad (2-14)$$

如上例 2-10,

$$\bar{X} = \sum x \cdot \frac{f}{\sum f} = 15 \times 0.1 + 25 \times 0.2 + 35 \times 0.333 \times + 45 \times 0.234 + 55 \times 0.133$$

$$= 36(件)$$

同一个资料用绝对数形式计算平均数和用相对数形式计算平均数,其结果是一样的。从上例计算可以看出,作为权衡平均数大小的权数,其影响作用并不直接取决于权数本身数值的大小,而是决定于它占总体单位总量的比重大小。若各组单位数相等时,即 $f_1 = f_2 = \cdots = f_n = f$ 时,加权算术平均数计算公式与简单算术平均数存在下列关系:

$$\bar{X} = \frac{\sum xf}{\sum f} = \frac{f\sum x}{nf} = \frac{\sum x}{n} \qquad (2-15)$$

由此可见,简单算术平均数是加权算术平均数在权数相等时的特例。

算术平均数的两个重要数学性质:

第一,各个变量值与其算术平均数的离差之和等于零,即

$$\sum (x - \bar{X}) = 0$$

$$\sum (x - \bar{X})f = 0$$

平均数的这条数学性质说明,平均数实质意义是把总体各单位标志值的差异全部抽象化,并以离差的方法予以抵消。

第二,各个变量值与其算术平均数的离差平方之和最小,即

$$\sum (x - \bar{X})^2 = 最小值$$

$$\sum (x - \bar{X})^2 f = 最小值$$

平均数的这条数学性质说明,以任意不为平均数的数值为中心计算的离差平方和总是大于以平均数为中心计算的离差平方和。因此,算术平均数是误差最小的总体代表值。

算术平均数是统计中应用最为广泛的一种平均数,它计算方便,通俗易懂。但其运用也有局限性,如变量数列呈 U 型或 J 型分布时,或当数列中存在极端变量值时,求得的算术平均数往往缺乏代表性,不能真实、确切地反映现象的一般水平。

2. 调和平均数

调和平均数,又称倒数平均数,它是指各个变量值倒数的算术平均数的倒数。分为简单调和平均数和加权调和平均数。

简单调和平均数适用于未分组的资料,计算公式如下

$$\bar{X}_H = \frac{1}{\dfrac{\dfrac{1}{x_1} + \dfrac{1}{x_2} + \cdots + \dfrac{1}{x_n}}{n}} = \frac{n}{\dfrac{1}{x_1} + \dfrac{1}{x_2} + \cdots + \dfrac{1}{x_n}} = \frac{n}{\sum \dfrac{1}{x}} \qquad (2-16)$$

式中　$\bar{X}_H$——调和平均数;

　　　x——各变量值;

　　　n——总体单位数。

例2-11 超市有三种水果,甲水果每公斤4.5元,乙水果每公斤5.5元,丙水果每公斤6.5元。问:(1)若各买一公斤,平均每公斤多少元? (2)若三种水果各买一元,平均每公斤多少元?

解 (1)这里显然应采用简单算术平均数计算,即

$$\bar{X}_H = \frac{\sum x}{n} = \frac{4.5 + 5.5 + 6.5}{3} = 5.5(元)$$

(2)此时,则应采用简单调和平均数计算,则

$$\bar{X}_H = \frac{n}{\sum \frac{1}{x}} = \frac{3}{\frac{1}{4.5} + \frac{1}{5.5} + \frac{1}{6.5}} = 5.38(元)$$

加权调和平均数适用于已分组的资料,计算公式如下

$$\bar{X}_H = \frac{m_1 + m_2 + \cdots + m_n}{\frac{m_1}{x_1} + \frac{m_2}{x_2} + \cdots + \frac{m_n}{x_n}} = \frac{\sum m}{\sum \frac{m}{x}} \tag{2-17}$$

式中 $\bar{X}_H$——调和平均数;

x——各组的标志值(或组中值);

m——各组的标志总量(或权数)。

表2-3 某车间有30名工人加工某种零件的资料

按日产量分组 x /件	日总产量 $m = xf$ /件	m/x
8	24	3
9	54	6
10	100	10
11	77	7
12	48	4
合计	303	30

从上表可看出,已知各组的标志值 x,各组的标志总量 m,不知道各组的次数 f,只能用加权调和平均数公式计算平均日产量。

$$\bar{X}_H = \frac{\sum m}{\sum \frac{m}{x}} = \frac{24 + 54 + 100 + 77 + 48}{\frac{24}{8} + \frac{54}{9} + \frac{100}{10} + \frac{77}{11} + \frac{48}{12}} = \frac{303}{30} = 10.1(件)$$

从计算中可以看出,如果设 $m = xf$,则加权算术平均数的公式可作如下变形:

$$\bar{X} = \frac{\sum xf}{\sum f} = \frac{\sum m}{\sum \frac{m}{x}} = \bar{X}_H \tag{2-18}$$

可见,加权算术平均数是算术平均数的变形。

调和平均数在应用时也存在一定的局限性,如也受极端数值的影响,如果数列中有一标志值为零,就无法应用调和平均数计算。

3. 几何平均数

几何平均数是 n 个变量值连乘积的 n 次方根。它是计算平均比率和平均发展速度最适宜的一种方法。根据所掌握资料的不同,几何平均数分为简单几何平均数和加权几何平均数。

简单几何平均数适用于根据未分组的资料来计算平均比率和平均速度,其计算公式为

$$\bar{X}_G = \sqrt[n]{X_1 X_2 \cdots X_n} = \sqrt[n]{\prod x} \qquad (2-19)$$

式中　$\bar{X}_G$——几何平均数;

X——各变量值;

n——变量值个数;

$\prod$——连乘符号。

例 2-12　某企业生产某种产品要经过三道工序完成,若第一道工序检验的合格率为 95%,第二道工序检验的合格率为 93%,第三道工序检验的合格率为 90%,求平均合格率为多少?

$$\bar{X}_G = \sqrt[n]{\prod X} = \sqrt[3]{95\% \times 93\% \times 90\%} = \sqrt[3]{79.515\%} = 92.64\%$$

加权几何平均数适用于根据已分组资料来计算平均比率和平均发展速度,其计算公式为

$$\bar{X}_G = \sqrt[f_1 f_2 \cdots f_n]{x_1^{f_1} x_2^{f_2} \cdots x_n^{f_n}} = \sqrt[\sum f]{x_1^{f_1} x_2^{f_2} \cdots x_n^{f_n}} \qquad (2-20)$$

式中　$\bar{X}_G$——几何平均数;

x——各组变量值;

f——各组变量值的次数。

例 2-13　投资银行某笔投资的年利率是按复利计算的,10 年的年利率分配是:第一年至第二年为 5%,第三年至第五年为 8%,第六年至第八年为 10%,第九年至第十年为 12%,求该笔投资的平均年利率。

$$\bar{X}_G = \sqrt[10]{1.05^2 \times 1.08^3 \times 1.1^3 \times 1.12^2} = 108.77\%$$

平均年利率为 8.77%(108.77% - 100%)。

当公式中为高次方根时,可采用对数法计算。

几何平均数在实际应用中有很多限制,如变量数列中任何一个变量值不能为 0,有一个为 0,就不能计算几何平均数;如果变量值有负值,计算出的几何平均数就会成为负数或虚数。因此,几何平均数的应用范围较小。

4. 众数

众数是指总体中出现次数最多的标志值。众数在实际工作中应用较为普遍,如市场上大多数消费者所需要的服装、鞋帽等,是生产厂家安排生产、组织销售等工作的重要依据。

众数确定的方法,依据掌握的资料是否分组的不同而定。如掌握的资料是未经分组或分组资料中的单项数列,众数不需计算,可直接观察确定,即以次数出现最多的变量值为众数。在组距数列条件下,首先应确定众数组,通常在等距数列中,次数出现最多的一组即为众数组;其次,根据上下限公式确定众数值。

下限公式　　　　　$$M_0 = L + \frac{\Delta_1}{\Delta_1 + \Delta_2} \cdot d \qquad (2-21)$$

上限公式　　　　　$$M_0 = U - \frac{\Delta_2}{\Delta_1 + \Delta_2} \cdot d \qquad (2-22)$$

式中　M_0——众数；

　　　　L——众数组的下限；

　　　　U——众数组的上限；

　　　　Δ_1——众数组的次数与前一组次数的差；

　　　　Δ_2——众数组的次数与后一组次数的差；

　　　　d——众数组的组距。

例 2－14　根据表 2－4 中的资料计算工人日产量的众数。

表 2－4　某车间 200 名工人按日产量分组资料

按日产量分组/件	工人人数/人
20～30	10
30～40	70
40～50	90
50～60	30
合计	200

解　根据观察后确定众数组为 40～50。

由下限公式确定众数

$$M_0 = L + \frac{\Delta_1}{\Delta_1 + \Delta_2} \cdot d = 40 + \frac{90-70}{(90-70)+(90-30)} \times 10 = 42.5(\text{件})$$

由上限公式确定众数

$$M_0 = U - \frac{\Delta_2}{\Delta_1 + \Delta_2} \cdot d = 50 - \frac{90-30}{(90-70)+(90-30)} \times 10 = 42.5(\text{件})$$

通过上、下限公式计算得到工人日产量的众数为 42.5 件，两个公式计算的结果一致。因此，应用时只需用上限或下限公式计算即可。

在应用中如果次数是以相对数形式出现时，可将众数公式中计算 Δ 使用的次数 f 改为频率 $\dfrac{f}{\sum f}$，其他不变，亦可求得众数。

众数是一种位置平均数，是总体中出现次数最多的变量值，它不受极端变量值的影响，因而在实际工作中有它特殊的用途。但是必须注意，从分布的角度看，众数是具有明显集中趋势点的数值，一组数据分布的最高峰点所对应的数值即为众数。当然，如果数据的分布没有明显的集中趋势或呈均匀分布时，众数也可能不存在；如果有两个最高峰点，也可以有两个众数。只有在总体单位比较多，而且又明显地集中于某个变量值时，计算众数才有意义。

5. 中位数

将总体各单位的标志值按大小顺序排列，处于中间位置的标志值即为中位数。

中位数的大小取决于它在数列中的位置，因此，它不受极端数值的影响，在具有个别极大值或极小值的分布数列中，中位数比算术平均数更具有代表性。在缺乏计量手段时，也可用中位数近似地代替算术平均数。如要对一群人的平均身高作出估计，假设没有测量身高的工具，可以采取依次排队的方法，这样，排在队列中间人的身高就是平均身高的近似值。

根据所掌握的资料的不同，中位数的计算方法分为两种：一是根据未分组的资料计算中位数,二是根据已分组的资料计算中位数。

(1)由未分组的资料计算中位数

计算步骤:

第一,将各单位标志值依序排列;

第二,按照公式$\dfrac{n+1}{2}$确定中位数的位置;

第三,根据总体单位数的项数奇偶来确定中位数,若项数为奇数时,则数列中间位置的标志值就是中位数;若项数为偶数时,数列中间位置的两个标志值的平均数即为中位数。

(2)由分组资料计算中位数

由分组资料计算中位数分单项数列和组距数列两种。

①由单项数列计算中位数

计算步骤:

第一,先计算各组的累计次数(或累计频率);

第二,按照公式$\dfrac{\sum f+1}{2}$确定中位数的位置;

第三,中位数位置对应的标志值即为中位数。

例2-15 某车间20名工人生产某种零部件的日产量分组资料如下表2-5所示,试确定该车间工人日产量的中位数。

表2-5 某车间20名工人生产某种零部件的日产量分组资料

按日产量分组/件	工人人数/人	较小制累计次数	较大制累计次数
8	2	2	20
9	4	6	18
10	7	13	14
11	5	18	7
12	2	20	2
合计	20	—	—

解 根据资料:

中位数位置$\dfrac{\sum f+1}{2}=\dfrac{20+1}{2}=10.5$,根据较小制或较大制累计次数可知,中位数在第三组为10(件)。

②由组距数列计算中位数

计算步骤:

第一,先计算各组累计次数(或累计频率);

第二,按照$\dfrac{\sum f}{2}$确定中位数所在组;

第三,根据下限或上限公式确定中位数值。

下限公式 $$M_e = L + \dfrac{\dfrac{\sum f}{2}-S_{m-1}}{f_m}\times d \qquad (2-23)$$

上限公式
$$M_e = U - \frac{\frac{\sum f}{2} - S_{m+1}}{f_m} \times d \qquad (2-24)$$

式中　M_e——中位数；

L——中位数组的下限；

U——中位数组的上限；

f_m——中位数所在组的次数；

S_{m-1}——较小制累计至中位数所在组以前各组的累计次数；

S_{m+1}——较大制累计至中位数所在组以后各组的累计次数；

d——中位数所在组的组距。

例 2-16　根据表 2-6 中的资料确定中位数。

表 2-6　某车间有 200 名工人按日产量分组的资料

按日产量分组/件	工人人数/人	较小制累计次数	较大制累计次数
20~30	10	10	200
30~40	70	80	190
40~50	90	170	120
50~60	30	200	30
合计	200	—	—

解　先确定中位数位置为 $\frac{\sum f}{2} = \frac{200}{2} = 100$，由此确定中位数在 40~50 这一组中；再将上例的资料分别代入下限和上限公式计算中位数，所得结果相同。即

下限公式　$M_e = L + \frac{\frac{\sum f}{2} - S_{m-1}}{f_m} \times d = 40 + \frac{100 - 80}{90} \times 10 = 42.2(件)$

上限公式　$M_e = U - \frac{\frac{\sum f}{2} - S_{m+1}}{f_m} \times d = 50 - \frac{100 - 30}{90} \times 10 = 42.2(件)$

（三）平均指标的运用原则

1. 计算和应用平均指标要注意现象总体的同质性

因为现象的各个单位只有具有相同的性质才能结合成一个总体，也只有在同一总体中才能应用平均指标。如果将不同性质的单位放在一起，计算出的平均指标，将不能真实反映总体的一般水平。

2. 用组平均数补充说明总平均数

总平均数反映的是现象总体特征，但它往往掩盖了现象内部的差异。而分组基础上的组平均数则可进一步揭示现象内部的差异。因此，在应用平均指标时，还应注意用组平均数补充说明总平均数，以提高分析问题的准确性。

3. 用变量数列补充说明总平均数

平均数是把总体各单位标志值之间的差异加以抽象来代表现象的一般水平的，它掩盖

了总体内部各单位的分布状况。需要依据计算平均数的变量数列对总平均数进行补充说明,从而更深入地揭示现象的本质。

二、标志变异指标

(一)标志变异指标的意义和作用

标志变异指标是反映总体各单位标志值差异程度的综合指标,它表明总体各单位标志值的离散程度和离中趋势,又称为标志变动度。

平均指标揭示总体标志值的趋中程度和集中趋势。运用平均指标能够综合反映总体各单位标志值的一般水平,但不能反映总体标志值之间的离散性和差异性。为了更全面地说明总体的特征,揭示总体各标志值之间的差异,就需要计算标志变异指标。

标志变异指标在统计分析中具有重要的作用。

首先,标志变异指标是评价平均数代表性的尺度。

平均数是个代表值,其代表性取决于总体各单位标志值的差异程度。当总体各单位标志值之间的差异较大时,计算出的标志变异指标值也就较大,反映的平均数代表性就较小;反之,平均数代表性就较大。

例 2-17 有甲、乙两个生产小组工人的日产量(件)资料如下:

甲组:17,18,20,22,23;$\bar{X}_{甲}=20$(件)

乙组:20,20,20,20,20;$\bar{X}_{乙}=20$(件)

两个小组的平均日产量都是 20 件,但第一组各个工人的日产量与平均数的离差值较大;而第二组各个工人的日产量均等于平均数,其离差值为零。这表明第二组工人平均日产量的代表性高,完全精确;

其次,标志变异指标可用来研究现象发展变化的均衡性或协调性。

标志变异指标值越大,表明现象发展变化中的稳定性较差,不均衡、不协调;标志变异指标值越小,表明现象发展变化越均衡、越协调。

(二)标志变异指标的计算

1. 全距(R)

全距是指总体各单位标志值中最大值与最小值之差。其计算公式为

$$R = X_{max} - X_{min} \qquad (2-25)$$

式中 R——全距;

X_{max}——总体各单位中的最大标志值;

X_{min}——总体各单位中的最小标志值。

全距可以说明总体中标志值变动的范围,全距值越大,说明总体中标志值变动的范围越大,也即总体中各单位标志值的差异越大,平均数的代表性就越低;反之,平均数的代表性就越大。

如在例 2-17 中列举的两组工人日产量资料的全距为

$$\bar{R}_{甲} = 23 - 17 = 5(件)$$

$$\bar{R}_{乙} = 20 - 20 = 0(件)$$

从计算结果看,甲组全距大,其平均数代表性就低;乙组全距为 0,代表性最高。

全距测定标志变异程度的优点是计算简便,但由于只考虑两个极端标志值,当极端数值相差较大,而中间数值分布比较均匀时,就不能确切反映各单位标志值的实际变动范围,因

而,具有一定的局限性。

2. 平均差($A \cdot D$)

平均差是指数列中各单位标志值对其算术平均数离差绝对值的算术平均数。它综合反映了数列中各单位标志值平均差异的程度。由于各标志值与其算术平均数的离差总和等于零,即 $\sum (x - \bar{X}) = 0$,因此,要取离差的绝对值形式计算平均差。

根据未分组的资料计算平均差的公式为

$$A \cdot D = \frac{\sum |x - \bar{X}|}{n} \qquad (2-26)$$

根据分组资料计算平均差的公式为

$$A \cdot D = \frac{\sum |x - \bar{X}|f}{\sum f} \qquad (2-27)$$

或

$$\sum |x - \bar{X}| \cdot \frac{f}{\sum f} \qquad (2-28)$$

例 2 - 18 某车间有 200 名工人按日产量分组的资料如下表,试计算工人日产量的平均差。

表 2 - 7　某车间有 200 名工人按日产量分组的资料

按日产量分组/件	组中值 x	工人人数 f	xf	$x - \bar{X}$	$\|x - \bar{X}\|$	$\|x - \bar{X}\|f$
20 ~ 30	25	10	250	− 17	17	170
30 ~ 40	35	70	2 450	− 7	7	490
40 ~ 50	45	90	4 050	+ 3	3	270
50 ~ 60	55	30	1 650	+ 13	13	390
合计	—	200	8 400	—	—	1 320

解　根据上述资料计算:

$$\bar{X} = \frac{\sum xf}{\sum f} = \frac{8\ 400}{200} = 42(件)$$

$$A \cdot D = \frac{\sum |x - \bar{X}|f}{\sum f} = \frac{1\ 320}{200} = 6.6(件)$$

计算表明,200 名工人的日平均产量与每个工人的日产量平均离差 6.6 件。若在可比的条件下,平均差的数值越大,其平均数的代表性则越小。

平均差考虑到总体全部单位标志值的差异,能较准确地反映总体各标志值的平均变异程度,但由于采用离差的绝对值形式,在运用上有较大的局限性。

3. 标准差(σ)

标准差,也称均方差,是指总体各单位标志值与其算术平均数离差平方的算术平均数的平方根。标准差的平方称方差,即 σ^2。

标准差与平均差一样,考虑到总体各单位标志值的变异影响,但在运用上比平均差更为合理。它采用了算术平均数的重要数学性质 $\sum (x-\bar{X})^2 = $ 最小值，使得标准差的计算更精确、更科学。因此，在实际统计工作中，标准差的应用较为广泛。

（1）由未分组资料计算标准差

计算公式为

$$\sigma = \sqrt{\frac{\sum (x-\bar{X})^2}{n}} \qquad (2-29)$$

例 2-19 某车间甲组有 6 名生产工人的日产量（件）如下

$$20,22,23,25,28,30$$

先计算简单算术平均数

$$\bar{X} = \frac{\sum x}{n} = \frac{148}{6} = 24.67(件)$$

再计算各标志值与其算术平均数的离差平方的和

$$\sum (x-\bar{X})^2 = (20-24.67)^2 + (22-24.67)^2 + (23-24.67)^2 + (25-24.67)^2 +$$
$$(28-24.67)^2 + (30-24.67)^2 = 71.34$$

最后求标准差

$$\sigma = \sqrt{\frac{\sum (x-\bar{X})^2}{n}} = \sqrt{\frac{71.34}{6}} = 3.44(件)$$

如果资料中的标志值较大时，也可采用标准差的简化公式计算

$$\sigma^2 = \frac{\sum (x-\bar{X})^2}{n} = \sum (x^2 - 2\bar{X} \cdot x + \bar{X}^2) = \frac{\sum x^2}{n} - 2\bar{X} \cdot \frac{\sum x}{n} + \bar{X}^2$$

$$= \frac{\sum x^2}{n} - (\bar{X})^2 \qquad (2-30)$$

$$\sigma = \sqrt{\bar{x}^2 - (\bar{X})^2} = \sqrt{\frac{\sum x^2}{n} - \left(\frac{\sum x}{n}\right)^2}$$

将上述资料用简化公式计算标准差

$$\sigma = \sqrt{\frac{\sum x^2}{n} - \left(\frac{\sum x}{n}\right)^2} = \sqrt{\frac{20^2 + 22^2 + 23^2 + 25^2 + 28^2 + 30^2}{6} - \left(\frac{148}{6}\right)^2} = 3.44(件)$$

（2）由分组资料计算标准差

其计算公式为

$$\sigma = \sqrt{\frac{\sum (x-\bar{X})^2 f}{\sum f}} \quad 或 \quad \sqrt{\sum (x-\bar{X})^2 \cdot \frac{f}{\sum f}} \qquad (2-31)$$

其简化公式为

$$\sigma = \sqrt{\frac{\sum x^2 f}{\sum f} - \left(\frac{\sum xf}{\sum f}\right)^2} \quad 或 \quad \sqrt{\sum x^2 \cdot \frac{f}{\sum f} - \left(\sum x \cdot \frac{f}{\sum f}\right)^2} \qquad (2-32)$$

例 2-20 某车间工人完成生产定额资料如下表 2-8，计算其标准差。

表 2 – 8   某车间工人完成生产定额资料

按工人完成生产定额分组/%	各组工人占工人总数比重 $\frac{f}{\sum f}$	组中值 x	x^2	$x^2 \cdot \frac{f}{\sum f}$	$x \cdot \frac{f}{\sum f}$
80 ~ 90	16	85	7 225	1 156	13.6
90 ~ 100	12	95	9 025	1 083	11.4
100 ~ 110	48	105	11 025	5 292	50.4
110 以上	24	115	13 225	3 174	27.6
合计	100.0	—	40 500	10 705	103.0

解 $\bar{X} = \sum x \cdot \dfrac{f}{\sum f} = 85 \times 0.16 + 95 \times 0.12 + 105 \times 0.45 + 115 \times 0.24 = 1.03$,即 103%

$$\sigma = \sqrt{\sum x^2 \cdot \frac{f}{\sum f} - \left(\sum x \cdot \frac{f}{\sum f}\right)^2} = \sqrt{10\ 705 - (103)^2} = \sqrt{96} = 9.8\%$$

4. 标志变异系数

上述介绍的各种标志变异指标,其数值的大小会受到标志值变异的程度以及数列平均水平高低的影响,它们适用于两个数列水平相等或相当的条件下比较其离散程度。而对于比较两个不同水平数列的变异程度,需要运用标志变异系数方法计算,消除其平均数不同的影响。

标志变异系数又称离散系数,用 V 表示,它是用标志变异指标与相应的平均数对比求得的系数,具体有

$$全距系数(V_R) = \frac{R}{\bar{X}} \times 100\% \qquad (2-33)$$

$$平均差系数(V_{A \cdot D}) = \frac{A \cdot D}{\bar{X}} \times 100\% \qquad (2-34)$$

$$标准差系数(V_\sigma) = \frac{\sigma}{\bar{X}} \times 100\% \qquad (2-35)$$

在实际应用中,通常都采用标准差系数来测定两个不同水平数列的离散程度。

例 2 – 21 有两个班组的工人日产量资料如表 2 – 9,表 2 – 10 所示,试比较甲乙两组哪一组平均日产量代表性高?

表 2 – 9   甲组

工人序列号	日产量/件
1	3
2	4
3	6
4	7
5	9
6	11
合计	40

表 2 – 10   乙组

工人序列号	日产量/件
1	52
2	58
3	64
4	71
5	75
6	78
合计	398

甲组：

$$\bar{X}_{甲} = \frac{\sum x}{n} = \frac{40}{6} = 6.67(件) \qquad \sigma_{甲} = \sqrt{\frac{\sum(x-\bar{x})^2}{n}} = \sqrt{\frac{45.34}{6}} = 2.75(件)$$

乙组：

$$\bar{X}_{乙} = \frac{\sum x}{n} = \frac{398}{6} = 66.33(件) \qquad \sigma_{乙} = \sqrt{\frac{\sum(x-\bar{x})^2}{n}} = \sqrt{\frac{513.34}{6}} = 9.25(件)$$

由上述计算看出，甲组的标准差值比乙组标准差值小，可以得出甲组平均日产量代表性比乙组高。

但由于两组是不同水平的数列（$\bar{X}_{甲} < \bar{X}_{乙}$），所以，还需要通过计算标准差系数加以判别。

$$V_{\sigma 甲} = \frac{\sigma_{甲}}{\bar{X}_{甲}} \times 100\% = \frac{2.75}{6.67} \times 100\% = 41.23\%$$

$$V_{\sigma 乙} = \frac{\sigma_{乙}}{\bar{X}_{乙}} \times 100\% = \frac{9.25}{66.33} \times 100\% = 13.95\%$$

通过计算标准差系数看出，$V_{\sigma 乙} < V_{\sigma 甲}$，所以，乙组工人的平均日产量代表性高。

三、是非标志的标准差

在社会经济现象中，有时把某种社会经济现象的全部单位分为具有某一标志的单位和不具有某一标志的单位。例如，全部产品分为合格产品和不合格产品两组，全部农作物播种面积分为受灾面积和非受灾面积两组，全部人口分为男性和女性两组等。我们把划分出的这两部分分别用"是"或"否"，"有"或"无"表示，这种用"是"与"非"或"有"与"无"表示的标志称为是非标志或交替标志。如果用 1 表示具备所研究标志的标志值，用 0 表示不具备所研究标志的标志值，全部单位数用 N 表示。具有所研究标志的单位数用 N_1 表示，不具有所研究标志的单位数用 N_0 表示，则 $\frac{N_1}{N}$ 为具有所研究标志的单位数在全部单位中所占的比重即成数，用 p 表示；$\frac{N_0}{N}$ 为不具有所研究标志的单位数在全部单位中所占的比重也即成数，用 q 表示。两个成数之和等于 1，即 $p = \frac{N_1}{N}$，$q = \frac{N_0}{N}$，$N_1 + N_0 = N$，$p + q = 1$。

是非标志的平均数，是是非标志的总体中具有某种性质的成数 p，是一种特殊的平均数。即

$$\bar{x} = \sum x \cdot \frac{f}{\sum f} = 1 \times p + 0 \times q = p \qquad (2-36)$$

或

$$\bar{x} = \frac{1 \times N_1 + 0 \times N_0}{N_1 + N_0} = \frac{N_1}{N_1 + N_0} = \frac{N_1}{N} = p \qquad (2-37)$$

式中　　1——所研究标志的标志值；

0——不具备所研究标志的标志值。

是非标志的标准差是是非标志的总体中具有某种性质的成数 p 与不具有某种性质的成数 q 乘积的平方根。即

$$\sigma = \sqrt{\frac{\sum (x - \bar{x})^2 \cdot f}{\sum f}} = \sqrt{(1 - p)^2 \cdot p + (0 - p)^2 \cdot q} = \sqrt{q^2 p + p^2 q}$$

$$= \sqrt{pq(p + q)} = \sqrt{pq} = \sqrt{p(1 - p)} \tag{2-38}$$

当 $p = q$ 时,是非标志的标准差值为最大。即 $\sigma = \sqrt{p \times q} = \sqrt{0.5 \times 0.5} = 0.5$

思考与练习

一、思考题

1. 简述总量指标的概念和种类?

2. 什么是时期指标和时点指标,它们各有什么特点?

3. 什么是相对指标,其特点作用如何?

4. 相对指标有哪些种类? 举例说明。

5. 什么是平均指标,它有哪些特点,如何分类?

6. 强度相对指标和平均指标的区别如何?

7. 简单算术平均数和加权算术平均数有何关系?

8. 如何理解权数的意义? 举例说明权数在平均数中的作用。

9. 算术平均数和调和平均数的关系如何,什么情况下应计算调和平均数?

10. 什么是众数和中位数,二者各有何特点,如何运用?

11. 什么是标志变动度,其作用如何? 标志变异指标分哪几种,各有什么特点?

12. 什么是是非标志? 什么是成数,有哪些特点?

二、练习题

1. 某企业 2003 年计划利税比上年增长 20%,实际为上年利税的 1.6 倍,试计算该地区 2003 年利税计划完成程度?

2. 某街道居民家庭收入资料如下表所示。

户月收入/元	职工户数/户
500 ~ 900	200
900 ~ 1 300	300
1 300 ~ 1 700	600
1 700 ~ 2 100	800
2 100 ~ 2 500	500
2 500 ~ 2 900	150
2 900 ~ 3 300	100
3 300 ~ 3 700	50
合计	2 700

根据上述资料,计算算术平均数、众数和中位数。

3. 某街道居民家庭收入资料如下表所示。

户月收入/元	占职工总户数的比重/%
900 以下	8
900 ~ 1 300	12
1 300 ~ 1 700	24
1 700 ~ 2 100	32
2 100 ~ 2 500	20
2 500 以上	4
合计	100

根据上述资料,计算算术平均数。

4. 某集团公司下属甲、乙、丙三个子公司计划完成程度资料及计划增加值资料如下表。

子公司	计划完成程度/%	计划增加值/元
甲	110	320 000
乙	98	274 000
丙	106	484 000
合计	—	1 078 000

计算平均计划完成程度。

5. 某银行贷款期限为 15 年,年息是按复利计算的,年利率及有关资料如下表所示。

年利率/%	年数/年
5.5	5
6	5
7	2
8	2
9	1
合计	15

求平均年利率。

6. 甲班 40 名同学平均身高为 170.25 厘米,平均差为 85 厘米;乙班身高资料如下表所示。

身高/厘米	人数/人
150 ~ 160	7
160 ~ 170	10
170 ~ 180	18
180 ~ 190	5
合计	40

比较两班平均身高的代表性。

7. 某企业甲、乙两车间工人数及日产量分组资料如下表。

日产量分组 /件	甲车间工人数 /人	乙车间各组工人数占全部工人数比重 /%
35 ~ 55	140	4
55 ~ 75	320	20
75 ~ 95	100	36
95 以上	240	40
合计	800	100

求:(1)比较哪个车间工人的平均日产量较高;

(2)比较哪个车间的平均日产量更具有代表性。

8. 某工厂生产某种产品合格率为98%,不合格率为2%,求是非标志平均数和标准差。

9. 根据平均数与标准差的性质,回答下列问题:

(1)已知标志平均数等于1 000,标准差系数为25.6%,试问标准差为多少?

(2)已知标志平均数等于12,各标志值平方的平均数为169,试问标准差系数为多少?

(3)已知标准差为3,各标志值平方的平均数为25,试问平均数为多少?

第三章　动态数列

第一节　动态数列的概念

一、动态数列的意义

动态数列又称时间数列、时间序列,它是根据被观察到的以时间为序排列的数据序列,即将现象总体的指标数值,按其时间的先后顺序排列形成的数列。

例3-1　将某企业2000～2006年生产完成的某产品产量按时间先后顺序排列形成的动态数列,如下表3-1所示。

表3-1　动态数列示例表

年份	2000年	2001年	2002年	2003年	2004年	2005年	2006年
产品产量/台	2 500	3 050	3 800	4 600	5 500	6 800	7 600

从上表3-1可以看出,动态数列有两个基本要素构成:一是现象所属的时间,二是反映现象发展水平的指标数值。

研究动态数列的意义:

1. 能够描述社会经济现象的发展状况和结果;

2. 能够研究社会经济现象的发展速度、发展趋势和平均水平,探索社会经济现象发展变化的规律,并据以对未来进行统计预测;

3. 能够利用不同的但互相联系的时间数列进行对比分析或相关分析;

二、动态数列的种类

动态数列按排列指标的表现形式不同,可分为总量指标时间数列、相对指标时间数列和平均指标时间数列。其中,总量指标时间数列是基本数列,其余两种是派生数列。

（一）总量指标时间数列

总量指标时间数列中的各项数据都是总量指标,即绝对数,也称为绝对数时间数列,它可以分析社会经济现象的发展变化过程及其所达到的水平。总量指标时间数列按其性质的不同又可分为时期数列和时点数列。

1. 时期数列

时间数列中的每一个指标数值都是反映现象在某一段时期内的发展结果,即时期指标。由时期指标形成的时间数列称时期数列,如表3-1。时期数列与时期指标的特点一样,数列中的各个指标数值,都是反映现象在各个时期内发展的总量,具有可加性;各个指标数值的大小与其所属的时期长短直接相关;各个指标数值是通过连续不断的登记取得的。

2. 时点数列

时间数列中的每一个指标数值都是反映现象在某一时点上的状态或达到的水平,即时点指标。由时点指标形成的时间数列称时点数列,如表 3 – 2 所示。时点数列与时点指标的特点一样,各个时点的指标数值不具有可加性;其数值的大小与时间间隔的长短无直接关系;各个时点指标值通常是相隔一定时点一次性登记取得的。

表 3 – 2 时点数列示例表

时间	1 月 1 日	2 月 1 日	3 月 1 日	4 月 1 日
职工人数/人	900	903	905	903

（二）相对指标时间数列

相对指标时间数列是由不同时期或时点的同类相对指标按时序先后排列而成的时间数列,它是由两个总量指标时间数列对比计算得出的。由于是总量指标时间数列的派生数列,因此,其对比依据掌握资料的不同有三种情况:一是两个时期数列的对比,二是两个时点数列的对比,三是一个时期数列和一个时点数列的对比。

（三）平均指标时间数列

平均指标时间数列是由不同时期或时点的同类平均指标按时序先后排列的时间数列。它能反映现象一般水平的发展过程及其趋势,如把职工若干年的平均工资按时序排列形成的时间数列。平均指标时间数列也是总量指标时间数列的派生数列,它与相对指标时间数列一样,具有上述相同的三种对比情况。

三、动态数列的编制原则

编制动态数列的目的是要通过对数列中的各个指标加以对比分析,来研究现象的发展变化过程及规律性。因此,保证数列中各个指标的可比性,就成为编制动态数列遵循的基本原则。

1. 时期长短应该相等

就时期数列和时点数列而言,分别体现在时期长短和时间间隔两方面。对于时期数据,由于其中各指标数值大小与时期长短大体呈同方向增长关系,因而其时间长短一般应该相等,这样才可以直接对时期数据进行比较;对于时点数据,要求各个指标数值的时间间隔尽量相等,只有这样才能更准确、更直接的反映现象发展的过程及其规律性。

2. 总体范围应该一致

时间数列中的各类统计指标所反映的总体范围应该前后一致。如果研究的范围发生了变化,即使统计指标和意义都不变,其统计结果也没有意义,不具有可比性。

3. 指标的经济内容应该相同

指标的经济内容是由其理论内涵所决定的,随着社会经济条件的变化,同一名称的指标,其经济内容也会发生变化。因此,在编制时间数列时,必须注意各个指标在经济内容上的同质性。如果不注意这一问题,对经济内容已发生变化的指标值不加区别和调整,就可能导致错误的分析结论。

4. 指标的计算方法和计量单位应该一致

各个指标的计算方法如果不一致,就不便于进行动态比较;指标的计量单位不一致,同样也会使各指标数值之间缺乏可比性。

第二节 动态数列的水平指标

一、发展量

时间数列中的各个指标数值,称为发展量或发展水平,它是计算其他动态数列分析指标的基础。

发展水平按照在时间数列中所处的位置不同,可分为最初水平、中间水平和最末水平。如果用符号 $a_0, a_1, a_2, \cdots, a_{n-1}, a_n$ 代表时间数列中的各个发展水平,则 a_0 就是最初水平,a_n 就是最末水平,其余为中间水平。按照对比的位置不同,可分为报告期水平和基期水平。研究现象所属的那个时期(时点)的发展水平,称为报告期水平;被用来进行比较的基础时期(时点)的发展水平,称为基期水平。

二、增减量

增减量也称增减水平,它是报告期发展水平与基期发展水平相减之差,表明现象在一定时期内增加或减少的绝对量。若两者相减之差为正,称为增加量;两者相减之差为负,称为减少量。

增减水平按选择的基期不同,分为逐期增减水平和累计增减水平。逐期增减水平是指报告期发展水平与前一期发展水平的差;累计增减水平是指报告期发展水平与某一固定时期发展水平的差。以符号表示为

逐期增减水平:$a_1 - a_0, a_2 - a_1, \cdots, a_n - a_{n-1}$

累计增减水平:$a_1 - a_0, a_2 - a_0, \cdots, a_n - a_0$

逐期增减水平与累计增减水平存在如下关系:

1. 各期逐期增减水平之和等于累计增减水平,即

$$(a_1 - a_0) + (a_2 - a_1) + \cdots + (a_n - a_{n-1}) = a_n - a_0$$

2. 相邻两个累计增减水平之差等于相应的逐期增减水平,如

$$(a_5 - a_0) - (a_4 - a_0) = a_5 - a_4$$

逐期增减水平和累计增减水平的关系可以通过表3-3资料加以验证。

表3-3 增减水平计算示例表 （单位:吨）

年份		2000 年	2001 年	2002 年	2003 年	2004 年	2005 年	2006 年
发展水平	产量	2 500	2 630	2 770	2 930	3 150	3 510	3 900
增减水平	逐期	—	130	140	160	220	360	390
	累计	—	130	270	430	650	1 010	1 400

三、平均发展水平

将不同时间的发展水平加以平均而得到的平均数称为平均发展水平,又称序时平均数或动态平均数。

序时平均数和前面介绍的一般平均数都是反映现象的一般水平,但是,两者之间却有区别。其一,序时平均数所平均的是现象在不同时期(时点)上的数量差异,一般平均数平均的是现象在同一时间上的数量差异;其二,序时平均数研究的是现象的动态发展水平,一般平均数研究的是现象在静态上的某个数量标志的一般水平;其三,序时平均数计算的依据是时间数列。一般平均数计算的依据是变量数列。

序时平均数依据时间数列中采用的指标形式的不同,其计算方法也不同。

(一)由总量指标时间数列计算序时平均数

总量指标时间数列按性质分时期数列和时点数列,它们有着不同的计算方法。

1. 由时期数列计算序时平均数

由于时期数列中的各项指标值具有可加性的特点,所以,用时期数列资料计算序时平均数,只需要将各期指标值相加,再除以时期项数即可。其计算公式为

$$\bar{a} = \frac{a_1 + a_2 + \cdots + a_n}{n} = \frac{\sum a}{n} \tag{3-1}$$

式中 $\bar{a}$——序时平均数;

　　　a——各个时期的发展水平;

　　　n——时期的项数。

例 3-2　现以表 3-3 资料为例计算序时平均数:

$$\bar{a} = \frac{2\,500 + 2\,630 + 2\,770 + 2\,930 + 3\,150 + 3\,510 + 3\,900}{7} = 3\,055.71(吨)$$

2. 由时点数列计算序时平均数

根据时点数列资料表达的不同,其计算序时平均数的方法也不同。

(1)由连续时点数列计算序时平均数,分两种情况。

第一,间隔相等的连续时点数列,采用简单算术平均法。

例 3-3　某单位某月份每天工人人数的统计资料显示,1 日 210 人,2 日 211 人,3 日 210 人…,29 日 215 人,30 日 214 人。上述资料计算序时平均数,将各点(日)指标值相加,除以时点个数(n)即求得序时平均数。公式为

$$\bar{a} = \frac{a_1 + a_2 + \cdots + a_n}{n} = \frac{\sum a}{n} \tag{3-2}$$

第二,间隔不等的连续时点数列,采用加权平均法。计算公式为

$$\bar{a} = \frac{a_1 f_1 + a_2 f_2 + \cdots + a_n f_n}{f_1 + f_2 + \cdots + f_n} = \frac{\sum af}{\sum f} \tag{3-3}$$

式中 f——每次变动持续的时间间隔长度。

例 3-4　在例 3-3 中,将每天的工人人数加以整理,用表 3-4 来表示:

表 3 – 4　某单位某月份工人人数资料表

工人人数 a/人	210	211	212	214	215
天数 f/天	6	6	9	4	5

该月份日平均工人人数 $= \dfrac{\sum af}{\sum f} = \dfrac{210 \times 6 + 211 \times 6 + 212 \times 9 + 214 \times 4 + 215 \times 5}{30} = 212（人）$

（2）由间断时点数列计算序时平均数。

在实际统计工作中，通常是每隔一定的时间统计一次，时点一般定在期初或期末（如月初、月末等），这样每次统计的间隔相等；有时仅是当现象的数量发生变动时进行统计，这样每次统计的间隔就不相等。因此，计算序时平均数也就分为两种情况。

第一，间隔相等的间断时点数列，计算公式为

$$\bar{a} = \frac{\dfrac{a_1}{2} + a_2 + \cdots + a_{n-1} + \dfrac{a_n}{2}}{n - 1} \tag{3-4}$$

式中　n——时点项数。

公式中分子的首项和末项均以 $\dfrac{1}{2}$ 为系数，因此，这种方法也被称之为"首尾折半法"。

例 3 – 5　根据表 3 – 5 中资料，计算第三季度平均职工人数。

表 3 – 5　某工厂 2005 年 6~9 月末职工人数

时间	6 月 30 日	7 月 31 日	8 月 31 日	9 月 30 日
职工人数/人	1 250	1 248	1 258	1 264

解　$\bar{a} = \dfrac{\dfrac{a_1}{2} + a_2 + \cdots + a_{n-1} + \dfrac{a_n}{2}}{n - 1} = \dfrac{\dfrac{1\,250}{2} + 1\,248 + 1\,258 + \dfrac{1\,264}{2}}{4 - 1} = 1\,254（人）$

第二，间隔不等的间断时点数列，计算公式为

$$\bar{a} = \frac{\dfrac{a_1 + a_2}{2} f_1 + \dfrac{a_2 + a_3}{2} f_2 + \cdots + \dfrac{a_{n-1} + a_n}{2} f_{n-1}}{f_1 + f_2 + \cdots + f_{n-1}} \tag{3-5}$$

式中　f——时间间隔的长度。

例 3 – 6　根据表 3 – 6 资料计算该商场全年平均商品库存额。

表 3 – 6　某商场某年商品库存额

时间	1 月 1 日	3 月 31 日	5 月 31 日	9 月 30 日	12 月 31 日
库存额/万元	5.2	3.6	3.0	4.2	5.6

解　计算过程如下

$$\bar{a} = \frac{\dfrac{a_1 + a_2}{2}f_1 + \dfrac{a_2 + a_3}{2}f_2 + \cdots + \dfrac{a_{n-1} + a_n}{2}f_{n-1}}{f_1 + f_2 + \cdots + f_{n-1}}$$

$$= \frac{\dfrac{5.2 + 3.6}{2} \times 3 + \dfrac{3.6 + 3.0}{2} \times 2 + \dfrac{3.0 + 4.2}{2} \times 4 + \dfrac{4.2 + 5.6}{2} \times 3}{3 + 2 + 4 + 3}$$

$$= 4.075(万元)$$

计算结果表明,该商场全年平均商品库存额为 4.075 万元。

根据间断的时点数列计算序时平均数带有一定程度的假定性,即假定现象在相邻时点之间的变动是均匀的。实际上各种现象不可能都是均匀变动的,因而所求得的结果只能是一个近似值。

(二)由相对指标时间数列计算序时平均数

相对指标时间数列是总量指标时间数列的派生数列,它一般是由两个有联系的总量指标时间数列的相应项对比得到的相对指标所构成的。由于相对指标不能直接相加,所以,根据相对指标时间数列计算序时平均数时,应分别计算其分子数列的序时平均数($\bar{a}$)和分母数列的序时平均数($\bar{b}$),然后,将这两个序时平均数对比,即得到相对指标时间数列的序时平均数($\bar{c}$)。根据分子、分母数列资料是否属于时期数列或时点数列的不同,分有三种情况。

1. 分子、分母数列均为时期数列

其计算公式如下

$$\bar{c} = \frac{\bar{a}}{\bar{b}} = \frac{\dfrac{\sum a}{n}}{\dfrac{\sum b}{n}} = \frac{\sum a}{\sum b} \tag{3-6}$$

根据所掌握的资料的不同,上述计算公式可以加以变形运用。

由于 $c = \dfrac{a}{b}$,所以,$a = bc$ 或 $b = \dfrac{a}{c}$ 就有

$$\bar{c} = \frac{\sum a}{\sum b} = \frac{\sum bc}{\sum b} \quad 和 \quad \bar{c} = \frac{\sum a}{\sum b} = \frac{\sum a}{\sum \dfrac{a}{c}} \tag{3-7}$$

例 3-7 某企业第三季度生产情况如表 3-7 所示。

表 3-7 某企业第三季度生产情况表

月份	7月	8月	9月
实际产值 a/万元	360	550	714
计划产值 b/万元	400	500	700
计划完成 c/%	90	110	102

如果掌握的资料是分子 a 和分母 b,则第三季度月平均产值计划完成程度为

$$\bar{c} = \frac{\sum a}{\sum b} = \frac{360 + 550 + 714}{400 + 500 + 700} = 101.5\%$$

如果掌握的资料是分母 b 和相对数 c，则第三季度月平均产值计划完成程度为

$$\bar{c} = \frac{\sum a}{\sum b} = \frac{\sum bc}{\sum b} = \frac{400 \times 0.90 + 500 \times 1.1 + 700 \times 1.02}{400 + 500 + 700} = 101.5\%$$

如果掌握的资料是分子 a 和相对数 c，则第三季度月平均产值计划完成程度为

$$\bar{c} = \frac{\sum a}{\sum b} = \frac{\sum a}{\sum \dfrac{a}{c}} = \frac{360 + 550 + 714}{\dfrac{360}{0.9} + \dfrac{550}{1.1} + \dfrac{714}{1.02}} = 101.5\%$$

2. 分子、分母均为时点数列

由时点数列计算序时平均数，有连续和间断之分。而连续时点数列计算序时平均数较为简单，这里主要介绍间断的间隔相等时点数列求序时平均数的计算方法。

由两个间隔相等的间断时点数列对比，分子和分母均采用"首尾折半法"，然后再将两值相比得出序时平均数。计算公式如下

$$\bar{c} = \frac{\bar{a}}{\bar{b}} = \frac{\dfrac{\dfrac{a_1}{2} + a_2 + a_3 + \cdots + a_{n-1} + \dfrac{a_n}{2}}{n-1}}{\dfrac{\dfrac{b_1}{2} + b_2 + b_3 + \cdots + b_{n-1} + \dfrac{b_n}{2}}{n-1}} = \frac{\dfrac{a_1}{2} + a_2 + a_3 + \cdots + a_{n-1} + \dfrac{a_n}{2}}{\dfrac{b_1}{2} + b_2 + b_3 + \cdots + b_{n-1} + \dfrac{b_n}{2}} \quad (3-8)$$

例 3 - 8　根据表 3 - 8 资料，求该企业第二季度生产工人占全部职工人数的平均比重。

表 3 - 8　某企业第二季度生产工人与全部职工人数资料

时间	3 月 31 日	4 月 30 日	5 月 31 日	6 月 30 日
生产工人数 a	645	670	695	710
全部职工数 b	805	826	830	854
生产工人占全部职工的比重 $c/\%$	80.1	81.1	83.7	83.1

解　$\bar{c} = \dfrac{\bar{a}}{\bar{b}} = \dfrac{\dfrac{a_1}{2} + a_2 + a_3 + \cdots + \dfrac{a_n}{2}}{\dfrac{b_1}{2} + b_2 + b_3 + \cdots + \dfrac{b_n}{2}} = \dfrac{\dfrac{645}{2} + 670 + 695 + \dfrac{710}{2}}{\dfrac{805}{2} + 826 + 830 + \dfrac{854}{2}} = 0.8218$，即 82.18%

3. 分子、分母分别为时期数列和时点数列

由一个时期数列与一个时点数列对比求序时平均数，其计算公式依据分子数列和分母数列的性质、类别而定。

例 3 - 9　根据表 3 - 9 中的资料计算该企业第一季度工人平均每月劳动生产率。

表 3 – 9　某企业 1 ~ 4 月份工人劳动生产率

月份	1 月	2 月	3 月	4 月
月初工人人数 b/ 人	100	120	114	134
工业增加值 a/ 万元	132.00	163.80	193.44	224.36
工人平均劳动生产率 c/（万元/人）	1.20	1.40	1.56	1.58

解　工人平均劳动生产率属于平均指标，要计算其序时平均数，首先要计算分子数列（工业增加值）和分母数列（工人人数）的序时平均数。

分子数列属于时期数列，按其公式计算为

$$\bar{a} = \frac{\sum a}{n} = \frac{132 + 163.8 + 193.44}{3} = 163.08（万元）$$

分母数列属于时点数列，按其公式计算为

$$\bar{b} = \frac{\frac{b_1}{2} + b_2 + b_3 + \cdots + \frac{b_n}{2}}{n - 1} = \frac{\frac{100}{2} + 120 + 114 + \frac{134}{2}}{4 - 1} = 117（人）$$

所以工人平均每月劳动生产率 $\bar{c} = \dfrac{\bar{a}}{\bar{b}} = \dfrac{163.08}{117} = 1.39（万元/人）$

（三）由平均指标时间数列计算序时平均数

平均指标时间数列可由一般平均数或序时平均数组成，由于这两种平均数各有不同的特点，因此，由它们组成的动态数列计算序时平均数的方法也不尽相同。由一般平均数组成的平均指标时间数列和相对数时间数列一样，是由两个总量指标对比形成的，其计算序时平均数的方法和相对数计算序时平均数的方法基本相同。由序时平均数组成的平均指标时间数列计算序时平均数，如时期相等，可直接采用简单算术平均法计算；如时期不等，则以时期长度（f）为权数，采用加权算术平均法计算。

四、平均增减量

平均增减量是用来说明某种现象在一个较长的时期内平均每期增减的绝对数量。其计算公式为

$$平均增减量 = \frac{逐期增减量之和}{逐期增减量个数} = \frac{累计增减量}{时间数列项数 - 1} \tag{3 – 9}$$

例 3 – 10　以表 3 – 3 中的资料计算平均增减量，则

$$平均增减量 = \frac{130 + 140 + 160 + 220 + 360 + 390}{6} = \frac{1\,400}{7 - 1} = 233.33（吨）$$

第三节　动态数列的速度指标

一、发展速度

发展速度就是将不同时期的两个发展水平进行动态对比而得出的相对数，借以表明现象在时间上发展变动的程度。通常以百分数（%）或倍数表示。其公式为

$$发展速度 = \frac{报告期水平}{基期水平} \times 100\% \qquad (3-10)$$

发展速度由于采用的基期不同,可分为环比发展速度和定基发展速度两种。

1. 环比发展速度

环比发展速度是用报告期水平与前一期水平对比,表明现象逐期的发展程度。其计算公式为

$$环比发展速度 = \frac{报告期水平}{报告期前一期水平} \times 100\% \qquad (3-11)$$

若时间数列各期的发展水平为 $a_0, a_1, a_2, \cdots, a_{n-1}, a_n$

则环比发展速度为 $\frac{a_1}{a_0}, \frac{a_2}{a_1}, \frac{a_3}{a_2}, \cdots, \frac{a_n}{a_{n-1}}$。

2. 定基发展速度

定基发展速度是用报告期水平与某一固定基期水平(通常为最初水平)对比,表明现象在一个较长时间内发展变动的程度。

$$定基发展速度 = \frac{报告期水平}{固定基期水平} \times 100\% \qquad (3-12)$$

则有
$$\frac{a_1}{a_0}, \frac{a_2}{a_0}, \frac{a_3}{a_0}, \cdots, \frac{a_n}{a_0}$$

环比发展速度与定基发展速度具有如下关系:

(1)各期环比发展速度的连乘积等于相应的定基发展速度,即

$$\frac{a_1}{a_0} \times \frac{a_2}{a_1} \times \frac{a_3}{a_2} \times \cdots \times \frac{a_n}{a_{n-1}} = \frac{a_n}{a_0} \qquad (3-13)$$

(2)两个相邻的定基发展速度之商等于相应的环比发展速度,即

$$\frac{a_n}{a_0} \div \frac{a_{n-1}}{a_0} = \frac{a_n}{a_{n-1}} \qquad (3-14)$$

二、增减速度

增减速度是各期的增减量与其基期水平之比,用于说明报告期水平比基期水平增减变化的相对程度。用公式表示为

$$增减速度 = \frac{增减量}{基期水平} \times 100\% = \frac{报告期水平 - 基期水平}{基期水平} \times 100\% = 发展速度 - 1(或100\%)$$

$$(3-15)$$

可见,增减速度是发展速度减去 1 或者 100% 的结果。计算结果若是正值,则叫增长速度,也可叫增长率;若是负值,则叫降低速度,也可叫降低率。由于发展速度采用对比基期的不同分为环比发展速度和定基发展速度,因而,增减速度也有环比增减速度和定基增减速度之分。

即　　　　　　　环比增减速度 = 环比发展速度 - 1(或100%)
　　　　　　　　　定基增减速度 = 定基发展速度 - 1(或100%)

需要指出,环比增减速度和定基增减速度之间不能直接进行换算,必须借助于发展速度进行相应的推算或换算。

表 3 - 10　某企业 2000 ~ 2005 年某产品产量资料表

年份		2000 年	2001 年	2002 年	2003 年	2004 年	2005 年
产品产量/吨		2 180	2 460	2 785	3 123	3 790	4 580
		a_0	a_1	a_2	a_3	a_4	a_5
发展速度 /%	环比	—	112.84	113.21	112.14	121.36	120.84
	定基	100	112.84	127.75	143.26	173.85	210.09
增减速度 /%	环比	—	12.84	13.21	12.14	21.36	20.84
	定基	—	12.84	27.75	43.26	73.85	110.09

三、平均发展速度和平均增减速度

平均发展速度反映现象逐期发展速度的平均程度,是各个时期环比发展速度的动态平均数,说明社会经济现象在较长时期内速度变化的平均程度。平均增减速度是各个时期环比增减速度的动态平均数,它可以直接由平均发展速度减 1 得到。

平均发展速度是一个十分重要并得到广泛运用的动态分析指标,经常用来对比不同发展阶段的不同发展速度,还用来对比不同国家或地区经济发展的不同情况。

平均发展速度的计算有两种方法:水平法(几何平均法)和累计法(方程式法)。

几何平均法的出发点是:平均发展速度是总速度的平均,但现象发展的总速度,不等于各期发展速度之和,而等于各期环比发展速度的连乘积。而一段时期的定基发展速度即为现象的总速度。因而几何平均法直接用各期环比发展速度的连乘积等于定基发展速度的关系,得出平均发展速度的计算公式:

$$\overline{X} = \sqrt[n]{x_1 x_2 x_3 \cdots x_n}, \overline{X} = \sqrt[n]{\frac{a_1}{a_0} \times \frac{a_2}{a_1} \times \cdots \times \frac{a_n}{a_{n-1}}} = \sqrt[n]{\frac{a_n}{a_0}} \qquad (3 - 16)$$

式中　$\overline{X}$——平均发展速度;

　　　x_n——各期环比发展速度;

　　　n——环比发展速度的项数;

　　　a_n——各期发展水平。

例 3 - 11　已知 2001 年至 2005 年各年生产总值的环比发展速度分别为 130%,116%,106%,128% 和 110%,试计算 2001 年至 2005 年平均每年的发展速度。

根据式(3 - 16)计算如下

$$\overline{X} = \sqrt[n]{x_1 x_2 x_3 \cdots x_n} = \sqrt[5]{1.3 \times 1.16 \times 1.06 \times 1.28 \times 1.11} = 1.256\ 6 = 125.66\%$$

即 2001 年至 2005 年生产总值平均每年的发展速度为 125.66%。

累计法是以各期发展水平的总和与某一基期水平之比为基础,利用一元高次方程计算平均发展速度的方法。计算公式为

$$\overline{X} + \overline{X}^2 + \overline{X}^3 + \cdots + \overline{X}^n = \frac{\sum a_i}{a_0} \qquad (3 - 17)$$

式中　$\sum a_i$——各期发展水平的总和。

解出这个高次方程的正根,就是所求的平均发展速度。在实际中,计算比较麻烦,一般

根据事先编好的《平均发展速度表》来计算。

第四节　动态数列的趋势分析

一、动态数列趋势分析的意义

编制动态数列的目的,就是要通过对动态数列的分析研究,认识现象发展变化的趋势及其规律性。

动态数列各项发展水平的变化,是由许多复杂因素共同作用的结果。影响因素归纳起来大体上有以下四类。

(一)长期趋势

长期趋势是动态数列中的最基本因素,它是指现象在一段较长的时间内,由于普遍的、持续的、决定性的基本因素的作用,使发展水平沿着一个方向,逐渐向上或向下变动的趋势。例如,粮食生产由于种植方法的不断改良,日益发达的农田水利等根本因素的影响,较长时期看来,粮食生产的总趋势是持续增加,向上发展的。认识和掌握事物的长期趋势,可以把握事物发展变化的基本特点。

(二)季节变动

季节变动是指由于受到自然条件或社会条件的影响,而使事物发生季节性的变动。其变动的特点是,在一年或更短的时间内随着时序的更换,使现象呈周期重复的变化。季节变动的影响有以年为周期的,也有以日、周、月为周期的。认识和掌握季节变动,对于近期行动决策有重要作用。

(三)循环变动

循环变动是指现象持续若干时期的上下周期波动。它不同于朝单一方向持续发展的长期趋势,也不同于波动周期长短不一的季节波动。引起循环变动可能由于不同的原因,使得变动的周期长短不同,常在一年以上甚至七八年,十多年。各期始末亦难定为何年何月,上下波动程度也不相同。

(四)不规则变动

不规则变动是指现象除了受以上各种变动的影响外,还受临时的、偶然因素或不明原因而引起的非周期性、非趋势性的随机变动。不规则变动是无法预知的。

动态数列趋势分析就是要把动态数列中受各类因素的影响状况分别测定出来,搞清研究对象发展变化的原因及其规律,为预测未来和决策提供依据。

上述四种因素之间的关系可以用加法模型和乘法模型来描述。用 T,S,C,I 分别表示长期趋势、季节变动、循环变动和不规则变动,用 Y 表示动态数列变量的观察值。则加法模型可以表示为 $Y=T+S+C+I$,乘法模型可以表示为 $Y=T\times S\times C\times I$。

在加法模型中,S,C,I 均是对 T 的定量偏差,四种因素彼此独立,都用原始单位表示。在乘法模型中,趋势变动因素通常用原始单位表示,其余三个因素用相对数或百分数表示。一般来说,长期趋势和季节变化属于常态现象,$T\times S$ 称为常态变化,$C\times I$ 称为剩余变动。

这里仅介绍通常使用的两种方法,即长期趋势和季节变动的测定。

二、长期趋势的测定

长期趋势的测定就是用一定的方法对动态数列进行修匀,使修匀后的数列排除季节变动、循环变动和无规则变动等因素的影响,显示出现象变动的基本趋势,作为预测的依据。测定长期趋势的方法主要有时距扩大法、移动平均法和数学模型法。数学模型又有线性模型和非线性模型之分,本教材仅介绍线性模型法。

(一)时距扩大法

时距扩大法是对长期的动态数列资料进行修匀的一种简便方法。它是把原有动态数列中各时期资料加以合并,扩大每段计算所包括的时间,得出较长时距的新动态数列,以消除由于时距较短受偶然因素影响所引起的波动,清楚地显示现象变动的趋势和方向。

时距扩大法修匀可以用扩大时距后的总量指标表示,也可以用扩大时距后的平均指标表示。前者只适用于时期数列,后者可以用于时期数列和时点数列。

例 3 – 12 某企业 2005 年各月某产品产量资料如表 3 – 11 所示。

表 3 – 11   某企业 2005 年各月某产品产量资料   (单位:台)

月份	1 月	2 月	3 月	4 月	5 月	6 月	7 月	8 月	9 月	10 月	11 月	12 月
产量	800	850	820	860	840	880	860	850	920	940	920	980

从表中看出,该企业各月的产品产量有上升的发展趋势,但月与月之间有交替升降的现象,趋势并不显著。如果将各月产量资料合并为按季的资料,即扩大时距,则得到表 3 – 12 所示。

表 3 – 12   某企业 2005 年各季某产品产量资料   (单位:台)

季度	一季度	二季度	三季度	四季度
产量	2 470	2 580	2 630	2 840

在修匀后的新数列中,可以明显地反映该企业某产品产量的发展趋势是逐季上升的。

采用时距扩大法,在确定时距时,应注意时距的大小要适中。如果时距扩大不够就不能消除现象变动中的偶然因素;如果时距过长,修匀后新数列的指标就太少,会掩盖现象发展的具体趋势。

(二)移动平均法

移动平均法是采用逐项递推移动的方法计算一系列扩大的时距的序时平均数,并以这一系列移动平均数作为对应时期趋势值。通过移动平均数对数列修匀,可以更深刻地描述现象发展的基本趋势。

移动平均时所采用的扩大时距,也应由动态数列的具体特点所决定。同时距扩大法一样,要注意数列水平波动的周期性。一般要求扩大的时距与周期变动的时距相吻合,或为它的整倍数。例如,对于具有季度资料的时期数列,经受每年季节性的涨落,必须消除季节变动因素,以运用四项或八项移动平均为宜。在以年为单位的数据形成的动态数列不存在季节变动因素,因此要消除的是循环变动和不规则变动因素。可借助于对动态数列的观察,循环周期大体几年,就相应采用几年移动平均。若数列水平呈无规则的波动,也是采取逐步扩大时距的办法,直到所求的移动平均数把现象变动趋势表现出来。

移动平均法的具体做法是从动态数列的第一项数值开始,按一定项数求序时平均数,逐项移动,得出一个由移动平均数构成的新的动态数列,这个派生数列把某些偶然因素影响所出现的波动修匀了,使整个数列的总趋势更加明显。移动平均法根据资料的特点及研究的具体任务,可以进行三项、四项乃至五项或更多项移动平均。奇数项移动平均所得的数值放在中间一项的位置上;偶数项移动平均所得的数值放在中间两项位置的中间,它需要移正平均,被移动平均的项数越多,对原数列修匀的作用越大,但得到的新动态数列的项数越少。

现以表3-13的资料说明移动平均法的运用。

表3-13　某纺织企业某年各月生产棉布资料

月份	产量/万米	三项移动平均
1 月	633	—
2 月	623	633
3 月	643	638.7
4 月	650	644.3
5 月	640	646
6 月	648	647.3
7 月	654	656
8 月	666	663.3
9 月	670	678.7
10 月	700	681
11 月	673	687.7
12 月	690	—

从上表可以看出移动平均的结果使短期偶然因素引起的波动被削弱,整个动态数列被修匀得更加平滑,波动趋于平稳。

移动平均法的优点是较充分地利用原数列的各项数据,使简化了的新数列既能明显地显示长期趋势,又比较贴近原数列而保持其真实性。但它所形成的新数列项数比原数列项数少,两端数值缺项,不便于直接根据修匀后的数列进行预测。

采用移动平均法修匀时间数列,要注意以下几点。①如果现象的变动具有周期性或存在自然周期,应以周期长度及其倍数作为移动平均的项数。②移动平均的项数与修匀效果的好坏有直接联系。一般来说,项数越多,修匀效果越好;但另一方面,项数越多,首尾损失的信息也越多。因此,在具体应用移动平均法时,需要在这两者之间进行权衡。③当移动项数为偶数时,要进行二次移动平均(第二次为两项移动平均)。因为偶数项移动需二次移动平均,同时损失的信息也较奇数项移动稍多,所以一般应采用奇数项移动。④移动平均法适用于直线型趋势的修匀,而不适用于曲线型趋势的修匀,原因是它采用了简单算术平均的方法。⑤移动平均法一般只用于对时间数列修匀,不能用来预测。

(三)数学模型法

1. 半数平均法

半数平均法是对直线趋势拟合的一种方法。它是把时间数列的各项指标均分为两段,分别求其平均数,可得两点$(\bar{t}_1, \bar{y}_1)$和$(\bar{t}_2, \bar{y}_2)$,将其分别代入直线方程$y_t = a + bt$,可求得参数a, b,即

$$\bar{y}_1 = a + b\bar{t}_1, \bar{y}_2 = a + b\bar{t}_2, a = \bar{y}_1 - b\bar{t}_1 = \bar{y}_2 - b\bar{t}_2, b = \frac{\bar{y}_2 - \bar{y}_1}{\bar{t}_2 - \bar{t}_1} \qquad (3-18)$$

例 3-13 根据表 3-14 中的资料求该企业的直线趋势方程。

表 3-14 某企业某产品产量资料 (单位:万吨)

年份	t	产量 y
1991 年	0	2.3
1992 年	1	2.5
1993 年	2	2.6
1994 年	3	2.4
1995 年	4	2.3
1996 年	5	2.6
1997 年	6	2.8
1998 年	7	3.0
1999 年	8	3.2
2000 年	9	3.1
合计	45	26.8

$$\bar{t}_1 = (0 + 1 + 2 + 3 + 4) \div 5 = 2$$
$$\bar{y}_1 = (2.3 + 2.5 + 2.6 + 2.4 + 2.3) \div 5 = 2.42$$
$$\bar{t}_2 = (5 + 6 + 7 + 8 + 9) \div 5 = 7$$
$$\bar{y}_2 = (2.6 + 2.8 + 3.0 + 3.2 + 3.1) \div 5 = 2.94$$

代入参数a, b公式:

$$b = \frac{2.94 - 2.42}{7 - 2} = 0.104, a = 2.472 - 0.104 \times 2 = 2.21$$

直线趋势方程为

$$y_t = 2.21 + 0.104t。$$

采用半数平均法,当时间数列的项数n为偶数时,每部分有$n/2$项,每部分中点时间为每部分中间时间之和除以2。当时间数列的项数n为奇数时,中间一项不予考虑(或考虑两次)。

2. 最小平方法

最小平方法,也是以数学方程拟合历史曲线的一种方法,在数学上,对于直线拟合,这种方法较之半数平均法严格,并且可以对现象作抛物线、指数曲线及其他形式的高次曲线的拟合。

直线趋势拟合:当原时间数列呈直线变动时,我们可以用一条直线来拟合它,设直线方程为

$$Y_t = a + bt \qquad (3-19)$$

式中 Y_t——动态数列的趋势值;

t——时间;

a——直线在轴上的截距;

b——直线斜率,表示t每增加一个单位y的变动值。

根据最小平方法 $\sum (y - y_t)^2 =$ 最小值

将 $Y_t = a + bt$ 代入 $\sum (y - y_t)^2 =$ 最小值

导出联立方程:

$$\sum y = na + b\sum t$$

$$\sum yt = a\sum t + b\sum t^2$$

解联立方程可求出直线方程式的参数 a, b,即

$$b = \frac{n\sum ty - \sum t \cdot \sum y}{n\sum t^2 - (\sum t)^2}, \quad a = \frac{\sum y}{n} - b\frac{\sum t}{n} = \bar{y} - b\bar{t} \qquad (3-20)$$

例 3-14 某企业 2000~2005 年家用洗衣机产量资料表 3-15 所示。

表 3-15 某企业 2000~2005 年家用洗衣机产量资料 　　　　　　　　(单位:千台)

年份	产量 y	t	t^2	ty	y_t
2000 年	68	0	0	0	67.3
2001 年	71	1	1	71	71.4
2002 年	75	2	4	150	75.5
2003 年	79	3	9	237	79.5
2004 年	84	4	16	336	83.6
2005 年	88	5	25	440	87.7
合计	465	15	55	1 234	465

将 $n = 6$,$\sum t = 15$,$\sum y = 465$,$\sum t^2 = 55$,$\sum ty = 1\,234$ 代入参数 a, b 公式:

$$b = \frac{n\sum ty - \sum t\sum y}{n\sum t^2 - (\sum t)^2} = \frac{6 \times 1\,234 - 15 \times 465}{6 \times 55 - 15^2} = 4.08$$

$$a = \frac{\sum y}{n} - b\frac{\sum t}{n} = \frac{465}{6} - 4.09 \times \frac{15}{6} = 67.3$$

直线方程式为

$$y_t = 67.3 + 4.08t$$

有时,为简化 a 和 b 的计算,可以使时间在重排后满足 $\sum t = 0$,则有

$$b = \frac{\sum ty}{\sum t^2}, \quad a = \frac{\sum y}{n} \qquad (3-21)$$

不过此时要注意:时间数列项数为奇数时,令中点时间为原点,原点以前各时间依次记作 $-1, -2, -3, \cdots$,原点以后各时间依次记作 $1, 2, 3, \cdots$;时间数列项数为偶数时,则中间两个时间分别记作 -1 和 1,其他各时间依次记作 $-3, -5, -7, \cdots$ 和 $3, 5, 7, \cdots$。

例 3-15 根据表 3-16 中的资料求该企业的直线方程。

表 3-16　某企业 2000～2005 年家用洗衣机产量资料　　　　　　（单位：千台）

年份	产量 y	t	t^2	ty	y_t
2000 年	68	−5	25	−340	67.3
2001 年	71	−3	9	−213	71.4
2002 年	75	−1	1	−75	75.5
2003 年	79	+1	1	79	79.5
2004 年	84	+3	9	252	83.6
2005 年	88	+5	25	440	87.7
合计	465	0	70	143	465

则有

$$b = \frac{\sum ty}{\sum t^2} = \frac{143}{70} = 2.04$$

$$a = \frac{\sum y}{n} = \frac{465}{6} = 77.5$$

直线方程式为　　　　　　　　　　　$y_t = 77.5 + 2.04t$

上述计算可以看出，同一数列的时间原点取的位置不同，求得的拟合方程的参数 a，b 的值就不同，但是按方程推算所得的各时间上的趋势值（Y_t）是相同的。

三、季节变动的测定

测定季节变动，就是采用一定的方法，对按月或按季编制的时间数列，计算季节比率或季节变差指标，反映季节变动的方向、程度和一般规律。

测定季节变动常用的方法有两种：按月（季）平均法和趋势剔除法。

（一）按月（季）平均法

按月（季）平均法不考虑长期趋势的影响，直接根据原动态数列测定季节变动。其步骤为

（1）计算各年同月（季）的合计数和平均数；

（2）计算总的月（季）的平均数；

（3）将各年同月（季）的平均数与总的月（季）平均数对比，求得各月（季）季节比率。

例 3-16　根据表 3-17，计算五年中 20 个季度的产品销售量合计数为 6 590，得到总的季平均数为 329.5，即 6 590÷20=329.5；季平均数分别用各年同季合计数除以年份数得到，如第一季度的季平均数为 1 240÷5=248，依此类推；再用各季平均数除以总的季平均数即得季节比率，如第一季度的季节比率为 248÷329.5=75.27%，依此类推。

表 3-17　某企业 2001～2005 年某产品销售量资料　　　　　　（单位：吨）

季度 年份	一	二	三	四	合计
2001 年	180	200	230	270	880
2002 年	200	240	290	350	1 080
2003 年	240	290	340	420	1 290
2004 年	290	350	410	500	1 550
2005 年	330	400	480	580	1 790
合计	1 240	1 480	1 750	2 120	6 590
季平均数	248	296	350	424	329.5
季节比率%	75.27	89.83	106.22	128.68	400

季节比率是以全期的总平均水平为基准(100%)用百分比形式来反映各月(季)平均水平相对总平均水平高于或低于的程度。季节比率小,说明季节变动程度大;反之就小。如上例表明:一季度销售量最低,二季度、三季度销售量逐渐上升,四季度销售量最高。从而可以确定,一季度为销售淡季,四季度为销售旺季。

(二)趋势剔除法

按月(季)平均法的优点在于简单易懂,但其缺点在于没有考虑到社会经济现象本身的趋势变动。趋势剔除法就是利用移动平均法来剔除长期趋势影响后,再来测定它的季节变动的。趋势剔除法的核心在于充分考虑了长期趋势对于时间数列的影响,在计算各月的理论数量时,使用当月的趋势值代替年平均值。

具体步骤为

1. 利用移动平均法,求出对应各季的趋势值;
2. 以各季的实际数量与趋势值相除,获得各季的季节变化情况;
3. 将各年的同一季节情况进行平均,得各季未修正指数;
4. 进行指数修正。

例3-17 以例3-16中的资料来进行计算,计算过程如表3-18所示。

表3-18 某企业2001~2005年某产品销售量资料 （单位:吨）

年份	季度	实际值 Y	第一次移动平均	第二次移动平均趋势值 T	季节变化
2001年	一季度	180			
	二季度	200			
	三季度	230	220	222.5	103.37
	四季度	270	225	230	117.39
2002年	一季度	200	235	242.5	82.47
	二季度	240	250	260	92.31
	三季度	290	270	275	105.45
	四季度	350	280	286.25	122.27
2003年	一季度	240	292.5	298.75	80.33
	二季度	290	305	313.75	92.43
	三季度	340	322.5	328.75	103.42
	四季度	420	335	342.5	122.63
2004年	一季度	290	350	358.75	80.84
	二季度	350	367.5	377.5	92.72
	三季度	410	387.5	392.5	104.46
	四季度	500	397.5	403.75	123.84
2005年	一季度	330	410	418.75	78.81
	二季度	400	427.5	437.5	91.43
	三季度	480	447.5		
	四季度	580			

说明:首先我们使用移动平均法,计算各季度的趋势值。为了使计算结果中不残留季节

影响,我们在选择移动平均周期的时候,应当使周期长度与季节变动的实际周期长度相一致,在本例中,应使用 4 个季度作为移动平均周期。如果使用月度数据,则应当使用 12 个月作为移动平均周期,故趋势剔除法也称为 12 个月移动平均法。

根据前面阐述的知识,当移动平均周期为偶数时,需要进行两次移动平均。计算结果如上表。

随后,我们用实际值与趋势值进行比较,即用 $\frac{Y}{T}$,得出各个季度的季节变动比率,如上表。

为消除个别年份的特殊情况对季度指数的影响,应使用若干年同一季度变动情况的平均值作为最终的计算结果。

例 3 – 18 趋势剔除法的具体计算过程如下表 3 – 19。

表 3 – 19 趋势剔除法示例表

年份 季度	2001 年	2002 年	2003 年	2004 年	2005 年	未修正指数	修正后指数
一季度		82. 47	80. 33	80. 84	78. 81	80. 61	80. 90
二季度		92. 31	92. 43	92. 72	91. 43	92. 22	92. 56
三季度	103. 37	105. 45	103. 42	104. 46		104. 18	104. 56
四季度	117. 39	122. 27	122. 63	123. 84		121. 53	121. 98
						398. 54	400. 00
					修正系数	1. 0037	

以各季度的平均值作为最终的季节指数,还需要进行一次修正。从上表中可以看到,根据各季度的平均数计算的季节指数之和为 398. 54,而理论上各季度的季节指数之和应当为 400。两者之间存在的差异,是由于计算过程中的一些误差而造成的。

对指数进行修正的方法是先计算修正系数

$$修正系数 = \frac{季节数 \times 100\%}{\sum 各季末修正指数} = \frac{400}{398.54} = 1.003\ 7$$

再用修正系数乘以各季末修正指数,即得各季的修正后指数,该指数即为最终的季节指数。

思考与练习

一、思考题

1. 什么是时间数列? 研究时间数列有哪些重要意义?

2. 编制时间数列时应遵循哪些基本原则?

3. 时间数列的水平指标分有哪些?

4. 序时平均数和一般平均数有哪些异同点?

5. 序时平均数有哪些计算方法,怎样加以运用?

6. 时间数列的速度指标分有哪些,各指标之间有哪些关系,怎样加以运用?

7. 如何理解水平法计算平均发展速度?

二、练习题

1. 某地区 2004 年各月总产值资料如下：

月份	总产值/万元	月份	总产值/万元
1 月	4 200	7	5 000
2 月	4 400	8	5 200
3 月	4 600	9	5 400
4 月	4 820	10	5 400
5 月	4 850	11	5 500
6 月	4 900	12	5 600

计算各季平均每月总产值和全年平均每月总产值。

2. 某企业 2003 年职工人数资料如下：

时间	1 月 1 日	2 月 1 日	3 月 1 日	7 月 1 日	10 月 1 日	12 月 1 日	2004 年 1 月 1 日
职工人数/人	1 000	950	970	1 100	1 200	1 200	1 300

试计算该企业 2003 年平均职工人数。

3. 某地区 2000～2005 年工业总产值资料如下：

时间	2000 年	2001 年	2002 年	2003 年	2004 年	2005 年
工业总产值/万元	343.3	447.0	519.7	548.7	703.6	783.9

试计算相关的时间数列水平指标和速度指标。

4. 某商店上半年有关资料如下：

时间	上年 12 月	1 月	2 月	3 月	4 月	5 月	6 月
销售额/万元	245	250	272	271.42	323.08	374.07	372.96
月末职工人数/人	1 850	2 050	1 950	2 150	2 216	2 190	2 250

(1) 计算各月的平均每人销售额；
(2) 计算各季的平均每人销售额；
(3) 计算上半年的月平均每人销售额；
(4) 计算上半年的平均每人销售额。

5. 某公司职工人数及非生产人员数资料如下：

时间	1月1日	2月1日	3月1日	4月1日	5月1日	6月1日	7月1日
职工人数/人	4 000	4 040	4 050	4 080	4 070	4 090	4 100
其中：非生产人员数/人	724	716	682	694	666	666	660

(1)计算第一季度和第二季度非生产人员比重,并进行分析比较；

(2)计算上半年非生产人员比重。

6. 某企业历年若干指标资料如下表：

(单位：万元)

年份	发展水平	增减量		平均增减量	发展速度%		增减速度%	
		累计	逐期		定基	环比	定基	环比
2000 年	285	—	—	—	—	—	—	—
2001 年				42.5				
2002 年		106.2						
2003 年							45.2	
2004 年						136.0		
2005 年								3.2

试根据上述资料,计算表中所缺的数字。

7. 某商店 2000~2006 年商品销售额资料如下表：

年份	2000 年	2001 年	2002 年	2003 年	2004 年	2005 年	2006 年
销售额/万元	230	236	245	250	257	263	270

试根据以上资料配合直线趋势方程,并预测该商店 2007 年和 2008 年的商品销售额。

第四章 统 计 指 数

第一节 指数的概念和种类

一、指数的概念

统计指数是用来反映社会经济现象变动以及进行因素分析的基本方法,指数的概念有广义和狭义之分。

广义指数:指所有的相对数,即凡是用来反映同类现象在不同空间、不同时间对比的相对数都称为指数。

狭义指数:是指用来反映不能直接相加的复杂社会经济现象综合变动程度的相对数。统计中的指数主要指的是狭义的指数。

二、指数的种类

(一)按其所反映对象范围不同,可以分为个体指数(K)和总指数($\bar{K}$)。

个体指数是指反映个别事物变动的相对数。如某种产品的产量指数、某种商品的价格指数等。个体指数的计算比较简单,直接用报告期水平比基期水平。其公式为

$$个体指数 = \frac{报告期水平}{基期水样} \times 100\% \qquad (4-1)$$

$$个体物量指数:K_q = \frac{q_1}{q_0} \times 100\% \qquad (4-2)$$

式中 K_q——个体物量指数;

  q_1——报告期个体物量;

  q_0——基期个体物量。

$$个体物价指数:K_p = \frac{p_1}{p_0} \times 100\% \qquad (4-3)$$

式中 K_p——个体物价指数;

  p_1——报告期个体物价;

  p_0——基期个体物价。

$$个体成本指数:K_z = \frac{z_1}{z_0} \times 100\% \qquad (4-4)$$

式中 K_z——个体成本指数;

  z_1——报告期个体成本;

  z_0——基期个体成本。

总指数是反映复杂现象综合变动的相对数。如多种工业产品产量指数、多种商品价格指数等。

总指数的计算方法有两种:综合指数法和平均指数法。综合指数是由两个总量指标对比而形成的指数。平均指数是个体指数的平均数。

(二)按其所表明的指标性质不同,可分为:数量指标指数和质量指标指数。

数量指标指数是研究社会经济现象总规模和数量变动的指数。如产量指数、销售量指数。

质量指标指数是研究社会经济现象总体内涵变动的指数。如价格指数、单位产品成本指数。

(三)按采用的基期不同,可以分为环比指数和定基指数。

按时间顺序将若干个时期的某种指数排列起来形成的数列,称为指数数列。在指数数列条件下,指数按采用的基期不同分为环比指数和定基指数。

环比指数是以前一期为基期计算的指数。

定基指数是指各个时期都以某一固定时期(通常为最初水平)为共同基期计算的指数。

三、指数的作用

1. 综合反映复杂社会经济总体在时间和空间方面的变动方向和变动程度。

这是统计指数的最重要的作用。在社会经济现象中,大量存在着不能直接加总或不能直接对比的复杂总体,为了反映和研究它们的变动方向和变动程度,只能通过统计指数法,编制统计指数才能得到解决。例如,农副产品收购价格指数为110%,说明报告期与基期相比,各种农产品的价格可能有升有降,但总体是上升的,上升的幅度是10%。此外,还可以从分子、分母指标的比较中,分析由于指数的变动所产生的绝对效果。

2. 可以分析现象总体变动中受各个影响因素的影响程度。

许多社会经济现象都是复杂现象,其变动要受多种因素影响。通过编制各种因素指数,可以分析各因素影响的方向和影响程度。例如,商品销售额的变动受两个因素的影响,即商品销售量和销售价格,利用指数可以从相对数和绝对数两个方面分析销售量和销售价格的变动对销售额变动的影响程度。

3. 可以分析总体平均水平的变动中各组平均水平和总体结构变动的影响程度。

许多经济现象都可以运用统计指数进行综合评定,以便对某种经济现象的水平作出综合的数量判断。例如,谷物总体平均亩产水平的变动要受各种谷物亩产水平和各种谷物面积构成的影响,利用指数可以分析这两个影响因素对总体平均亩产水平变动的影响程度。

第二节 综 合 指 数

综合指数是总指数的一种基本形式,它是由两个总量指标对比形式的指数,一个总量指标可以分解为两个或两个以上的因素指标时,将其中一个或一个以上的因素指标固定下来,仅观察其中一个因素指标的变动程度,这样的总指数称为综合指数。首先对下面资料进行初步分析。

例 4 - 1 某企业生产的三种产品产量和单位产品价格资料统计如下,分析三种产品产量总变动和价格总变动。

表 4 – 1 某企业产品产量和单位产品价格资料

产品名称	计量单位	产量		单位产品价格/元	
		基期 q_0	报告期 q_1	基期 p_0	报告期 p_1
甲	台	240	300	1 300	2 400
乙	个	900	1 000	400	380
丙	件	1 000	1 200	300	320

分析:该厂生产三种不同的产品,如果要观察三种产品产量的综合变动,则需要计算三种产品产量综合指数,而三种产品产量因不同度量不能加总,所以无法直接进行对比。同样,如果计算三种产品价格综合指数,也存在不能直接加总对比的问题。因此,首先要解决不同度量的问题。

综合指数的编制原理

编制综合指数要解决以下两个问题。

首先要从现象之间的联系中,确定与所要研究的现象有关联的同度量因素。

许多复杂现象不能直接加总(即不同度量),必须寻找一个适当的媒介因素使其转化为同度量(可以加总)。比如,要使不同度量的产品产量转化为同度量的产值,可以借助产品价格。它们之间的关系是

$$产品价值(pq) = 产品产量(q) \times 单位产品价格(p)$$

从关系式中可以看出,在分析各种产品产量总变动时,单位产品价格起着媒介作用,使不能直接相加的各种产品产量转化成能够相加的产品价值。在这种情况下,产品产量称为指数化指标(即需要计算其指数的指标),单位产品价格称为同度量因素(即将不同度量的现象转化为同度量现象使用的媒介因素)。同样,在分析各种产品价格总变动时,由于单价不能直接相加,需要以产品产量作为媒介因素使其转化为价值量,在这种情况下,产品价格称为指数化指标,产品产量称为同度量因素。

其次需要固定同度量因素所属的时期,将同度量因素固定,以测定指数化因素的变动,从而解决对比问题。

因为产品总价值量的变动包含了产品产量和单位产品价格两个因素变动的影响。如果用两个时期的产品总价值量对比,只是反映产品总价值的变动,它不能单纯反映产品产量的总变动或产品价格的总变动。所以,要使对比的结果能单纯反映指数化指标的总变动,必须把同度量因素固定下来,这就是说,在同一综合指数的分子和分母中保持相同的水平。例如,要计算多种产品产量总指数,单位产品价格这个同度量因素必须采用同一个时期的水平;同样,如果计算多种产品价格总指数,产品产量这个同度量因素也必须采用同一个时期的水平。

在关于同度量因素的时期固定问题上,具有代表性的有拉氏指数和派氏指数。

拉氏指数是德国经济学家拉斯贝尔首先提出的,他主张将同度量因素固定在基期水平上,其后被推广到各种数量指标指数和质量指标指数的计算。相应的数量指标指数和质量指标指数的公式分别为式(4 – 5)和式(4 – 6):

$$\frac{\sum q_1 p_0}{\sum q_0 p_0} \tag{4 – 5}$$

$$\frac{\sum p_1 q_0}{\sum p_0 q_0} \tag{4-6}$$

另一位德国经济学家派许提出将同度量因素固定在报告期水平上,其方法也被推广到各种数量指标指数和质量指标指数的计算。相应的数量指标指数和质量指标指数的公式分别为式(4-7)和式(4-8):

$$\frac{\sum q_1 p_1}{\sum q_0 p_1} \tag{4-7}$$

$$\frac{\sum p_1 q_1}{\sum p_0 q_1} \tag{4-8}$$

由于拉氏指数和派氏指数选用同度量因素的时期不同,因此,对同一资料编制指数,其结果是不同的。但从分析问题的角度看,它们都是有实际经济意义的。

例4-2 以表4-1中的资料计算价格指数,则

若用拉氏指数公式计算,其结果为

$$\frac{\sum p_1 q_0}{\sum p_0 q_0} = \frac{1\ 238\ 000}{972\ 000} = 127.37\%$$

$$\sum p_1 q_0 - \sum p_0 q_0 = 1\ 238\ 000 - 972\ 000 = 266\ 000 (元)$$

若用派氏指数公式计算,其结果为

$$\frac{\sum p_1 q_1}{\sum p_0 q_1} = \frac{1\ 484\ 000}{1\ 150\ 000} = 129.04\%$$

$$\sum p_1 q_1 - \sum p_0 q_1 = 1\ 484\ 000 - 1\ 150\ 000 = 334\ 000 (元)$$

可以看出,拉氏价格指数是说明在基期的销售量和销售结构的基础上来考察各种商品价格的综合变动程度(上升27.37%);派氏价格指数则是说明在报告期的销售量和销售结构的基础上来考察各种商品价格的综合变动程度(上升29.04%),而分子与分母之差额334 000元是说明报告期实际销售的商品由于价格增长了29.04%而增加的销售额,从这点看,较之拉氏价格指数具有更强的实际经济意义。不过,从另一角度看,拉氏价格指数的分子与分母之差额266 000元仍然是有经济意义的,它可以说明消费者为了维持基期的消费水平或者说购买与基期同样多的商品,由于价格的上升而增加266 000元的支出。这种分析意义显然也是很现实的,甚至通常就是人们编制消费者价格指数的主要目的。

可见,拉氏指数和派氏指数是从不同的角度观察事物。因此,在实际应用中,应有目的的选择。

1. 数量指标综合指数的编制

例4-3 以表4-2资料说明数量指标综合指数的编制方法。

表4-2 某企业产品产量和单位产品价格资料

产品名称	计量单位	产量		价格/元		产值/万元			
		q_0	q_1	p_0	p_1	q_0p_0	q_1p_0	q_0p_1	q_1p_1
甲	台	240	300	1 300	2 400	312 000	390 000	576 000	720 000
乙	个	900	1 000	400	380	360 000	400 000	342 000	380 000
丙	件	1 000	1 200	300	320	300 000	360 000	320 000	384 000
合计	—	—	—	—	—	972 000	1 150 000	1 238 000	1 484 000

(1)用基期价格作为同度量因素,则

$$\bar{K}_q = \frac{\sum q_1p_0}{\sum q_0p_0} = \frac{1\ 150\ 000}{972\ 000} = 118.31\%$$

分子与分母之差为

$$\sum q_1p_0 - \sum q_0p_0 = 1\ 150\ 000 - 972\ 000 = 178\ 000(元)$$

计算结果表明,三种产品的产量报告期比基期上升了18.31%,由于三种产品产量的上升,使产值报告期比基期增加了178 000元。

(2)用报告期价格作为同度量因素,则

$$\bar{K}_q = \frac{\sum q_1p_1}{\sum q_0p_1} = \frac{1\ 484\ 000}{1\ 238\ 000} = 119.87\%$$

分子与分母之差为

$$\sum q_1p_1 - \sum q_0p_1 = 1\ 484\ 000 - 1\ 238\ 000 = 246\ 000(元)$$

计算结果表明,三种产品产量报告期比基期上升了19.87%,由于三种产品产量的上升,使产值报告期比基期增加了246 000元。

从以上两种方法计算结果来看,由于同度量因素选用的时期不同,无论是产量上升的幅度,还是产值增加的绝对数额都是不同的。在实际中,数量指标综合指数编制的原则是在编制数量指标指数时,作为同度量因素的质量指标固定在基期。

2. 质量指标综合指数的编制

例4-4 现仍以上例4-3的资料说明质量指标综合指数的编制方法。

(1)用基期产量作为同度量因素,则

$$\bar{K}_p = \frac{\sum p_1q_0}{\sum p_0q_0} = \frac{1\ 238\ 000}{972\ 000} = 127.37\%$$

分子与分母之差为

$$\sum p_1q_0 - \sum p_0q_0 = 1\ 238\ 000 - 972\ 000 = 266\ 000(元)$$

计算结果表明,三种产品价格报告期比基期增长了27.37%,由于价格的增长,使产值报告期比基期增加了266 000元。

(2)用报告期产量作为同度量因素,则

$$\bar{K}_p = \frac{\sum p_1q_1}{\sum p_0q_1} = \frac{1\ 484\ 000}{1\ 150\ 000} = 129.04\%$$

分子与分母之差为

$$\sum p_1 q_1 - \sum p_0 q_1 = 1\ 484\ 000 - 1\ 150\ 000 = 334\ 000 (元)$$

计算结果表明三种产品价格报告期比基期增长了 29.04%,由于价格的增长,使产值报告期比基期增加了 334 000 元。

从以上两种方法计算结果看,由于同度量因素选用的时期不同,无论是价格增长的幅度,还是产值增加的绝对数额都是不同的。在实际中,质量指标综合指数编制的原则是在编制质量指标指数时,作为同度量因素的数量指标固定在报告期。

第三节　平均数指数

平均数指数是总指数的另一种形式,也可反映复杂现象总体的动态。它是从个体指数编制总指数,即先计算出个体指数,然后进行加权平均计算,来测定现象的总变动程度。它与综合指数的联系在于:在特定的权数下,两者之间存在变形关系。但是作为一种独立指数形式的平均指数,不只是作为综合指数的变形使用,其本身也具有独立的应用价值。

平均指数根据掌握的资料不同,可以有加权算术平均数指数、加权调和平均数指数等形式。

一、加权算术平均数指数

加权算术平均数指数是以基期总值($q_0 p_0$)为权数,对个体指数进行加权算术平均计算的总指数。其形式与一般加权算术平均数形式相似。在计算数量指标指数时,通常采用以基期的总值($q_0 p_0$)为权数的加权算术平均数形式。公式为

$$\bar{K}_q = \frac{\sum k_q q_0 p_0}{\sum q_0 p_0} \left(= \frac{\sum \dfrac{q_1}{q_0} q_0 p_0}{\sum q_0 p_0} = \frac{\sum q_1 p_0}{\sum q_0 p_0} \right) \tag{4-9}$$

式中　$k_q = \dfrac{q_1}{q_0}$——个体物量指数;

$\quad q_0 p_0$——基期总值。

例 4-5　以某商场三种商品的销售量与销售额资料为例,说明加权算术平均数指数的编制过程。

表 4-3　某商场三种商品的销售量与销售额资料

商品名称	计量单位	销售量		一季度销售额 $q_0 p_0$ /万元
		一季度 q_0	二季度 q_1	
甲	件	160	180	1 500
乙	盒	250	290	1 800
丙	套	500	540	2 200

计算三种商品的销售量总指数及由于销售量的变动引起销售额的增减数。

解 由于销售量总指数 $\bar{K}_q = \dfrac{\sum q_1 p_0}{\sum q_0 p_0}$ 中,没有给定分子资料,故应先计算个体销售量指数,代人销售量总指数公式,即将综合指数公式变形为加权算术平均数指数公式,并将有关资料代人加权算术平均数指数公式:

$$\bar{K}_q = \frac{\sum q_1 p_0}{\sum q_0 p_0} = \frac{\sum k_q q_0 p_0}{\sum q_0 p_0} = \frac{\dfrac{180}{160} \times 1\,500 + \dfrac{290}{250} \times 1\,800 + \dfrac{540}{500} \times 2\,200}{1\,500 + 1\,800 + 2\,200}$$

$$= \frac{6\,151.5}{5\,500} = 111.85\%$$

因销售量变动而增加的销售额为

$$\sum k_q q_0 p_0 - \sum q_0 p_0 = 6\,151.5 - 5\,500 = 651.5(万元)$$

三种商品销售量的变动使销售额增长了 11.85%,增加的销售额为 651.5 万元。

上述计算表明,当给定的资料缺少物量总指数公式的分子数据,已知个体物量指数条件下,可以将物量综合指数公式变形为加权算术平均数指数公式求得物量总指数。虽然两者形式不同,但其结果和经济内容是一致的。

二、加权调和平均数指数

加权算术平均数指数是以报告期总值($q_1 p_1$)为权数,对个体指数进行加权调和平均计算的总指数。其形式与一般加权调和平均数形式相似。在计算质量指标指数时,通常采用以报告期的总值($q_1 p_1$)为权数的加权调和平均数形式。公式为

$$\bar{K}_p = \frac{\sum q_1 p_1}{\sum \dfrac{1}{k_p} q_1 p_1} = \left(\frac{\sum q_1 p_1}{\sum \dfrac{1}{\dfrac{p_1}{p_0}} q_1 p_1} = \frac{\sum q_1 p_1}{\sum q_1 p_0} \right) \tag{4-10}$$

式中 $k_p = \dfrac{p_1}{p_0}$——个体物价指数;

　　　　$q_1 p_1$——报告期总值。

例 4-6 以某商场销售的三种商品的个体价格指数及报告期销售额资料为例说明加权调和平均数指数的编制过程。

表4-4 某商场销售三种商品的个体价格指数及报告期销售额资料

商品名称	计量单位	商品价格/元		个体价格指数 k_p /%	报告期商品销售额 $q_1 p_1$ /元
		基期 p_0	报告期 p_1		
甲	只	10.0	10.5	105.0	92 400
乙	件	8.0	9.0	112.5	22 500
丙	公斤	6.0	6.5	108.3	68 250

计算三种商品的价格总指数及由于价格的变动引起销售额的增减数。

解 将上述资料代入加权调和平均数指数公式:

$$\bar{K}_p = \frac{\sum q_1 p_1}{\sum \dfrac{1}{k_p} q_1 p_1} = \frac{92\ 400 + 22\ 500 + 68\ 250}{\dfrac{1}{1.05} \times 92\ 400 + \dfrac{1}{1.125} \times 22\ 500 + \dfrac{1}{1.083} \times 68\ 250}$$

$$= \frac{183\ 150}{171\ 019} = 107.09\%$$

因价格上升引起销售额的增加为

$$\sum q_1 p_1 - \sum \frac{1}{k_p} q_1 p_1 = 183\ 150 - 171\ 019 = 12\ 131(元)$$

计算结果表明,三种商品的价格变动使销售额上升了 7.09%,增加销售额 12 131 元。

上述计算说明,当给定的资料缺少物价总指数公式的分母数据,已知个体物价指数条件下,可以将物价综合指数公式变形为加权调和平均数指数公式求得物价总指数。虽然两者形式不同,但其结果和经济内容是一致的。

第四节 指数体系及其因素分析

一、指数体系的概念和作用

1. 指数体系的概念

统计中,将经济上有联系,数量上保持一定关系的若干指数形成的整体,称为指数体系。如有些社会经济现象之间的联系表现为一定的经济关系式:

$$商品销售额 = 商品销售量 \times 销售价格$$
$$谷物总产量 = 谷物播种面积 \times 单位面积产量$$
$$利税额 = 销售量 \times 销售价格 \times 利税率$$

这些现象与客观存在的数量联系,表现在动态上,就形成以下指数关系:

$$商品销售额指数 = 销售量指数 \times 销售价格指数$$
$$谷物总产量指数 = 播种面积指数 \times 亩产指数$$
$$利税额指数 = 销售量指数 \times 销售价格指数 \times 利税率指数$$

像这些由三个或三个以上,在经济上存在一定联系,在数量上又构成一定的对等关系的指数所组成的整体就称为指数体系。指数体系中各指数之间的数量联系,不仅反映在相对数之间,而且还反映在绝对数之间,即若干因素指数的连乘积等于总变动指数,若干因素指数影响的差额之和等于实际总差额。这是指数体系的两个基本含义。如商品销售额指数与商品销售量指数和商品销售价格指数之间的关系:

商品销售额指数 = 商品销售量指数 × 商品销售价格指数,即

$$\frac{\sum q_1 p_1}{\sum q_0 p_0} = \frac{\sum q_1 p_0}{\sum q_0 p_0} \times \frac{\sum q_1 p_1}{\sum q_1 p_0} \tag{4-11}$$

商品销售额增减额 = 销售量变动引起的增减额 + 价格变动引起的增减额,即

$$\left(\sum q_1 p_1 - \sum q_0 p_0 \right) = \left(\sum q_1 p_0 - \sum q_0 p_0 \right) + \left(\sum q_1 p_1 - \sum q_1 p_0 \right) \tag{4-12}$$

2. 指数体系的作用

(1)指数体系是进行因素分析的根据。

利用指数体系对现象的综合变动从相对数和绝对数上分析其受各因素影响的方向、程度及绝对数额。

(2)利用各指数之间的联系进行指数间的相互推算。

利用指数之间的经济数量关系,可以进行指数之间的相互推算。如已知商品销售额指数为115%,价格指数为98%,则根据指数体系就可以推算出商品销售量指数:

$$销售量指数 = \frac{销售额指数}{价格指数} = \frac{115\%}{98\%} = 117.35\%$$

(3)用综合指数法编制总指数时,指数体系也是确定同度量因素时期的根据之一。

指数体系是进行因素分析的根据,要求各个指数之间在数量上要保持一定的联系。因此,编制数量指标指数时,用基期质量指标作同度量因素;编制质量指标指数时,用报告期的数量指标作为同度量因素。

二、因素分析

利用指数体系可以进行因素分析,可以从绝对数和相对数两个方面分析社会经济现象变动的程度以及各个影响因素对现象变动的影响程度。因素分析按包括的因素多少分为两因素分析和多因素分析;按分析的指标分为总量指标因素分析和平均指标因素分析。

因素分析法的基本步骤:

首先,计算总变动指数,测定总变动的程度和绝对数;

其次,分别计算各因素指数,测定变动影响的程度和绝对值;

最后,根据指数体系从相对数和绝对数两方面对各影响因素进行综合分析。

(一)总量指标变动的因素分析

1. 两因素分析

对复杂现象总量指标的两因素分析是利用综合指数体系的分析方法。两因素综合指数体系是综合指数体系最基本的形式,其分析时应用的指数体系的一般形式为

$$\frac{\sum q_1 p_1}{\sum q_0 p_0} = \frac{\sum q_1 p_0}{\sum q_0 p_0} \times \frac{\sum q_1 p_1}{\sum q_1 p_0}$$

$$\sum q_1 p_1 - \sum q_0 p_0 = \left(\sum q_1 p_0 - \sum q_0 p_0 \right) + \left(\sum q_1 p_1 - \sum q_1 p_0 \right) \quad (4-13)$$

例 4 - 7 现根据表 4 - 5 中的资料,对三种产品产值的总变动进行影响因素分析。

表 4 - 5 某企业三种产品产量和价格资料

产品名称	计量单位	产量		价格/元		产值/万元		
		基期 q_0	报告期 q_1	基期 p_0	报告期 p_1	$q_1 p_1$	$q_0 p_0$	$q_1 p_0$
甲	吨	2 000	2 200	400	450	99.0	80.0	88.0
乙	只	8 000	6 000	100	90	54.0	80.0	60.0
丙	件	5 000	5 100	240	260	132.6	120.0	122.4
合计	—	—	—	—	—	285.6	280.0	270.4

把有关数据代入式(4-13)可得：

$$\frac{285.6}{280} = \frac{270.4}{280} \times \frac{285.6}{270.4}$$

$$(285.6 - 280)万元 = (270.4 - 280)万元 + (285.6 - 270.4)万元$$

即

$$102\% = 96.6\% \times 105.6\%$$

$$5.6万元 = (-9.6)万元 + (15.2)万元$$

计算结果表明,三种产品总产值报告期比基期增长2%是由于三种产品产量报告期比基期下降3.4%和三种产品价格报告期比基期上升5.6%共同作用的结果。三种产品总产值报告期比基期增加了5.6万元,其中由于三种产品产量下降3.4%使其减少9.6万元,由于三种产品价格上升5.6%使其增加15.2万元。

2. 多因素分析

社会现象是复杂的,有些现象的变动可能要受到三个或三个以上因素的影响,当某项总量指标的变动可以表示为三个或三个以上因素指标变动的连乘积时,同样可以利用指数体系测定各因素变动对总量指标变动的影响。这种分析就是对总量指标变动的多因素分析。

多因素现象构成的指数体系,由于所包括的影响因素较多,指数的编制过程比较复杂,必须注意以下两个问题。

第一,必须正确排列指数体系中各因素的顺序。要具体分析现象总体的经济内容,依据各现象因素之间的关系加以确定。

一般顺序是数量指标在前,质量指标在后,并保证使相邻的指标之间的联系有一定的经济意义。如根据影响原材料费用各因素之间的经济联系,排列顺序应该是

原材料费用额 = 产品产量(q) × 原材料单耗(m) × 原材料单价(p)

在确定数量指标与质量指标时,应根据指标所说明现象的内容不同和因素间的联系来判断。如对于原材料单耗来说,产品产量属于数量指标,而原材料单价则属于质量指标。

第二,在编制多因素指标综合指数时,为了测定某一个因素指标的变动影响,必须将其他因素全部加以固定。

一般是当编制数量指标指数时,将作为同度量因素的质量指标固定在基期;当编制质量指标指数时,将作为同度量因素的数量指标固定在报告期。

例4-8 以某企业生产甲、乙两种产品的产量、原材料消耗及原材料价格资料(如表4-6所示)为例,分析该厂两种产品原材料费用总额的变动以及各因素的变动对其影响程度。

表4-6 某企业甲、乙两种产品产量原材料消耗及价格资料

产品名称	计量单位	产品产量 q/件		原材料单耗 m/公斤		原材料单价 p/元	
		基期 q_0	报告期 q_1	基期 m_0	报告期 m_1	基期 p_0	报告期 p_1
甲	台	1 000	1 200	400	390	80	84
乙	件	5 000	5 100	3.0	2.8	60	65

组成的三因素指数分析体系的基本公式为

原材料费用总额指数 = 产品产量指数 × 原材料单耗指数 × 原材料价格指数

即

$$\frac{\sum q_1 m_1 p_1}{\sum q_0 m_0 p_0} = \frac{\sum q_1 m_0 p_0}{\sum q_0 m_0 p_0} \times \frac{\sum q_1 m_1 p_0}{\sum q_1 m_0 p_0} \times \frac{\sum q_1 m_1 p_1}{\sum q_1 m_1 p_0}$$

$$\sum q_1 m_1 p_1 - \sum q_0 m_0 p_0 = \left(\sum q_1 m_0 p_0 - \sum q_0 m_0 p_0\right) + \left(\sum q_1 m_1 p_0 - \sum q_1 m_0 p_0\right) +$$
$$\left(\sum q_1 m_1 p_1 - \sum q_1 m_1 p_0\right) \tag{4-14}$$

甲、乙两种产品原材料费用的计算如表4-7所示。

表4-7　甲、乙两种产品原材料费用计算表　　　　　　（单位：万元）

产品	$q_0 m_0 p_0$	$q_1 m_0 p_0$	$q_1 m_1 p_0$	$q_1 m_1 p_1$
甲	3 200	3 840.0	3 744.00	3 931.20
乙	90	91.8	85.68	92.82
合计	3 290	3 931.8	3 829.68	4 024.02

$$\text{原材料费用总额指数} = \frac{\sum q_1 m_1 p_1}{\sum q_0 m_0 p_0} = \frac{4\,024.02}{3\,290} = 122.3\%$$

原材料费用总额变动绝对数：

$$\sum q_1 m_1 p_1 - \sum q_0 m_0 p_0 = 4\,024.02 - 3\,290 = 734.02(\text{万元})$$

$$\text{产品产量指数} = \frac{\sum q_1 m_0 p_0}{\sum q_0 m_0 p_0} = \frac{3\,931.8}{3\,290} = 119.5\%$$

产量变动对原材料费用额影响的绝对数：

$$\sum q_1 m_0 p_0 - \sum q_0 m_0 p_0 = 3\,931.8 - 3\,290 = 641.8(\text{万元})$$

$$\text{原材料单耗指数} = \frac{\sum q_1 m_1 p_0}{\sum q_1 m_0 p_0} = \frac{3\,829.68}{3\,931.8} = 97.4\%$$

原材料单耗变动对原材料费用额影响的绝对数：

$$\sum q_1 m_1 p_0 - \sum q_1 m_0 p_0 = 3\,829.68 - 3\,931.8 = -102.12(\text{万元})$$

$$\text{原材料价格指数} = \frac{\sum q_1 m_1 p_1}{\sum q_1 m_1 p_0} = \frac{4\,024.02}{3\,829.68} = 105.1\%$$

原材料价格变动对原材料费用额影响的绝对数：

$$\sum q_1 m_1 p_1 - \sum q_1 m_1 p_0 = 4\,024.02 - 3\,829.68 = 194.34(\text{万元})$$

以上计算结果表现为

$$122.3\% = 119.5\% \times 97.4\% \times 105.1\%$$

$$734.02\text{万元} = 641.8\text{万元} + (-102.12)\text{万元} + 194.34\text{万元}$$

计算结果表明，该厂两种产品消耗的原材料费用总额报告期比基期增长22.3%，是由于产量增长19.5%，原材料单耗下降2.6%和原材料价格上升5.1%共同作用的结果。

原材料费用总额报告期比基期增加734.02万元，其中由于产量增长19.5%使其增加

641.8 万元,由于原材料单耗下降 2.6% 使其减少 102.12 万元,由于原材料价格上升 5.1% 使其增加 194.34 万元。

(二)平均指标变动的因素分析

在分组条件下,平均指标的变动要受到两个因素变动的影响,一个是各组平均水平变动的影响,另一个是各组单位数在总体中所占比重变动的影响。

以职工的平均工资为例:

$$\bar{X} = \frac{\sum xf}{\sum f} \tag{4-15}$$

式中　x——各组工资水平;

　　f——各组的人数。

式(4-15)表明,平均工资的高低受到两个因素的影响:一个是各组工资水平 x,另一个是各组的人数 f。

当对平均指标的变动进行分析时,也是从对这两个因素的变动分析来进行的。即平均工资的变动受到各组工资水平变动和各组人员结构变动的影响。

平均指标指数是两个平均数在时间上的对比相对数,是由两个时期的加权算术平均数进行对比的结果。利用平均指标指数测定总平均水平的变动,可利用可变构成指数,固定构成指数和结构变动影响指数等三个指数并由此组成一个体系。计算平均指标指数公式的关键在于确定同度量因素。

1. 可变构成指数是反映总体平均指标变动程度的指数。它综合反映了整个总体平均水平的变动状况,即既包含了各组平均水平变动的影响,同时也包含了各组单位数比重变动的影响。其公式为

$$\bar{K}_{可变} = \frac{\bar{x}_1}{\bar{x}_0} = \frac{\sum x_1 \cdot \frac{f_1}{\sum f_1}}{\sum x_0 \cdot \frac{f_0}{\sum f_0}} \tag{4-16}$$

2. 固定构成指数是反映各组平均水平的变动对总体平均水平变动影响程度的指数。为了消除总体结构变动的影响,能单纯反映各组平均水平对总体平均水平的影响,需要把总体结构固定下来,一般是固定在报告期。其公式为

$$\bar{K}_{水平} = \frac{\sum x_1 \cdot \frac{f_1}{\sum f_1}}{\sum x_0 \cdot \frac{f_1}{\sum f_1}} \tag{4-17}$$

3. 结构影响指数是反映总体结构变动对总体平均水平变动影响程度的指数。为了消除各组平均水平变动的影响,能单纯反映结构变动对总体平均水平变动的影响,需把各组平均水平固定下来,一般固定在基期。其公式为

$$\bar{K}_{结构} = \frac{\sum x_0 \cdot \frac{f_1}{\sum f_1}}{\sum x_0 \cdot \frac{f_0}{\sum f_0}} \tag{4-18}$$

以上三种平均指标指数之间存在着密切的联系,它们之间的关系为

可变构成指数 = 固定构成指数 × 结构影响指数

这三个指数就组成了平均指标指数体系,用公式表示如下

$$\frac{\sum x_1 \cdot \dfrac{f_1}{\sum f_1}}{\sum x_0 \cdot \dfrac{f_0}{\sum f_0}} = \frac{\sum x_1 \cdot \dfrac{f_1}{\sum f_1}}{\sum x_0 \cdot \dfrac{f_1}{\sum f_1}} \times \frac{\sum x_0 \cdot \dfrac{f_1}{\sum f_1}}{\sum x_0 \cdot \dfrac{f_0}{\sum f_0}} \qquad (4-19)$$

或

$$\frac{\dfrac{\sum x_1 f_1}{\sum f_1}}{\dfrac{\sum x_0 f_0}{\sum f_0}} = \frac{\dfrac{\sum x_1 f_1}{\sum f_1}}{\dfrac{\sum x_0 f_1}{\sum f_1}} \times \frac{\dfrac{\sum x_0 f_1}{\sum f_1}}{\dfrac{\sum x_0 f_0}{\sum f_0}} \qquad (4-20)$$

绝对数之间的关系为

$$\sum x_1 \cdot \frac{f_1}{\sum f_1} - \sum x_0 \cdot \frac{f_0}{\sum f_0} = \left(\sum x_1 \cdot \frac{f_1}{\sum f_1} - \sum x_0 \cdot \frac{f_1}{\sum f_1} \right) +$$
$$\left(\sum x_0 \cdot \frac{f_1}{\sum f_1} - \sum x_0 \cdot \frac{f_0}{\sum f_0} \right) \qquad (4-21)$$

或

$$\frac{\sum x_1 f_1}{\sum f_1} - \frac{\sum x_0 f_0}{\sum f_0} = \left(\frac{\sum x_1 f_1}{\sum f_1} - \frac{\sum x_0 f_1}{\sum f_1} \right) + \left(\frac{\sum x_0 f_1}{\sum f_1} - \frac{\sum x_0 f_0}{\sum f_0} \right) \qquad (4-22)$$

例 4 – 9 某总厂所属甲、乙两个分厂的某产品成本资料如表 4 – 8 所示,试分析总厂该产品平均单位成本的变动以及各个影响因素的变动对其影响的程度。

表 4 – 8 某总厂所属两个分厂的某产品成本资料

	单位成本/元		生产量/件		总成本/元		
	x_0	x_1	f_0	f_1	$x_0 f_0$	$x_1 f_1$	$x_0 f_1$
甲厂	10.0	9.0	300	1 300	3 000	11 700	13 000
乙厂	12.0	12.2	700	700	8 400	8 540	8 400
合计	—	—	1 000	2 000	11 400	20 240	21 400

(1)计算可变构成指数

$$可变构成指数 = \frac{\dfrac{\sum x_1 f_1}{\sum f_1}}{\dfrac{\sum x_0 f_0}{\sum f_0}} = \frac{\dfrac{20\,240}{2\,000}}{\dfrac{11\,400}{1\,000}} = \frac{10.12}{11.4} \times 100\% = 88.8\%$$

总体平均单位成本变动绝对数为

$$\frac{\sum x_1 f_1}{\sum f_1} - \frac{\sum x_0 f_0}{\sum f_0} = 10.12 - 11.4 = -1.28(元)$$

（2）计算固定构成指数

$$\text{固定构成指数} = \frac{\dfrac{\sum x_1 f_1}{\sum f_1}}{\dfrac{\sum x_0 f_1}{\sum f_1}} = \frac{\dfrac{20\ 240}{2\ 000}}{\dfrac{21\ 400}{2\ 000}} = \frac{10.12}{10.7} \times 100\% = 94.6\%$$

单位成本的变动对总平均成本影响的绝对数为

$$\frac{\sum x_1 f_1}{\sum f_1} - \frac{\sum x_0 f_1}{\sum f_1} = 10.12 - 10.7 = -0.58(\text{元})$$

（3）计算结构影响指数

$$\text{结构影响指数} = \frac{\dfrac{\sum x_0 f_1}{\sum f_1}}{\dfrac{\sum x_0 f_0}{\sum f_0}} = \frac{\dfrac{21\ 400}{2\ 000}}{\dfrac{11\ 400}{1\ 000}} = \frac{10.7}{11.4} \times 100\% = 93.9\%$$

生产量结构的变动对总平均成本影响的绝对数为

$$\frac{\sum x_0 f_1}{\sum f_1} - \frac{\sum x_0 f_0}{\sum f_0} = 10.7 - 11.4 = -0.7(\text{元})$$

以上计算结果,相对数之间关系为　　88.8% = 94.6% × 93.9%

绝对数之间关系为　　(−1.28)元 = (−0.58)元 + (−0.7)元

计算结果表明,该总厂总平均成本报告期比基期下降了 11.2%,单位成本平均降低了 1.28 元。其中,由于甲、乙两厂单位成本的变动使总厂总平均成本下降了 5.4%,单位成本降低了 0.58 元;由于生产量的变动使总厂总平均成本下降了 6.1%,单位成本降低了 0.7 元。

三、指数数列

指数数列就是把各期一系列指数,按照时间先后顺序加以排列而形成的数列。

按照采用的基期不同,指数数列可分为定基指数数列和环比指数数列。定基指数数列是指数列中的各期指数都以某一固定时期为基期计算形成的数列,环比指数数列是指数列中的各期指数都以前一期为基期计算形成的数列。

按照各期指数采用的权数所属时期是否变动的不同,指数数列可分为可变权数指数数列和不变权数指数数列。可变权数指数数列是指各期指数采用的权数随计算期的改变而改变;不变权数指数数列是指各期指数采用的权数都固定在某一个时期水平上,是固定不变的。

编制指数数列时,采用不变权数还是可变权数取决于指数编制的一般要求:编制数量指标指数应以基期质量指标为权数,编制质量指标指数应以报告期数量指标为权数。

数量指标指数数列:

时期	第一期	第二期	第三期	…
定基指数数列	$\dfrac{\sum q_1 p_0}{\sum q_0 p_0}$	$\dfrac{\sum q_2 p_0}{\sum q_0 p_0}$	$\dfrac{\sum q_3 p_0}{\sum q_0 p_0}$	…

环比指数数列	$\dfrac{\sum q_1 p_0}{\sum q_0 p_0}$	$\dfrac{\sum q_2 p_1}{\sum q_1 p_1}$	$\dfrac{q_3 p_2}{\sum q_2 p_2}$	…

质量指标指数数列：

时期	第一期	第二期	第三期	…
定基指数数列	$\dfrac{\sum q_1 p_1}{\sum q_1 p_0}$	$\dfrac{\sum q_2 p_2}{\sum q_2 p_0}$	$\dfrac{\sum q_3 p_3}{\sum q_3 p_0}$	…
环比指数数列	$\dfrac{\sum q_1 p_1}{\sum q_1 p_0}$	$\dfrac{\sum q_2 p_2}{\sum q_2 p_1}$	$\dfrac{\sum q_3 p_3}{\sum q_3 p_2}$	…

从上述指数数列中可以看出，数量指标定基指数数列，要求同度量因素都固定在基期水平上，是不变权数；数量指标环比指数数列，要求依次以前期为基期，同度量因素所属时期随基期的改变而改变，是可变权数。质量指标指数数列中的质量指标指数是以报告期数量指标为权数，不论是定基指数数列还是环比指数数列，同度量因素所属时期总是随计算期的改变而变动，都属于可变权数。

定基指数与环比指数之间的换算关系，只有在个体指数数列和以固定权数或不变权数加权的总指数数列的条件下才成立。

一般而言，采用可变权数编制的质量指标指数数列，具有现实意义。如编制成本指数数列，以逐期实际产量为权数，既能反映各期成本的变动程度，又能说明由于成本变动形成的逐期实际总成本增减的绝对额。采用不变权数编制数量指标指数数列，如按不变价格编制的产量指数数列，既能观察比较长时期内产量增减变化情况及变动趋势，还能利用指数之间存在的内在关系进行换算。

思考与练习

一、思考题

1. 什么是统计指数，它有哪些作用？
2. 广义指数与狭义指数有何差异？
3. 总指数有哪两种编制方式，它们各自又有何特点？
4. 什么是同度量因素？试述同度量因素的作用及确定同度量因素的原则。
5. 简述综合指数与平均数指数的内在关系。
6. 什么是指数体系，它的基本含义是什么？作用表现在哪些方面？
7. 不变权数指数数列和可变权数指数数列之间有何区别？
8. 试述定基指数和环比指数之间的联系。

二、练习题

1. 某商业企业经营三种商品，其基期和报告期的有关资料如下：

商品名称	计量单位	销售量		价格/元	
		基期	报告期	基期	报告期
甲	件	100	125	1 500	1 600
乙	吨	70	80	2 500	2 000
丙	米	300	320	1 000	1 200
合计	—	—	—	—	—

（1）计算销售量总指数；

（2）计算价格总指数；

（3）从相对量和绝对量两方面，分析销售量综合变动和价格综合变动对商品销售总额的影响。

2. 某企业有关资料如下：

产品名称	工业总产值/万元		报告期比基期产量增减/%
	基 期	报 告 期	
A	1 800	2 000	+5
B	1 500	1 800	−2
C	800	1 000	+10
合计	4 100	4 800	—

（1）计算产量总指数；

（2）计算价格总指数；

（3）利用指数体系进行因素分析。

3. 已知下表资料

工人组别	工人人数 x/人		工资总额 xf/万元	
	基 期	报告期	基 期	报告期
甲	400	330	20	21.45
乙	600	770	48	77.00
合计	1 000	1 100	68	98.45

试计算平均工资指数，并从相对数和绝对数两方面分析平均工资变动的原因。

4. 甲与乙两企业生产同种产品，产量和原材料消耗资料如下：

企业	产量/万件		单位产品原材料消耗量/公斤		原材料购进单价/(元/公斤)	
	基期	报告期	基期	报告期	基期	报告期
甲	85	90	21	19	8	9
乙	80	90	22	19	8	9.5
合计	165	180	—	—	—	—

(1)分别计算甲、乙两企业该种产品原材料支出额指数、产品产量指数、单耗指数、原材料价格指数;

(2)从绝对数和相对数两方面进行分析。

第五章 抽样推断

第一节 抽样推断的基本概念

一、抽样推断的含义

抽样推断是在抽样调查的基础上,利用样本的实际资料计算样本指标,并据以推算总体相应数量特征的一种统计分析方法。

抽样推断的特点归纳起来有以下几点。

(1)抽样推断是由部分推算整体的一种认识方法。

在统计实践中,有很多复杂社会经济现象是无法掌握其总体全面资料的,利用抽样推断方法可以通过对总体的部分资料的掌握,来推算总体的数量指标,从而达到认识社会经济现象总体数量特征的目的。

(2)抽样推断是建立在随机抽样的基础上。

运用抽样推断的基本要求就是要严格按照随机原则抽取样本单位。只有这样,才能使得被抽中的样本单位具有较大的代表性,用部分单位的数值去推算总体的指标数值。

(3)抽样推断是运用概率估计的方法。

(4)抽样推断的误差可以事先计算并加以控制。

用样本指标去推断总体指标会产生抽样误差,它可以事先加以计算,并可根据统计研究的目的和要求,对抽样误差加以控制。

二、抽样推断的几个基本概念

(一)总体和样本

总体,也称母体或全及总体,是统计研究对象的全体,它是由研究范围内具有共同性质的全体单位所组成的集合体。全及总体单位数反映总体的容量大小,用 N 来表示。

样本,又称子体或抽样总体,是从总体中随机抽出来的用来代表总体的那部分单位的集合体。样本中包含的单位数目称为样本容量,用 n 表示。根据样本容量的大小,可将样本分为大样本和小样本。当 $n \geq 30$ 时,一般称为大样本;$n < 30$ 时,称为小样本。对社会经济现象进行的抽样调查中,绝大多数的样本为大样本。

(二)重复抽样和不重复抽样

从抽样方法的方面来看,抽样可以有重复抽样和不重复抽样两种。

重复抽样是指从总体 N 个单位中,随机抽取一个样本单位,登记之后又放回总体,第二次再从全部 N 个单位中抽取第二个样本单位,登记之后再放回去,依此类推,直到抽够样本容量 n 为止。因此,重复抽样的样本是由 n 次相互独立的连续试验构成的,每次试验是在完全相同的条件下进行的,每个单位中选的机会在各次都完全相等。

不重复抽样是从总体 N 个单位中,随机抽取一个样本单位,登记之后不再放回总体,而是从剩下的总体单位$(N-1)$中抽取第二个样本单位,依此类推,每抽一次,总体单位数目就少一个,直至抽取第n个样本数为止。因此,不重复抽样的样本也由n次连续抽选的结果构成,但连续n次抽选的结果不是相互独立的,每次抽取的结果都影响下一次抽取,因而每个单位的中选机会在各次是不相同的。

(三)全及指标和样本指标

全及指标是反映总体数量特征的综合指标,具有唯一性,又称总体参数。常用的总体参数有总体平均数$\bar{X}$(总体成数P)和总体方差σ^2(标准差σ)。

总体参数由于标志的性质不同计算方法也不同。

1. 在变量总体的条件下

平均数:

$$\bar{X} = \frac{\sum X}{N} \tag{5-1}$$

或

$$\bar{X} = \frac{\sum XF}{\sum F} \tag{5-2}$$

标准差:

$$\sigma = \sqrt{\frac{\sum (X - \bar{X})^2}{N}} \tag{5-3}$$

或

$$\sigma = \sqrt{\frac{\sum (X - \bar{X})^2 \cdot F}{\sum F}} \tag{5-4}$$

2. 在属性总体条件下

设具有某种属性的总体单位数为N_1,不具有某种属性的总体单位数为N_0,则具有某种属性的总体成数为$P = \frac{N_1}{N}$,不具有某种属性的总体成数为$Q = \frac{N_0}{N}$,总体成数的标准差为$\sigma = \sqrt{(1-P)P} = \sqrt{QP}$。

根据样本中各单位标志值或标志属性计算的综合指标称为样本指标,又称样本估计量。因此,和常用的总体参数相对应,有样本平均数、样本方差和样本成数等。

常用样本指标(统计量)的计算方法:

在变量样本条件下

$$\bar{x} = \frac{\sum x}{n} \tag{5-5}$$

或

$$\bar{x} = \frac{\sum xf}{\sum f} \tag{5-6}$$

$$\sigma = \sqrt{\frac{\sum (x - \bar{x})^2}{n}} \tag{5-7}$$

或

$$\sigma = \sqrt{\frac{\sum (x - \bar{x})^2 \cdot f}{\sum f}} \tag{5-8}$$

在属性样本条件下

$$p = \frac{n_1}{n} = 1 - q, \sigma = \sqrt{p(1-p)} = \sqrt{pq} \qquad (5-9)$$

第二节 抽样推断的基本方法

一、抽样误差的含义

统计调查工作中所得到的统计数据,与客观实际的数量特征之间存在一定的差别,这种差别称为统计误差。根据统计误差产生的原因不同,分为登记性误差和代表性误差两类。登记性误差是指在调查过程中,由于各种主观和客观原因造成的技术、登记、计算上的差错等形成的误差。代表性误差是指从抽样总体中得出的指标数值与全及总体的指标数值之间可能存在的误差,是由样本指标替代总体指标过程中产生的代表程度上的误差。在全面调查中只产生登记性误差,没有代表性误差。但在抽样调查中,登记性误差和代表性误差都有可能发生。

代表性误差根据产生的原因也分为两种,即系统性误差和抽样误差。系统性误差是指破坏了抽样随机原则而产生的误差,也称偏差;抽样误差是指由于随机抽样的偶然因素使样本各单位的结构对总体各单位结构的代表性差别,而引起的抽样指标和全及指标之间的不一致,即按随机原则抽样产生的误差。必须指出,抽样误差是抽样所特有的误差,凡进行抽样就一定会产生抽样误差,这种误差虽然是不可避免的,但可以控制,所以又称为可控制误差。抽样误差与登记性误差和系统性误差不同,登记性误差及系统性误差是可以防止和避免的。

抽样误差从直观的意义上理解,是指某一次抽样结果所得的样本指标与总体指标之间的差别即实际误差,通常是无法获知的。因而抽样误差指的是抽样的平均误差,即所有的样本指标与总体指标之间平均的误差程度。

影响抽样误差大小的因素主要有以下几点:

(1)总体单位的标志值的差异程度。差异程度愈大抽样误差愈大,反之则愈小。

(2)样本单位数的多少。在其他条件相同的情况下,样本单位数愈多,抽样误差愈小。

(3)抽样方法。抽样方法不同,抽样误差也不相同。一般来说,重复抽样比不重复抽样,误差要大些。

(4)抽样调查的组织形式。抽样调查的组织形式不同,其抽样误差也不相同,而且同一组织形式的合理程度也会影响抽样误差。

二、抽样误差的计算

(一)平均数抽样误差的计算

1. 重复抽样条件下抽样误差的计算

其计算公式为

$$\mu_{\bar{x}} = \sqrt{\frac{\sigma^2}{n}} = \frac{\sigma}{\sqrt{n}} \qquad (5-10)$$

式中 $\mu_{\bar{x}}$——平均数的抽样误差;

σ——样本标准差;

n——样本单位数。

例5-1 从某校2 500名学生中随机抽选学生100人,调查他们的体重。得到他们的平均体重为58公斤,标准差为10公斤。问抽样的平均误差是多少?

解 已知题中资料,代入抽样误差公式:

$$\mu_{\bar{x}} = \sqrt{\frac{\sigma^2}{n}} = \sqrt{\frac{10^2}{100}} = 1(公斤)$$

抽样的平均误差为1公斤。

2. 不重复抽样条件下抽样平均误差的计算

其计算公式为

$$\mu_{\bar{x}} = \sqrt{\frac{\sigma^2}{n}\left(1 - \frac{n}{N}\right)} \tag{5-11}$$

式中 N——总体单位数;

$1 - \dfrac{n}{N}$——修正系数。

根据上例5-1,将已知资料代入抽样误差公式:

$$\mu_{\bar{x}} = \sqrt{\frac{\sigma^2}{n}\left(1 - \frac{n}{N}\right)} = \sqrt{\frac{10^2}{100}\left(1 - \frac{10}{2\,500}\right)} = 0.998(公斤)$$

上述计算可以看出,不重复抽样误差小于重复抽样误差,这是由于不重复抽样用 $1 - \dfrac{n}{N}$ 去修正重复抽样的结果($1 - \dfrac{n}{N} < 1$)。$\dfrac{n}{N}$ 又称抽样比例或抽样强度,当 N 很大时,$\dfrac{n}{N}$ 就很小,$1 - \dfrac{n}{N}$ 近似等于1。因此,实际进行抽样调查时,尽管采用不重复抽样方法,但仍采用重复抽样公式计算抽样误差。

(二)成数抽样误差的计算

1. 重复抽样条件下抽样误差的计算

其计算公式为

$$\mu_p = \sqrt{\frac{p(1-p)}{n}} \tag{5-12}$$

式中 μ_p——成数的抽样误差;

p——成数。

2. 不重复抽样条件下抽样误差的计算

$$\mu_p = \sqrt{\frac{p(1-p)}{n}\left(1 - \frac{n}{N}\right)} \tag{5-13}$$

例5-2 一批食品罐头共60 000桶,随机抽查300桶,发现有6桶不合格,求合格品率的抽样平均误差?

解 根据题中资料知

$$q = \frac{6}{300} = 0.2,即 q = 2\%;则 p = 1 - q = 1 - 2\% = 98\%;$$

将已知资料代入重复抽样和不重复抽样公式:

重复抽样 $\mu_p = \sqrt{\dfrac{p(1-p)}{n}} = \sqrt{\dfrac{0.98 \times 0.02}{300}} = 0.008\ 08$，即 $\mu_p = 0.808\%$

不重复抽样 $\mu_p = \sqrt{\dfrac{p(1-p)}{n}\left(1 - \dfrac{n}{N}\right)} = \sqrt{\dfrac{0.98 \times 0.02}{300}\left(1 - \dfrac{300}{60\ 000}\right)} = 0.008\ 06$，即

$\mu_p = 0.806\%$。

第三节 抽 样 估 计

抽样估计是利用样本指标数值对全及指标数值作出估计和推断。分为点估计和区间估计两种。

一、点估计

点估计也称定值估计，它是以抽样得到的样本指标作为总体指标的估计量，并以样本指标的实际值直接作为总体未知参数的估计值的一种推断方法，即用 $\bar{x} \to \bar{X}$；$p \to P$。

点估计方法简便易行，但没有考虑抽样误差及可靠程度，因此，只适用于对推断总体指标的准确程度和可靠程度要求不高的情况。

例如，某乡有 1 万亩水稻田，随机抽取 100 亩收割水稻后，测得平均亩产 450 公斤，据此，可以推算该乡 1 万亩水稻田平均亩产为 450 公斤。总产量约为

$$N\bar{x} \to 10\ 000 \times 450\ 公斤 = 4.5 \times 10^6 (公斤)$$

二、区间估计

区间估计的基本特点是根据给定的概率保证程度的要求，利用实际抽样资料，指出总体估计值的上限和下限，即指出总体参数可能存在的区间范围。如果总体参数是 $\bar{X}$ 或 P，则其区间范围是 $\bar{x} - \Delta_{\bar{x}} \leqslant \bar{X} \leqslant \bar{x} + \Delta_{\bar{x}}$，$p - \Delta_p \leqslant P \leqslant p + \Delta_p$。

区间估计必须同时具备估计值、抽样误差范围和概率保证程度三个要素。估计值就是根据抽样资料计算样本平均数 $\bar{x}$ 或样本成数 p；抽样误差范围就是根据样本指标和抽样误差估计总体指标的可能范围又叫置信区间，即 $(\bar{x} - \Delta_{\bar{x}}, \bar{x} + \Delta_{\bar{x}})$ 或 $(p - \Delta_p, p + \Delta_p)$；概率保证程度就是估计推断总体指标真实值在这个范围的可靠程度。概率是推断可靠程度的数量化指标，用 $F(t)$ 表示，它的取值范围是 $0 \leqslant F(t) \leqslant 1$。$F(t)$ 越接近 1，说明可靠程度越高。

抽样误差范围 Δ 又称抽样极限误差或允许误差，可以用概率度 t 的抽样平均误差来表示，即

$$\Delta_{\bar{x}} = t \cdot \mu_{\bar{x}} \tag{5-14}$$

或

$$\Delta_p = t \cdot \mu_p \tag{5-15}$$

将式（5-14）展开以后可得到下面公式：

$$\Delta_{\bar{x}} = t \cdot \sqrt{\dfrac{\sigma^2}{n}} \tag{5-16}$$

或

$$\Delta_{\bar{x}} = t \cdot \sqrt{\dfrac{\sigma^2}{n}\left(1 - \dfrac{n}{N}\right)} \tag{5-17}$$

将式（5-15）展开以后可得到下面公式：

$$\Delta_p = t \cdot \sqrt{\frac{p(1-p)}{n}} \qquad\qquad (5-18)$$

或
$$\Delta_p = t \cdot \sqrt{\frac{p(1-p)}{n}\left(1 - \frac{n}{N}\right)} \qquad\qquad (5-19)$$

概率度 t 和概率 $F(t)$ 二者之间的关系是:当概率度越大,表明抽样误差范围越大,则概率保证程度越大;反之,当概率度越小,表明抽样误差范围越小,则概率保证程度越小。在大样本($n \geqslant 30$)的条件下,样本平均数的分布接近正态分布,这时可根据概率度 t 和置信度 $F(t)$ 的对应函数关系通过《正态分布概率表》互相查找。常用的特殊的 t 和 $F(t)$ 之间的对应关系值有:

当 $t=1$ 时,$F(t) = 68.27\%$;

当 $t=1.96$ 时,$F(t) = 95\%$;

当 $t=2$ 时,$F(t) = 95.45\%$;

当 $t=3$ 时,$F(t) = 99.73\%$。

例 5 - 3 某农场进行小麦产量抽样调查,小麦播种总面积为 1 万亩,采用不重复简单随机抽样,从中抽选了 100 亩作为样本进行实割实测,测得样本平均亩产 400 斤,方差 144 斤。以 95.45% 的可靠性推断该农场小麦平均亩产可能在多少斤之间?(注:1 亩 = 0.066 7 公顷;1 斤 = 0.5 公斤)

已知:$N = 10\ 000, n = 100, \bar{x} = 400, \sigma^2 = 144, t = 2$

$$\mu_{\bar{x}} = \sqrt{\frac{\sigma^2}{n}\left(1 - \frac{n}{N}\right)} = \sqrt{\frac{144}{100}\left(1 - \frac{100}{10\ 000}\right)} = 1.19(斤)$$

$$\Delta_{\bar{x}} = t \cdot \mu_{\bar{x}} = 2 \times 1.19 = 2.38(斤)$$

$$\bar{x} - \Delta_{\bar{x}} \leqslant \bar{X} \leqslant \bar{x} + \Delta_{\bar{x}}$$

$$397.62(斤) \leqslant \bar{X} \leqslant 402.38(斤)$$

该农场小麦平均亩产在 397.62 ~ 402.38 斤之间。

第四节　样本单位数目的确定

一、样本单位数目确定的依据

确定样本单位数目是抽样调查方案中的一个重要问题。抽样单位数目过多会增加调查费用,花费较多的人力,从而不能充分发挥抽样调查的优越性;抽样单位数目过少,样本没有足够的代表性,抽样误差也会增大,对总体指标的推断会不准确,也就失去了实际价值。为了避免样本单位数目过多或过少,必须恰当确定抽取样本单位数目。

影响样本单位数目的因素有以下几点。

1. 总体各单位标志的变异程度

一般来说,标志变动度大,抽样单位数目应越多,反之就越少。样本单位数目的多少与总体各单位标志变异程度成正比关系。

2. 抽样极限误差

抽样极限误差即允许误差越小,抽样估计的精确度就越高,要求的样本单位数目就越多,反之,样本单位数目就少。样本单位数目的多少与允许误差的大小成反比关系。

3. 抽样方法

在其他条件相同的情况下,重复抽样比不重复抽样要多抽取一些样本单位。

4. 抽样的组织方式

抽样的组织方式有简单随机抽样、类型随机抽样、等距随机抽样以及整群随机抽样四种,采用的组织方式不同,抽取的样本单位数目也不相同。例如,采用类型随机抽样的抽样单位数目要小于简单随机抽样的抽样单位数目。

二、样本单位数目的计算公式

(一)平均数的抽样单位数目

1. 重复抽样条件下

根据式(5 - 16)进行恒等变换,则有:

$$n = \frac{t^2\sigma^2}{\Delta_{\bar{x}}^2} \tag{5 - 20}$$

2. 不重复抽样条件下

根据式(5 - 17)进行恒等变换,则有:

$$n = \frac{Nt^2\sigma^2}{N\Delta_{\bar{x}}^2 + t^2\sigma^2} \tag{5 - 21}$$

(二)成数的抽样单位数目

1. 重复抽样条件下

根据式(5 - 18)进行恒等变换,则有:

$$n = \frac{t^2 p(1 - p)}{\Delta_p^2} \tag{5 - 22}$$

2. 不重复抽样条件下

根据式(5 - 19)进行恒等变换,则有:

$$n = \frac{Nt^2 p(1 - p)}{N\Delta_p^2 + t^2 p(1 - p)} \tag{5 - 23}$$

例 5 - 4 对 500 名学生的英语考试成绩进行随机抽样调查,已知前两次考试成绩的标准差分别为 10.5 和 14.2。试以 95.45% 的概率确定重复抽样和不重复抽样时的抽样单位数目,要求抽样允许误差范围不超过 5 分。

解 根据题意已知:$\sigma = 14.2$(应取最大的),$t = 2$,$N = 500$,$\Delta_{\bar{x}} = 5$。

重复抽样条件下

$$n = \frac{t^2\sigma^2}{\Delta_{\bar{x}}^2} = \frac{2^2 \times 14.2^2}{5^2} = 32(人)$$

不重复抽样条件下

$$n = \frac{Nt^2\sigma^2}{N\Delta_{\bar{x}}^2 + t^2\sigma^2} = \frac{500 \times 2^2 \times 14.2^2}{500 \times 5^2 + 2^2 \times 14.2^2} = 30(人)$$

计算结果表明,在同样的精度要求下,不重复抽样比重复抽样所需的样本单位数目少。

三、确定抽样单位数目应注意的问题

上述计算抽样单位数目的计算公式中,各因素一般都是在调查之前预先确定的,因此计算的抽样单位数目仅仅是一个参考数据,还需要结合实际情况和调查经验,适当调查必要抽

样数目。在确定抽样单位数目时应注意以下几个问题。

1. 抽样单位数目应大于30。

2. 实际调查时可对计算的抽样单位数目进行调整。

3. 当总体单位数不大时,如果采用不重复抽样的方法抽取样本,必须应用不重复抽样的计算公式计算抽样单位数目;当总体单位数很大时,虽然采用不重复抽样方法,亦可采用重复抽样的计算公式计算抽样单位数目。

4. 当抽样调查是为了检验全面统计数字的质量时,全及总体的标志变异指标 σ^2 或 $p(1-p)$ 是有实际资料的,可以直接代入公式计算抽样单位数目。

5. 如有几个方差可以选用时,宜选择最大数值。对于成数方差 $p(1-p)$,如果没有资料时,可取成数方差的最大值0.25。

6. 一个总体往往同时计算抽样平均数和抽样成数。由于它们的方差和允许误差范围不同,因此,需要的抽样单位数目也不相同。为了防止由于样本单位数不足而扩大抽样误差,在实际工作中往往根据比较大的抽样单位数目进行抽样,以满足共同的需要。

第五节　抽样组织形式

进行抽样调查时,由于所研究现象的特点和工作条件的不同,可以设计各种不同的抽样组织方式。常用的抽样组织形式有简单随机抽样、类型抽样、等距抽样、整群抽样等。

一、简单随机抽样

简单随机抽样又称纯随机抽样,它是按随机原则直接从总体中抽取样本。

简单随机抽样是最基本、最简单的抽样组织形式,它适用于某种特征的单位均匀分布的总体。一般在抽样之前对总体各单位进行编号,然后用抽签的方式或根据《随机数字表》来抽选必要的单位数。

简单随机抽样方式的具体做法主要有以下三种。

1. 直接抽选法

这种方法是指直接从调查对象中随机抽选。例如,从仓库中存放的所有同类产品中随机指定若干件产品进行质量检验,从粮食仓库中不同的地点取出若干粮食样本进行含杂量、含水量的检验等。

2. 抽签法

即先将全及总体各个单位按照某种自然的顺序编上号,并做成号签,再把号签掺合起来,任意抽取所需单位数,然后按照抽中的号码取得对应的调查单位加以登记调查。

例如,某系共有学生360人,系学生会打算采用简单随机抽样的办法,从中抽取出60人进行调查。为了保证抽样的科学性,他们先从系办公室那里得到一份全系学生的名单,然后给名单中的所有学生都编上一个号(从001到360)。抽样框编好后,他们又用360张小纸条分别写上001,002,…,360的号码。他们把这360张写好不同号码的小纸条放在一个盒子里,混匀后,随机抽出60张写好不同号码的小纸条。然后,他们按这60张小纸条上的号码找到总体名单上所对应的60位同学。这60位同学就构成了他们本次调查的样本。这种方法简便易行,但当总体单位很多时,写号码的工作量就很大,混匀也不容易,因而此法往往在总体单位较少时使用。

3. 查随机数表法

所谓随机数表是指含有一系列组别的随机数字的表格。这种表格的编制,既可以借助电子计算机产生,也可以采用数码机产生或自己编制。表中数字的出现及其排列是随机形成的。查随机数表时,可以竖查、横查、顺查、逆查;可以用每组数字左边的头几位数,也可以用其右边的后几位数,还可以用中间的某几位数字。这些都需事先完全自定好,但一经决定采用某一种具体做法,就必须保证对整个样本的抽取完全遵从统一规则。

前面介绍的抽样推断方法就是从简单随机抽样组织方式出发的。

二、类型抽样

类型抽样又称分层抽样或分类抽样,它的特点是先对总体各单位按主要标志加以分类(层),减小各组内的差异程度,然后从各类(层)中按随机原则抽取一定的单位组成样本。

1. 类型抽样的优点

(1)可以提高样本的代表性。

因为样本单位是从各类型组中抽取的,样本中有各种标志值水平的单位。

(2)可降低影响抽样平均误差的方差。

在总体分组情况下,总体方差由两部分组成:一部分是组间方差,即各类型组之间标志值差异程度;另一部分是组内方差,即各组组内各单位标志值之间差异程度。在类型抽样条件下,因为从各类型组都抽取了样本单位,组间方差可不予考虑,影响误差的总方差是组内方差。

2. 类型抽样的方法

(1)等比例抽样

即按照样本单位数在各类之间分配的比重与总体在各类之间分配相同的比重进行抽样。

若抽取的样本单位数为 n,各类型组中抽取的样本单位数为 n_i,各类型组所有单位数为 N_i,则有:

$$\frac{n_1}{N_1} = \frac{n_2}{N_2} = \cdots = \frac{n_k}{N_k} = \frac{n}{N} \tag{5-24}$$

各类型组应抽取的样本单位数为

$$n_i = \frac{n}{N} \times N_i$$

(2)不等比例抽样

即各类型组所抽选的单位数,按各类型组标志值的变动程度来确定,变动程度大的多抽一些单位,变动程度小的少抽一些单位,没有统一的比例关系。

各类型组抽取的样本单位数为

$$n_i = \frac{N_i \sigma_i}{\sum N_i \sigma_i} \times n \tag{5-25}$$

在实际工作中,由于事先很难了解各组的标志变异程度,因此,大多数类型抽样采用等比例类型抽样法。

分类抽样的目的在于使样本的构成充分接近总体构成,从而增大样本的代表性。适用于各单位标志值或属性差异较大的总体。

3. 类型抽样的抽样误差计算

（1）平均数的抽样误差计算公式

重复抽样条件下

$$\mu_{\bar{x}} = \sqrt{\frac{\overline{\sigma^2}}{n}}, \overline{\sigma^2} = \frac{\sum \sigma_i^2 N_i}{N} \quad \text{或} \quad \overline{\sigma^2} = \frac{\sum \sigma_i^2 n_i}{n} \tag{5-26}$$

不重复抽样条件下

$$\mu_{\bar{x}} = \sqrt{\frac{\overline{\sigma^2}}{n}\left(1 - \frac{n}{N}\right)} \tag{5-27}$$

（2）成数的抽样误差计算公式

重复抽样条件下

$$\mu_p = \sqrt{\frac{\overline{p(1-p)}}{n}}$$

$$\overline{p(1-p)} = \frac{\sum p_i(1-p_i)N_i}{N} \quad \text{或} \quad \overline{p(1-p)} = \frac{\sum p_i(1-p_i)n_i}{n} \tag{5-28}$$

不重复抽样条件下

$$\mu_p = \sqrt{\frac{\overline{p(1-p)}}{n}\left(1 - \frac{n}{N}\right)} \tag{5-29}$$

例 5-5　假定根据类型比例抽样取得表 5-1 资料：

表 5-1　类型比例抽样示例表

类型	抽取单位数 n_i	标志平均数 $\bar{x}_i$	标准差 σ_i
甲区	600	32	20
乙区	300	36	30

根据上表资料，进行计算：

$$\bar{x} = \frac{\sum \bar{x}n_i}{n} = \frac{32 \times 600 + 36 \times 300}{600 + 300} = 33.33$$

$$\overline{\sigma^2} = \frac{\sum \sigma_i^2 n_i}{n} = \frac{20^2 \times 600 + 30^2 \times 300}{600 + 300} = 566.7$$

$$\mu_{\bar{x}} = \sqrt{\frac{\overline{\sigma^2}}{n}} = \sqrt{\frac{566.7}{900}} = 0.794$$

若以 0.954 5 概率保证推断总体平均数的范围：

$$\Delta_{\bar{x}} = t\mu_{\bar{x}} = 2 \times 0.794 = 1.588$$

$$\bar{x} - \Delta_{\bar{x}} \leqslant \overline{X} \leqslant \bar{x} + \Delta_{\bar{x}}$$

即　　　　　　　　　$$33.33 - 1.588 \leqslant \overline{X} \leqslant 33.33 + 1.588$$

故总体平均数在 0.954 5 万概率保证下介于 31.742 与 34.918 之间。

三、等距抽样

等距抽样又称系统抽样或机械抽样。它是先按某一标志对总体各单位进行排队，然后每隔一定间隔抽取一个样本,直至抽够所要求的样本单位。

设总体有 N 个单位,要抽容量为 n 的样本,则在一定顺序下抽样距离 $K = \dfrac{N}{n}$。即把总体分成 n 段,每段 K 个单位,每隔 K 个单位抽取一个样本,直到抽满 n 个单位为止。

等距抽样按总体单位排列情况分为无关标志排队和有关标志排队两种,以无关标志排队的等距抽样可视同纯随机抽样。

等距抽样的目的是将样本均匀地分布在总体中,以提高样本的代表性。

等距抽样均为不重复抽样,其平均误差的计算可分为两类:一是按无关标志排序时,可用简单随机不重复抽样的平均误差公式计算;二是按有关标志排序时,可用类型抽样的平均误差公式计算(公式从略)。

四、整群抽样

整群抽样是将总体划分为若干群,然后以群为抽样单位,从总体中抽取若干个群体样本,对中选群内的所有单位进行全面调查。

整群抽样要求群与群之间的差异要尽量小,群内部的差异可以大一些。

整群抽样的目的在于方便抽样,通常用于对总体缺乏了解的情况下。

设总体的全部单位为 R 群,每群的单位数相等,用不重复抽样方法抽取群加以全面调查,则整群抽样误差计算公式有以下两种。

1. 平均数抽样误差的计算公式

$$\mu_{\bar{x}} = \sqrt{\frac{\delta_{\bar{x}}^2}{r}\left(1 - \frac{R-r}{R-1}\right)} \qquad (5-30)$$

式中　$\delta_{\bar{x}}^2$——群间方差。

当 R 相当大时,抽样误差公式为

$$\mu_{\bar{x}} = \sqrt{\frac{\delta_{\bar{x}}^2}{r}\left(1 - \frac{r}{R}\right)} \qquad (5-31)$$

测定平均数时

$$\delta_{\bar{x}}^2 = \frac{\sum (\bar{X}_i - \bar{X})^2}{R}$$

式中　$\bar{X}_i$——各群平均数;

　　　$\bar{X}$——总体平均数。

实际工作中用样本平均数代替,即

$$\delta_{\bar{x}}^2 = \frac{\sum (\bar{x}_i - \bar{x})^2}{r}$$

式中　$\bar{x}_i$——抽取各群的平均数;

　　　$\bar{x}$——被抽取各群的总平均数。

2. 成数抽样误差的计算公式

$$\mu_p = \sqrt{\frac{\delta_p^2}{r}\left(1 - \frac{R-r}{R-1}\right)} \qquad (5-32)$$

测定成数时

$$\delta_p^2 = \frac{\sum (p_i - p)^2}{r} \qquad\qquad (5-33)$$

式中 p_i——样本各群的成数;

p——总体各群样本成数。

例 5-6 某台机床加工某种零件,在 24 小时中,每隔一小时抽取 5 分钟的零件加以检查,结果合格率为 90% ,群间均方差为 5% 。试用0.949 5机率保证,对整天零件合格率进行估计。

因整天 $24 \times 60 = 1\,440$ 分钟,每 5 分钟的零件为群,故一天共有 $1\,440 \div 5 = 288$ 群。所以,根据题意: $R=288$, $r=24$, $\delta_p^2 = 0.05$, $p=90\%$, $t=2$ 。

$$\mu_p = \sqrt{\frac{\delta_p^2}{r}\left(1 - \frac{r}{R}\right)} = \sqrt{\frac{0.05}{24}\left(1 - \frac{24}{288}\right)} = 0.044 \ \text{或} \ 4.4\%$$

$$\Delta_p = t\mu_p = 2 \times 0.044 = 0.088 \ \text{或} \ 8.8\%$$

$$90\% - 8.8\% \leqslant P \leqslant 90\% + 8.8\%$$

故整天零件合格率在保证概率下介于81.2%到98.8%之间。

整群抽样的优点,是组织工作比较方便,确定一群就可以抽出许多单位进行观察。但是,正因为以群为单位进行抽选,抽选单位比较集中,显著地影响了在全及总体中各单位分布的均匀性。因此,整群抽样和其他抽样方法比较,在抽样单位数相同的条件下,抽样误差较大,代表性较低。为此,在统计工作实践中采用整群抽样时,一般都要比其他抽样方式抽选更多的单位,借以降低抽样误差,提高抽样结果的准确程度。

思考与练习

一、思考题

1. 什么是抽样推断,它有哪些特点?

2. 什么是样本,抽样推断中的大小样本是如何确定的?

3. 什么是重复抽样和不重复抽样,二者有何异同?

4. 什么是抽样误差,影响抽样误差大小的因素有哪些?

5. 点估计与区间估计有何区别?

6. 概率和概率度有何区别?

7. 为什么不重复抽样的平均误差总是小于重复抽样的平均误差?

8. 影响抽样单位数目的因素有哪些?

9. 抽样的组织方式有哪些?

二、练习题

1. 从仓库中随机抽选了 200 个零件,经检验有 40 个零件是一级品,又知道抽样数是仓库零件总数的 1% ,当概率为 95.45% 时,试估计该仓库这种零件一级品数量的区间范围。

2. 某厂对新试制的一批产品的使用寿命进行测定,随机抽选 100 个零件,测得其平均寿命为 2 000 小时,标准差为 10 小时。要求计算:

（1）从 68.27% 的概率推断其平均寿命的范围；

（2）如果抽样极限误差减少一半，概率不变，则应该抽查多少个零件？

（3）如果抽样极限误差减少一半，概率提高到 95.45%，则又应该抽查多少个零件？

（4）通过上述条件变化与计算结果，如何理解样本单位数、抽样极限误差、概率度三者之间的关系。

3. 抽样调查中，对某砖厂的产品质量进行抽样检查，要求极限误差不超过 1.5%，概率为 95.45%，并知道历史同样调查的不合格率为 1.27%，1.38%，1.49%。试推断不合格率的必要样本容量数目是多少？

4. 从某校随机抽选 1% 的学生进行调查，测得他们的身高资料如下表所示：

身高/厘米	150～160	160～170	170～180	180 以上
学生人数	20	60	16	4

试以 95.45% 的概率保证估计：

（1）该校全部学生的平均身高范围；

（2）该校全部学生身高在 170 厘米以上的人数范围。

5. 在简单随机重复抽样中，若抽样单位数增加 2 倍，抽样平均误差将如何变化？若抽样单位数减少到原来的 75%，抽样平均误差将如何变化？

6. 对一批产品按随机不重复抽样方式抽取 100 件，发现其中有 10 件是废品，又知其抽样比例为 20%。

（1）当概率为 95.45% 时，能否认为这批产品的废品率不超过 15%？

（2）估计这批产品废品量的范围；

（3）如果要使这批产品的废品率的上限不超过 15%，在同样的概率保证下，必须至少抽检多少件产品？

7. 从某年级学生中按简单随机抽样方式抽取 50 名学生，对邓小平理论课程的考试成绩进行检查，得知其平均分数为 75.6 分，样本标准差 10 分，试以 95.45% 的概率保证程度推断全年级学生考试成绩的区间范围。如果其他条件不变，将允许误差缩小一半，应抽取多少名学生？

第六章　相关与回归分析

第一节　相关的意义和种类

一、相关的意义

客观存在的事物或现象之间是相互联系、相互影响、相互制约的。相关与回归分析就是从数量上研究现象之间有无关系存在以及相互关系的密切程度,从而探求由于一个因素的变动引起另一因素平均变动的估计值。

事物和现象在数量上依存关系可以分为两种:函数关系和相关关系。

函数关系是指现象之间存在着确定性的严格的依存关系。在这种关系下,当一个或一组变量取一定的数值时,另一个变量就有一个确定的数值与之相对应,这种关系可以用一个数学表达式反映出来。

例如,某种商品的销售收入 Y 与该商品的销售量 Q 以及该商品价格 P 之间的关系可以用式 $Y = PQ$ 表示。

在商品价格一定的情况下,商品销售收入 Y 随着销售量 Q 的变动而变动,对 Q 的某一个具体数值,Y 就有唯一确定的值与之相对应;在商品的销售数量一定的情况下,销售收入 Y 又随着商品价格 P 的变化而变化。

又如,圆的面积与半径之间 $(S = \pi r^2)$、球的体积与直径之间 $(V = \dfrac{1}{6}\pi d^3)$ 都存在着函数关系。

社会现象中广泛存在着这种函数关系。

相关关系是指现象之间确实存在着的,但其数量表现又是不确定、不规则的一种相互依存关系。在这种关系下,当一个或一组变量取一定的数值时,与之相对应的另一个变量的数值是不能确定的,只是按照某种规律在一定范围内变化。这种关系不能用严格的函数式来表示。

例如,农作物的亩产量与施肥量这两个现象中,在一定范围内,亩产量随着施肥量的变化而变化,但其数量表现不是确定性的关系。

又如,企业的固定资产投资额与产值之间、居民收入水平与消费水平之间的关系等都属于相关关系。

相关关系是一种不完全确定的数量依存关系,因素标志(自变量)的每个数值都可能有若干个结果标志(因变量的数值与之相对应,但关系值是不固定,这些数值围绕着它们的平均数上下波动)。

函数关系与相关关系的联系表现在:相关关系是相关分析的研究对象,函数关系是相关分析的工具。

二、相关的种类

1. 按相关的程度不同,可分为完全相关、不完全相关和不相关。

完全相关是指一种现象的数量变化完全由另一个现象的数量变化所确定。在这种情况下,相关关系便成为函数关系。因此,也可以说函数关系是相关关系的一个特例。

不相关是指两个现象彼此互不影响,其数量变化各自独立。例如,人的年龄与性别是不相关的。

不完全相关是指两个现象之间的关系介于完全相关与不相关之间。大多数相关关系属于不完全相关,是统计研究的主要对象。

2. 按相关的方向不同,可分为正相关和负相关。

正相关是指自变量和因变量之间的变化方向是相同的,即当自变量 x 增大或减小时,因变量 y 也随之相应增大或减小。例如,职工的消费水平会随着收入水平的提高而增加。

负相关是指自变量和因变量之间的变化方向是相反的,即当自变量 x 增大或减小时,因变量 y 则相应减小或增大。例如,随着劳动生产率的提高,产品的单位成本会随之下降。

3. 按相关的形式不同,可分为线性相关和非线性相关。

线性相关又称直线相关,当两种现象之间的相关关系大致呈现为直线状态时,称之为线性相关。即当一个变量的数值发生变动时,另一个变量的数值发生大致相等的变动,若反映在坐标图上,其散点的分布近似为一条直线。例如,人均消费水平与人均收入水平之间通常呈线性相关。

非线性相关又称曲线相关,指两种现象之间的相关关系近似于某种曲线的状态。即当一个变量的数值发生变动时,另一个变量的数值发生不均等的变动,若表现在坐标图上,其散点的分布近似于某种曲线。例如,农作物的亩产量与施肥量之间呈非线性相关。

4. 按涉及变量的多少,可分为单相关和复相关。

单相关是指两个现象之间的相关关系,即研究时只涉及因变量与一个自变量之间的相关关系。例如,居民的消费水平与收入水平之间呈现单相关关系。

复相关是指因变量与多个自变量之间的相关关系。例如,某种商品的需求量与其价格水平、职工收入水平等现象之间呈现复相关关系。

三、相关分析的主要内容

1. 确定现象之间有无相关关系,以及相关关系的表现形式。
2. 确定相关关系的密切程度。

第二节　相关表、相关图、相关系数

一、相关表

相关表是一种反映变量之间相关关系的统计表。将某一变量的若干数值,按从小到大顺序依次排列,然后再列出与其相关的另一个变量的对应数值,这样排列的表格就称为相关表。

例 6 - 1　对某 10 户居民家庭的年可支配收入和消费支出进行调查,得到的资料见表 6 - 1。

表6-1　10户居民家庭的年收入和消费水平资料　　　　（单位：×10³元）

居民家庭编号	1	2	3	4	5	6	7	8	9	10
可支配收入	18	25	45	60	62	75	88	92	98	99
消费支出	15	20	30	40	42	53	60	65	78	70

从相关表中可以看出,随着居民收入水平的提高,消费水平也相应提高,两者之间存在明显的正相关关系。

根据资料是否分组,相关表可分为简单相关表和分组相关表。

1. 简单相关表

简单相关表是资料未经分组的相关表,它是把因素标志值按照从小到大的顺序并配合结果标志值一一对应而平行排列起来的统计表,如表6-1。

2. 分组相关表

分组相关表是在简单相关表的基础上,将原始数据进行分组后再制成表。可以分为单变量分组相关表和双变量分组相关表两种。

（1）单变量分组相关表

单变量分组相关表是将自变量分组并计算次数,而对应的因变量不分组,只计算其平均值。根据具体情况,可以是单项式,也可以是组距式。

例6-2　按产量分组而形成的单变量分组相关表的示例如表6-2所示。

表6-2　单变量分组示例表

产量 x/件	企业数/家	平均单位成本 $\bar{y}$/元
20	6	12
30	8	11
40	12	10
50	5	8
60	3	7.5

若将这种单变量分组相关表和简单相关表加以比较,不难发现单变量分组相关表使得资料简化,能够更清晰地反映出两变量的关系。从表中可以看出产量和单位成本之间存在着负相关的关系。

（2）双变量分组相关表

双变量分组相关表是自变量和因变量都进行分组而成的相关表。这种表形似棋盘,故又称棋盘式相关表。

其编制程序是:首先,分别确定自变量和因变量的组数;其次,按两个变量的组数设计棋盘式表格;最后,计算各组次数并置于相对应的方格之中。

例 6 – 3　以上例 6 – 1 说明,编制的结果如表 6 – 3 所示。

表 6 – 3　双变量分组示例表

年维修费用/元	机床使用年限/年								合计
	2	3	4	5	6	7	8	9	
1 000 ~ 1 100								1	1
900 ~ 1 000								1	1
800 ~ 900				1		1		2	2
700 ~ 800			1		2			3	3
600 ~ 700			1	1				2	2
500 ~ 600	1	1						2	2
400 ~ 500	1							1	1
合计	2	1	2	2	3	1	1	1	12

从表中看出,年维修费用与机床使用年限之间关系集中在左下角到右上角的斜线上,表明年维修费用与机床使用年限为正相关。

二、相关图

相关图又称散点图。它是以直角坐标系的横轴代表自变量,纵轴代表因变量,将两个变量相对应的数值用坐标点描绘出来。通过相关图,可以大致看出两个变量之间有无相关关系,及相关的形态、方向及紧密程度。一般有以下几种情况,如图 6 – 1、图 6 – 2、图 6 – 3、图 6 – 4 所示。

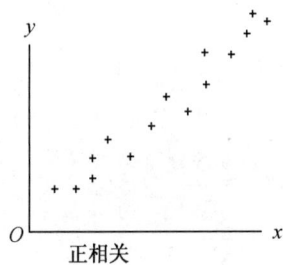

图 6 – 1（正相关）

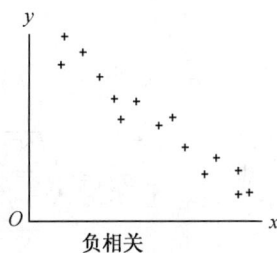

图 6 – 2（负相关）

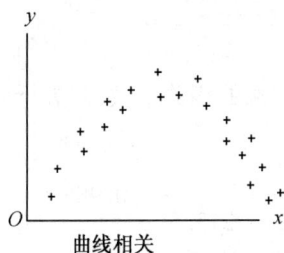

图 6 – 3（曲线相关）

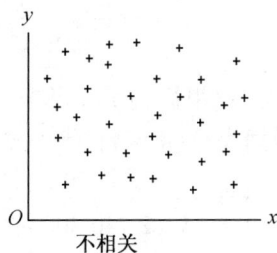

图 6 – 4（不相关）

三、相关系数

(一)相关系数的意义

从相关表、相关图可以判断两个现象是否相关以及相关的类型,但不能准确判断相关的密切程度。要判断现象之间相关关系的密切程度,需计算相关系数。相关系数是指在直线相关条件下,说明两个现象之间相关关系密切程度的统计分析指标,通常用 r 表示。相关系数的取值范围在 $-1 \sim +1$ 之间。若相关系数为正值,表示两个变量是正相关;若相关系数是负值,表示两个变量是负相关。$|r|$ 越接近于 1,说明相关程度越强;$|r|$ 越接近于 0,说明相关程度越弱;$|r| < 0.3$,为微相关;$0.3 \leqslant |r| < 0.5$,为低度相关;$0.5 \leqslant |r| < 0.8$,为显著相关;$|r| \geqslant 0.8$,为高度相关;$r = 1$ 或 $r = -1$,说明两个变量完全正相关或完全负相关,这时,两个变量即为函数关系。

(二)相关系数的计算

1. 积差法

相关系数按积差法计算,是通过两变量与各自平均值的离差的乘积来反映两变量之间的相关程度。

其基本公式为

$$r = \frac{\sigma_{xy}^2}{\sigma_x \sigma_y} = \frac{\sum (x - \bar{x})(y - \bar{y})}{\sqrt{\sum (x - \bar{x})^2} \sqrt{\sum (y - \bar{y})^2}} \tag{6-1}$$

式中 σ_{xy}^2——自变量 x 和因变量 y 的协方差;

σ_x——自变量的标准差;

σ_y——因变量的标准差。

由于

$$\sigma_{xy}^2 = \sum (x - \bar{x})(y - \bar{y})/n = \frac{\sum xy}{n} - \frac{(\sum x)(\sum y)}{n \cdot n}$$

$$\sigma_x = \sqrt{\frac{\sum (x - \bar{x})^2}{n}} = \sqrt{\frac{\sum x^2}{n} - \frac{(\sum x)^2}{n^2}} \tag{6-2}$$

$$\sigma_y = \sqrt{\frac{\sum (y - \bar{y})^2}{n}} = \sqrt{\frac{\sum y^2}{n} - \frac{(\sum y)^2}{n^2}}$$

将上述简化结果代入积差法公式,则相关系数计算公式可简化为

$$r = \frac{n \sum xy - (\sum x)(\sum y)}{\sqrt{n \sum x^2 - (\sum x)^2} \times \sqrt{n \sum y^2 - (\sum y)^2}} \tag{6-3}$$

例 6-4 试根据表 6-4 资料计算产品销售额与利润额的相关系数,并进行分析说明。

解 根据表 6-4 资料,代入式(6-3)可得

$$r = \frac{5 \times 172\,780 - 3\,510 \times 213.5}{\sqrt{5 \times 2\,740\,300 - 3\,510^2} \times \sqrt{5 \times 11\,067.25 - 213.5^2}} = 0.986\,5$$

从相关系数可以看出,产品销售额和利润额之间存在高度正相关关系。

表 6 – 4 　某部门 5 个企业产品销售额和销售利润资料

企业编号	产品销售额 x /万元	销售利润 y /万元	xy	x^2	y^2
1	430	22.0	9 460	184 900	484
2	480	26.5	12 720	230 400	702.25
3	650	32.0	20 800	422 500	1 024
4	950	64.0	60 800	902 500	4 096
5	1 000	69.0	69 000	1 000 000	4 761
合计	3 510	213.5	172 780	2 740 300	11 067.25

2. 等级相关

(1)斯皮尔曼相关系数

斯皮尔曼等级相关是根据等级资料研究两个变量间相关关系的方法。它是依据两列成对等级的各对等级数之差来进行计算的,所以又称为等级差数法。斯皮尔曼等级相关系数是反映两组变量之间联系的密切程度,它和相关系数 r 一样,取值在 $-1 \sim +1$ 之间,所不同的是它是建立在等级的基础上进行计算的。其计算公式为

$$r_s = 1 - \frac{6 \sum d^2}{n(n^2 - 1)} \qquad (6-4)$$

式中　r_s——斯皮尔曼等级相关系数;

　　　　d——两列成对变量的等级差数;

　　　　n——等级个数。

根据表 6 – 5 所列资料,代入式(6 – 4)可得

$$r_s = 0.939\ 4$$

由表 6 – 5 资料,计算结果表明,学生的身高和体重之间呈现高度相关。

表 6 – 5 　某班十名学生身高和体重资料

学生序号	身高 x/厘米	体重 y/公斤	R_x	R_y	$d = R_x - R_y$	d^2
1	171	53	4	6	-2	4
2	167	56	6	4	2	4
3	177	64	1	2	-1	1
4	154	49	9	9	0	0
5	169	55	5	5	0	0
6	175	66	2	1	1	1
7	163	52	7	7	0	0
8	152	47	10	10	0	0
9	172	58	3	3	0	0
10	162	50	8	8	0	0
合计	—	—	—	—	—	10

斯皮尔曼等级相关系数对数据条件的要求没有积差法相关系数严格，只要两个变量的观测值是成对的等级评定资料，或者是由连续变量观测资料转化得到的等级资料，不论两个变量的总体分布形态、样本容量的大小如何，都可以用斯皮尔曼等级相关来进行研究。

（2）肯德尔和谐系数

肯德尔和谐系数又称一致性系数，是表示多列等级变量相关程度的一种方法。常用于对涉及到多变量序数的等级相关程度的测定。其计算公式为

$$r_k = \frac{12 \sum R^2}{K^2 \cdot n(n^2 - 1)} - \frac{3(n + 1)}{n - 1} \tag{6-5}$$

式中　R——不同序列评价值的等级和；

　　　K——多个变量的个数；

　　　n——评价对象的项数。

第三节　线性回归分析

一、线性回归分析概述

所谓回归分析，就是依据相关关系的具体形态，选择一个合适的数学模型来近似地表达变量间的平均变化关系。

相关关系能说明现象间有无关系，但它不能说明一个现象发生一定量的变化时，另一个变量将会发生多大量的变化。也就是说，它不能说明两个变量之间的一般数量关系值。

而回归分析，是在相关分析的基础上，把变量之间的具体变动关系模型化，求出关系方程式。就是找出一个能够反映变量间变化关系的函数关系式，并据此进行估计和推算。通过回归分析，可以将相关变量之间不确定、不规则的数量关系一般化、规范化。从而可以根据自变量的某一个给定值推断出因变量的可能值（或估计值）。

回归分析按涉及自变量的多少，可分为一元线性回归分析和多元线性回归分析。

一元线性回归分析是对一个因变量与一个自变量建立回归方程。

多元线性回归分析是对一个因变量与两个或两个以上的自变量建立回归方程。

回归方程按其表现形式的不同，可分为线性回归分析和非线性回归分析。

线性回归分析是对呈现线性相关关系的现象建立直线回归方程。

非线性回归分析是对呈现非线性相关关系的现象建立非线性回归方程。

本教材仅对线性回归分析作介绍。

回归分析的主要内容包括以下几点。

（1）建立相关关系的数学表达式（即建立回归方程）。

（2）依据回归方程进行回归预测。

（3）计算估计标准误差。通过估计标准误差，可以分析回归估计值与实际值之间的差异程度以及估计值的准确性和代表性，还可利用估计标准误差对因变量估计值进行在一定把握程度条件下的区间估计。

二、一元线性回归分析

1. 一元线性回归分析的特点

（1）两个变量不是对等关系，必须明确自变量和因变量。

（2）如果 x 和 y 两个变量无明显因果关系，则存在着两个回归方程：

一个是以 x 为自变量、y 为因变量建立的回归方程，称 y 倚 x 回归方程；另一个是以 y 为自变量、x 为因变量建立的回归方程，称 x 倚 y 回归方程。

（3）直线回归方程中，回归系数 b 可以是正值，也可以是负值。

若 $b>0$，表示直线上升，说明两个变量同方向变动；

若 $b<0$，表示直线下降，说明两个变量反方向变动。

2. 配合一元线性回归方程的条件

（1）两个变量之间必须存在高度相关的相关；

（2）两个变量之间确实呈现直线相关关系。

3. 配合一元线性回归方程的方法

一元线性回归方程是用于分析两个变量（一个因变量与一个自变量）线性关系的数学表达式，一般形式为

$$y_c = a + bx \tag{6-6}$$

式中　　x——自变量；

y_c——因变量 y 的估计值（又称理论值）；

a——回归方程参数，表明 x 为 0 时 y_c 的估计值；

b——回归方程参数，表明 x 每增加一个单位所引起的 y 的增加值。

一元线性回归方程应根据最小二乘法原理配合，因为只有用最小二乘法原理配合的回归方程才可以同时满足两个条件，即

（1）因变量的实际值与回归估计值的离差之和为零；

（2）因变量的实际值与回归估计值的离差平方和为最小值。

只有满足这两个条件，配合的直线方程的误差才能最小，其代表性才能最强。

令所配合的一元线性回归方程标准式为 $y_c = a + bx$

为使 $Q = \sum (y - y_c)^2 =$ 最小值，根据微积分中求极值的原理，需分别对 a, b 求偏导数，并令其为 0，经过整理，可得到如下方程组：

$$\begin{cases} \sum y = an + b \sum x \\ \sum xy = a \sum x + b \sum x^2 \end{cases}$$

解此方程组，可求得 a, b 两个参数

$$\begin{cases} b = \dfrac{n \sum xy - \sum x \sum y}{n \sum x^2 - (\sum x)^2} \\ a = \bar{y} - b\bar{x} \end{cases} \tag{6-7}$$

例 6-5　根据表 6-7 中的资料，求以产量为自变量，生产费用为因变量，配合一元线性回归方程。

表 6 – 7　某企业 2000 ~ 2004 年某产品产量与生产费用资料表

年份	产量 x /百吨	生产费用 y /百万元	xy	x^2
2000	10	2	20	100
2001	12.4	2.8	34.72	153.76
2002	14.5	3.6	52.2	210.25
2003	16	4.3	68.8	256
2004	19.5	6	117	380.25
合计	72.4	18.7	292.72	1 100.26

解　将表 6 – 7 中资料代入式(6 – 7),可得

$$b = \frac{5 \times 292.72 - 72.4 \times 18.7}{5 \times 1\,100.26 - (72.4)^2} = 0.42$$

$$a = \frac{18.7}{5} - 0.42 \times \frac{72.4}{5} = -2.34$$

则一元回归方程为

$$y_c = -2.34 + 0.42x$$

说明该企业某产品产量每增加 100 吨,生产费用净增加 0.42 百万元。

三、多元线性回归分析

多元回归分析预测法,是指通过对两个或两个以上的自变量与一个因变量的相关分析,建立预测模型进行预测的方法。当自变量与因变量之间存在线性关系时,称为多元线性回归分析。

多元线性回归预测模型一般公式为

$$y_c = a + b_1 x_1 + b_2 x_2 + b_3 x_3 + \cdots + b_n x_n \tag{6 – 8}$$

式中　$x_1, x_2, \cdots, x_n$——个影响的自变量;

　　　$a, b_1, b_2, \cdots, b_n$——回归系数。

多元线性回归模型中最简单的是只有两个自变量($n = 2$)的二元线性回归模型,其一般形式为

$$y_c = a + b_1 x_1 + b_2 x_2 \tag{6 – 9}$$

式中　y_c——因变量的估计值;

　　　x_1, x_2——两个不同自变量,即与因变量有紧密联系的影响因素;

　　　a——线性回归方程的参数,回归平面在 y 轴上的截距;

　　　b_1——线性回归方程的参数,在 x_2 保持不变的条件下,x_1 每变化一个单位,y_c 的平均变化量;

　　　b_2——线性回归方程的参数,在 x_1 保持不变的条件下,x_2 每变化一个单位,y_c 的平均变化量。

a, b_1, b_2 通过解下列的方程组来得到:

$$\sum y = na + b_1 \sum x_1 + b_2 \sum x_2$$

$$\sum x_1 y = a \sum x_1 + b_1 \sum x_1^2 + b_2 \sum x_1 x_2$$

$$\sum x_2 y = a \sum x_2 + b_1 \sum x_1 x_2 + b_2 \sum x_2^2$$

二元线性回归预测法基本原理和步骤同一元线性回归预测法没有原则上的区别,大体相同。

思考与练习

一、思考题

1. 什么是相关关系,其主要特征是什么? 它与函数关系有何不同?

2. 简述相关分析和回归分析关系。

3. 什么是正相关和负相关? 举例说明。

4. 相关系数的含义是什么? 利用相关系数判断现象之间相关关系的标准如何?

5. 直线回归方程 $y = a + bx$ 中,回归系数 a, b 是怎样求得的,其经济意义是什么?

6. 试举例说明等级相关系数 r_s 和 r_k 的运用。

二、练习题

1. 有 10 个同类企业的生产性固定资产年平均价值和工业总产值资料如下表:

企业编号	生产性固定资产价值/万元	工业总产值/万元
1	318	524
2	910	1 019
3	200	638
4	409	815
5	415	913
6	502	928
7	314	605
8	1 210	1 516
9	1 022	1 219
10	1 225	1 624
合计	6 525	9 801

(1)说明两变量之间的相关方向;

(2)建立直线回归方程。

2. 检查 5 位同学统计学的学习时间与成绩分数,如下表:

每周学习时间/小时	学习成绩/分
4	40
6	60
7	50
10	70
13	90

(1)由此计算出学习时间与学习成绩之间的相关系数;

(2)建立直线回归方程。

3. 某种产品的产量与单位成本的资料如下表:

产量 x/千件	单位成本 y/(元/件)
2	73
3	72
4	71
3	73
4	69
5	68

(1)计算相关系数 r,判断其相关议程和程度;

(2)建立直线回归方程;

(3)指出产量每增加 1 000 件时,单位成本平均下降了多少元?

4. 随机抽取某班 10 名学生的甲、乙两门功课的成绩,得出下表结果:

甲门功课成绩/分	40	60	95	88	76	83	98	80	95	68
乙门功课成绩/分	50	72	95	90	75	83	95	83	90	73

试用等级相关系数 r_s 测定 10 名学生两门功课之间的相关程度。

第二编

公路运输统计

第一章　公路运输概述

第一节　公路运输统计的性质与任务

交通运输业是专门从事货物和旅客位移活动的特殊生产部门,也是国民经济的基础产业之一。现代的交通运输体系是由铁路、公路、水运、航空、管道五种基本运输方式构成的涵盖海陆空的综合运输体系。其中公路运输凭借其机动灵活、送达速度快、活动面广、适应性强等行业特点,不仅是地区之间、城乡之间、单位与单位之间、部门之间的沟通手段,而且还是连接铁路、水运、航空、管道等运输方式的纽带和桥梁。

随着我国经济形势的持续稳定发展,我国的国际国内贸易不断加强,公路运输的环境也在不断改善,高等级的道路在我国得到飞速发展。经过近 15 年的时间,总投资 9 000 亿元、总规模约 3.5 万公里的"五纵七横"国道主干线于 2007 年底基本贯通。"五纵七横"国道主干线,初步构筑了我国区域和省际间横连东西、纵贯南北、连接首都的国家公路骨架网络,形成了国家高速公路网的雏形,覆盖了全国所有人口在 100 万以上的特大城市和 93% 的人口在 50 万以上的大城市,是具有全国性政治、经济、国防意义的重要干线公路,这 12 条主干线全部是二级以上的高等级公路,其中高速公路约占总里程的 76%。

在 2007 年我国新增公路通车里程达 11.6 万公里。截至 2007 年底,全国公路通车总里程达 357.3 万公里,其中高速公路约达 5.3 万公里,位居世界第二;全国公路营运汽车达 849.22 万辆,比上年末增加 46.65 万辆。2008 年 1 季度,全国公路运输完成货运量为 40.5 亿吨,占全社会货物运输量的 73.2%。

由此可见,公路运输业在整个交通运输体系中占据着重要的地位,同时也表明它是一个社会性、服务性很强的行业。

一、公路运输统计的性质

公路运输统计是整个社会经济统计的重要组成部分,是认识社会的有力武器之一,是对道路运输行业进行科学管理和实行行业管理的重要工具。公路运输统计作为一门专业统计,它和社会经济统计一样,不仅是一个认识工具、管理工具和监督工具,更突出的是对帮助各级领导指挥决策、实行有效管理、推进经济和社会发展等方面都具有重要的意义。

公路运输统计是公路运输业发展到一定阶段,为适应公路运输管理的需要而逐渐形成和发展起来的。公路运输统计是对公路运输生产全过程的经济现象各种数量关系进行研究,以统计数据资料来综合反映公路运输生产的产量、质量、速度、规模、构成、效率、效益等经济现象,并揭示其生产的特征、发展及其变化的规律。

公路运输统计一般包括公路运输统计工作、公路运输统计资料和公路运输统计学三个方面的含义,具体如下:

1. 公路运输统计工作即统计实践,它是对公路运输经济现象的数量方面进行收集、整理和分析研究的过程;

2. 公路运输统计资料是公路运输统计工作的成果或产品,是整个统计工作过程中所取得的各项相关数据资料的总称;

3. 公路运输统计学是公路运输统计工作的经验总结和理论概括,它从理论上阐述如何收集、整理和分析公路运输经济现象数量方面的原理、原则和方式、方法,主要为公路运输统计提供方法论。

二、公路运输统计的特点

公路运输统计研究的是公路运输的经济现象,因此,公路运输统计的特点就是公路运输业本身特点的反映,集中体现在以下几个方面:

1. 公路运输属于特殊的物质生产部门,它不创造新的物质产品,它为社会提供的产品是一种特殊的产品,即实现旅客和货物的位移,称为运输劳务。

2. 公路运输的生产过程和消费过程是紧密结合在一起的,同时开始,同时结束。运输不增加被运输产品总量,也不改变产品的实物形态,其运输消耗会被追加到运输的产品价值中。

3. 公路运输可实现"门到门"直达运输。由于公路运输工具体积较小、中途一般也不需要换装,除了可沿分布较广的路网运行外,还可离开路网深入到工厂企业、农村田间、城市居民住宅等地,即可以把旅客和货物从始发地门口直接运送到目的地门口,实现"门到门"直达运输,在中、短途运输中,与其他运输方式相比,其客、货在途时间较短,运送速度较快。这是其他运输方式无法与公路运输比拟的特点之一。

4. 公路运输机动灵活,适应性强。由于公路运输网一般比铁路、水路网的密度要大十几倍,分布面也广,因此公路运输车辆可以"无处不到、无时不有"。公路运输在时间方面的机动性也比较大,车辆可随时调度、装运,各环节之间的衔接时间较短。尤其是公路运输对客、货运量的多少具有很强的适应性,既可以单个车辆独立运输,也可以由若干车辆组成车队同时运输,这一点对抢险、救灾工作和军事运输具有特别重要的意义。

5. 公路运输原始投资少,资金周转快。公路运输与铁、水、航运输方式相比,所需固定设施简单,车辆购置费用一般也比较低,因此,投资兴办容易,投资回收期短。

同时,公路运输也有运量较小,运输成本较高、运行持续性较差、安全性较低、污染环境较大等不利方面。公路运输的流动、分散、点多、线长、面广,决定了公路运输统计的特殊性,这就要求必须根据分析研究的目的,建立一套高度协调、紧密配合的组织系统,进行正确的统计分组,选择科学的统计指标,才能做好统计资料的收集、整理和分析工作,提供统计信息,真正发挥统计在运输生产经营过程中的服务作用。

三、公路运输统计工作的任务

在《中华人民共和国统计法》中明确规定:"统计的基本任务是对国民经济和社会发展情况进行统计调查、统计分析,提供统计资料和咨询意见,实行统计监督。"

公路运输统计工作的任务是由公路运输统计的性质决定的,就是对公路运输生产情况进行统计调查,提供统计资料,开展统计分析,配合预测决策,行使统计监督,充分发挥统计工作的服务和检查监督职能。具体包括:

1. 为编制公路运输计划和检查计划执行情况提供依据

公路运输统计工作就是收集、整理公路运输经济现象在具体的时间、地点、条件下的数量表现,保证准确、及时、系统地提供统计资料,编制公路运输计划,并对计划的执行情况进行科学的统计分析,行使统计监督,进一步研究整体运输的规律性,指导改进公路运输管理工作。

2. 为制定公路交通运输方针政策提供依据

只有统计部门积极提供必要的统计资料,才能满足公路运输行业主管部门制定方针政策的需要。同时,在政策制定以后,又必须运用统计检查监督的手段,以它特有的指标体系和数字语言,反映政策在执行过程中的情况,检验在实践中正确与否,以便改进、完善,进一步提高政策的贯彻执行效果。

3. 为加强公路运输行业管理提供服务

公路运输统计工作作为管理的重要手段,应该掌握更多的公路运输市场信息,提供更多有关同行业的公路运输统计资料,促使行业领导和企业改进管理,协调行动,提高经济效益,推动公路运输生产持续、稳定、协调地发展。

4. 经常收集并系统地积累国内外统计资料,为公路运输科学研究及经济预测、决策提供资料

公路运输统计部门在提供准确、可靠的数据的同时,要加强公路运输经济的分析研究工作,提供综合性统计资料。我国的公路运输与众多国家和地区有密切联系,随着我国对外经济、贸易、技术交流的不断加强,需要不断积累国内外公路运输业统计资料,从而为公路运输科学研究和经济预测、决策提供翔实的资料。

第二节　公路运输统计的研究对象和研究方法

一、公路运输统计的研究对象

公路运输统计是对公路运输经济现象数量方面的一种调查研究活动,相应地,公路运输统计学就是研究如何进行这种调查研究活动的科学,即研究公路运输统计调查研究活动的规律和方法的科学。

社会经济统计学是一门对社会经济现象数量方面进行调查研究的方法论科学,公路运输统计学是社会经济统计学的一个重要分支。公路运输统计学研究怎样进行统计活动才能达到对公路运输业经济现象数量方面的正确认识。公路运输统计学必须以公路运输统计活动的实践经验为基础并加以理论上的概括,对公路运输统计活动的规律和方法进行总结,研究如何有效地根据公路运输业的具体情况完成统计工作的任务和指导公路运输统计工作的实践。因此,公路运输统计学的研究对象是公路运输统计工作的规律和方法,公路运输统计学属于认识公路运输经济现象数量方面的方法论科学。

研究公路运输统计活动的规律和方法的中心问题是:公路运输统计工作应该如何进行,怎样才能反映公路运输业的实际情况,提高对公路运输业经济现象数量方面的认识。例如,怎样根据公路运输业生产过程的特点和产品的特点,全面反映公路运输业的生产和建设情况? 如何准确、及时、全面地收集、整理和上报统计资料? 怎样从对公路运输业内部个别现象的认识,过渡到对公路运输部门总体的认识? 如何将社会经济统计学原理具体应用到公路运输统计工作当中等。这些问题都是属于公路运输统计学需要研究的内容。

二、公路运输统计的研究方法

方法问题在统计研究中具有重要的地位,没有一整套科学的研究方法,就不可能准确、及时、全面、系统地揭示社会现象的数量方面,更不可能由此反映社会现象发展的规律性。马克思主义哲学和政治经济学中提出的各种经济范畴,阐述的经济规律、再生产理论等,是公路运输统计研究的理论基础。

公路运输统计研究,根据其经济现象数量方面的特点及研究目的不同,在研究过程的每个阶段,运用各种不同的方法。其中包括大量观察法、统计分组法、综合指数法等,它们是运用于统计研究全过程的基本方法。

第三节 公路运输统计的研究范围和指标体系

一、公路运输统计的范围

为了明确公路运输统计的研究范围,就必须正确地划定公路运输业的范围和界限。因为作为公路运输统计工作理论的公路运输统计,它研究的客体与范围必须与公路运输统计工作相一致。只有这样,才能正确指导公路运输统计工作,才能保证统计资料的质量。而要划定公路运输业的范围和界限,就必须明确什么是公路运输业,它具有什么特点。

(一)什么是公路运输业

公路运输业是指使用公路专门从事货物和旅客营业性运输的集合体。它具有以下特征:

1. 都是以使运输对象(货物或旅客)发生空间位移的运输生产活动的集合;

2. 都是以使用同种运输方式——公路进行运输生产的集合体;

3. 运输生产的成果都是以向社会提供一种特殊运输服务——人·公里、吨·公里的集合;

4. 都是从事营业性运输的集合。

以上四个特征构成了公路运输行业,同时也是划分公路运输行业的标志。

(二)公路运输统计研究的范围

明确了什么是公路运输业以及它所具有的特征,因而也就可以正确确定公路运输统计的研究范围。公路运输统计的研究范围是指所有参加营业性运输的公路运输单位,统计对象是指所有参加营运的车辆。具体包括:

1. 交通系统的公路运输企业的车辆进行的营业性运输,所谓交通部门的公路运输企业是指县以及县以上交通部门所属的公路运输企业;

2. 非交通系统中独立核算的公路运输单位的车辆进行的营业性运输,包括林业、煤炭、粮食、商业,外贸以及旅游等部门的车辆进行的营业性运输;

3. 非交通系统中的非独立核算的运输单位的车辆进行的营业性运输;

4. 个体户和联户的车辆进行的营业性运输。

二、公路运输统计的指标体系

(一)公路运输统计的指标及指标体系概念

什么叫作公路运输统计指标呢? 公路运输统计指标是表明公路运输经济现象的数量方面的科学概念或范畴。例如,货运量、货物周转量,客货单位成本,单车产量等等,都是公路运输统计指标。这些公路运输统计指标通过公路运输统计工作加以调查、整理和具体计算,就可以表明公路运输经济现象在一定的时间、地点条件下的规模,水平速度和比例关系等。

一切公路运输经济现象都是互相联系,互相制约的,并组成一个有机整体。在这一整体中,这一现象是那一现象的结果,同时又是一些现象的原因。如在公路运输企业中,周转量的增长,是运力的增加或车辆运用效率的提高的结果,而周转量的提高又是单位成本下降的原因。因此,为全面反映情况,正确说明问题,公路运输统计工作不仅要用统计指标反映每一个经济现象,而且还要反映现象之间的联系。由于公路运输经济现象之间是互相联系、互相制约的有机整体,因而,用以说明公路运输经济现象的各个公路运输统计指标所形成的体系叫作公路运输统计指标体系。公路运输统计就是运用这一完整的、科学的统计指标体系来调查、整理和分析公路运输经济现象的数量方面的问题。

(二)公路运输统计指标体系的组成

公路运输统计指标体系的组成,决定于公路运输业再生产过程的特点。公路运输业的再生产过程,是公路运输业的劳动者,运用运输工具——车辆作用于运输对象(货物、旅客),进行空间位移的过程。公路运输统计指标体系的内容应包括以下几个方面的内容。

1. 运输生产成果统计的基本指标

公路运输业运输生产成果统计的基本指标由运输量指标和公路运输总产值、净产值指标和增加指标所构成。

公路运输量指标是公路运输生产的直接成果。运输量完成的多少,不但是评价公路运输企业运输生产好坏的重要标志,而且对于促进商品流通和国民经济发展都有着非常重要的意义。

公路运输量统计包括的一些基本指标有:客运量、旅客周转量、货运量、货物周转量、货(客)平均运距等。

公路运输业的总产值指标、净产值指标和增加值指标是反映公路运输生产成果的价值量指标,也是公路运输业生产成果的基本指标。

2. 公路运输业劳动力统计的基本指标

劳动者是生产的主体。劳动力的合理使用,劳动时间的充分利用,劳动生产率的不断提高,都是国民经济进一步发展的条件。在生产发展的基础上,提高职工工资和劳保福利待遇,是不断提高劳动生产率和改善人民生活的重要手段。

公路运输劳动力统计的基本指标有:劳动力数量构成和变动指标,劳动时间及其利用情况指标,劳动生产率水平及其动态指标,工资总额及构成,工资水平及变动等统计指标。

3. 公路运输业劳动资料统计的基本指标

劳动资料是公路运输业进行运输生产的手段。劳动资料的增减变动、质量好坏、利用率的高低,直接影响公路运输业扩大再生产过程。因此,劳动资料统计指标在公路运输业中,占有十分重要的地位。在劳动资料中,最重要的是营运车辆进行统计研究。

公路运输业劳动资料统计的基本指标有:固定资产数量、构成及其利用情况指标,车辆的实有数及其运用情况指标、燃料、轮胎消耗情况统计指标。

4. 公路运输业财务成本统计的基本指标

公路运输业的生产过程同时又是价值形成过程和企业资金运动过程。公路运输业为了以尽量少的活劳动消耗、物化劳动消耗和资金占用生产出更多的运输生产成果,必须实行经济核算制,加强财务管理和成本核算工作。

公路运输业财务成本统计的基本指标有:固定资金指标,流动资金占用、构成和周转速度指标,运输成本动态和计划执行情况指标以及利润额和利润率等指标。

5. 公路运输业运输生产质量统计的基本指标

运输是一种独特的生产活动——它并不创造新的物质形态的产品,而只是改变被运送对象(旅客、货物)的位置。公路运输质量,就是满足旅客及货主需要,做到安全、完整、及时、经济、方便、舒适。因此,被运输的对象(旅客、货物)是否安全抵达目的地,是评价运输质量最基本、最起码的要求。

公路运输业运输生产质量的基本指标有:行车事故统计指标、货物运输商务事故统计指标、货运合同履约率和客率发车正班率、正点率等统计指标。

上述的几个方面是公路运输统计指标体系的主要组成部分。鉴于篇幅所限,本书仅就公路运输量统计、公路运输业产值统计、公路运输工具及其运用情况统计、汽车维护与修理统计、公路运输安全生产统计等几个主要方面进行讲述。

思考与练习

1. 公路运输统计的研究对象及研究任务是什么?
2. 什么是公路运输业,它有何特征?
3. 简述公路运输指标体系的构成内容。

第二章　公路运输量统计

公路运输量是以所运送的旅客人数、货物质量以及所运送的旅客和货物的距离来表示的。运输量统计的目的是准确、及时地收集、整理和分析、研究客货运输的运量、周转量、运送距离、货物种类和客、货流量、流向等资料,为交通管理部门了解车辆运输生产情况提供资料;为研究各地区的经济特点,积极开展合理运输,充分挖掘运输潜力和合理配置运力提供依据;为进行运输经济活动分析,改善生产经营管理提供数据。

第一节　公路运输量的统计范围和原则

一、公路运输量的统计范围

运输生产活动按其在社会再生产过程中的作用不同,分为两类:一类是生产过程运输,它是作为具体生产过程内部的运输活动,由企业自备运输工具完成的运输活动,是生产活动不可分割的组成部分;另一类是流通过程运输,它是作为独立的专业运输企业在流通领域进行的运输活动,是生产活动在流通领域的继续,是运输业为社会创造价值的表现形式。

公路运输业运输量统计的范围是公路运输业运输量指标所包括的总体范围,它是由运输量指标的内涵所决定的。公路运输业的运输量指标是指公路运输业在报告期进行运输生产过程中所位移的运输对象(旅客、货物)的数量(人数、质量)及距离。它具有以下三个特征。

(1)公路运输生产过程表现为运输对象(旅客、货物)空间的位移过程,因而公路运输业的生产劳动成果是以所运输的货物的质量、旅客的人数以及所运货物和旅客的距离来表示的。具体地说,运输生产的成果就是运输工作量,简称运输量,它包括运量和周转量。

(2)公路运输生产是物质生产过程在流通领域的继续,是指流通过程的运输活动,不包括生产过程的运输活动。因此,公路运输业的运输量指标是指流通领域的运输量。凡是发生运费结算和所发生的运输费用是追加商品价值的都属于流通过程的运输量。

(3)公路运输业的运输量指标是公路运输业在报告期进行运输生产的成果,运输量表明公路运输企业向社会作出的贡献大小。

综上所述,全社会从事公路运输的各类车辆所完成的流通过程的客、货运输量,均应纳入公路运输业的运输量统计。具体范围如下:

1. 货物运输量统计的范围

(1)交通部门的公路运输企业的运营车辆所完成的货物运输量。

(2)非交通系统中独立核算单位的运营车辆所完成的货物运输量。

(3)非交通系统中非独立核算单位的运营车辆所完成的发生运费结算的货物运输量。

2. 旅客运输量统计的范围

(1)交通部门的公路运输企业的运营车辆所完成的旅客运输量。

(2)非交通部门的运输单位中持有营运证的车辆所完成的旅客运输量。对于未发营运证的(如交通车、旅游车)暂不统计。旅客运输量中不包括城市市内公交汽车、出租汽车等车辆完成的市内旅客运输量。

二、公路运输量的统计原则

(一)按运输工具管理系统统计

一个地区管辖的营运车辆或一个公路运输企业经营管理的车辆,不管在什么地区完成的运输量,均由该车辆所在地区的运输管理部门或运输企业进行统计。

1. 一个独立经济核算的公路运输企业,对一次承运的货物(旅客),由于公路条件或其他原因使用同种类工具进行接力运输时,如汽车倒汽车,其运量只能计算一次,不得重复计算;使用不同种类工具接运时,如汽车倒火车,为准确、及时反映各种运输工具所完成的运输量,可分别计算运量。

例如:甲运营车辆载货 10 吨,运距 80 公里,行驶 30 公里后,车辆发生故障,企业派乙运营车辆接应,其货物运输量计算方法是:乙运营车辆统计完成货量 10 吨,完成周转量 500 吨·公里;甲运营车辆只统计完成货物周转量 300 吨·公里,货运量不再重复计算。

2. 两个或两个以上的独立经济核算的公路运输企业,使用同类运输工具接运时,接运前后的各个运输企业都应统计货运量。

(二)按到达量统计

公路运输量均按到达量统计,即在报告期内已运达运输单据所记载的目的地并卸完的货物,才统计为该报告期的运输量。

到达量指标反映运输终了经运送到目的地的货物(旅客)的数量。按到达量统计,一方面能较准确地反映运输生产的实际情况,因为只有货物(旅客)运达目的地,并将货物(旅客)全部卸完,才实现了运输目的,才是反映运输生产的最终成果;另一方面,从货运来说,能够说明到达站所在区域需要其他地区供给货物的种类及数量的经济特征。

当出现跨期(月末启运,下月初到达)运输时,其货运量计算在下期,周转量则分别按上、下期实际完成数计算。

(三)按实际运输量统计

客运量应按实际乘车人数统计,包括持有免费乘车证的乘车人数,客运车辆装载的计费行李、包裹等,按实际质量计算货运量。货运量应按运输单据上记载的实际质量统计,包车方式完成的客货运输量也按实际运输量进行统计。如按实际数量统计有困难时可根据其运行次数、距离以及装载情况等合理推算,但不得以包车收入和基本运价、标记吨(客)位等折算运输量。调车费、空驶费、延滞费等不能折算为运输量。

(四)按运输单据记载的距离统计

客货周转量均应按运输单据上所记载的运输距离及实际的旅客人数或货物质量计算。车辆因故临时改道运行或进行循环运输时,都应按运单或客票所记载的始发、到站之间的距离计算周转量。

公路运输过程中,有时会出现虚耗工作量——虚耗吨·公里。如车辆因雨阻、路阻等原因而折返原地,将运载的旅客(货物)全部运回的情况等。虽然虚耗工作量耗费了劳动,但没有实际位移的客观效果,没有产生经济效益,所以不能统计为客货运输量。

第二节 公路运输量的统计指标

一、旅客运输量统计指标

1. 客运量

客运量是指报告期内运输车辆实际运送的旅客人数,计算单位:人。在计算客运量时,不管旅客行程的长短或客票票价多少,每位旅客均按一人一次客运量统计;半价票也按一人统计,不足购票年龄免购客票的儿童,不计算客运量。

2. 旅客周转量

旅客周转量是指报告期内运输车辆实际运送的每位旅客与其相应运送距离的乘积之和。旅客乘车里程按所持客票票面上记载的起止地点的距离为计算依据。旅客周转量计算单位为人·公里。计算公式为

$$旅客周转量 = \sum 每位旅客的运送距离$$

或
$$旅客周转量 = \sum (旅客人数 \times 运送距离) \qquad (2-1)$$

3. 旅客平均运距

旅客平均运距是指报告期内运输车辆实际运送旅客的平均距离,计算单位:公里。计算公式为

$$旅客平均运距 = \frac{旅客周转量}{货运量}(公里) \qquad (2-2)$$

例 2-1 朝阳客运公司 A 到 E 线的 1 辆营运客车从 A 站出发时载有 35 名旅客,运行12 公里到达 B 站,在 B 站有 3 人上车,7 人下车。之后运行 15 公里到达 C 站,在 C 站有 9人上车,5 人下车。之后又运行 21 公里到达天站,在天站有 10 人上车,8 人下车。到天站时,车辆因技术故障停止运行,车上前往 E 站的旅客由明星公司的客车代为运送,明星公司的客车运行 17 公里到达 E 站。计算朝阳客运公司营运客车完成的客运量和旅客周转量。

解 该车的客运量为

$$35 + 3 + 9 = 47(人)$$

该车的旅客周转量为

$$35 \times 12 + (35 + 3 - 7) \times 15 + (35 + 3 - 7 + 9 - 5) \times 21 = 1\ 620(人 \cdot 公里)。$$

旅客运输是公路运输企业的重要业务之一。旅客运输的发展与人民生活水平的提高、经济建设的发展、运输网的扩大、旅游业的发展、人口的增长和城乡人口比例的变化等因素有着密切的联系,所以在进行旅客运输量统计时,必须结合各因素的变化开展统计工作与分析。

二、货物运输统计

1. 货运量:报告期内运输车辆实际运送的货物质量,计算单位:吨。反映公路货运量的指标有发送货物吨数、到达货物吨数和运送货物吨数,它是反映公路运输业为国民经济和人民生活服务的数量指标。

在计算货运量时,不论货物运距的长短、货物种类如何,均按实际质量统计,只要办理运输手续收取运费的是一吨货物,即计算一吨货运量。

在实际统计中,在港区、场站范围内为装卸而进行的搬运量和倒载、转堆等作业量,均不得算为运输量;在没有划定港区、场站的地方,为装卸而进行的运送距离不足 1 公里的搬运量和倒载、转堆等作业量,均不得算为运输量。

2. 货物周转量:报告期内运输车辆实际运送的每批货物质量与其相应运送距离的乘积之和,计算单位为吨·公里。计算公式为

$$货物周转量 = \sum (每批货物质量 \times 该批货物的运送距离)(吨·公里) \quad (2-3)$$

式中,货物的运送距离以货票上记载的起运和卸货地点的距离为准。

货物周转量综合反映了公路运输企业在货运方面所完成的生产量,它完整而真实地反映了运输生产的工作量,是计算其他指标的基础,也是公路运输统计中的主要指标之一。

3、货物平均运距:报告期内运输车辆实际运送货物的平均距离,是由报告期内货物周转量除以同期货运量而求的。计算单位为公里。计算公式为

$$货物平均运距 = \frac{货物周转量}{货运量}(公里) \quad (2-4)$$

货物运输也是公路运输企业的重要业务之一。货物运输的发展受到社会经济生产和基本建设的规模、产品运输系数、物质生产结构的变化等因素的影响,所以,为了做好货物运输量统计工作,必须掌握货物运输量的变化规律。

三、集装箱运输统计

1. 集装箱运量:报告期内运输车辆运送集装箱的实际数量,一般根据运输过程分为直达集装箱运量和中转集装箱运量。

直达集装箱运量:集装箱货物由货源地经过公路运输,途中不发生集装箱的装卸、堆存、中转及箱内货物的拆拼作业,而直接运抵收货人所指定卸货地点的集装箱数量。

中转箱运量:集装箱运输途中发生集装箱的装卸、堆存、中转或箱内货物的拆拼作业,而不能直接运抵收货人所指定卸货地点的集装箱数量。计算方法:

(1)按集装箱的实际箱数计算,计算单位为箱;

(2)按折算系数折合为 20 英尺集装箱的数量计算,计算单位为 TEU。

折算系数见表 2-1 所示。

表 2-1　集装箱折算系数表

箱　型	折算系数
45 英尺箱	2.25
40 英尺箱	2.00
35 英尺箱	1.75
20 英尺箱	1.00
10 英尺箱	0.50

注:1 英尺 = 0.304 8 米

2. 集装箱周转量:报告期内运输车辆实际运送的每个集装箱与其相应运送距离乘积之和。计算方法:

（1）按集装箱的实际箱计算，计算单位为箱·公里，计算公式为

$$集装箱周转量 = \sum（每个集装箱 \times 该箱运送里程）（箱·公里） \qquad (2-5)$$

（2）按集装箱折合的 20 英尺集装箱计算，计算单位为 TEU·公里，计算公式为

$$集装箱周转量 = \sum 每个集装箱折合 TEU 的数量 \times 该箱运送距离（TEU·公里）$$

$$(2-6)$$

3. 集装箱货运量：报告期内运输车辆运送集装箱的实际质量，包括集装箱体的质量与箱内装载货物的质量，计算单位为吨，计算公式为

4. 集装箱货物周转量：报告期内运输车辆实际运送的每个集装箱货运量与其运送距离的乘积之和，计算单位为吨·公里，计算公式为

$$集装箱货物周转量 = \sum 每个集装箱货运量 \times 该箱运送距离（吨·公里） \qquad (2-7)$$

四、换算周转量

换算周转量是指车辆完成的货物周转量和旅客周转量综合产量指标，它是按一定的比例关系，将完成的货物周转量和旅客周转量换算成同一个计算单位后加总求的。计算单位：换算吨·公里。

确定换算比例的原则主要是根据汽车运送每吨·公里与每人·公里所消耗的人力、物力间的比例关系，我国现行制度规定，公路客货周转量的换算系数为 10 人·公里 = 1 吨·公里。

计算公式如下：

$$货车换算周转量（吨·公里） = \frac{旅客周转量}{10} + 货物周转量 \qquad (2-8)$$

$$客车换算周转量（人·公里） = 货物周转量 \times 10 + 旅客周转量 \qquad (2-9)$$

$$综合换算周转量（吨·公里） = \frac{客车完成旅客周转量}{10} + 货车完成货物周转量$$

$$(2-10)$$

第三节　公路运输量的统计分析

一、货物平均运距、货运量的变动对货物周转量影响的分析

随着我国经济改革的不断深入，国民经济的不断发展，商品经济大大发展，流通领域不断扩大，促使货物平均运距发生变化，因此，了解货物平均运距的发展趋势，以及对货物周转量的影响是很必要的。货物周转量 = 货运量 × 货物平均运距。根据这一关系式，利用指数体系的分析法，可以对货物平均运距，货运量的变动对货物周转量的影响进行分析。如果用 K_1、K_0 分别代表报告期与基期的平均运距，T_1、T_0 分别代表报告期与基期的运量。则货物周转量的指数体系为

$$\frac{T_1 K_1}{T_0 K_0} = \frac{T_1 K_0}{T_0 K_0} \times \frac{T_1 K_1}{T_1 K_0},$$

$$T_1 K_1 - T_0 K_0 = (T_1 K_0 - T_0 K_0) + (T_1 K_1 - T_1 K_0) \qquad (2-11)$$

例 2-2　根据表 2-2 中的资料计算周转量系数并进行具体的分析。

表 2-2　某公司货运资料表

	基期	报告期	指数/%
货物周转量/万吨·公里	2 100	2 160	102.86
货运量/万吨	50	48	96
平均运距/公里	42	45	107.14

解　(1) 货物周转量指数 $= \dfrac{T_1 K_1}{T_0 K_0} = (2\,160 \div 2\,100) \times 100\% = 102.86\%$

货物周转量报告期与基期的差额 $= T_1 K_1 - T_0 K_0 = 2\,160 - 2\,100 = 60$(万吨·公里)

(2) 货运量指数 $= \dfrac{T_1 K_1}{T_1 K_0} = (48 \div 50) \times 100\% = 96\%$

货运量影响差额 $= T_1 K_0 - T_0 K_0 = 2\,016 - 2\,100 = -84$(万吨·公里)

(3) 平均运距指数 $= \dfrac{T_1 K_0}{T_0 K_0} = (45 \div 42) \times 100\% = 107.14\%$

平均运距影响差额 $= T_1 K_1 - T_1 K_0 = 2\,160 - 2\,016 = 144$(万吨·公里)

(4) 因素分析

$$\frac{T_1 K_1}{T_0 K_0} = \frac{T_1 K_0}{T_0 K_0} \times \frac{T_1 K_1}{T_1 K_0}$$

$$102.86\% = 96\% \times 107.14\%$$

$$T_1 K_1 - T_0 K_0 = (T_1 K_0 - T_0 K_0) + (T_1 K_1 - T_1 K_0)$$

$$60 \text{ 万吨·公里} = -84 \text{ 万吨·公里} + 144 \text{ 万吨·公里}$$

以上计算说明,由于货运量下降了 4%,使得周转量减少了 84 万吨·公里;由于平均运距增长了 7.14%,使得周转量增加了 144 万吨·公里。两个因素的共同影响使得该企业周转量增加了 2.86%,绝对量 60 万吨·公里。

二、运输量进度测算分析

公路运输企业为了保证运输量计划的全面完成,要按时地掌握生产进度,检查运输量各项指标的完成情况,并且要在一定时间内进行生产进度的预测统计分析,研究按期或提前完成运输量计划的可能性。

1. 在测算期可能完成的运输量的计算公式为

$$测算期完成周转量 = \frac{测算期实际完成运输量}{测算期实际工作车日} \times 尚未收回路单工作车日 + 测算期实际完成运输量$$

$$= \left(1 + \frac{尚未收回路单工作车日}{测算期实际工作车日}\right) \times 测算期实际完成运输量$$

$$(2-12)$$

2. 根据测算期完成运输量推算报告期完成的运输量的计算公式为

$$预计报告期完成运输量 = \frac{测算期完成的运输量}{测算期已工作天数} \times 报告期日历天数 \qquad (2-13)$$

3. 测算运输量可能提前(+)或推后(−)完成的天数的计算公式为

$$提前或推后天数 = 报告期剩余天数 - \frac{报告期剩余运输量}{测算期平均日产运输量} \qquad (2-14)$$

$$测算期平均日产运输量 = \frac{测算期完成的运输量}{测算期已工作天数} \qquad (2-15)$$

例 2 - 3 某车队 6 月份计划完成 130 万吨·公里周转量,截止 6 月 25 日已实际完成周转量为 100 万吨·公里,实际工作车日为 1 000 个,尚未收回路单工作车日 50 个,该车队截止 6 月 25 日止,预计完成周转量 = [(1 + 50/1 000) × 100] = 105(万吨·公里)

$$预计报告期(6月份)完成周转量 = \frac{105}{25} \times 30 = 126(万吨·公里)$$

$$测算期平均日产运输量 = 100/25 = 4(万吨·公里/天)$$

$$提前或推后天数 = 5 - (130 - 100)/4 = -2.5(天)$$

说明 6 月份计划周转量可能推后 3 天完成。

三、运输量实际完成情况的统计分析

公路运输企业全面完成和超额完成运输量计划,对于保证企业经济效益,提高劳动生产率,提高就业水平和促进国民经济迅速发展,都有十分重要的意义。

分析运输量计划完成情况,主要是根据企业的计划和统计资料报表。可以将统计报表直接与相对应的计划项目进行对比,计算计划完成程度相对指标;也可以计算实际数与计划数的差额,即超额(未完成)计划的运输量;还可以计算运输量超额(未完成)的数值与计划数的百分比。其计算公式为

$$计划完成程度相对指标 = \frac{实际运量(周转量)}{计划运量(周转量)} \times 100\% \qquad (2-16)$$

$$运量(周转量)差异额 = 实际运量(周转量) - 计划运量(周转量) \qquad (2-17)$$

$$运量(周转量)差异率 = \frac{运量(周转量)差异额}{计划运量(周转量)} \times 100\% \qquad (2-18)$$

例 2 - 4 某汽车旅客运输公司 2007 年计划和实际资料如表 2 - 3 所示。

表 2 - 3　某汽车旅客运输公司 2007 年运输资料表

	运量/万人	周转量/万人·公里
计 划	320	422
实 际	325	420

解 根据上表资料,分析如下

(1)客运量的相关指标

$$计划完成程度相对指标 = \frac{325}{320} \times 100\% = 101.56\%$$

$$超额完成计划的运量 = 325 - 320 = 5(万人)$$

$$运量差额率 = \frac{5}{320} \times 100\% = 1.56\%$$

(2)客运周转量的相关指标

$$计划完成程度相对指标 = \frac{420}{422} \times 100\% = 99.53\%$$

$$超额完成计划的周转量 = 420 - 422 = -2(万人·公里)$$

$$\text{周转量差额率} = \frac{-2}{422} \times 100\% = -0.47\%$$

根据上述计算结果,可列表 2 - 4。

表 2 - 4 某汽车旅客运输公司 2007 年运输统计分析表

计划完成程度		差异额		差异率	
运量	周转量	运量	周转量	运量	周转量
101.56%	99.53%	5 万人	2 万人·公里	1.56%	-0.47%

第四节 货物分类及客货流量、流向分析

一、货物分类统计

货物分类统计即货物运输量(货运量、货物周转量)构成统计。它是反映公路运输企业在报告期所运送的货物运输量中各种不同类别货物的运输量(货运量、货物周转量)及所占的比重。

货物分类统计的作用主要表现为两个方面:一方面通过货物分类统计可以反映和研究国民经济发展中各类货物使用运力的情况,为科学安排运输组织工作,合理使用各种不同的运输方式,消除、避免各种不合理运输提供统计资料,使运输能力得到有效合理的使用和有计划、按比例地发展,充分满足国民经济各方面的运输需要,加速实现四化建设进程;另一方面,对于运输企业来说,货物分类统计资料是搞好货源调查、编制运输计划、组织车辆调度工作和合理配备各种类型车辆的重要依据之一。

由于公路运送的货物品名繁多,因此,不可能按所运送的每一具体品名进行统计,只能把货物科学地分成若干类,然后加以统计。货物的分类可按货物生产部门和各种货物经济用途以及在国民经济中的地位等标志结合起来分类。货物分类可以根据研究的需要而变动,但又尽可能保持相对的稳定,以便于统计资料动态分析。由于分类是个非常复杂的问题,所以在统计实践中一般都由上级机关统一定出分类目录。根据交通部《公路运输指标及计算方法规定》将货物分为以下十二大类:

1. 煤炭;

2. 石油;

3. 金属矿石;

4. 钢铁;

5. 矿建材料;

6. 水泥;

7. 木材;

8. 非金属矿石;

9. 化肥及农药;

10. 盐;

11. 粮食;

12. 其他。

各类货物所包括的具体内容,各省、市、自治区可根据本地区的经济特点、本地区大宗货物运输等具体情况,再作补充。

货物分类统计,按交通部规定,也按到达量统计。有些运输企业为了适应货源调查和运输组织工作的需要,也按其所属各站点的发货量统计。按到达量统计,应以收回的行车路单货运回执为原始记录;按发货量统计,应以各站点开出的货票存根联为原始记录。

二、客货流量流向统计

公路运输生产过程是运输对象依靠运输工具沿着一定的方向,在一定的路段上进行移动。统计上把公路的某个路段上,在一定时期内,旅客或货物依靠运输工具,沿着一定方向移动,称为客货流。它表示一定数量的客(货)沿着一定方向移动。来往总共流动的货物或旅客的数量,称为该路段的客(货)流量。流量的大小反映客(货)流的强弱。路段上相对客(货)流量比较大的一方称为客(货)流顺向,小的一方称为客(货)流反向。

客(货)流量流向统计实质是公路运输企业将一定时期内所完成的运输量,按照营运区域的各个路段来进行分类统计。它包括企业所完成的运输量在各个路段上运转的方向、数量及货物构成。它对于运输企业了解旅客、货物流动规律,求取客货运输量在时间、空间上的平衡,合理调度车辆,安排运行作业,以及为经济布局、公路、桥梁建设等提供依据。

由于公路成网,汽车活动范围广,具有"面"的运输特点,这对于流量、流向统计,增加一定的困难。为此,汽车运输企业可以把营运区域内的主要公路按其经济上的联系、地理上的位置,划分为若干线段,分别上下行方向,并结合货物分类作出各线段货物流量、流向统计表进行统计。

以 A 为中心,往外开出的称为下行,各点往 A 运行的称为上行,如表 2-5 所示。

表 2-5 线段流量、流向统计表

×××汽车运输公司　　　　　　　　　20　年度　　　　　　　单位:百吨

编号	路段名称	路段公里	矿建材料		水泥		合计	
			上行	下行	上行	下行	上行	下行
1	A—C							
2	A—E							
3	A—F							
4	A—小时							
合计								

三、流量、流向统计分析

1. 客(货)流系数

客(货)流系数(或称方向运输不平衡系数)是客(货)流的反向与客(货)流的顺向之间的比率。其计算公式为

$$客(货)流系数 = \frac{客(货)流反向}{客(货)流顺向} \tag{2-19}$$

计算的结果,数值越接近于1,说明顺、反向运输趋于平衡;越小于1,就说明顺、反向越不平衡。方向运输不平衡系数最小等于0,最大等于1。在一个方向完全没有运量时,系数等于0;当两个方向上的运量相等时,则系数等于1。在一般情况下,系数介于0与1之间。

客(货)运输在方向上的不平衡性,对运输企业是很不利。因为它直接降低实载率,必然会使运输成本升高,劳动生产率下降。因此,企业应该大力组织反向货源,尽可能地减少这种不均衡的影响。

当然,影响客(货)流系数的因素是非常复杂的。从货运方面来讲,主要受到各地区的地理特征与经济条件不同的影响。当一个地区的生产是以原料加工性质为主时,则运入的货物总是大于运出的货物总量;当一个地区的经济特征是以采掘业、林业、农业为主时,则运出的货物总是大于运入的货物总量。除此之外,还受到运输的组织、机务部门的工作质量等影响。

从客运方面来讲,旅客运输在方向上的不平衡性,主要是由于变更住所或移民、调动工作、旅客往返所用的运输工具不同以及旅客往返所经过的路线不同等原因所影响。

2. 货物(旅客)运输密度

货物(旅客)运输密度是指在一定时期内公路的某个路段上平均每公里所通过的货物吨公里或旅客人公里数。它是根据某路段上所通过的货物(旅客)周转量与该路段的里程之比。其计算公式为

$$客(货)运密度 = \frac{某路段所通过的旅客(货物)周转量}{该路段的里程数} \qquad (2-20)$$

例2-5 某公路运输企业辖区内的某主要路段 $A \sim D$。其中,$A \sim B$ 的区间段为40公里,货物流量为3万吨;$B \sim C$ 的区间段里程为30公里,流量为6万吨;$C \sim D$ 区间段里程为30公里,流量5万吨。则 $A \sim D$ 天路段的货物运输密度为

$$客(货)运密度 = \frac{3 \times 40 + 6 \times 30 + 5 \times 30}{40 + 30 + 30} = 4.5(万吨 \cdot 公里/公里)$$

货物(旅客)运输密度对于研究公路的通过能力和经济价值,以及科学地组织运输都有一定的参考价值。

思考与练习

1. 简述公路运输量的统计原则。
2. 影响货物运输量和旅客运输量的主要因素有哪些?
3. 简述客(货)流量、流向统计的概念及意义。
4. 简述为何计算换算周转量。
5. 某客运站某次从 A 站开往天站的班车乘坐40位旅客。其中,至 B 站有8人,至 C 站有15人,至天站有17人。路经 B 站上车5人(其中至 C 站的3人,至天站的2人),C 站上车10人。求该车本次运输完成的客运量和旅客周转量是多少?附各站里程表(公里)。

A			
20	B		
70	50	C	
170	150	100	天

6. 甲货车从 A 地运输 4 吨货物到 B 地，A 地到 B 地的距离位 100 公里，车开到离 B 地 60 公里时，车辆发生故障，车队又派出乙货车把 4 吨货物运达 B 地。如何计算货运量和货物周转量？

7. 某车队 10 月份计划完成 150 万吨·公里周转量，截至 10 月 26 日实际完成周转量为 110 万吨·公里，实际工作车日为 1 000 个，尚未收回路单工作车日为 40 个，试分析该车队能否提前完成运输量计划。

第三章　公路运输业产值统计

第一节　运输业产值概述

一、运输业产值统计的意义和作用

运输量是反映运输业完成的运输工作量的实物指标,它表明一定时期的运输生产成果。但是,仅有实物量指标是不够的,运输业是一个独立的物质生产部门,它通过实现物质资料空间转移,增加原来产品的价值,参与了社会总产值和国民收入的创造。运输业(包括客运)是第三产业的重要组成部分,它通过为社会提供运输劳务,形成运输业增加值。因此,还必须从价值上反映运输业活动的总成果,计算运输业产值指标。

运输业产值统计的作用主要体现在以下几个方面:

1. 运输业产值指标克服了运输量这一实物指标的不足,能广泛综合地反映各种运输方式在一定时期内完成运输生产活动的成果;

2. 运输业产值指标为国民经济综合平衡核算提供依据;

3. 运输业产值指标是微观和宏观管理的重要依据,通过运输业产值相关指标的计算,可以综合评价出劳动生产率成果和经济效益水平,为管理提供决策依据。

二、运输业产值的主要统计指标

运输业产值的统计指标主要包括总产值、净产值和增加值。

运输业总产值和净产值是国内生产总值和国民收入的组成部分,是运输业劳动者所创造的物质财富的价值表现,也是反映运输业经济效益的重要指标。运输业增加值则是国民生产总值的组成部分,是反映运输业为社会提供的价值总量指标。运输业增加值统计是搞好企业管理,研究企业经营活动,进行国民经济综合平衡的重要依据。

运输业增加值统计的基本任务是准确地计算运输业总产值、净产值和增加值,反映运输业产值的总量、构成及其变动情况,为改进运输企业管理,促进运输企业经济效益的提高,研究国民经济的综合平衡提供资料。

第二节　公路运输企业总产值统计

一、公路运输业总产值的概念和作用

公路运输业总产值是公路运输业在一定时期内通过公路运输活动追加到物质产品中去的价值,即公路运输企业的货运、装卸和仓库经营方面的收入。按价值构成,公路运输业总产值包括两部分,一部分是公路运输企业在运输生产中所消耗的燃料、材料、电力、生产性固定资产折旧等物质消耗价值(c);另一部分是公路运输企业活劳动新创造的价值($v+m$)。

公路运输业总产值是衡量一定时期内公路运输生产活动总成果的一项综合性指标。主要作用体现在：

1. 综合反映公路运输企业在一定时期内生产的总规模、总水平，表明公路运输生产力的发展水平；

2. 用以研究公路运输业生产发展的速度，分析公路运输部门与国民经济其他物质生产部门的比例关系；

3. 作为计算公路运输业净产值、劳动生产率等指标的依据。

二、公路运输业总产值的内容

1. 货运收入。指公路运输业经营货物运输业务，根据规定的运价率向货物托运人取得的货运运费收入。邮件和旅客托运的行李包裹从性质上说属于货运，因此，货运收入中应包括邮件运费和行李包裹运价收入。

工业、农业、建筑业等非交通运输部门的运输单位，凡实行独立核算的，实质上也是专业运输企业，应独立计算运输业总产值。虽非独立核算的运输单位和车辆，但为交通部门所组织或自行承揽货源从事营业性运输活动的货运收入，也应包括在内。

2. 装卸收入。指公路运输企业按照规定的费率向货物托运人取得的装卸收入。包括联运货物换装、装卸等作业以及汽车与火车、轮船的倒装收入。

3. 货运杂项收入。指公路运输企业为进行货物运输在货物运价以外按规定收取的各项货运杂项收入。

公路运输业总产值不包括以下内容。

(1)农业、工业、建筑业生产过程中的内部运输活动的价值。

公路运输业总产值是指公路运输企业担负产品流通过程中追加的价值。非交通部门的自有运输工具为本企业所进行的内部运输，不计算公路运输业产值。因为这种运输的价值已计入本企业的产值内。

(2)旅客运输及其服务收入。

公路运输业总产值计算的对象是对物质产品实施追加劳动后其价值增值的生产性活动。旅客运输从性质上来说有两种。一种是为生产服务的客运，例如，职工乘坐车、船从居住地到工作地点上班(指由运输企业承运的旅客，不包括城市公共汽车、电车、轮渡等城市公用事业)，物质生产部门的劳动者出于生产需要的旅行(如采购材料、推销产品、签订合同、学习交流技术等)。这种客运是生产要素的空间位置移动，是社会再生产过程的一部分，这部分客运应计入运输业总产值。目前，它以企业管理费的形式，已计入工业、农业、建筑业和商业的生产成本(流通费)，作为产品的生产费用追加到社会产品的价值中，并已计入该部门的总产值和净产值，因此，在计算公路运输业的总产值和净产值时就不再把它们计算在内。另一种是为居民生活服务的客运，例如，居民探亲访友、旅游等。这一部分客运是公路运输企业为乘客提供的服务，同物质产品价值的增加没有直接的联系，纯属服务性质，这部分运输的结果并不增加社会产品的价值，故不应计入运输业总产值内。

(3)公路运输企业从事的工业生产、商业、建筑施工活动所创造的价值。

这些生产活动分别属于工业、商业、建筑业总产值的计算范围，应分别计入工业、商业、建筑业的总产值内。

(4)抢险、消防、救护、环卫等非运输业活动的收入。

三、公路运输业总产值的计算方法

1. 在财务管理健全、财务资料能分出货运收入和客运收入的公路运输企业,可直接从财务报表中取得货运收入的资料,计算公路运输业总产值。

$$公路运输总产值 = 运输收入 + 装卸收入 + 货运杂项收入 \qquad (3-1)$$

式中　运输收入 = 客运单价 × 旅客周转量 + 货运单价 × 货物周转量

2. 对于客货兼营的公路运输企业,或同一运输工具同时兼营客货两种运输业务,客货运输实行统一核算,财务资料分不清客货运收入时,可按下列办法计算公路运输业总产值。

(1)按客货运运价率分别乘以客货周转量,求得客货运的划分比例并以此为依据进行划分,计算方法是

$$货运收入 = 客货运总收入 × 货运比例 \qquad (3-2)$$

(2)直接按客货周转量比例计算,计算方法是

$$货运收入 = 客货运总收入 × (货物周转量 ÷ 换算周转量) \qquad (3-3)$$

若公路运输生产是跨地区联运的方式,其主要特点是一批货物运输的任务需要不同的站点共同协作配合才能实现。各个公路运输企业都要为这批货物运输消耗活劳动和物化劳动,这些活劳动和物化劳动最终都要以运费的形式追加到产品价值中去,公路运输企业则从货运收入中得到补偿。但公路运输企业的货运收入是由办理承运货物的单位(即发站)一次收取全程运费,形成公路运输企业的始发收入。始发收入与公路运输企业完成的工作量不相适应,不能反映各运输企业的劳动成果。在这种跨区联运方式下,应按各个公路运输企业承担的运输工作量合理分配收入,经过分配所取得的收入称为清算收入。清算收入与运输企业完成的工作量相一致,各公路运输企业应按清算收入中的货运收入计算公路运输业总产值。

第三节　公路运输企业净产值统计

一、运输业净产值的概念和作用

运输业净产值是一定时期内运输企业从事货物运输或为货物运输所服务的物流等业务活动新创造的价值,是运输部门创造的国民收入。它是从运输业总产值中扣除已消耗的物质资料价值后的新创造价值($v+m$)。

运输业净产值的作用体现在:(1)反映运输业生产的规模、水平、发展速度及运输业与其他物质生产部门的比例关系,反映运输业在国民经济中的地位和作用;(2)运输业净产值是国民收入的重要组成部分,正确计算运输业净产值,是正确计算国民收入的重要依据;(3)全面反映运输企业增产节约的成果,表明一定时期内运输企业进行货运活动的净成果。另外,运输业净产值是计算有关运输企业经济效益指标的基础。

二、公路运输业净产值的计算方法

根据国民经济有关生产和分配的理论,公路运输业净产值有两种计算方法,即生产法和分配法。

(一)生产法

生产法是从公路运输业总产值中扣除货物运输生产过程中所消耗的物质资料转移价

值,求得公路运输业净产值的方法。用公式表示如下:

公路运输业净产值 = 公路运输业总产值 – 公路运输业物质消耗价值

$$V + M = (C + V + M) - C \tag{3-4}$$

用生产法计算公路运输业净产值,首先需要确定公路运输业的物质资料消耗价值。公路运输业的物质资料消耗价值,是指在货物运输生产中所消耗的燃料、电力、固定资产折旧、修理费用及其他属于物质消耗的价值。由于在公路运输生产活动中,日常发生的费用是多种多样的,为了正确地计算公路运输业物质消耗价值,在计算时要特别注意划清以下界限。

1. 运输业生产费用和非运输生产费用的界限。

公路运输业除了从事客货运输生产活动外,还有其他生产活动和非生产活动。公路运输业物质消耗不应包括非运输生产费用。非运输生产消耗的具体项目很多,主要有以下四项:

(1)应由固定资产投资、事业费及其他专用基金开支的费用;

(2)应列入营业外支出的费用;

(3)应在工业、旅游服务事业、商业及代办工作等非运输成本中开支的费用;

(4)根据国家有关规定不能列入运输生产费用的其他支出。

2. 物质消耗费用和非物质消耗费用的界限。

公路运输生产费用中,有些费用属于物质消耗,有些费用属于非物质消耗。公路运输业物质消耗包括以下各项:

(1)运输生产中消耗的燃料、电力费用;

(2)运输生产中消耗的材料、工具、配件、清扫照明材料;

(3)运输生产用的固定资产折旧费;

(4)大修理基金提存(修理费用);

(5)其他物质资料消耗的费用。

一般来说,上述运输物质消耗的价值,可通过公路运输生产(营运)费用表取得。在公路运输生产(营运)费用表中,有些费用比较易于划分,如燃料、动力费用和固定资产折旧,全部属于物质消耗。有些则是综合性项目,既有物质消耗费用,也有非物质消耗费用。对综合性项目则应根据财务明细资料按费用的性质具体加以划分,划分的原则是看这项费用是不是为物质生产部门的产品或劳务而支出,同时它又必须是运输生产过程中的支出。用于个人消费资料的消耗不属于运输生产的物质消耗。

3. 货运物质消耗和客运物质消耗的界限。

公路运输业物质消耗价值应是和公路运输业总产值即货运收入口径一致的物质消耗价值,即应是货物运输物质消耗价值。为了准确地计算运输业物质消耗价值,就需要将客运和货运的物质消耗费用分开。

对于成本中可以直接划分客货运输成本或者只有货物运输的公路运输企业,其物质消耗的价值即为与货运收入口径一致的物质消耗价值。对于客货兼营的公路运输企业,其物质消耗价值需要剔除客运物质消耗价值。计算时,凡财务资料中有直接列入货运成本的物质消耗资料的,则可直接使用货运成本资料,对不能直接列入货运成本的费用,财务部门在计算货运成本时,都要采用一定的分摊方法,通过相关指标进行计算和分配后才能计入货运成本,在计算物质消耗时可直接采用分配后的货运生产费用。

计算出公路运输业物质消耗价值后,将公路运输业总产值减去物质消耗价值,即得公路

运输业净产值。其计算公式为

公路运输业净产值 = 公路运输业总产值 − [货运(装卸)燃料费用 +

货运(装卸)材料费用 + 货运(装卸)固定资产折旧 +

货运(装卸)大修理基金或修理费 + 其他货运(装卸)物质消耗价值]

$$(3-5)$$

上式所需资料,可通过财务报表中的营运费用表取得。利用生产(营运)费用表计算运输业净产值的具体步骤如下。

第一步,将生产(营运)费用表中属于物质消耗的项目归并,求出全部物质消耗。

生产(营运)费用表中的物质消耗的项目有外购材料、外购燃料、外购动力、折旧费、提取的大修理基金、大修理折旧费,以及不属于以上要素的费用支出项目——"其他支出"中的物质消耗费用。"其他支出"是一个既有物质消耗支出,又有非物质消耗支出的项目。需要将管理费用明细资料,根据区分物质消耗与非物质消耗的界限,分出其中的物质消耗与非物质消耗,然后,将其中属于物质消耗的部分与上述各项合并,即为企业的全部物质消耗费用。

"其他支出"项目中,属于物质消耗的一般有外付修理费、办公费、业务费、水电费、邮电费、研究试验实验费、消防费、租赁费、低值易耗品摊销、仓库经费、劳动保护费等。

第二步,从全部物质消耗中,扣除与营运无关的物质消耗,求出营运物质消耗。

营运费用表中,与营运无关的物质消耗可利用营运费用表中"不包括营运业务成本之内的费用"一项,从会计明细资料中找出其中的物质消耗。根据交通部《国营交通运输企业会计报表制度》的说明,"不包括在营运业务成本之内的费用"反映与营运业务(运输、装卸、堆存)无关的营运费用,包括"其他业务支出"中对外销售和出租固定资产应负担的折旧等费用。计算这项费用的物质消耗时,可根据其他业务收支、对外销售和专用基金的明细资料求出其中的物质消耗,然后再从上面求得的全部物质消耗中减去这一部分,余下的便是全部营运业务的物质消耗。

第三步,对有客运业务的公路运输企业,进一步将营运业务物质消耗划分为货运物质消耗与客运物质消耗,求得与公路运输业总产值口径一致的货运物质消耗,如果企业另行计算货运成本与客运成本时,可用客货成本的比例划分,如果企业不单独计算货运成本和客运成本,也可按货物周转量占换算周转量的比值,求得货运物质消耗。

第四步,将公路运输业总产值扣除货运物质消耗,求得报告期按生产法计算的公路运输业净产值。当企业没有编制生产(营运)费用表时,也可根据上述划分原则直接使用运输成本(支出)和装卸成本表资料,计算货物运输物质消耗。

(二)分配法

分配法是从国民收入初次分配角度出发计算净产值的方法。公路运输业净产值创造出来以后,首先要在公路运输部门各基层单位进行初次分配。即把企业所创造的净产值,一部分作为工资分配给运输业劳动者,一部分作为税金利润上缴国家或主管部门,一部分留归企业支配。用分配法计算公路运输业净产值,就是将构成净产值的各个分配要素直接相加求得净产值的方法。用公式表示即 $V+M$。其具体内容如下:

公路运输业净产值 = 利润 + 税金 + 工资 + 职工福利基金 + 利息 + 其他

各项要素的具体内容及计算方法如下所述。

1.利润,指公路运输企业货运部分所获取的利润,即公路运输业总产值中包含的利润。

公路运输企业的货运部分所得的利润,在财务健全的企业,可用下式求得

$$利润 = 货运收入 - 货运成本 - 货运税金 \qquad (3-6)$$

财务资料不健全的企业,如运输利润分不开货运利润和客运利润,可按下式计算:

$$利润 = 运输利润 \times (货运收入 \div 运输总收入) \qquad (3-7)$$

2. 税金,指按国家规定应缴纳的营业税金,不包括所得税。税金也只计算货运部分。

3. 工资,指货运人员及与货运有关人员的工资。货运人员及与货运有关人员的工资可按劳动工资统计报表中的工资总额经过调整求得。调整分两步:

第一步,对工资总额进行调整,剔除不属于净产值口径的工资以避免与净产值的其他构成要素(如职工福利基金、企业利润)之间发生重复计算。

第二步,按照合适的指标将上述调整后的工资在客货之间进行分配,求得货运人员与货运有关人员的工资。

4. 职工福利基金,指按工资总额比例提取的职工福利基金。不包括由企业基金或利润留成中开支的福利基金,因后者已包括在利润中。

职工福利基金的计算范围与工资一样,也应只计算货运人员的职工福利基金。因此,可按计算货运人员工资的方法将职工福利基金在客货运之间进行分配,以求得货运人员及与货运有关人员的职工福利基金。

5. 利息,指企业向银行支付的利息和手续费。计入净产值的利息是指企业利息支出与利息收入相抵后的净额。收入大于支出者,按会计上的规定应冲减成本,其差额应在利息项下以负数表示。这是因为利息收入属于国民收入的再分配。

6. 其他,指除上述以外的属于国民收入初次分配性质的支出。一般包括养路费、工会经费、文体宣传费、教育培训费、讲课费、稿费、职工上下班交通费补贴、交通事故赔偿费、污染赔偿费、罚金支出、广告费、保险费、保健津贴、车船牌照费、工伤补贴、退休工人补贴、外来劳动人员津贴、在家中为本企业工作的居民的劳动报酬、探亲费、误餐补贴、出差补贴、出国人员经费、外宾招待费等。

如上所述,净产值创造出来后,首先在物质生产领域进行初次分配,形成三部分所得:一部分作为工资分配给企业职工,形成个人所得;一部分作为税金和利润上缴国家,形成国家所得;还有一部分留归企业支配,形成企业所得。因此企业应将上述三种所得相加,求得按分配法计算的净产值。

国家所得净产值,按照现行制度规定有营业税金、上缴利润、上缴所得税、利息和其他项中的保险费、车船牌照税、养路费等。

企业所得净产值,有税后留利、职工福利基金(不包括由福利基金中开支的工资等支付给个人的部分)、其他项目中的差旅费、工会经费、教育经费、文体宣传费、干部培训费、交通事故赔偿费、污染赔偿费、广告费、滞纳金、罚金支出、营运外收支净额(扣除营运外开支的工资)等。

个人所得净产值,有工资、职工福利基金中开支的困难补助费、其他项目中的误餐费、探亲费、出差补贴、上下班交通补贴、教育经费中开支的讲课费、稿费、退休人员补贴、保健津贴、值班伙食津贴、居民在家中为本企业工作的劳动报酬、在厂劳动的在校学生津贴等。

将上述三项所得加总并扣除有关项目包含的客运因素,即为按分配法计算的净产值。由于目前统计和会计核算不统一,以及计算上的误差,按上述两种分配法计算的净产值,可能有误差。当企业同时按两种方法计算净产值时,还应计算这两种方法净产值的差额,并尽可能找出造成误差的原因。

第四节　公路运输企业增加值统计

一、公路运输业增加值的概念和作用

公路运输业增加值是一定时期内公路运输企业通过生产经营活动而为社会提供的最终成果的货币表现,反映运输业在一定时期内新创造的价值,是运输业的国内生产总值。

运输业增加值核算具有重要的意义,这主要体现在如下几个方面。

(1)我国新国民经济核算体系是以国内生产总值为核心,以行业增加值的核算为基础的。国内生产总值(GDP)就是各行业增加值之和,它是国际通用指标,强化使用增加值指标便于与国际接轨和比较。因此,要求运输业增加值的统计要不断地充实和完善。

(2)增加值指标使运输业统计指标体系系统化。我国运输业统计指标体系中对生产成果的核算主要为实物量指标,如客货运量和周转量指标,价值量指标为运输清算收入和运输收入等。这些指标对反映运输企业成果和运输企业劳动者工作量有着极重要的作用,同时这些指标也有局限性,实物量指标在综合、汇总时往往遇到许多限制,而运输清算收入和运输收入实际是企业的总产出和周转额,不能反映企业在运输生产中的实际贡献和实际成果,而增加值正是反映运输企业在运输生产中所追加的价值,能客观反映企业的运输生产成果,全面反映增产节约的成果和程度。有了增加值指标,就可以全面反映运输部门经济活动的总成果(总产值)和最终成果(增加值),这样运输部门的核算指标体系便趋于系统化。

(3)全面反映运输业发展的成果、规模、结构和水平,能真实反映运输生产成果以及运输部门为社会所做贡献的大小,有利于进行行业间的对比和反映对国民经济增长的贡献。增加值不存在劳动对象的重复计算,也不存在劳动手段磨损价值的遗漏,能真实反映运输部门为社会所做贡献的大小。增加值是最终产品的价值表现,完整体现了最终产品的内容,它不仅包括当年新创造的价值,而且包括固定资产磨损的补偿价值。

总之,增加值指标避免了实物量指标的不可比性,也避免了总产值指标因包括转移价值带来的重复计算,同时还是通用型指标,可适用于不同行业成果的对比。运输业增加值的核算是对第三产业增加值核算的充实和完善,为国民经济总量核算奠定了基础,同时有利于运输管理部门的管理和进行行业对比。

二、公路运输业增加值的统计范围

公路运输业增加值的统计范围不仅包括作为物质生产部门的货物运输和装卸搬运单位,也包括旅客运输和运输生产的辅助部门和事业单位,其统计范围比运输业总产值和净产值包括的范围要广泛。

三、公路运输业增加值的计算方法

公路运输业增加值有两种计算法:生产法和收入法。

1. 生产法

生产法又称部门法、增加值法,它是从生产的角度出发计算增加值的方法。按生产法计算运输业增加值,是从运输提供的劳务价值总量中,扣除作为中间投入使用的产品和劳务价值后的余额。它等于运输行业的营业收入减去为进行运输生产及与运输生产有关的活动而

支付给其他企业的产品和劳务费用。其计算公式为

$$运输业增加值 = 运输业总产出 - 运输业中间投入$$

$$C_1 + v + m = (C_1 + C_2 + v + m) - C_2 \qquad (3-8)$$

其中,运输业总产出是指运输业在一定时期内通过运输生产活动追加到物质产品中去的价值和对旅客提供服务的价值的货币表现。运输业总产出按生产者价格计算。运输业中间投入是核算期内运输企业在运营活动中消耗的外购物质产品和对外支付的服务费用。在计算中间投入时需要明确的一个原则是只有与总产出口径一致的中间投入才计算在内。

2. 收入法

收入法又称分配法、成本法,是从生产要素所有者获得收入的角度,把提供运输劳务过程中所发生的工资、利润、税金和固定资产折旧等要素项目相加,求得运输业增加值的方法。收入法是从运输业收入初次分配角度出发计算运输业增加值的一种方法。

按收入法计算运输业增加值的计算公式是

运输业增加值 = 固定资产折旧 + 劳动者报酬 + 生产税净额 + 营业盈余 + 其他

$$= 支付给个人 + 支付给国家 + 留给本单位 + 支付给其他单位 \qquad (3-9)$$

固定资产折旧是核算期内为补偿生产中所消耗的固定资产而提取的价值。固定资产是一种以实物形态多次参加生产过程,直至报废,其价值形态逐期转移到产品中去并从企业分期得到的产品,其价值补偿是当年磨损而计入产品成本的折旧收入,其实物补偿是以完整形态完成的更新。

劳动者报酬包括企业、单位对从事生产经营活动的职工及其他从业人员以现金和实物形式支付的工资、福利费和社会保险费。

生产税净额是指生产税减去生产补贴后的差额。生产税是指运输企业在核算期内因生产、销售、从事经营活动以及因从事生产活动使用某些生产要素,如固定资产、土地、劳动力而向国家缴纳的各种税金、附加费和规费。运输业的生产税,具体包括营业税金及附加、增值税、管理费用中开支的各种税、应缴纳的养路费、排污费和水电费附加等。

营业盈余指总产出扣除中间投入、固定资产折旧、劳动者报酬、生产税净额后的剩余部分。由于该项包括的具体内容太多,为减少工作量,"营业盈余"可按生产法计算出来的增加值扣除固定资产折旧、劳动者报酬、生产税净额求得。也可采用会计报表中的有关科目进行计算,具体可根据职工福利基金、利润和其他科目加以调整计算。但计算结果的准确性直接取决于会计资料的完整性。

运输业增加值的计算方法还有支出法,但由于资料的不可得性,不便采用这种方法。从当前我国的核算条件出发,一般采用收入法计算运输业增加值较为适宜。在实际工作中,对计算运输业净产值的运输企业,增加值的构成项目资料,除固定资产折旧外,都可利用按分配法计算的净产值构成项目资料进行计算。但应注意,物质生产部门的净产值,以物质生产部门为观察范围,包括了物质生产部门对非物质生产部门的各种支付,如保险费、差旅费中支付客运和旅馆的费用等。国民经济各部门的增加值,则以整个国民经济为观察范围,不论物质生产部门还是非物质生产部门都要计算。因此,物质生产部门对非物质生产部门的支付,存在着重复计算,需要加以扣除。由于物质生产部门的净产值不包括固定资产折旧,在计算时需要加上这一部分。这样,对只从事货物运输的运输企业来说,其增加值等于运输业净产值减去对非物质生产部门的支付再加上固定资产折旧。对客货兼营的运输企业来说,则还应包括客运的劳务价值。因此,客货兼营的运输企业按收入法计算运输业增加值时,可按下式计算:

运输企业增加值 = 劳动者报酬 + 提取的职工福利基金 + 利润 + 税金 +

利息 + 其他 + 固定资产折旧　　　　　　　　　　　(3-10)

运输业中的不以盈利为目的事业单位,由于其经费全部或部分由财政拨款,没有利润和税金,其增加值只包括职工工资、职工福利基金、职工其他收入(如差旅费、会议费中支付给个人的生活补助费、本单位职工从事劳务活动而取得的其他收入等)和固定资产折旧。用公式表示如下:

运输事业增加值 = 劳动者报酬 + 提取的职工福利基金 + 其他 + 固定资产折旧

　　　　　　　　　　　(3-11)

例3-1 设某公路运输企业的有关资料:总产出280万元,中间消耗160万元,固定资产折旧13万元,劳动者报酬70万元,生产税15万元,补贴8万元,营业盈余30万元。

根据上述资料,分别用生产法和收入法计算运输业增加值。

解 (1)生产法:

运输业增加值 = 运输业总产出 - 运输业中间投入

= 280 - 160 = 120(万元)

(2)收入法:

运输业增加值 = 固定资产折旧 + 劳动者收入 + 生产税净额 + 营业盈余

= 13 + 70 + (15 - 8) + 30 = 120(万元)

四、运输业增加值和总产值、净产值的换算

运输业增加值和总产值、净产值是分别从属于 SNA 和 MPS 体系的指标。两者在统计范围和产值计算方法上是不同的。从统计范围看,运输业增加值不仅包括货运,而且包括客运和运输部门中的事业单位;而运输业总产值和净产值只包括货运。从计算方法看,运输业增加值计算在提供运输劳务过程中所增加的价值,不计算在提供劳务过程中所消耗的材料、燃料等中间投入的价值;运输业净产值只计算运输生产活动中新创造的价值,不包括材料、燃料、固定资产折旧等物质消耗价值;运输业总产值则不仅包括运输生产活动中新创造的价值,还包括运输生产中的物质消耗价值,但不包括客运和事业单位。由此可见,这三个指标是既有区别又有联系的。

运输业净产值可以换算为运输业增加值,换算方法是将运输业净产值减去运输业对非物质生产部门的支付再加上固定资产折旧、客运要素和运输部门的事业单位的增加值,即得运输业增加值;同理,也可将运输业增加值换算为运输业净产值,换算方法是按照净产值换算为增加值的逆方向变换符号即可。

思考与练习

1. 什么是公路运输企业总产值,它的构成内容包括哪些?

2. 简述生产法计算运输净产值的含义及其步骤。

3. 简述分配法计算运输净产值的具体构成内容。

4. 简述公路运输企业增加值的含义及其作用。

5. 假设某运输企业2007年从事运输生产活动的收入为480万元,运输生产过程的物质消耗为400万元(其中生产性固定资产折旧为40万元),则该企业应计入2007年运输业总产值和净产值统计的数量是多少?

第四章 公路运输工具及其运用情况统计

第一节 运输车辆统计

运输车辆是公路运输企业的主要装备,是实现旅客和货物的位移,最终完成运输业生产过程的工具,是公路运输业固定资产的重要组成部分。做好运输车辆统计,是保障公路运输业进行运输生产、不断提高运输效率的重要数据基础。运输车辆统计的目的就是要满足公路运输行业和企业经营管理的需要,全面、及时、准确地反映公路运输生产装备的数量、能力、构成、分布状况与技术状态,为编制与检查客货运输、设备更新、设备检修等计划提供统计资料。

一、运输车辆的统计分组

运输车辆数量的统计原则是按车辆的产权进行统计,包括正在营运的、在修、待修、待报废、国家征用、批准封存的,还包括出租或借调给其他单位使用但所有权仍属企业的车辆。

凡从事公路货物和旅客运输的各类车辆,不论经济类型,不论隶属关系,也不论营业性运输和非营业性运输,均应纳入统计。运输车辆统计一般按以下方式分组。

(一)根据运输车辆的技术特征和行驶方式分类

根据运输车辆的技术特征和行驶方式分为机动车和非机动车。

机动车指装有各种发动机,以机械动力行驶的车辆,包括汽车、轮胎式拖拉机、摩托车和其他机动车。其中其他机动车是指除汽车、轮胎式拖拉机和摩托车以外的机动车,如简易机动车、三轮汽车、电动车等。

非机动车指车辆本身没有动力,需要依靠其他动力车拖带或利用人力、畜力行驶的车辆,包括挂车、货运人力车、畜力车。其中挂车是指用于货物运输,但本身没有动力,需要其他牵引车牵引的车辆。

(二)根据运输车辆的用途分类

根据新的国家标准,运输车辆按其用途分为乘用车与商用车。

乘用车(9座以下)是指主要作为私人代步的运输工具,分为基本型、新多功能型MVP、运动型SUV。

商用车是指以商业运输为目的运输工具,分为客车、货车、货车非完整车辆、客车非完整车辆等。

(三)根据运输车辆的运输对象分类

根据运输车辆的运输对象分为载客汽车和载货汽车。

1. 载客汽车一般的分组方式

(1)根据营业性质分为营运客车和非营运客车,营运客车又分为班线车、出租车和旅游车。

(2)根据载客汽车的标记客位分为大型客车、中型客车和小型客车。

(3)根据载客汽车所配置的设备和乘坐舒适程度分为高级客车、中级客车、普通客车和卧铺客车。

2. 载货汽车一般的分组方式

（1）根据营业性质分为营运货车和非营运货车。

营运货车指在交通运输管理部门领取营运证,从事营业性运输生产活动的车辆;

非营运货车指为车辆所有者自身服务(为本单位内部生产和职工生活服务),不与其他单位发生运费结算的车辆。

（2）根据载货汽车构造分为普通载货汽车和专用载货汽车。

普通载货汽车指只有一般构造的栏板式、平板式载货汽车,它包括自卸车和半挂车;

专用载货汽车指具有特殊的构造和专门用途的汽车,它包括集装箱车、零担货运车、大件运输车、保温车、冷藏车、罐车等。

（3）根据载货汽车的标记吨位分为微型货车(总质量小于 1 800 公斤)、轻型货车(总质量为 1 800～6 000 公斤)、中型货车(总质量为 6 000～14 000 公斤)、重型货车(总质量为 14 000 公斤)。

（四）根据运输车辆使用的能源种类分类

根据运输车辆使用的能源种类分为汽油车、柴油车和其他动力(如液化气、天然气、酒精、电等)车。

（五）根据车辆生产的国家、地区、厂牌和型号等进行分组

二、统计指标

1. 车辆数

车辆数指报告期末运输车辆的实有数量,计算单位为辆。公路运输工具现有数统计就是要反映公路运输企业在报告期末所拥有的汽车、挂车等各类运输工具的数量。在统计时按产权统计运输车辆数;新增车辆在公安车辆管理部门正式核发车辆行驶证后纳入统计;报废车辆在主管部门批准报废后不再纳入统计;汽车数和挂车数应分别统计,不能混合加总;与牵引车配套的半挂车不能单独统计。

2. 车辆吨位数

车辆吨位数指报告期末载货车辆的标记或核定吨位,反映载货车辆的运载能力,计算单位为吨位。每台车辆的吨位数统计以公安车辆管理部门核发的车辆行驶证上的登记数为依据;经主管部门批准进行改装的车辆,改装后的车辆吨位统计以主管部门核准的载重能力为依据。

3. 车辆客位数

车辆客位数指报告期末载客车辆的标记或核定客位,反映载客车辆的运载能力,计算单位为客位。每辆客车的客位数统计以公安交通车辆管理部门核发的车辆行驶证上的登记数为计算依据;经主管部门批准进行改装的车辆,改装后的车辆客位统计以主管部门核准的载客能力为计算依据。

第二节　车辆运用情况统计

运输装备是交通运输业的生产设备,合理运用运输装备是进行运输生产的基本要求。公路运输装备主要包括运输车辆(汽车),此外还有装卸搬运车辆与机械等。车辆运用统计的目的就是经常地观察与监督公路运输行业的运输车辆所处的状况及其运转情况,正确、全面、及时地反映车辆的实际运用情况,检查与分析运输车辆各个环节的工作质量及其对运输

生产的影响,并以此拟订改进方案与措施,为运输企业改进经营管理提供基础数据。

一、统计范围

车辆运用统计(也称汽车运用统计)以公路运输企业在用的营运车辆或其他部门专门从事营业性运输(如外贸部门、粮食部门从事专业运输)的车辆为统计调查对象。公路运输企业在用营运车辆是指使用权属于公路运输企业的自有车辆和租入、借入、代管的在用营运车辆,包括正在使用、修理、待修及由于非技术性停驶和技术状况不好的停驶与待报废车辆,不包括已被国家征用、经批准封存和借调给其他单位的车辆,以及经批准正在进行改装和技术改造的车辆。

汽车运用统计指标包括车辆运用情况的数量指标和质量指标两大类:数量指标包括车日、车吨(客)位日和行程统计;质量指标包括车辆的时间利用统计、汽车运行速度利用统计、里程利用程度统计、车辆载重能力利用程度统计、车辆牵引能力利用程度统计、车辆运输能力利用程度统计等。

二、车辆时间利用统计

(一)数量指标

车日指标是从动态方面反映汽车运输企业保有车辆数量的指标。一辆车在运输企业保有一日,即为一个车日。由于汽车在运输企业可能处于运输生产过程中的各个不同环节,如运行环节,待客,货环节,修理和保养环节,或等待保养和修理环节等,因而有不同的车日指标以反映车辆的运用状态。反映车日的统计指标有:总车日、完好车日、非完好车日、工作车日、停驶车日等。

1. 总车日

是指在报告期内营运车辆在汽车运输企业的保有天数的累计数,计算单位为"车日",记作 U。计算公式为

$$\text{总车日} = \sum(\text{营运车辆} \times \text{在企业保有天数}) \tag{4-1}$$

营运车辆,不管其技术状况是否完好,每保有一天即计为一个车日。营运车辆发生增减变化时,新增车辆,以落籍并取得有关证件之日起开始计算;报废和调出车辆,自批准之日起不再计算。

由于企业的车辆数反映的是一个时点公路运输的规模或生产能力,它在报告期内经常是有增减变化的,而总车日指标则消除了车辆变动对车辆数量的影响,所以总车日指标更准确地反映了运输企业在一定时期内的生产规模和能力,同时它还是编制运输计划的依据和计算车辆运用情况的基础。

例4-1 金城运输公司2003年7月份有营运货车320辆,其中有3辆车自7月15日起报废,5辆车自7月8日起外调使用,其余车辆全月投入营运。

解 2003年7月份的日历日数为31天,将车辆按保有日数分组。

第1组:车辆数为3,保有日数为14,$U_1 = 3 \times 14 = 42$(车日);

第2组:车辆数为5,保有日数为7,$U_2 = 5 \times 7 = 35$(车日);

第3组:车辆数为 $320 - 3 - 5 = 312$,保有日数为31,$U_3 = 312 \times 31 = 9\,672$(车日)。

因此,该公司7月份的总车日为 $U = 42 + 35 + 9\,672 = 9\,749$(车日)。

2. 完好车日

报告期内总车日中,营运车辆技术状况完好,不需要进行修理或维护即可参加运输的车日,包括实际出车工作及由于各种非技术性原因而停驶的车日。

$$\text{完好车日} = \text{工作车日} + \text{待运车日} \qquad (4-2)$$

3. 非完好车日

报告期内总车日中,因技术状况不好不能出车的车辆所占的车日,包括正在进行或等待维护、修理的车辆及待报废车辆所占的日。显然:

$$\text{非完好车日} = \text{维修车日} + \text{待废车日} \qquad (4-3)$$

依据以上说明,可知:

$$\begin{aligned}\text{总车日} &= \text{完好车日} + \text{非完好车日}\\ &= \text{工作车日} + \text{待运车日} + \text{维修车日} + \text{待废车日} \qquad (4-4)\end{aligned}$$

4. 工作车日

报告期内完好车日中,实际出车工作的车日,记作 U 天。一辆营运汽车,只要当天出过车(以签发路单为依据),不管其出车时间长短,出车班次多少和完成运输量多少,也不管是否发生过保养、修理、停驶或中途抛锚等情况,均计为一个工作车日。为装货、调车和其他营运性工作而出车,应计为工作车日,为进行试车未发生营运性活动而出车的,不算工作车日。

5. 停驶车日

报告期内完好车日中未出车工作的车日。一般是因为无客、无货,燃料供应中断,缺司机,缺轮胎,路线阻障,以及风、雨、雪等气象因素及其他原因而未能出车工作的车辆所占车日。显然:

$$\text{停驶车日} = \text{待运车日} + \text{维修车日} + \text{待废车日} \qquad (4-5)$$

6. 营运车时(总车时)

营运车时是指企业所有营运车辆的车时总数,是指营运车辆在路线上的工作车时和在车库(场)的停驶车时。

7. 工作车时

工作车时是指在完成运输任务中实际行驶所占用时间,其中也包括车辆在途中因发生故障而造成的短暂调整、修复停歇时间和过交叉路口、桥梁的时间,包括行驶车时和停歇车时。行驶车时是运输车辆的生产时间,是构成出车时间的主要部分,直接关系着运输生产效率。

8. 停驶车时

停驶车时是指车辆在车库(场)停顿的车时,包括技术维修车时、修理车时、待运车时、待废车时。

所以,每个工作车日可由以下车时构成:

$$\begin{aligned}\text{总车时} &= \text{工作车时} + \text{停驶车时}\\ &= \text{行驶车时} + \text{停歇车时} + \text{技术维修车时} + \text{修理车时} + \text{待运车时} + \text{待废车时}\end{aligned}$$

$$(4-6)$$

(二)质量指标

反映车辆时间利用情况的统计指标主要有:完好率、非完好率、工作率、停驶率等。

1. 完好率

报告期内完好车日在总车日中所占的比重。计算公式为

$$\text{完好率} = \frac{\text{完好车日}}{\text{总车日}} \times 100\% = \frac{\text{总车日} - \text{非完好车日}}{\text{总车日}} \times 100\% \qquad (4-7)$$

车辆完好率指标的高低,表明企业在报告期内车辆技术状况的好坏,可随时出车进行运输工作能力的大小,是反映车辆的技术状况、车辆管理、运用和修理、保养工作质量的指标。

2. 非完好率

报告期内非完好车日在总车日中所占的比重。计算公式为

$$非完好率 = \frac{非完好车日}{总车日} \times 100\% \qquad (4-8)$$

3. 工作率

报告期工作车日在完好车日中所占的比重,用以反映车辆的时间利用程度。计算公式为

$$工作率 = \frac{工作车日}{总车日} \times 100\% \qquad (4-9)$$

4. 停驶率

它是与工作率相对的指标,指报告期停驶车日在完好车日中所占的比重。计算公式为

$$停驶率 = \frac{停驶车日}{完好车日} \times 100\% \qquad (4-10)$$

车辆工作率与停驶率之和为 1。可见,提高工作率必须减少停驶车日。

5. 总车时利用率

总车时利用率是指报告期内工作车日在路线上的工作车时与总车时之比,用来表示平均一个工作车日的 24 小时中,有多少车时出车工作,其计算公式为

$$总车时利用率 = \frac{工作车时}{总车时} \times 100\% \qquad (4-11)$$

这一指标反映车辆在从事运输工作时,可供利用的全部自然时间的实际利用程度。总车时利用率越高,说明车辆的时间利用越充分。

6. 工作车时利用率

工作车时利用率是指报告期内车辆在路线上的行驶车时与工作车时之比,用来表明车辆在路线上的工作车时内有多少车时用于运行,其计算公式为

$$工作车时利用率 = \frac{行驶车时}{出车时间} \times 100\% \qquad (4-12)$$

要提高工作车时利用率,就要最大限度地减少车辆在路线上的停歇时间。

例 4 - 2 锦江运输公司 6 月份营运车辆数为 80 辆,7 月份计划 10 辆车进行大修,每车次大修占用 8 个车日;另有 40 辆车须进行一次四级保养,每车次四级保养占用 2 个车日。7 月份待运车日为 60 车日。该公司 6 月份的完好率、非完好率、工作率和停驶率计算如下:

$$总车日 = 80 \times 30 = 2\,400(车日)$$

$$完好车日 = 2\,400 - 10 \times 8 - 40 \times 2 = 2\,240(车日)$$

$$完好率 = \frac{2\,240}{2\,400} \times 100\% = 93.33\%$$

$$非完好率 = 1 - 完好率 = 1 - 93.33\% = 6.67\%$$

$$工作车日 = 完好车日 - 待运车日 = 2\,240 - 60 = 2\,180(车日)$$

$$工作率 = \frac{2\,180}{2\,240} \times 100\% = 97.32\%$$

$$停驶率 = 1 - 工作率 = 1 - 97.32\% = 2.68\%$$

三、车辆行程统计

公路运输企业运用汽车实现货物(或旅客)在空间上的位移,是车辆载有货物(或旅客)

行驶一定距离(按公里计算的里程)的结果。汽车运行里程的长短,是反映运输能力使用程度的一个重要方面。反映汽车运输行程的指标有:总行程、载运行程、空驶行程、总行程载货(客)量、载运行程载货(客)量、里程利用率等。

1. 总行程(总车公里)

是指报告期车辆在实际工作中所行驶的总里程数,不包括为进行保养、修理而进出保修厂及试车的里程,计算单位为车·公里。

汽车的行驶里程,应根据行车路单上的行程记录或实际行程统计。在运输生产过程中,因故绕道或进行循环运输,出车后未到达装、卸货地点,因故返回,其行程均按实际行驶里程计算。总行程的构成如下:

$$总行程 = 重车行程 + 空车行程 \tag{4-13}$$

式中 重车行程(载运行程),指车辆载有客、货(不论是否满载)的行驶里程;

空车行程(空驶行程),指空车行驶的里程,包括回空和调车等无载运行的里程。

2. 总行程载货(客)量

又称总车吨(客)公里,报告期在用载货(客)车辆的总行程载运能力,计算单位为吨(客)·公里。计算公式为

$$总行程载货(客)量 = \sum[报告期每辆营运车总行程 \times 额定吨(客)位] \tag{4-14}$$

总行程载货(客)量表示在汽(挂)车全部行驶里程中可能实现的最大运输能力,即车辆在规定技术条件下按额定吨(客)位运行可能完成的最大运输工作量。

3. 载运行程载货(客)量

又称重车行程载运量,报告期在用载货(客)车辆的载运行程载运能力。计算公式为

$$载运行程载货(客)量 = \sum[报告期每辆营运车载运行程 \times 额定吨(客)位] \tag{4-15}$$

在运输生产过程中不可能使车辆始终处于有载状态,车辆空驶往往是维持运输生产过程不可避免的环节。载运行程载运量就是表明在运行中扣除空驶因素后的最大运输能力。

例4-3 长风运输公司报告期有解放牌货车50辆,额定吨位为5吨,完成总行程300 000公里,其中240 000公里为重车行程。另有东风牌汽车10辆,额定吨位为7吨,完成总行程60 000公里,其中56 000公里为重车行程。该运输公司的总行程载货量及重车行程载货量分别计算如下:

(1) 总行程载货量 $= \sum[报告期每辆营运车总行程 \times 额定吨(客)位]$

$$= 300\,000 \times 5 + 60\,000 \times 7 = 192(万吨·公里)$$

(2) 重车行程载货量 $= \sum[报告期每辆营运车载运行程 \times 额定吨(客)位]$

$$= 240\,000 \times 5 + 56\,000 \times 7 = 159.2(万吨·公里)。$$

4. 里程利用率

里程利用率是指报告期内车辆的载运行程(重车行程)在总行程中所占的比重。里程利用率是反映车辆行驶里程利用情况的主要指标,计算公式为

$$里程利用率 = \frac{载重行程}{总行程} \times 100\% \tag{4-16}$$

例4-4 某汽车运输公司2007年平均车辆实有数250辆,车辆工作率为80%,平均车日行程为200公里,空驶行程为320万车·公里。计算该公司的里程利用率。

解　该公司工作车日 $=250 \times 80\% \times 365 = 73\,000$（车日）

总行程 $=200 \times 7\,300 = 1\,460$（万车·公里）

载重行程 $=1\,460 - 320 = 1\,140$（万车·公里）

里程利用率 $=(1\,140 \div 1\,460) \times 100\% = 78.1\%$

四、车辆吨(客)位日统计

反映吨(客)位日情况的统计指标有:总车吨(客)位日、平均车数、平均总吨(客)位等。

1. 总车吨(客)位日

总车吨(客)位日是指报告期每天实际在用营运载货(客)车辆标记吨(客)位的累计数,计算单位为车吨(客)位日。计算公式为

$$总车吨(客)位日 = \sum\left[每辆营运车的总车日 \times 额定吨(客)位\right] \quad (4-17)$$

例 4-5　大洋运输公司 1 月 1 日有额定吨位为 5 吨的东风货车 100 辆,则 1 月 1 日该公司有 $100 \times 5 = 500$ 车吨位日。若 1 月份该企业未发生车辆及吨位的增减变化,则该公司 1 月份有 $100 \times 31 \times 5 = 15\,500$ 车吨位日。

汽车的车吨(客)位日是在总车日的基础上消除了车辆变动的影响,又消除了车辆吨(客)位大小对生产能力的影响因素。它反映了可供使用的以每日吨(客)位为计量单位的生产能力,使得总车吨(客)位日描述的各企业的生产能力在不同企业或同一企业的不同时期以及据此计算的设备效率指标具有更广泛的可比性。

2. 平均车数

报告期平均每天所拥有的车辆数,计算单位为辆。计算公式为

$$平均车数（辆） = \frac{报告期总车日}{报告期日历日数} \quad (4-18)$$

例 4-6　通力运输集团公司 11 月 1 日有车 730 辆,11 月 5 日报废 8 辆,11 月 22 日调入 15 辆车参加营运,以后至月末未发生车辆增减变化,11 月份的日历日数为 30 天。该企业 11 月份平均车辆数计算如下:

$$总车日数 = 730 \times 30 - 8 \times 26 + 15 \times 9 = 21\,827（车日）$$

$$平均车数 = 21\,827/30 \approx 728（辆）$$

3. 平均总吨(客)位

报告期平均每天所拥有的载货(客)车辆的总吨(客)位,计算单位为吨(客)位。计算公式为

$$平均总吨(客)位 = \frac{报告期总车吨(客)位日}{报告期日历日数} \quad (4-19)$$

例 4-7　富扬运业有限公司 2004 年 2 月 1 日有客车 100 辆,其中 50 辆为 39 座的金龙客车、50 辆为 29 座亚星客车,2 月 15 日购入 10 辆 29 座亚星客车,2 月 20 日报废 5 辆 39 座的金龙客车,此后直至月末再未发生车辆增减变化,2004 年 2 月的日历日数为 29 天。则 2 月份的平均总客位计算如下:

$$总客位日 = 39 \times 50 \times 29 + 29 \times 50 \times 29 + 29 \times 10 \times 15 - 39 \times 5 \times 10 = 101\,000（客位日）$$

$$平均总客位 = 101\,000/29 \approx 3\,483（客位）$$

五、车辆速度利用统计

车辆速度是指车辆运转的快慢程度,反映车辆的速度利用指标有技术速度、运送速度、

平均车日行程。

1. 技术速度

技术速度是指营运车辆在行驶时间内实际达到的平均速度,又称行驶速度。其计算单位为公里/小时",计算公式为

$$技术速度 = \frac{总行程}{行驶时间} \quad (4-20)$$

技术速度就是车辆的实际行驶速度,计算技术速度所用的时间只考虑车辆实际行驶的时间,不包括在出车期间车辆故障或驾驶员休息用餐以及因受道路、气候阻隔所占用的时间。

影响技术速度的主要因素有:车况、路况(道路条件、路政管理、车流密度)、装载质量、拖挂情况、天气条件、驾驶员操作技术水平等。为了提高车辆运输生产效率,技术速度愈高愈好。但是技术速度的提高,必须在保证行车安全和适应运行的经济要求的条件下进行。

2. 营运速度

营运速度是指营运车辆按出车时间计算的车辆平均时速,是车辆在其出车时间内实际达到的平均行驶速度,是车辆从出车开始运行到目的地,全程平均每小时行驶的公里数,它反映车辆在工作日内有效运行的情况。计算单位是公里/小时,计算公式为

$$营运速度 = \frac{总行程}{工作时间} = \frac{总行程}{行驶时间 + 停驶时间} \quad (4-21)$$

营运速度反映车辆在其全部出车时间运行的速度,它与技术速度不同,在计算该指标的时间时,既包括在计算技术速度时所用的纯运行时间,又包括车辆在其全部出车时间内因车辆故障等原因而停歇的时间。营运速度的大小不仅受技术速度的影响,而且还受运输组织工作的好坏、运输距离的大小和纯运行时间所占比重的大小的影响。

在一定的技术速度下,营运速度与出车时间利用率成正比,其相互之间的关系为

$$营运速度 = \frac{总行程}{纯运行时间} \times \frac{纯运行时间}{总出车时间} = 技术速度 \times 出车时间利用率 \quad (4-22)$$

例 4-8 某车的技术速度为 60 公里/小时,某次运输活动的出车时间为 10 小时,实际行驶时间为 7 小时,求其营运速度。

解 方法一:

总行程 = 技术速度 × 实际运行时间 = 60 × 7 = 420(公里)

营运速度 = 总行程 ÷ 出车时间 = 420 ÷ 10 = 42(公里/小时)

方法二:

出车时间利用率 = 行驶车时 ÷ 出车时间 = 7 ÷ 10 = 70%

营运速度 = 技术速度 × 出车时间利用率 = 60 × 70% = 42(公里/小时)

3. 平均车日行程

平均车日行程是指车辆每一个工作车日的平均行驶里程。平均车日行程实质是一个综合性的速度指标,只不过它是以车日为计算单位,计算单位为公里/车日,其计算公式为

$$平均车日行程 = \frac{总行程}{工作车日} \quad (4-23)$$

例 4-9 某车队 2007 年 6 月的工作车日为 2 350 车日,总行程为 48.5 万公里,则该车队在该月的平均车日行程为

平均车日行程 = 485 000 ÷ 2 350 = 206.38(公里/小时)

根据有关指标之间的关系可知

$$平均车日行程 = 平均每日出车时间 \times 营运速度$$
$$= 平均每日出车时间 \times 技术速度 \times 出车时间利用率$$

从以上分析可以看出,影响平均车日行程的因素有技术速度的快慢、每日出车时间的长短、行驶时间在出车时间中所占的比重。提高车日行程的关键在于提高每日出车时间和出车时间利用率。提高每日出车时间的措施可采取多班制;提高出车时间利用率的关键在于尽可能缩短运输生产中的辅助生产时间,简化业务手续,特别是缩短装、卸货时间。

车日行程指标是车辆运用指标体系中的一个重要指标,它的高低不但直接影响到车辆运用效率、运输成本和劳动生产率,而且还影响到货物能否及时、迅速地运达目的地,影响到商品的资金占用和国民经济效益,因此应采取各种措施,大力提高车日行程。

六、车辆载重(客)量利用统计

(一)吨(客)位利用率

吨(客)位利用率是指报告期内营运车辆实际完成的周转量与其额定周转量的比值。计算单位为吨(人)·公里。

$$吨(客)位位用率 = \frac{实际货物(旅客)周转量}{额定货物(旅客)周转量} \times 100\% \qquad (4-24)$$

1. 按一辆营运车一个运次计算

(1)对于载货车辆,计算吨(客)位利用率称为载重利用率。

$$载重利用率 = \frac{实际载质量}{额定载质量} \times 100\% \qquad (4-25)$$

(2)对于载客车辆,计算吨(客)位利用率称为载客量利用率、满载率。

$$载客量利用率 = \frac{实际载客量}{额定载客量} \times 100\% \qquad (4-26)$$

2. 按货车和客车综合计算

$$吨(客)位利用率 = \frac{实际换算周转量之和}{额定换算周转量之和} \times 100\% \qquad (4-27)$$

吨(客)位利用率是表明营运车辆装载能力的利用程度指标。影响这一指标的主要因素有:货物的特征(如体积、形状、包装情况、特殊要求等)、起点站的货(客)源情况以及沿线货(客)源补充程度、车辆的形式、运输组织工作水平、车辆的技术状况、道路条件等。

(二)实载率

实载率是指报告期内车辆实际完成换算周转量占其总行程周转量的比重,用以反映总行程载货(客)量的利用程度,也称为吨位公里利用率。实载率综合反映车辆在运输生产过程中行程和装载能力的利用程度,计算公式为

$$实载率 = \frac{实际完成换算周转量}{总行程周转量} \times 100\% \qquad (4-28)$$

实载率是反映车辆在行程利用和载质量利用方面的一个综合性指标。要提高实载率,一方面要努力提高吨位利用率,另一方面要减少车辆空驶行程,提高里程利用率。对一组吨(客)位相同的车辆来说,其实载率等于里程利用率与吨(客)位利用率的乘积,即

$$实载率 = 里程利用率 \times 吨(客)位利用率 \qquad (4-29)$$

例 4-10 一辆标记吨位为 5 吨的东风货车,6 月 25 日完成 3 次运输任务:其中第一次运砂石 5 吨,行程 22 公里;第二次运煤炭 4 吨,行程 31 公里;第三次运水泥 3 吨,行程 25 公

里,全天空车行程20公里。该车吨位利用率和实载率计算如下:

$$吨位利用率 = 5 \times 22 + 4 \times 31 + 3 \times 255 \times (22 + 31 + 25) \times 100\% = 79.23\%$$

$$实载率 = 5 \times 22 + 4 \times 31 + 3 \times 255 \times (22 + 31 + 25 + 20) \times 100\% = 63.06\%$$

也可先求出里程利用率

$$里程利用率 = (22 + 31 + 25) \div (22 + 31 + 25 + 20) = 79.59\%$$

$$实载率 = 0.7923 \times 0.7959 = 63.06\%$$

可见,实载率是综合反映车辆在行程和载运能力两个方面利用程度的指标。里程利用率与吨(客)位利用率指标数值越高,则实载率越高,反之则越低。但如果只单纯地考虑实载率一个指标,则可能掩盖其中的某些问题。

例 4 - 11 设有 A,B,C 三个车组,有关数据如表 4 - 1 所示。

表 4 - 1　三个车组的实载率分析数据表

车组	里程利用率/%	吨位利用率/%	实载率/%
A	75	80	60
B	60	120	60
C	50	150	60

分析上表可以得出,它们的实载率都是60%。但从里程利用率与吨位利用率两个指标来看,就有一些不同。A 组未超载但利用程度低,B 组有违章超载行为但不严重,C 组有严重超载行为,另外,B,C 两组里程利用率低,特别是 C 组空驶率达50%。所以,不能只看实载率而忽略实际里程利用率与吨(客)位利用率掩盖的其他问题。

七、车辆动力利用指标

由于车辆在正常情况下,尚有部分功率没有被利用,因此,合理采用拖挂运输,是在不增加驾驶员和主车的情况下,充分利用这部分功率,提高运输生产率,降低运输成本的有效途径。反映拖运程度的指标是拖运率。

拖运率指报告期内挂车完成的换算周转量占自载及拖载换算周转量的比重,用以反映拖载运输水平。其计算公式为

$$拖运率 = \frac{挂车完成周转量之和}{主、挂车完成周转量之和} \qquad (4 - 30)$$

例 4 - 12 某汽车运输公司 2007 年挂车完成货物周转为1 800 万吨·公里,汽车主车完成货物周转为4 200 万吨·公里,则该公司的汽车拖运率为

$$拖运率 = 1\ 800 \div (1\ 800 + 4\ 200) = 30\%$$

一般情况下,挂车吨位小于主车吨位,可见拖运率的数值都是在50%的范围以内。影响拖运率的因素主要有:车辆的技术状况、驾驶员的技术水平、货物的特性与质量、道路情况、装卸场地及运输组织工作等。

八、车辆运用情况综合指标

车辆运输能力的综合利用指标反映运输设备在单位工作时间内能生产出多少、什么样的

"产品"。这种以单位日历时间或报告期单位设备来计算的产量,能充分地反映设备的综合利用程度。汽车运输企业的主要生产设备是汽车及其吨(客)位,因此一辆汽车在一定时间内所完成的产量就是其运输能力利用的综合指标,包括单车期产量、车吨(客)位产量、车公里产量。

(一)单车期产量

单车产量是指在报告期平均每辆车所完成的换算周转量。在一定的条件下,单车产量的高低与运输企业完成的周转量多少有关。周转量完成的多少与企业车辆在用时间、速度、行程、载质量以及货物(旅客)运送的平均距离有关。所以,单车产量集中地反映了车辆在时间、速度、行程、载质量等方面的综合利用效率。

1. 按周转量和平均车数计算

$$单车期产量 = \frac{报告期完成的总换算周转量}{同期平均运营车辆} \qquad (4-31)$$

$$平均营运车数 = 报告期总车日数 / 报告期日历日数 \qquad (4-32)$$

例 4-13 某汽车运输公司 11 月 1 日有营运车 250 辆,11 月 10 日租入 20 辆车参加营运,11 月 20 日有 10 辆车报废退出营运,11 月 25 日又有 5 辆新车投入营运,至月末车辆再无变动,11 月完成换算周转量 780 万吨·公里。计算该公司 11 月份的单车月产量。

解　　　总车日数 $= 250 \times 30 + 20 \times 21 - 10 \times 10 + 5 \times 6 = 7\ 950$(车日)

平均营运车数 $= 7\ 950/30 = 265$(辆)

单车月产量 $= 7\ 800\ 000/265 = 29\ 434$(吨·公里/车)

2. 按车辆运用效率指标计算

(1)主车、挂车分别计算

单车期产量 = 报告期日历日数 × 工作率 × 平均车日行程 × 里程利用率 ×

平均吨(客)位 × 吨(客)位利用率 　　　　(4-33)

(2)主车、挂车综合计算

综合单车期产量 = 报告期日历日数 × 工作率 × 平均车日行程 × 里程利用率 ×

平均吨(客)位 × 吨(客)位利用率 　　　　(4-34)

例 4-14 某汽车运输公司 2007 年有关指标数据如下:日历日数为 365 天,工作率为 75%,平均车日行程为 280 公里,里程利用率为 80%,平均吨位为 7 吨,吨位利用率为 95%,拖运率为 30%。计算该公司 2007 年综合单车年产量。

解　根据式(4-34)

$$综合单车年产量 = 365 \times 75\% \times 280 \times 80\% \times 7 \times 95\% \times \frac{1}{1-30\%} = 582\ 540(吨·公里)$$

(二)车吨(客)位产量

车吨(客)位产量是指报告期平均每个吨(客)位所完成的换算周转量,用以反映载货(客)车辆运用的综合效率。其计算公式与单车期产量指标类似,既可以将主车、挂车分别计算,也可将主车、挂车综合计算。按计算时间不同可分别计算车吨(客)位年、季、月、日产量指标。计算单位为吨·公里或人·公里。

1. 按周转量和平均吨(客)位计算

$$车吨(客)位产量 = \frac{报告期完成的总换算周转量}{报告期平均总吨(客)位数} \qquad (4-35)$$

式中　平均总吨(客)位数——计算期平均每天在用营运车的总吨(客)位数。

$$平均总吨（客）位数 = \frac{报告期总车吨（客）位日}{报告期日历日数} = \frac{\sum[营运车日 \times 额定吨（客）位]}{报告期日历日数}$$

$$(4-36)$$

例 4-15 某汽车运输公司 11 月 1 日有营运车辆 420 辆,其中 120 辆额定吨位为 5 吨,300 辆额定吨位为 6 吨,11 月 20 日 30 辆额定吨位为 5 吨的新车投入营运,至月末无车辆增减变化。11 月份共完成货物周转量为 857.5 万吨·公里。计算公司 11 月份车吨位月产量。

解 根据式(4-36),平均总吨位 $= \dfrac{120 \times 5 \times 30 + 300 \times 6 \times 30 + 30 \times 5 \times 10}{30} = 2\,450（吨位）$

根据式(4-35),车吨位月产量 $= \dfrac{8\,575\,000}{2\,450} = 3\,500（吨·公里）$

2. 利用车辆运用效率指标计算

(1)主车、挂车分别计算

车吨（客）位产量 = 日历日数 × 工作率 × 平均车日行程 × 里程利用率 ×

吨（客）位利用率 $\qquad\qquad\qquad\qquad (4-37)$

(2)主车、挂车综合计算

综合车吨（客）位产量 = 日历日数 × 工作率 × 平均车日行程 × 里程利用率 ×

吨（客）位利用率 × $\dfrac{1}{1-拖运率}$ $\qquad\qquad (4-38)$

例如,根据例 4-14 可计算该公司 2007 年综合车吨位产量。

综合车吨位产量 $= 365 \times 75\% \times 280 \times 80\% \times 95\% \times \dfrac{1}{1-30\%} = 83\,220（吨·公里）$

3. 车公里产量

车公里产量是指车辆平均每行驶 1 公里所完成的周转量,可按下面两个公式来计算。

(1)按周转量和总行程计算

$$车公里产量 = \frac{报告期完成的周转量}{同期总行程} \qquad\qquad (4-39)$$

式中,计算期总行程可以根据每辆营运车累计,也可以按下面公式计算。

$$总行程 = 总车日 \times 车辆工作率 \times 平均车日行程 \qquad\qquad (4-40)$$

(2)按有关车辆运用效率指标计算

$$车公里产量 = 行程利用率 \times 平均吨（座）位 \times 吨（座）位利用率 \times \frac{1}{1-拖运率} \qquad (4-41)$$

例 4-16 某汽车运输公司 2007 年总车日为 50 000 车日,车辆工作率为 90%,平均车日行程为 400 公里,行程利用率为 75%,平均吨位为 7 吨,吨位利用率为 90%,拖运率为 30%,共完成货物周转量 7 850 万吨·公里。计算该公司 2007 年车公里产量。

解 根据上述公式

$$车公里产量 = 75\% \times 7 \times 90\% \times \frac{1}{1-30\%} = 6.75（吨·公里/车·公里）$$

九、车辆运用情况指标体系

车辆运用情况指标,彼此之间存在着有机的关系,互相影响,互相制约,并构成车辆运用情况指标体系(如图 4-1 所示),它们之间每一项指标的变动,都会影响到车辆运用水平和运输成果。

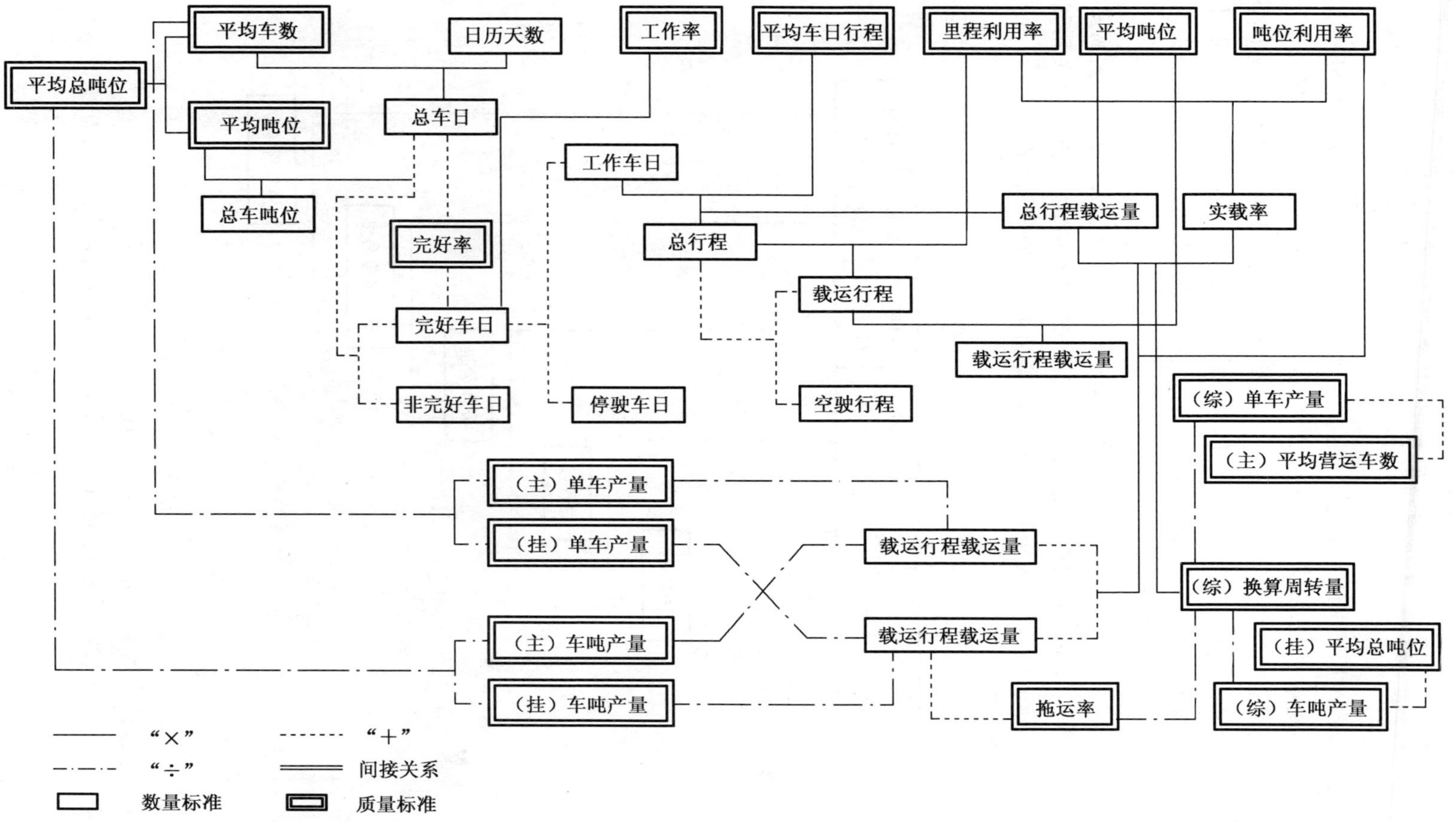

图4-1

第三节 车辆运用效率的统计分析

在学习了车辆运用情况的基本统计指标之后,我们还应该进一步分析车辆技术经济指标变动对车辆运用水平和对周转量的影响程度,对企业车辆运用效率进行综合分析。

对于营运车辆运用效率的统计分析,可采用差额分析法。具体做法分为三步:第一步,计算出报告期全部营运车辆的换算周转量的实际数与计划数的差额;第二步,分别计算有关车辆技术经济指标的实际数与计划数的变动对周转量的影响程度;第三部,综合说明各项指标共同作用对周转量的影响数额。

车辆运用效率指标的变动,对最终生产成果——换算周转量会产生影响。需要特别强调的是,影响换算周转量的各项指标应该是排列有序的,由此形成一定的经济关系和指标体系(如图4-2所示)。若随意改变某个指标的位置和顺序,则经济含义不同,分析所产生的指导意义也就相去甚远了。

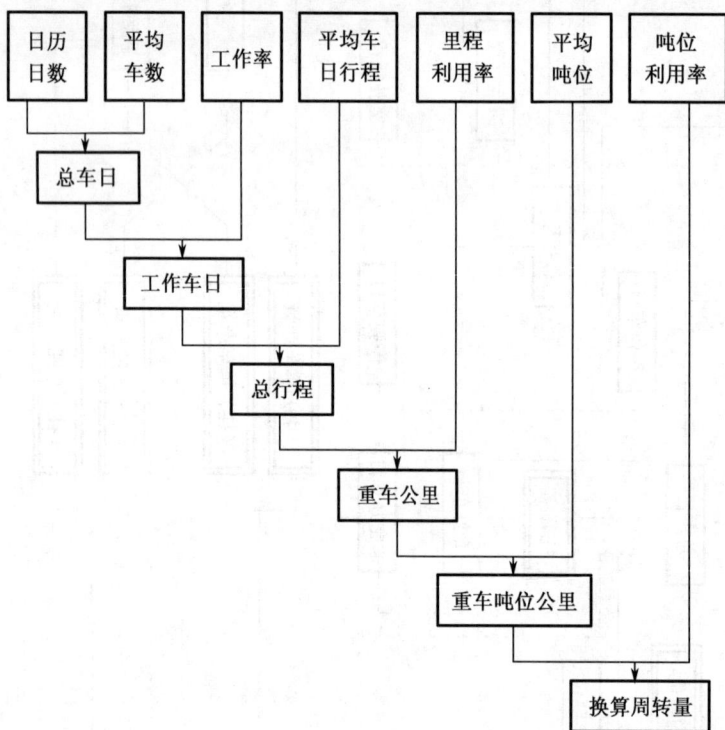

日历日数 ｜ 平均车数 ｜ 工作率 ｜ 平均车日行程 ｜ 里程利用率 ｜ 平均吨位 ｜ 吨位利用率

日历日数、平均车数、工作率 → 总车日

总车日、工作率 → 工作车日

工作车日、平均车日行程 → 总行程

总行程、里程利用率 → 重车公里

重车公里、平均吨位 → 重车吨位公里

重车吨位公里、吨位利用率 → 换算周转量

图4-2

现在通过具体实例来说明差额分析法的运用。

例4-17 某运输车队报告期有关货车运用情况的各项效率指标统计数如表4-2所示。

表4-2　某车队货车运用情况的效率统计表

指　标	单位	计划数	实际数	计划完成/%	差额(实际数-计划数)
日历日数	日	30	30	100.0	0
平均车数	辆	82	84	102.4	2
工作率	%	80	75	93.8	-5
车日行程	公里	120	125	104.2	5
里程利用率	%	75	72	96.0	-3
平均吨位	吨	5	4.5	90.0	-0.5
吨位利用率	%	85	90	105.9	5
换算周转量	吨·公里	752 760	688 905	91.52	-63 855

根据各车辆运用效率指标之间的关系,可知

换算周转量 = 日历日数 × 平均车数 × 工作率 × 车日行程 × 历程利用率 × 平均吨位 × 吨位利用率

第一步:计算换算周转量实际完成数与计划完成数的差额。

计划换算周转量 = 30 × 82 × 80% × 120 × 75% × 5 × 85% = 752 760(吨·公里)

实际换算周转量 = 30 × 84 × 75% × 125 × 72% × 4.5 × 90% = 688 905(吨·公里)

实际换算周转量/计划换算周转量 = 688 905/750 760 = 91.52%

实际换算周转量 - 计划换算周转量 = 688 905 - 750 760 = -63 855(吨·公里)

第二步:进行差额分析。

(1)日历日数:实际数与计划数一致,无影响。

(2)平均车数:实际数大于计划数所产生的影响值为

　　　30 × (84 - 82) × 80% × 120 × 75% × 5 × 85% = 18 360(吨·公里)

(3)工作率:实际数小于计划数所产生的影响值为

　　　30 × 84 × (75% - 80%) × 120 × 75% × 5 × 85% = -48 195(吨·公里)

(4)车日行程:实际数大于计划数所产生的影响值为

　　　30 × 84 × 75% × (125 - 120) × 75% × 5 × 85% = 30 121.875(吨·公里)

(5)里程利用率:实际数小于计划数所产生的影响值为

　　　30 × 84 × 75% × 125 × (72% - 75%) × 5 × 85% = -30 121.875(吨·公里)

(6)平均吨位:实际数小于计划数所产生的影响值为

　　　30 × 84 × 75% × 125 × 72% × (4.5 - 5) × 85% = -72 292.5(吨·公里)

(7)吨位利用率:实际数大于计划数所产生的影响值为

　　　30 × 84 × 75% × 125 × 72% × 4.5 × (90% - 85%) = 38 272.5(吨·公里)

第三步:各项指标共同作用对周转量的影响数额。

将第二步中各指标变动对换算周转量的影响值求和,求出各项指标共同作用对周转量的总的影响值。

　　　总的影响值 = 18 360 + (-48 195) + 30 121.875 + (-30 121.875) +

　　　　　(-72 292.5) + 38 272.5

　　　= -63 855(吨·公里)

从以上计算结果可以看出：总的影响值与原资料中换算周转量的实际数与计划数的差额数相等，均为 −63 855 吨·公里。造成这种结果主要是因为工作率、里程利用率、平均吨位等三项指标的实际数未达到计划要求的水平所造成的。在其他指标都超额完成计划数时，如果该三项指标计划数完成得再好一点，总的计划数就可以完成了。除了对各项指标的影响进行具体计算外，还应对每项指标未实现计划的原因进行深入分析，抓好薄弱环节，采取得力措施，促进车辆运用效率总水平不断提高。

思考与练习

1. 简述车辆运用情况的统计指标体系的构成。

2. 某车队 2007 年 3 月 1 日有营运货车 85 辆，其中 8 吨位的 20 辆，5 吨位的 50 辆，4 吨位的 15 辆；18 日新增 10 辆，分别为 8 吨位的 5 辆，5 吨位的 5 辆；20 日经上级批准报废 4 辆，其中 8 吨位的 3 辆，4 吨位的 1 辆。计算 3 月末营运车辆实有数、总车日和总车吨位日。

3. 某汽车运输企业 2007 年 6 月 1 日共有营运车 45 辆，其中 5 辆车从 6 月 15 日起报废，停止营运；另有 15 辆车从 6 月 20 日征调外用，直至月末未发生其他变动。计算该企业 6 月份营运车日。

4. 某汽车运输企业车队，2007 年度平均总吨位为 220 吨，平均吨位为 4.4 吨，非完好车日为 1 520 日，停驶车日为 1 875 日。计算该车队 2007 年平均车数、总车日、完好率与工作率。

5. 某车队某年 4 月份总车吨位日为 5 400 车吨位日，平均吨位为 4.5 吨，工作率为 90%，停驶车日为 60 车日。计算平均车数、工作车日和完好率。

6. 已知某车队在 9 月份平均吨位为 4.2 吨，工作率为 85%，车日行程为 200 公里，里程利用率为 60%，吨位利用率为 100%，自载周转量为 642 600 吨·公里。计算平均车数、平均总吨位、总车日、工作车日、总车公里、重车公里、总车吨位公里、重车吨位公里。

7. 某车队 2007 年 5 月份车辆运输运用情况资料如下：总车日 420 车日，总车吨位日 2 520 车吨位日，非完好车日 42 车日，工作车日 336 车日，总行程 20 760 公里，重车行程 22 320 公里，货运量 1 590 吨，周转量 95 148 吨·公里，总行程吨位公里 133 920 吨·公里，重车行程吨位公里 100 440 吨·公里。计算平均总吨位、平均吨位、完好率、工作率、车日行程、里程利用率、吨位利用率、实载率、平均运距、单车月产量、车吨月产量。

8. 某车队 4 月份货车运用情况资料如下：平均车数 40 辆，平均总吨位 200 吨，停驶车日 75 车日，货运量 11 900 吨，工作率 85%，平均车日行程 180 公里，里程利用率 60%，吨位利用率 98%，拖运率 30%。计算总车日、工作车日、完好车日、总车公里、重车公里、平均吨位、总车吨位公里、主车周转量、挂车周转量、货物平均运距、完好率、实载率、主挂车综合单车月产量和车吨月产量。

9. 某车队报告期车辆运用情况统计如下表所示。

指标	总车日	工作率	车日行程	里程利用率	平均吨位	吨位利用率	周转量
单位	车日	%	公里	%	吨	%	吨·公里
计划	1 000	90	180	90	4	96	559 872

实际	1 200	80	150	85	4.5	93	512 244
差额							
影响值							

试利用差额法分析各项效率指标对周转量完成程度的影响值。

第五章　汽车维护和修理统计

第一节　汽车维修统计的意义与任务

车辆是汽车运输企业进行运输生产基本的生产手段,它的技术状况完好与否不但直接影响到运输生产任务的完成,而且也影响到燃料消耗的水平和运输作业的安全。由于车辆的不断运行,各零部件会发生不同程度的磨耗与损伤,但是只要对车辆定期进行保养,及时排除故障,切实做好爱车例保工作,禁止超负荷使用,合理组织拖挂,就可以使车辆保持良好的技术状态。因此,车辆保修工作,是汽车运输企业技术管理工作的主要内容之一。

要加强车辆的保修工作,就必须加强车辆的保修统计工作。车辆保修统计的任务是正确地反映保修竣工车辆的数量;检查汽、挂车保修技术经济定额和计划修理,预防保养制度的贯彻执行情况,反映和研究汽、挂车保修部门的组织管理水平和保修技术的质量。

第二节　汽车维修统计的范围

一、汽、挂车保修的统计范围

汽、挂车保修的统计范围是指汽车运输企业的营运汽、挂车,不论是在本企业附属保修单位或委托其他保修单位进行保修的车辆,均应进行统计;非营运车包括临时参加营业性运输的非营运车,其保养和修理都在统计范围之内。

二、汽、挂车保修作业的分类

1. 保养

保养是一种预防性作业,具有一定的强制性,要求按照一定的周期(即间隔里程)进行。其周期的长短,由各省(市)、自治区交通部门根据车辆的结构、性能和运行条件自行规定。

根据交通部门的规定,我国汽车技术保养执行三级保养制度,即一级保养、二级保养、三级保养,挂车执行二级保养制度,即一级保养,二级保养。各级保养的作业项目和技术要求,国家有统一规定。为了保证车辆按期进行各级保养,所有保养计划都应纳入运行作业计划。

2. 小修

小修是一种运行性修理,对运行中发现的机件故障进行修复。小修一般没有固定周期和作业范围,它是以随时排除机件故障作业为目的。虽然有时为了平衡机件磨损程度,有计划地安排某些部件的小修作业,但这种作业的性质与保养仍然是不同的。

3. 大修

大修是为了全面恢复车辆的使用价值而进行的一种修理作业。它分为整车大修和总成大修两种。整车大修是一种计划性修理,有相对固定的作业范围和里程定额。但是大修的里程定额不是强制性的,而是视车辆实际的技术状况而定。总成大修是指车辆的个别总成损坏达到大修程度,而其他总成良好时,对该总成进行的大修。总成大修分为发动机总成大修、底盘总成大修、车身总成大修。

第三节 车辆保修作业量与保修作业质量统计

一、车辆保修作业量统计

车辆保修作业量不但是反映汽车运输企业营运车辆在报告期进行各级技术保养和修理作业的辆次数,而且也是表明保修厂(场)生产量的指标,同时它也是保修作业统计的基础指标,是检查车辆保修计划完成情况的依据。

车辆保修作业量统计的指标是"修竣辆次"。

修竣辆次是指报告期经保养,修理完竣出厂的车辆数,包括在报告期前送修在本报告期修竣出厂的车辆数 a,在统计时应注意以下几点:

1. 列入修竣辆次的车辆,必须是在截止报告期最后竣工,经技术检验合格,送修单位验收的车辆;

2. 修竣辆次不包括返修竣工的辆次,只进行发动机大修的,不应作为修竣辆次统计;

3. 在保养作业过程中发现的小修或纳入保养作业项目的计划性小修,结合保养进行者,不再另作小修统计,如果影响保养在厂时间定额,可按一次小修统计;

4. 修竣辆次应按车辆实际进行的各种不同级别的技术保养和修理作业分别统计。

二、保修作业质量统计

车辆保修作业质量,不但影响到汽车运输企业对车辆的运用,而且也影响到保修费用的高低和汽车运输企业的经济效益。所以保修单位应从各个环节加强保修的质量,杜绝或减少返修现象的产生,提高大修间隔里程,反映保修作业质量的主要指标有:返修辆次、返修率和平均大修间隔里程等。

1. 返修辆次

返修辆次是指修竣出厂的车辆在保证范围内(如大修车走合期 4 000 ~ 5 000 公里,或从实际出厂之日起 60 天内),由于修理过失或因材料、配件质量不佳造成的损失和故障而回厂返修的辆次。凡有返修工单的汽车不论返修工时的长短及修理费用的多少,返修几次就计算几个返修辆次。但经检验属于外购配件问题引起的返修,在车辆进厂不超过 4 小时,修理工时在 8 小时以内者,可不计返修辆次,只计返修工时,车辆返修竣工出厂,不再重复计算修竣辆次。

2. 返修率

返修率是指修竣出厂车辆中回厂返修所占的比重,其计算公式为

$$返修率 = \frac{返修辆次}{修竣辆次} \times 100\% \qquad (5-1)$$

返修率指标是反映保修工作质量的指标。返修率低,说明保修工作质量高,反之,则说明保修工作质量低。但也应该看到,由于返修率的计算是以辆次作为它的计算单位,必须把每一辆次返修中所支付的费用、所花费的工时都同等看待。为了更准确地反映保修工作的质量,还可以进一步减掉返工费用占总费用的比重或平均每一返修辆次的平均费用指标作

为补充。

$$返工率 = \frac{返工工时}{实际总工时} \times 100\% \qquad (5-2)$$

$$返修的平均费用 = \frac{返修的总费用}{修竣辆次} \qquad (5-3)$$

3. 平均大修间隔里程

平均大修间隔里程是指报告期送厂大修车平均每辆相邻两次大修间行驶的里程。其计算公式为

$$平均大修间隔里程 = \frac{大修车的总行程}{送修的大修辆次}(公里) \qquad (5-4)$$

式（5-4）中送修的大修辆次是指在报告期由已送到本企业附属的保修厂和委托其他企业进行修理的辆次，以及大修后已行驶一定里程，经技术鉴定其机件磨损已超过大修容许限度而经批准报废的汽车辆次。不包括非常损坏和行车肇事需要大修的送修辆次。

大修车总行程是指报告期送修的大修车，从上次大修后出厂运行时起，至本次大修止所行驶里程的总和，包括报废车辆（不包括因肇事损坏而报废车辆）最后一次大修后至报废止所行驶的总车公里。

大修间隔里程要求尽可能合理地延长，延长大修间隔里程可以减少车辆大修次数，节约大修费用，减少修理车日，达到提高车辆运用效率和降低运输成本的目的。

第四节　车辆保修作业效率统计

在保证车辆作业质量的前提条件下，提高作业效率，降低保修工时，压缩车辆保修停厂时间，做到好中求快，既能充分利用保修设备的能力，降低保修费用，以达到提高保修厂（场）的经济效益，同时有利于汽运企业提高车辆的运用效率。反映车辆保修作业效率的统计指标有平均在厂车日（车时）指标与平均修理（保养）工时。

一、平均在厂车日（车时）

平均在厂车日（车时）是指报告期平均每辆修竣车的在厂车日或车时数。其计算公式为

$$平均在厂车日（车时） = \frac{修理（保养）总工时}{修竣辆次} \qquad (5-5)$$

上式中在厂总车日是指报告期大修和三保修竣车辆在厂车日的总和。一辆修竣车在厂车日，是指从厂方受理该车进厂之日的第二日起至修竣交车出厂的当天止的全部日历日数。报告期在厂总车日包括该期返修车占用的在厂车日及节假日。

在厂总车时是指报告期小修和一、二级保养修竣的车辆在厂（场）车时的总和。一辆修竣车在厂（场）的车时，是指车辆进厂（场）至作业完毕，经检验合格出厂为止所占用的小时数（昼夜连续计算）。

在统计时应注意以下两个问题：

1. 平均在厂车日（车时）是按保修作业的类别，分别进行统计以便与定额进行对比；

2. 车辆大修在厂车日计算的起讫时间采用"算出不算进"的原则。即车辆送厂大修进厂当日不算在厂车日，修竣交车出厂当日计算为在厂车日。

平均在厂车日（车时）指标是说明保修单位车辆保修周期的统计指标，同时也是反映保

修单位实际工效的重要指标。车辆在厂(场)修理的周期长短,直接影响到完好车日和对车辆的时间利用,因此,承修的电位应力求缩短保修周期。

二、平均修理(保养)工时

平均修理(保养)工时,是指修竣车辆平均每辆次修理(保养)作业工时数。其计算公式为

$$平均修理(保养)工时 = \frac{修理(保养)总工时}{修竣辆次} \qquad (5-6)$$

上式中修理(保养)总工时是指修竣车辆进行修理(保养)作业的总工时数。其计算单位为工时。

汽车大修使用工时,包括大修及其服务的制配工时、原车阵的修旧工时、返工工时等。采用总成互换,应将换装的总成大修耗用的工时,统计在总工时内,但修旧件和总成互换已按商品件计算时,不再计入工时。各辆次大修之间发生发动机大修,其工时应计算在下次大修工时内。

平均修理(保养)工时指标是表明保修单位工作效率的统计指标,它的数值的高低,不但直接影响到保修费用的多少,而且也会影响到营运车辆在时间方面的利用程度。所以保修单位应大力采用新工艺、新技术、新设备,不断提高工效,以达到不断降低平均修理(保养)工时的目的。

第五节　车辆保修作业费用统计

车辆保修费用综合反映了车辆在保修过程中活劳动消耗与物化劳动消耗的价值。它在汽车运输成本构成中占有相当大的比重,节约保养作业费用是降低汽车运输成本的一个重要环节。因此,车辆保修作业应在保证作业质量的前提下,力求提高保修作业效率,不断降低保修费用,以达到提高汽运企业经济效益的目的。

反映车辆保修费用的统计指标有修理(保养)费用和平均修理(保养)费用指标。

一、修理(保养)费用

它是指修竣出厂车辆进行修理(保养)作业费用的总额。保修费用由下列各要素组成:

1. 保修工人工资及提取的福利基金,是指直接参加车辆保修作业的工人工资及提取的福利基金;

2. 材料和配件的价值,是指直接用于保修作业的材料和配件的价值;

3. 其他直接费,是指可以直接计入每辆次保修作业的外部加工费用,专用工卡模具和增加附属装配的费用;

4. 管理费用,包括车间经费、企业管理费等。

研究修理(保养)费用的构成,可以观察各类费用在总费用中所占的比重,为编制保修的定额,分析研究保修费用的升降原因提供依据。

在统计车辆保修费用时应注意如下几个问题:

1. 修理(保养)费用不包括轮胎的修补和翻新费用;

2. 各辆次大修之间进行的发动机大修,其费用应计算在下一次大修内;

3. 应按车辆保养和修理作业类别及车辆的型号分组统计。

二、平均修理（保养）费

平均修理（保养）费，是指修竣车辆平均每辆次或每行驶一定里程的修理（保养）作业总费用。大修车按辆次计算，小修、保养按千车公里计算。其计算公式为

$$大修车平均修理费（元／辆次） = \frac{大修总费用}{大修车修竣辆次} \qquad (5-7)$$

$$小修（保养）平均修理费（元／千车·公里） = \frac{小修（保养）总费用}{总行程／100} \qquad (5-8)$$

在计算平均修理费时，大修车与小修（保养）车采用不同的计算公式，这主要是考虑到作业的性质与考核的需要。由于小修没有周期性和固定的作业范围，它是以随时排除故障作为作业目的，并且各次小修间工时消耗差异大，所以按辆次计算达不到考核的目的。再加上车辆的小修费用是通过总行程摊到运输成本中去的，所以小修的平均修理费按千车公里来计算是比较合理的，因为它既达到考核的目的又达到与会计核算的统一。保养虽然有一定的周期性和固定的作业范围，可以按辆次进行考核，但考虑到每次作业工、料消耗大体上比较稳定，并且在会计核算中它的费用是与小修车费用合并为一个科目通过总行程摊到成本中去的，所以也以总行程考核其费用的消耗水平。但必须指出的是在考核车辆的保修费用定额计划执行情况时，应分别进行考核。大修车由于有相对固定的周期和作业范围，所以按辆次计算平均费用是比较合理的。但在对大修费用定额执行情况进行分析时，考虑到大修费用是一种递延性的费用，大修费用不变，大修间隔里程愈长，单位行程所摊到的费用就少，所以对于车辆大修费用既要考核每辆次的节约情况，还应结合大修间隔里程考核相对节约额。

平均修理（保养）费用指标是综合反映了保修单位的经营管理水平，对于修理厂来讲，不断降低车辆的平均修理费用，是提高企业经济效益的关键；对于保修厂来讲，不断降低保修费用水平是降低运输成本的重要一环。所以保修单位应不断改善经营管理水平，努力提高劳动生产率，降低物耗水平，以达到不断降低保修费用水平的目的。

思考与练习

1. 简述修竣辆次指标的含义及其统计时应注意的问题。
2. 反映保修作业质量的指标有哪些，各自的特点是什么？
3. 简述修理（保养）费用的构成内容。
4. 某车队 3 月份有关货车大修、保养作业的资料如下表所示。

作业项目	修竣辆次	竣工车在厂（场）车日（车时）	竣工车保养（修理）总工时	返修辆次
大修	28	910	19 780	2
小修	260	18 600	18 060	5
二级保养	659	19 300	34 500	38
一级保养	900	800	12 430	4

试计算平均在厂（场）车日（车时）、平均在厂保养工时和平均保养工时、返修率。

第六章 公路运输安全生产统计

第一节 公路运输安全生产统计的意义与任务

道路运输的安全性是指在运输过程中,运输对象完好无损,平安实现位移的特性。它包括两方面的内容:一是指车辆运行的安全;二是指运输对象的安全。

安全生产是运输质量最重要的指标,努力做好安全生产,保证旅客舒适、安全的到达目的地,保证货物完整无缺地运达目的地,是公路运输企业增产的前提,也是节约的重要内容,更是企业提高经济效益的根本保证,为此,公路运输安全生产统计具有非常重要的意义。

公路运输安全生产统计的主要内容包括行车事故统计、货物运输事故统计和事故统计分析,通过对运输安全生产的统计及分析,可以达到以下目的:

1. 反映行车事故发生的次数、原因和伤亡情况,并进行统计分析,总结经验,制定措施,为考核安全生产提供必要的统计资料;

2. 反映货运事故的次数、原因、经济损失和货运事故率,为不断加强货运质量,提高经济效益提供依据;

3. 综合治理道路交通,预防交通事故,对于保证道路交通安全具有十分重要的作用。

第二节 行车事故统计

一、行车事故统计的范围和分类

行车事故统计的范围是指公路运输企业的运营车辆或挂车在公路或街道行驶和运行停放过程中,由于发生碰撞、翻覆、碾压、落水、失火、机械故障以及其他原因而造成的行车肇事事故,但对车辆在行驶和运行停放过程中因地震、台风、山洪和雷击等不可抗拒的自然灾害而发生的事故可单独统计。

根据我国目前对公路交通事故的处理及交通管理和事故预防工作的需要,可将交通事故按以下五种方法分类。

（一）按后果分类

后果分类是根据交通事故所造成的损害后果的大小进行分类的一种方法。划分标准如下。

1. 轻微事故

是指一次造成轻伤 1~2 人,或者财产损失机动车事故不足 1 000 元,或者非机动车事故不足 200 元的事故。

2. 一般事故

是指一次造成重伤 1~2 人,或者造成轻伤 3 人以上,或者财产损失不足 3 万元的事故。

3. 重大事故

是指一次造成死亡 1~2 人,或者造成重伤 3 人以上 10 人以下,或者财产损失 3 万元以上不足 6 万元的事故。

4. 特大事故

是指一次造成死亡 3 人以上;或者造成重伤 11 人以上;或者死亡 1 人,同时重伤 8 人以上;或者死亡 2 人,同时重伤 5 人以上;或者财产损失 6 万元以上的事故。

按现行交通事故统计范围的规定,轻微事故只作处理,不作统计。标准中讲的死亡,以事故发生后 7 日内死亡为限;重伤和轻伤分别按《人体重伤鉴定标准》和《人体轻伤鉴定标准》执行;财产损失是指交通事故造成的车辆、财产直接损失折款,不含现场抢救、人身伤亡善后处理的费用,也不包含停工、停产、停业所造成的财产间接损失。

(二)按原因分类

按交通事故发生的原因,将交通事故分为两大类:主观原因造成的事故和客观原因造成的事故。

1. 主观原因造成的事故:是指交通事故的当事人本身内在的因素的变化造成的事故。主要表现在以下几方面。

(1)违反规定

指当事人不按交通法规行驶或行走,致使正常的道路交通秩序紊乱,发生交通事故。如酒后开车、超速行驶、违章超载、争道抢行、违章超车、行人不走人行道等原因造成的事故。

(2)疏忽大意

指当事人没有正确地观察和判断外界事物而造成的交通事故。如疲劳驾驶、主观臆断、瞭望不周等原因造成的事故。

(3)操作不当

指当事人技术生疏、经验不足,对车辆、道路情况不熟悉,遇有突然情况惊慌失措,引起操作错误而发生的交通事故。如刹车时误踩油门踏板,遇紧急情况不知停车等原因造成的事故。

2. 客观原因造成的事故

客观原因是指车辆、环境、气候、道路方面的不利因素而引起的交通事故。

(三)按主体分类

根据构成交通事故的主体可分为以下三个方面。

1. 机动车事故

是指当事人中机动车一方负主要责任以上的事故,但在机动车与非机动车或行人发生的事故中,机动车负一半责任的,也视为机动车事故。

2. 非机动车事故

是指畜力车、人力车、三轮车、自行车等非机动车负主要责任以上的事故。但在非机动车与行人发生的事故中,非机动车负一半责任的,也视为非机动车事故。

3. 行人事故

是指在各方当事人中,行人负主要责任以上的事故。

(四)按现象分类

根据交通事故现象可分为以下五个方面。

1. 机动车之间的事故

主要指机动车之间的碰撞、刮擦等现象。

2. 机动车对行人的事故

主要指机动车对行人的碰撞、碾压、刮擦等现象。

3. 机动车对非机动车的事故

主要指机动车撞压非机动车的现象。

4. 机动车自身事故

主要指机动车由于高速行驶、转弯、掉头或因机件失灵所造成的翻车、坠落的现象。

5. 机动车对固定物体的事故：主要指机动车对道路两旁的电线杆、交通标志杆、护栏、建筑物、树木等固定物体发生碰撞的现象。

（五）按责任分类

按事故发生的责任归属可分为以下两个方面。

1. 责任事故

指行车事故的发生与汽车运输企业的车辆责任有关，还可细分为司机责任事故和企业责任事故；全部责任、主要责任、次要责任和一般责任。

2. 非责任事故

指非运输企业车辆的责任所造成的，而是由于意外的灾害或行人过失等原因造成的事故。

二、行车安全统计指标

行车安全统计指标是考核客、货车在运行或停放时，发生碰撞、翻覆、碾轧、失火、机件故障、意外灾害以及其他原因而导致人畜伤亡、车辆或货物损坏、房屋或建筑物遭受损毁等行车事故的指标。

1. 安全行车里程

安全行车里程是指每名驾驶员在驾驶车辆运行或在车辆停放时，未发生任何行车事故的行驶里程。

2. 行车事故总次数

行车事故总次数是指公路运输企业在报告期内营运车辆所发生的重大事故、大事故、一般事故的总次数。在统计时注意以下几点：

（1）公路运输企业自己的车辆之间发生的交通事故，计算一次事故；

（2）公路运输企业之间的车辆发生的交通事故，由负主要责任的一方统计；

（3）公路运输企业与非公路运输企业的车辆发生的交通事故，由公路运输企业统计；

（4）公路运输企业的车辆与火车发生的交通事故，由公路运输企业统计。

3. 责任事故次数

责任事故次数是指根据交通监理部门或公安部门裁决，由公路运输企业负全部责任、主要责任、次要责任和一定责任的行车事故次数。

4. 事故伤亡人数

事故伤亡人数是指由于行车事故而造成的伤亡人数，包括因事故所致死亡的旅客、行人以及公路运输企业自己的职工。

5. 受伤人数

受伤人数是指由于行车事故而造成的重伤或轻伤的人数。伤者指住院1天及1天以上的人数。

6. 死亡人数

死亡人数是指由于行车事故而造成的死亡人数,包括事故发生当场死亡和事故发生后7天内(含7天)死亡的人数。

7. 直接经济损失金额

直接经济损失金额是指公路运输企业的运营车辆因发生行车事故,所造成的现场车辆、财产损失的费用和修理费、赔偿费。

8. 行车事故频率

行车事故频率表示在一定时期内发生的事故次数和同期平均运营车辆数或同期所行驶的总行程之间的比率。其计算公式为

$$行车事故频率 = \frac{责任事故次数 \times 10\,000}{考核期总行程}(次／万公里) \tag{6-1}$$

$$行车事故频率 = \frac{责任事故次数 \times 100}{平均营运车辆数}(次／百车) \tag{6-2}$$

9. 行车事故死亡率

行车事故死亡率表示在一定时期内,运营车辆行车肇事责任事故中伤亡的人数和同期平均运营汽车数或同期所行驶的总里程之间的比率。其计算公式为

$$行车事故死亡率 = \frac{死亡人数 \times 10\,000}{考核期总行程}(人／万公里) \tag{6-3}$$

$$行车事故死亡率 = \frac{死亡人数 \times 100}{平均营运车辆数}(人／百车) \tag{6-4}$$

10. 行车安全事故直接损失率

行车安全事故直接损失率是指在行车事故中,由公路运输企业所支付的直接损失金额和同期平均运营汽车数或同期所行驶的总里程之间的比率。其计算公式为

$$事故损失率 = \frac{责任事故损失金额 \times 10\,000}{考核期总行程}(元／万公里) \tag{6-5}$$

$$事故损失率 = \frac{责任事故损失金额 \times 100}{平均营运车辆数}(元／百车) \tag{6-6}$$

11. 旅客安全运输率

旅客安全运输率指一定时期内未发生任何影响旅客安全的事故和误差以及误乘、漏乘等事故的客运人次与同期客运总人数的比率。其计算公式为

$$旅客安全运输率 = \frac{安全运输客运人次数}{客运总人次} \times 100\% \tag{6-7}$$

第三节　货物运输事故统计

货物运输过程一般包括货物托运与承运、装运前的准备工作、装车、运送、卸车、保管和交付等环节。货物的安全性是指从托运开始到收货人收货为止这一过程中货物完整、无损、无差的程度。

一、货物运输事故及其分类

(一)货运事故

货物从托运方点交承运起至承运方将货物交收货单位签证止,称为货物承运责任期。

货物运输事故是指货物在承运责任期间的装卸运送、保管、交接过程中,发生货损和货差称为货物运输事故。货运事故中不包括下列几点:

1. 由于人力不可抗拒的自然灾害或货物本身质变及货物运送过程中的自然减量所造成的货损、货差;

2. 送交货物时包装无异而内容短缺和破损变质者;

3. 托运人违反国家法令或卫生机关指示,托运货物被有关部门查扣、弃置或作其他处理者;

4. 货物抵到达站后,收货单位逾期提取或拒不提取造成腐烂变质者;

5. 有货方随车押送人员押运者。

(二)货物运输事故的分类

1. 按货运事故性质不同分为吨货损、货差和其他三种。

(1)货损是指货物发生颠损、磨损、破裂、变形、湿损、污损、腐烂等。

(2)贷差是指货物发生短少、失落、错装、错卸、错运、交接差错等。

(3)其他事故是指由于工作失职,借故刁难、敲诈、勒索而造成的不良影响或经济损失。

2. 按货运事故损失的金额不同分为重大事故、大事故、一般事故、小事故。

(1)重大事故是指货物损失的金额在 3000 元以上和经省级有关部门鉴定为珍贵、尖端、保密物品运输损失、毁坏。

(2)大事故是指货物损失的金额在 500~3 000 元之间。

(3)一般事故是指货物损失的金额在 50~500 元之间。

(4)小事故是指货物的损失金额在 20~50 元之间,货物损失金额低于 20 元以下的不作事故统计上报,但企业要作处理和内部记录。

当货物运输事故发生后,如经确认系属于运输企业的责任,要认真作出货物运输事故记录,同时向货物接受、运送、保管、装卸各个环节追查责任。

二、货物运输事故统计指标及计算

1. 事故次数

事故次数是指汽车运输企业在报告期发生货物运输责任事故的次数。在计算货物运送事故次数时,应以每一运次为单位,即一张行车路单所承运的货物,在运输过程中只要发生事故,不论发生几次或损毁多次,均作一次计算。

2. 货损吨数

货损吨数是指报告期货损的货物的实际质量。件装货物,内有小包装的按小包装损坏的实际质量计数;整件不可分割的货物损坏按整件货物实际质量计算。

3. 货差吨数

货差吨数是指报告期发生货差货物的实际质量。件装货物按短少数量实际质量计算;散装货物按亏载的实际质量计算(不超过各地超、亏载幅度的不计)。其中砂石、木材、土方及垃圾暂不统计。

4. 赔偿金额

赔偿金额是指报告期发生的货运事故中实际支付的全部赔偿金额。其中包括 20 元以下的货运事故的赔偿金额和由肇事者个人承担经济赔偿的金额。如在报告期内尚未处理赔偿的应按货主提出的损失金额或估算金额统计,并在处理结案后进行调整。

5. 货运事故频率

货运事故频率是表示在一定时期内发生的货运事故次数与同期完成的货物周转量之间的比率。其计算公式为

$$货运事故频率 = \frac{货运事故次数 \times 10\,000}{货运周转量}(次／万吨·公里) \qquad (6-8)$$

由于该指标是表示货物运输的质量指标,所以在统计时应注意货物周转量不能采用换算周转量。

6. 货损率

货损率是表示报告期内货损的吨(件)数占货运总吨(件)数的比重,其计算公式为

$$货损率 = \frac{货损吨(件)数}{货运总吨(件)数} \times 100\% \qquad (6-9)$$

7. 货差率

货差率是表示在报告期内货差的吨数占货运总吨数的比重,也可表示在报告期货差发生的运次占同期总运次的百分比。其计算公式为

$$货差率 = \frac{报告期货送运次数}{报告期总运次数} \times 100\% \qquad (6-10)$$

$$货差率 = \frac{报告期货差吨(件)数}{报告期货运总吨(件)数} \times 100\% \qquad (6-11)$$

8. 货运事故赔偿率

货运事故赔偿率是表示报告期因货运事故而支付的赔偿金额与同期货运收入之间的比率。其计算公式为

$$货运事故赔偿率 = \frac{货运事故赔偿金额(元)}{货运收入总金额(万元)} \times 100\% \qquad (6-12)$$

以上的货运事故频率、货损率、货差率、货运事故赔偿率四个统计指标,都是从不同方面来反映货物运输的质量。货物运输的质量高低,不但影响到企业的经济收入和企业的信誉,而且也影响到工农业生产、人民的生活和国防建设。因此,汽车运输企业必须切实做到安全优质,通过建立健全以岗位责任制为中心的各项质量管理制度和保证体系,从货物的交接、运送、保管、装卸等各个环节加强全面质量管理和责任运输,杜绝或减少货运事故,不断提高货运的质量。

第四节　行车事故统计分析

通过对交通事故进行分析研究,进一步认识其本质,从而获得对交通事故全面、客观的认识,达到预防和正确处理交通事故的目的。根据分析目的及考虑问题范围的不同,交通事故的分析可分为案例分析和统计分析两种。

一、交通事故的案例分析

案例分析的目的是分清该起交通事故的直接原因和间接原因,查明事故经过,为认定当事人的交通事故责任和依法处理交通事故打下基础。交通事故案例分析是本着"三不放过"原则,对某一具体的交通事故所作的分析。即对具体事故的原因分析不清不放过;事故责任人和群众没有受到教育不放过;没有防范措施不放过。

案例分析的主要方法是事故再现分析。所谓事故再现分析就是以交通事故现场的人员伤害情况、车辆损害情况及停止状态、道路环境状况、事故现场各种痕迹及证据等为依据,参考当事人和目击者的陈述及其他现场勘察资料,对照交通法规有关规定,对事故发生的全部过程作出判断的过程。事故责任的合理划分、事故的妥善处理都要依靠对事故进行正确的再现分析,再现分析对于交通安全研究也有重要的意义。

事故再现分析的关键在于发现事故现场遗留的各种痕迹和物证,并作出合乎情理的解释。交通事故案例分析是处理交通事故的基础,包括交通事故的基本情况、交通试过的经过、交通事故成因及责任、预防类似交通事故的措施等几方面主要内容。

二、交通事故的统计分析

所谓交通事故统计分析就是利用大量的交通事故统计调查资料,从宏观的角度去探索交通事故发生和变化的规律,以有力的事实依据,提出改善交通现状,控制交通事故的建议,并以此预测交通事故的发展趋势,提供交通安全信息和科学决策方案。

统计分析的目的是查明交通事故总体的状况、发展动向以及各种影响因素对事故总体的作用和相互关系等,以便从宏观上定量地认识事故现象的本质和内在规律性。

为了做好交通事故统计分析工作,现就统计分析资料、统计分析指标和统计分析方法等问题分别阐述如下。

(一)统计分析资料

交通事故统计分析资料主要来源于三个方面,即交通事故档案、交通事故统计报表和专门调查。

1. 交通事故档案

交通事故档案包括公安交通管理机关的交通事故档案和运输企业的交通事故档案。公安交通管理机关的交通事故档案是公安交通管理部门记录交通事故和事故处理工作的技术文件和材料,是交通事故现场的真实记录,它全面、客观、真实地记载着交通事故及其处理的全部过程。

运输企业的交通事故档案主要是指驾驶员的技术档案,它是每一个驾驶员安全行车和参加其他安全活动的真实记录;是分析交通事故规律、采取有效防范措施的有益材料。

2. 交通事故统计报表

交通事故统计报表制度是由国家统计局和公安部、交通部等业务领导部门,根据国家宏观管理需要,指定统一的指标体系、计算方法、表格形式、填报时间、填报方法、统计范围和统计标准等,由基层业务单位按规定程序,自下而上,逐级上报、汇总的一种报告制度。

我国的交通事故统计报表包括正表和副表。正表统计车辆类型及行人填报事故次数,死亡人数,重伤人数,轻伤人数,车、物和畜损失折款,报废车辆等情况;副表除统计死伤的人数外,还统计驾驶员的驾驶经历、驾驶时间、肇事车种、事故情节等。这些为交通事故的统计分析提供更加详细、全面、系统的资料。

3. 交通事故专门调查

交通事故专门调查是根据一定的目的、要求,专门组织力量进行的一种调查形式。调查的内容和范围可以根据调查的目的和需要来确定,既可以由研究人员直接调查,也可以用发放或邮寄调查表的形式进行通信调查。

（二）统计分析指标

交通事故统计分析指标可以反映事故总体的数量特征。由于交通事故的复杂性，需要用一系列的指标才能反映事故总体各个方面的数量特征，解释出事故总体的内在规律。常用的交通事故统计指标有基本分析指标和动态分析指标。基本分析指标包括总量指标、相对指标和平均指标；动态分析指标包括增减量指标、增减速度指标和发展速度指标等。

1. 总量指标

总量指标是指交通事故在某一地区、某一时期的规模、总量和水平。例如交通事故的发生次数、死亡人数、直接经济损失等。总量指标的统计可以反映出交通事故的反战趋势，同时也是计算其他综合指标的基础。

2. 相对指标

相对指标是用两个相关的总量指标进行对比而成的，它反映交通事故的内部结构、对比情况和事故强度等，还可以把一些不能直接对比的总量指标放在共同的基础上来分析比较与说明。

（1）结构相对指标

结构现对指标是事故的部分数与整体数之比，它表明事故各组成部分在整体中的比重。例如，机动车与自行车碰撞事故占交通事故总数的百分比就是结构相对指标。

（2）比较相对指标

比较相对指标是两个同类指标或者有联系的两个指标之比。例如，两个地区同类交通事故之比，也可以是同一地区交通事故受伤人数与死亡人数之比等。

（3）强度相对指标

强度相对指标是两个性质不同，但有密切联系的总量指标之比。一般情况下，以事故率（次/万车）、伤亡率（人/万车）、死亡率（人/万车）、经济损失率（千元/万车）作为统计机动车交通事故的强度相对指标，被称为车辆事故率。另外还可以用交通事故次数、死亡（伤）人数等指标分别与人口数和运行车公里总数对比而形成人口事故率和运行事故率。

以上三种事故率中运行事故率比较科学。国际上，通常用亿车公里死亡率这一运行事故率比较国与国之间的交通事故严重程度。我国在考核汽车运输企业安全生产情况时，采用的运行事故率是百万车公里死亡率。按照规定，我国的二级汽车运输企业车辆运行事故率不得超过 0.17 人/百万车·公里。

3. 平均指标

平均指标是说明事故总体的一般水平的统计指标，它是将事故总体中各单位之间的同类事故数量差异平均化或抽象化而得出的一个综合指标。例如，某地区一年内的月平均事故次数、月平均伤亡人数等。

4. 动态分析指标

（1）增减量指标

增减量指标是事故指标在一定时期内增加或减少的绝对数量。计算增减量时，首先要确定基准期，然后求出计算期与基准期指标数值的差值即为增减量。根据计算使用的基准期不同，可将增减量分为累计增减量和逐期增减量。

（2）增减速度指标

增减速度指标是表明事故增减程度的指标，由增减量与基准期数值相比而得。根据基准期不同，增减速度可分为定基增减速度和环比增减速度。

（3）发展速度指标

发展速度指标是指计算期数值与基准期数值之比，它表明事故在不同时期发展的程度和速度。根据基准期不同，发展速度可分为定基发展速度和环比发展速度。

（三）统计分析方法

交通事故的统计分析，主要采用描述统计学方法，即利用收集到的资料，通过分类、对比，用表格、图形将统计指标表现出来，以描述客观数量的存在、变动和发展，说明两个或两个以上数量现象的相关关系。运用描述统计学方法，并不只是单纯地计算指标和罗列数字，而是要运用交通法规和交通工程等方面的科学知识，对数字进行判断、推理、综合分析，其具体的分析方法有事故分类分析法、指标对比分析法和指标数值与实际情况结合的分析法等多种。

1. 事故分类分析法

事故分类分析法是指将交通事故现象的整体区分为若干不同类型或不同性质、不同特点的类别，给人一种明确、直观、规律性的概念，以找出问题的症结和主要矛盾，从而便于采取相应的对策和措施。

对事故进行分类时，必须选好分类标志。分类标志可根据研究目的来进行选择，如果按每个标志单独分类，称为简单分类；如果按几个标志交错结合进行分类，称为复合分类。

事故分类分析法不仅可以揭示交通事故的总体构成，还可以研究交通事故与各种影响因素的依存关系。

2. 指标对比分析

根据统计分析指标的特点，可以将指标对比分析法分成静态对比分析和动态对比分析两种。

（1）静态对比分析

静态对比分析就是把同一时期的不同指标，如总量指标、相对指标和平均指标结合起来进行对比，也可以把不同地区、不同部门的同类指标联系起来进行对比分析。前者如某年内几个不同地区的事故总数、重大事故占事故总数的比例等指标对比；后者如不同地区的事故死亡人数、百万车公里死亡率等指标的对比。

静态对比分析有助于揭示矛盾、找出差距，发现问题与成绩、优点与缺点、先进与落后。

（2）动态对比分析

动态对比分析就是把一定时期间隔的不同指标按时间先后顺序排成数列，构成时间动态数列，对比分析各项指标随时间数列的变化规律。动态对比分析法有助于揭示交通事故的发展特点及时间规律性。

不管是动态对比分析还是静态对比分析，关键在于从对比中找问题、寻差距。交通运输企业可以利用这两种方法就某种预防事故措施的应用效果、进行实施前后的指标对比分析检验，从而得出正确的结论。

3. 指标数值与实际情况结合分析法

交通事故统计分析主要表现为对交通事故整体数量的分析，而影响交通事故整体数量的因素往往又是错综复杂的、多方面的，如人、车、路、法规、社会风气等多种因素。如果只分析事故数量的变化而不考虑客观现实情况，对问题的实质就分析不清；如果只看到客观事实而没有数字指标表示，对存在的问题也讲不具体。只有将科学的数字指标与客观的实际情况紧密结合起来分析，才能发现和揭示数量变化背后的条件和原因，找出交通事故发生、发展和变化的内在规律和实质所在,才能更好地预防交通事故的发生,保障人们的生命和财产安全。

<h1 style="text-align:center">思考与练习</h1>

1. 常用的运输安全统计指标有哪些?

2. 简述交通事故统计分析的指标构成。

3. 什么是行车事故总次数,在统计时应注意哪些问题?

4. 某汽车运输企业 2007 年有关行车事故统计资料如下表所示。

平均车辆 /辆	总行程 /万公里	行车事故次数 /次	事故死亡人数 /人	事故受伤人数 /人	直接经济损失 /元
200	120	8	4	10	5 000

试计算行车肇事频率、行车肇事死亡率、行车肇事受伤率、行车肇事直接经济损失率。

第三编
水运运输统计

第一章　水运运输概述

第一节　水运运输统计的意义和任务

一、水运统计的意义

水运统计是建立在统计学理论的基础上,具体研究水运生产部门有关指标的统计范围、计算方法及有关统计原始资料收集整理的一门专业统计。交通运输业是专门从事货物和旅客位移活动的特殊物质生产部门,又是国民经济的基础产业之一。现在的交通运输业是由公路、铁路、航空、水运、管理五种基本运输方式构成的综合运输体系。作为交通运输业中重要组成部分的水运业,既是现代化交通运输业发展的产物,又是社会经济发展的综合反映。水运业的特点是运输量大,运输成本低,适于长距离和笨重货物的运输,特别是外贸货物的运输。在我国有漫长的海岸线,其长度为 32 000 多公里,还有无数适合航运的内河和许多优良的港埠,是发展水运的良好基础。在我国实现现代化的建设过程中,水运部门必将担负着越来越重大的运输任务。

要编制正确的水运计划,必须要有科学的、准确的统计资料作为依据,这样才能使计划更好的指导实际工作。在计划编制后,还必须经常在整个计划执行中进行检查,及时反映计划完成的进度,及时发现计划执行中存在的问题,并针对问题采取相应的措施,确保计划顺利完成,对生产过程中出现的先进方法和经验,加以总结,以便全面推广,更好的促进企业发展。

二、水运统计的特点

水运统计调查研究的是水路运输经济现象,水运统计的特点是水路运输业本身特点的反应。这些特点主要体现在以下几个方面。

1. 水路运输作为运输业的一部分,属于特殊的物质生产部门,它不创造新的物质产品。

无论是客运还是货运,结果都是场所的变动,因此水路运输业为社会提供的产品是一种特殊的产品,也就是实现旅客和货物的位移。因此,对运输企业来说,重要的任务是保证货物的运输质量和旅客的安全性,千方百计的降低成本,减少商品在流通领域的成本,促进商品的流通和销售。

2. 水路运输业的生产过程和消费过程在空间和时间上是结合在一起的。

工农业产品的生产和消费表现为在空间和时间上相分离的两种行为,而运输的生产过程和消费过程则是合二为一的,在生产的同时就进行消费。因此,运输产品有非储存性。这就要求我国运输业要根据运量来发展运力,保证运力和运量的相对平衡,减少运力的浪费,提高运输业的经济效益,所以政府部门应加强宏观调控。

3. 水路运输是处于流动过程中的生产部门。

运输生产表现为生产过程在流通领域的继续,流通过程由两种不同性质的活动构成。

一种活动是买卖行为,表现为商品所有权的转移,即实现商品价值和剩余价值的行为;另一种活动被称为事实作为,即商品在空间上发生位置变化的运输行为。前者为纯粹的流通行为,它所产生的费用是纯粹的流通费用;后者是在流通过程中追加的生产活动,是创造价值的生产性活动。商品活动和运输活动结合才能顺利完成商品的流通过程。

4. 水路运输具有流动、分散、点多、线长、面广的特点,从而造成的水运统计工作的困难。

水路运输统计要适应这一特点,必须有一套高度协调、紧密配合的组织系统,才能做好统计资料的收集、整理和分析工作,提供统计信息,及时把统计信息反馈给有关部门,发挥统计在运输生产经营过程的服务作用。

三、水路运输统计的任务

水路运输统计工作的任务是对水路运输生产情况进行统计调查,提供统计资料,开展统计分析。在分析的基础上进行预测和决策工作,充分发展统计工作的服务职能和检查监督作用。其具体任务有如下四个方面。

1. 为编制计划和制定远景规划提供可靠的统计资料。

要编制切实可靠的计划和规划来指导企业生产,就必须准确、及时、完整、系统地提供科学的统计资料作为依据。根据事物发展的联系,以及过去和现在的统计资料来预测未来,是对编制的计划和规划具有指导作用,更好地服务于水运企业的生产活动。

2. 为检查监督计划提供统计资料。

在企业计划的执行过程中,必须经常使用统计资料反映计划的完成进度,通过计划完成进度的分析,及时发现计划在执行过程中存在的问题,根据出现的问题有针对地采取相应的措施,保证计划顺利、全面地完成,防止不平衡现象的发生。

3. 为各级领导了解情况,进行决策和指导生产提供统计分析报告。

通过以大量的统计资料为基础,有组织、有重点、及时地编写统计分析报告。通过实际与计划的比较,分析计划完成与未完成的主观和客观原因,总结生产中的先进经验和生产中存在的不足。为企业各级领导了解情况、制定政策、指导生产、总结经验和改进工作提供资料,充分发挥统计工作服务企业的作用。

4. 为开展社会主义劳动竞赛和群众参加企业管理提供统计资料。

通过各种形式的劳动竞赛,使职工及时了解自己的劳动成果和相互之间的差距,有利于职工更好地向先进人物学习,更好地做好本职工作,并鼓励广大职工积极参加企业管理、推进技术革新、增加生产、降低成本、提高企业经济效益,进一步提高企业管理水平和职工的劳动积极性。

第二节　水运统计的研究对象和研究方法

一、水运运输统计的研究对象

水路运输统计的研究对象是由水路运输经济活动的特征及水路运输统计工作的实践要求所决定的。水路运输统计工作的任务是反应和研究水路运输经济现象的数量方面,研究水路运输生产的经济规律在具体时间、地点、条件下的数量表现。

1. 水运部门的生产活动各种经济现象,往往是通过各种经济指标来实现的。例如,货运量、货物周转量、吞吐量、装卸量、装卸自然吨等完成生产任务的现象,通过具体的经济指标反映企业在一定时期内所取得的成果,评价企业经营状况。

2. 水运部门生产活动的过程,即其发生、发展和结束的整个生产过程。例如,货物运输全过程是由货主托运开始,通过货主将货物交付始发港,并进行货物的交接。交接后的货物库场堆存,堆存的货物装船,船舶运至目的港并卸下货物,船方与港方的交接,最后交付给收货人等运输环节。通过生产过程各个环节的研究,一方面为了更好地加强港、航、货三方的协作,缩短运输过程的流通时间;另一方面加强每个环节的管理,提高货物的运输质量。

3. 水运部门生产活动时所必须具备的各种条件。企业生产活动的进行必须要有劳动力(船员、装卸工人等,当然劳动力应该是有一定专业知识的劳动力)、劳动对象(货物、旅客)、劳动手段(船舶、码头泊位、库场、装卸机械等)。

4. 水运部门进行生产活动最后完成的结果。例如,产量完成的多少、质量的情况、企业效率的高低、燃料消耗情况、单位成本升降情况、安全生产和经济效益的高低等情况,通过这些劳动成果,反映企业的管理水平和经营状况。

5. 水运部门是一个非常复杂的生产部门,水运统计必须研究各种现象的规律性。例如,我们通过对各种资料的研究与分析,掌握货源货流的变动规律、货物的季节性变动规律和装卸效率变动规律等。只有掌握了这些规律,才能利用这些规律为企业服务。船舶运输业可以在淡季进行船舶维修,在旺季进行运输,为企业创造更多的利润。

6. 水运部门在生产活动的过程中,彼此之间的联系是紧密的,因此,除了研究规律性外,水运统计还必须研究其关联性。例如,装卸机械的技术水平高,港口装卸效率也相应提高,船舶在港停泊的时间也必然缩短,装卸成本也必然降低。只有深入研究它们之间的相互关系,找出存在的关联性,才能更好地完成水运部门的生产任务。

二、水路运输统计的研究方法

研究方法在统计研究中居重要地位,因为统计工作是观察问题、提出问题、分析问题和解决问题的过程,没有一套科学的研究方法,就不能准确、及时、全面、系统地反映社会现象的数量方面,更不可能反映社会经济现象的发展与规律性。

1. 水路运输统计方法的理论基础。水路运输统计与其他社会经济统计学一样,其理论基础是哲学、统计学原理、经济学和政治经济学。水路运输统计以研究水路运输经济现象数量方面的统计方法为研究对象,就必须以统计学原理为基础。把统计学原理的理论与方法应用到水运统计中去,科学地反映水路运输生产的各种活动的经济现象。

2. 水路运输统计的研究方法。水路运输统计研究,根据其经济现象数量方面的特点及研究目的的不同,在研究过程中,大量运用多种研究方法,其中包括大量观察法、统计分组法、综合指标法等,它们是用于统计研究全过程的基本方法,而大量观察法是对所研究的全部或足够数量进行观察的方法。统计分组法将被研究的对象按某一属性或数量特征进行分类,使同一组内的各种对象具有同质性,而不同组的具有差异性,借以深入反应现象之间的质的差异、内部结构方面的状况。综合指标法是在统计中,任何统计对象的具体项目都已以统计指标的形式表示的。

第三节 水运统计的研究范围和内容

一、水运统计的研究范围

明确水运统计的研究范围,就必须正确的划定水路运输业的范围和界限。它研究的客体与范围必须与水路运输统计工作相一致。只有这样,才能正确指导水路运输统计工作,才能保证统计资料的质量。

（一）水路运输业的定义

水路运输业是指使用船舶专门从事货物和旅客营业性运输的集合体,它具有以下特征:

1. 都是使运输对象（货物或旅客）发生空间唯一的运输生产活动的集合体;

2. 都是以使用同种运输方式——水路进行运输生产活动的集合;

3. 运输生产的成果都是以向社会提供一种特殊运输服务——人·公里、吨·公里的集合;

4. 都是从事营业性运输的集合,所谓营业性运输是指经有关部门批准,向社会提供运输服务,而收取费用的运输活动,而非营业性运输,是指自备船舶为本单位生产、生活服务的运输活动。

（二）水路运输统计的研究范围

1. 交通系统所属航运企业的船舶进行的营业性运输。所谓交通部门所属的水路运输企业是指县以及县以上的交通部门所属的航运企业。

2. 非交通系统中独立合并的水路运输单位的船舶进行的营业性运输。包括林业、煤炭、商业、粮食、外贸等部门的船舶进行的营业性运输。

3. 非交通系统中的非独立合并的运输单位的船舶进行的营业性运输。

4. 个体户和联户的船舶进行的营业性运输。

二、水路运输统计的内容

根据水运统计的研究对象与任务,便可确定水运统计的内容,船舶的运输和港口生产是水运部门的主体,也是水运统计的主要内容。

（一）船舶的运输统计

1. 水运运输量统计。它是船舶所完成的客货情况,例如货运量、货物周转量、客运量、旅客周转量、货物（旅客）平均运距,是水路运输生产的直接结果。

2. 船舶实有数统计。反映船舶运运输情况,统计运输企业的运输能力,例如艘数、总吨位、净载质量、载客量等情况。

3. 船舶船舶燃料消耗统计。

4. 船舶维修统计。

（二）港口生产统计

1. 港口吞吐量统计。

2. 装卸工作统计。

3. 车船在港停留时间统计。

4. 船舶进出港统计。

5. 码头泊位运用情况统计。

6. 装卸机械运用统计。

7. 库场运用统计。

8. 港内驳船运输统计。

(三)其他方面

1. 安全和质量统计。

2. 劳动工资统计。

3. 财务成本统计。

4. 重要经济效果指标。

5. 统计分析。

思考与练习

1. 试述水运统计的意义与任务。

2. 试述水运统计的研究对象。

3. 试述水运统计的研究方法。

第二章　水运运输量统计

第一节　水运运输量统计的意义、任务和范围

一、水运运输量统计的意义

交通运输是国民经济的重要组成部分,是保证社会再生产和扩大再生产不断进行的不可缺少的环节。通过船舶把大量的货物从生产地区送到消费地区或把旅客送到目的地,以保证国民经济各部门所需要的各种生产资料和人民生活用品的正常供应,满足人们日益增长的各方面需要。特别是货物运输,它把国民经济各部门以及全国各地区联系成为一个整体,实现社会生产与消费之间的密切联系。

为了加强水运运输管理的基础工作,保证各级交通主管部门和水路运政管理部门及时准确地掌握水路运输的发展规模、布局、经济成分和变化趋势,为宏观调控制定政策提供决策依据,提高日常管理工作效率,需要各级交通运输企业和管理部门进行运输量统计。

随着我国经济的不断发展,特别是加入世贸组织后,我国的对外贸易与世界各国的技术、经济和文化交流也得到了迅速发展,因此不但要求做好国内沿海和内河运输工作,还要求做好水运运输量统计工作以满足经济发展对我国的需要。

为了准确、及时、全面地反应水运企业在不同时期中生产活动的过程和成果。必须通过水运运输量统计及时反映企业经营成果。水运企业只有通过水运运输量统计才能具体反映水上货物运输量的多少,货物的种类,距离的远近,以及各个地区之间物资交流的现状。因此,水运运输量统计是水运企业一切统计中最基本、最核心的统计。

二、水运运输量的任务

水运统计的任务是对水运企业业务进行统计调查,统计分析,提供统计资料,行使统计职权,充分发挥统计服务监督职权,充分发挥统计服务和统计监督的作用。运输统计的具体任务有以下几项。

1. 为编制水运运输计划提供可靠的统计资料。

水运企业在编制水运运输计划时必须要有大量的统计资料为依据。它不但有总的水运运输量统计资料,还有分货种、分地区、分港口流向的水运运输量统计资料,否则就不可能编制出切实可用的计划来。

2. 为检查、监督水运运输量计划的完成提供统计资料。

对计划的完成进度必须经常进行检查,企业才能根据完成情况。如果计划完成进度不佳时,我们就可以及时发现和分析计划执行过程中存在的问题,并针对这些问题,分析产生的原因,及时采取必要的措施,以保证全面、均衡地完成计划,防止不平衡现象的发生。

3. 反映水运运输量、运输距离、客货流向与货类构成的变动情况。

在水运运输量计划中,不仅规定客货的总运输量,而且还规定其货物的种类和流向。通过

水运运输量计划的完成情况,表明水运企业为国民经济各部门服务的成果,而且还可以反映我国各港口之间物资交流与旅客流动情况,掌握其流动规律,研究各地区之间的经济联系。

4. 发现不合理运输现象,挖掘水运企业的潜力。

通过水运运输量统计和分析,可以发现某些不合理的运输现象,当然有些是企业无能为力的,如对流运输,企业是从经济角度考虑,因此很难解决这种现象;大部分是企业能做到的,以便改进水运企业的管理工作。因此水运运输量统计可为合理化运输提供必要的资料,而合理化运输可减少国家的运输资源的浪费,也有利于降低运输成本,从而降低企业的产品成本。

三、水运运输量的统计范围

水运企业运输量统计的范围是水运企业运输量指标所包括的总体范围。它是由运输量指标的内涵所决定的,因此要正确地划分运输量指标统计范围,就必须明确什么是水路运输业的运输量指标,它具有哪些特点。

水路运输业的运输量指标是指水路运输业在报告期进行运输生产过程中所发生位移的运输对象(旅客、货物)的数量(人数、质量)及距离。

综上所述,水路运输业客货运输量统计的具体范围如下:

1. 交通部门水运企业的船舶所完成的水运运输量,指全民所有制、集体所有制及其他经济形式或企业船舶所完成的水运运输量。

2. 非交通系统中独立核算单位的营运船舶所完成的水运运输量。

3. 非交通系统中非独立核算单位的船舶完成的发生运费结算的水运运输量。必须指出的是货物装卸量及为装卸而进行的短距离的搬运量,其性质是属于生产过程运输,因此,不应统计货物运输量。

运输量与装卸量的划分如下:

(1)在划有港区的地方,在港区范围内为装卸而进行的搬运量、驳运量、倒载、转堆(货堆之间转运)等作业量,均不得计为运输量。

(2)在没有判定港区的地方,为装卸而进行的搬运量和驳运量,实际运送距离在1公里及1公里以上者作为运输量;不足1公里的搬运量和倒载、转堆等作业均不得计为运输量。

为了反映装卸量及为装卸而进行的短距离的搬运、驳运、倒载、转堆等作业的成果,水路运输企业可根据需要另外进行相应的统计。

第二节 水运运输量的统计指标

一、货物运输量统计指标及其影响因素

(一)货物运输量统计指标

在我国社会主义现代化建设中,水路运输企业承担大量的货物运输任务,及时、准确地统计出水路运输企业在一定时期内所完成的货物运输量,是我国有计划地组织国民经济生产成果的重要手段。为此,水路运输企业运输方向设置了以下基本统计指标。

1. 货运量

货运量是水运企业在报告期内由各种水路运输工具实际运送目的港并卸完的货物数

量,其计算单位为吨或 TEU。在计算货运量时,不论是什么货物或货物运送距离的长短,只要办理了运输手续的每运送一吨算一吨货运量。

货运量是水路运输统计的重要产量指标之一,它表明水路运输企业生产的劳动成果。因此,可作为编制、检查运输生产计划和船舶调度的重要依据,是考核水运企业任务完成情况的重要指标之一。

2. 货物周转量

货物周转量是指在报告期内实际运送的每批货物吨数,分别乘其起运港与到达港之间运送里程的综合数,其计算单位为吨·公里,计算公式为

$$货物周转量 = \sum [货物的质量(吨) \times 货物运送里程(吨·公里)] \quad (2-1)$$

式中,运送里程应以货票上记载的起运港和卸货港的距离为准。

货物周转量综合反映了水运企业在货运方面所完成的生产量,因为它不仅考虑了货物运输的数量,而且也考虑了货物运输的里程。由于运输距离的不同,运输中所消耗的劳动量及燃物料量也不同,运输费用就有所区别。所以,要结合运输距离才能完整地反映企业运输生产的工作量。货物周转量是结合运输距离的综合指标,它比较全面地反映了水路运输企业的运输生产量;同时它也是计算企业劳动生产率、船舶运用率、单位运输收入、单位运输成本等指标的基础。

例 2-1 甲航运公司与乙航运公司两水运企业以轮驳进行合作运输,甲公司出拖轮,乙公司出驳船。运货完成情况如下:黄石—安庆 1 000 吨,汉口—枝城 1 200 吨,安庆—南京 1 500 吨,共收费 85 560 元。根据协议,甲公司得 51 336 元,乙公司得 34 224 元。计算两企业分别完成的货运量和货物周转量。

解 (1)先计算货物周转量和货运量,如表 2-1 所示。

表 2-1 货物周转量和货运量计算表

货物流向	货运量/吨	货物平均运距/公里	货物周转量/千吨·公里
黄石—安庆	1 000	290	290
汉口—枝城	1 200	639	766.8
安庆—南京	1 500	300	450
合计	3 700		1 506.8

说明:里程的合计数不必加总填数。

(2)再分摊计算甲、乙两公司的水运运输量,如表 2-2 所示。

表 2-2 水运运输量计算表

	合计	甲公司	乙公司
运费/元	85 560	51 336	34 224
运费所占比重/%	100	60	40
货运量/吨	3 700	2 220	1 480
货物周转量/千吨·公里	1 506.8	904.08	6 027.2

3. 货物平均运距

货物平均运距是指水路运输企业在报告期内各种水路运输工具实际运送的货物平均运输距离,即在一定时期内平均每批货物被船舶运输的公里数,是由报告期内货物周转量除以同期货运量而求得。其计算公式为

$$货物平均运距 = 货物周转量 / 货运量 \qquad (2-2)$$

在计算过程中,有时需要扩大空间与时间的范围。例如,把各个船队的平均运距扩大为公司的平均运距,可根据下列公式计算:

$$\bar{K} = \frac{\sum TK}{\sum T} \qquad (2-3)$$

式中 $\bar{K}$——平均运距;

K——运距;

T——货运量。

上述公式实际是以货运量为权数,对运距进行加权平均。

例 2-2 表 2-3 是某水运企业有三个船队的有关运量与运距的资料,计算该公司的货物平均运距。

表 2-3 某水运企业船队运量与运距的资料

	货运量/万吨	货物平均运距/公里	货物周转量/万吨·公里
一队	12	240	2 880
二队	15	200	3 000
三队	10	180	1 800
合计	37	—	7 680

解 $$货运平均运距 = \frac{货物周转量}{货运量} = \frac{7\ 680}{37} = 207.6(公里)$$

或 $$货运平均运距 = \frac{12 \times 240 + 15 \times 200 + 10 \times 180}{12 + 15 + 10} = 207.6(公里)$$

(二)影响货物运输量的主要因素

为了做好货物运输量的统计工作,必须掌握货物运输量的变化规律。为此,应研究货物运输量的影响因素。

1. 社会经济生产和基本建设的规模

运输企业是服务于我国国民经济的发展和基本建设的规模,经济发展越快对运输的需求也就越大,所以货运量的增长同国民经济发展之间是正比关系。实践证明,随着国内生产总值和基本建设费用的增加,水路货量也逐步增长。

2. 生产运输系数

企业生产出来的产品包括需要运输的产品和不需要运输的产品两部分,产品运输系数是运输产品的产量与总产量之比。运输系数越大,表明该产品的运量越大;反之,则越小。运输系数不是一成不变的,影响运输系数变化的主要因素有产品当地消耗量,企业及仓储地点的分布,生产专业化协作程度,运输网的规模,储备的增减,外贸进出货物数量变化等。

3. 物质生产结构的变化

物质生产结构主要是指社会生产中,农业、轻工业、重工业所占比重以及它们内部各类产品所占比重,物质生产结构的变化之所以影响货运量,原因在于不同产业和不同产品运输系数不同。在被运输的货物中运输系数大的产品所占比重上升,则货运量也会上升;反之,则会下降。由于各类货物的平均运距不同,在货物运输中,如果距离长的货物所占比重上升,则全部货物运输距离就会延长,货物周转量增长就多;反之,则减少。

二、旅客运输量统计指标

(一)旅客运输量统计指标

旅客运输量是客运量与旅客周转量的总称。旅客运输量是水路运输企业的主要业务之一。为了更好地反映水运企业旅客运输工作的成果,必须相应地做好旅客运输统计,为企业编制年度和长期的客运计划,以及为检查企业计划完成情况提供统计依据。为此,水运企业在旅客运输方面应设置下列基本指标。

1. 客运量

客运量是指水运企业在报告期内实际运送的旅客人数。客运量应以乘客的客票数为依据,其计算单位为人,旅客不论行程远近或票价多少,均按一人一次客运量统计。持半价票的儿童也按一人统计,不足购票年龄免购客票的儿童,不计算客运量。

2. 旅客周转量

旅客周转量是指在报告期内由实际运送的每位旅客乘船里程的综合数,不论船舶是否改道航行或实行"多角运输",也不论停泊在哪个泊位,均应以旅客所持有的客票所记载的起运港与达到港之间的距离为计算依据,其计算单位为人·公里,人·海里。其计算公式为

$$旅客周转量 = \sum (旅客人数 \times 运输里程) \qquad (2-4)$$

3. 旅客平均运距

旅客平均运距是指在报告期内实际运送旅客的平均运距,它是以旅客周转量除以旅客运送人数而求得,其计算公式为

$$旅客平均运距 = \frac{旅客周转量}{客运量} \qquad (2-5)$$

旅客平均运距是反映旅客被平均运送的距离,它的长短主要取决于旅客工作和生活上的需要,本来不足以反映客运工作的质量。随着旅游业的发展,旅客运输也就越来越兴旺。

(二)换算周转量

换算周转量是综合反映船舶生产量的指标,以船舶所完成的货物周转量和旅客周转量,按一定比例换算成同一计算单位后加总求得。设置换算周转量之所以必要是由于同一个运输企业,既有货运又有客运,因此,为了综合反映水运企业在一定时期内客货运输总的运输工作量,并满足船舶运用效率,劳动生产率以及成本等方面的计算需要还应该设置换算周转量指标,换算比例统一规定如下:

交通部直属水运企业　　1人·公里(海里) = 1吨·公里(海里)

地方水运企业　　铺位运客　1人·公里(海里) = 1吨·公里(海里)

座位运客　3人·公里(海里) = 1吨·公里(海里)

换算周转量计算方法如下:

1. 货轮运客所完成的旅客周转量应经过换算后与货轮运货所完成的货物周转量加总才

能计算,计算单位为吨·公里(海里);

2. 客轮运货所完成的货物周转量应经过换算后与客轮所完成的旅客周转量加总才能计算,计算单位为人·公里(海里);

3. 客货轮的客舱或货舱运客所完成的货物或旅客周转量可以不经换算,按实际完成数分别按船舶客货计算效率。

4. 换算周转量按船舶自载和拖轮拖带的不同可分为自载换算周转量和拖带换算周转量。

(1)自载换算周转量:是指船舶自身载客、货所完成的换算周转量。

(2)拖带换算周转量:是指拖带驳船(排筏)时,驳船装载客、货所完成的换算周转量。

第三节 水运运输量的统计计算

一、为了正确地进行客货运量的统计,应遵照交通部有关的条款进行计算

1. 在船舶所属企业进行统计

水运企业自有的船舶,不管在什么地区完成的运输量,均在船舶所属企业进行统计。水运企业租入的船舶,其完成的运输量,由船舶租入企业统计,出租船舶的企业不再统计。但调度权仍属水运企业的出包船舶所完成的运输量,仍由船舶所属企业统计。

一个独立经济核算的水运企业,对物资部门一次托运的货物,由于航运条件或其他原因使用同类船舶进行接运时(如轮驳船倒轮驳船,木帆船倒木帆船或更换拖轮),其货运量只能计算一次,不得重复计算;使用不同种类的船舶进行接运时(如轮驳船倒木帆船),为便于检查各种船舶运输量计划,可分别计算货运量。

两个独立经济核算的水运企业,从事轮、木(轮、驳)结合的各种运输,难以划分承租方和出租方的,其运输量可按运费分摊比例计算。

木帆船在同一航次中,全程的大部分航程被轮船所拖带时,木帆船实质上起了驳船的作用,其运输量计为轮驳船运输量。

水运企业用船舶拖运排筏完成的运输量,计为轮驳船的运输量,由水运企业工人撑运的排筏以及从事水运运输完成的运输量,暂列入木帆船运输量内。水运企业组织其他部门的船舶完成的运输,由负责管理的水运企业统计。

2. 按到达量统计

水运运输按到达量进行统计,即在报告期内运达目的港卸下的货物统计为该报告期的运输量。按发出量进行统计的单位和地区,应积极创造条件,改按到达量统计。

交通部直属企业水运运输量统计的截止时间,日、月、季、年报均按照报告期为截止时间;地方水运企业截止时间,由各地方的自治交通局自行规定。

3. 货物按实际质量统计

水运货物运输量,应按运输单据上记载的实际质量统计。

出租船舶的运输量,如按实际质量计算有困难时,可根据其运输的航次、距离及装载情况合理推算。

轮船拖运空船,不应计算运输量。但拖运其他单位的工程、工作船舶,办理托运手续并收取运费的,可按其排水量数计算货物运输量;计费行李可按其实际质量及运送距离统计。

4. 按运输单据记载的运送距离统计

实行多角运输的船舶因故航行,应按运单或客票所记载的起运港至到达港之间的距离计算周转量。

二、货物分类及客货、流量流向统计

1. 货物分类

水运货物分类统计是研究货物运输量构成的依据,具体货物规定如下:

(1)煤炭;

(2)石油;

(3)金属矿石;

(4)钢铁;

(5)矿建材料;

(6)水泥;

(7)木材;

(8)非金属矿石;

(9)化肥及农药;

(10)盐;

(11)粮食;

(12)其他。

上述货物分类是统一规定,各省、市、自治区交通局各单位,可根据具体情况再作补充。

2. 货物流量、流向统计

客货流量、流向统计的起运港、到达港及其数量,以运输单据记载情况为准。

第四节　水运运输量的统计报表

一、客货运输量月(年)报

本表目的在于了解货物(旅客)总量及各种货物完成情况,反映水运企业各种船舶从事内河、沿海、和远洋运输所完成的旅客周转量和货物周转量的情况,以及反映船舶的效率和劳动生产率的情况。

二、货物分类流向年报表

本表目的在于反映各港口之间各类货物的交流情况,借以掌握货物流动规律,合理组织货物运输。

现将本表的填报方法说明如下:

1. 本表全部根据整理好的"货物分类流向的汇总表"填报;

2. "起运港"是指货物实际装船的收发港口,"到达港"是指货物实际卸船的目的港,港口各名称必须按规定次序填报,并必须填列全名,不得填简称,以免混淆。

表 2–4　货物分类流向表

始发港	到达港	总计	煤	石油		金属矿石	钢铁	矿建材料	水泥	非金属矿石	木材	化肥及农药	盐	粮食	其他
				合计	其中原油										

负责人：　　　　制表人：　　　　电话：　　　　报出日期：20　年　月　日

思考与练习

1. 试述水运运输量统计的意义和任务。
2. 试述水运运输量的统计范围。
3. 什么是货运量、货物周转量、客运量、旅客周转量和平均运距？
4. 水运运输量为什么要按到达量统计？
5. 水运运输量统计的运输距离有哪些规定？

第三章 船舶的运用情况统计

第一节 船舶运用情况统计的意义和任务

一、船舶运用情况统计的意义

船舶是水运企业的基本生产设备,充分有效、合理地运用船舶是提高船舶的工作效率,更好地完成水上运输工作的重要条件之一,能更好的促进国民经济的发展。提高船舶工作效率,也就是提高船舶生产过程中的劳动生产率,降低了船舶的运输成本,同时也减少了追加到商品中的绝对价值量,即降低了商品的成本,有利于商品的销售,提高工业企业的利润额。因此,充分地利用船舶,不断挖掘企业的潜力,最大限度地完成水上运输任务,是水运企业应尽的责任。

二、船舶运用情况统计的任务

1. 准确、及时、全面、系统地反映水运企业的船舶所处的状态和实际运用情况

通过船舶运用情况的统计,可以反映各类船舶的运用情况和工作成本,各级领导根据检查与分析船舶运用情况的各项指标,正确评价企业在报告期内生产情况,发现企业生产工作中的先进经验及存在的问题。根据存在的问题,采取相应的措施,解决企业存在的问题。并由此改进企业的经营管理方法,提高管理水平。

2. 为编制计划提供必不可少的统计资料

在编制计划时,必须拥有大量的统计资料,例如在编制船舶运用情况计划时,必须首先了解有关指标的现有情况(如各类船舶的营运率、航行率、载质量利用率、平均每千瓦拖带量、平均每吨位船生产量等)。否则,我们无法编制出有指导生产的计划来。

3. 以鲜明生动的形式,进行各种类型的评比统计

用形象化的统计图表的形式,定期公布各船队船舶所完成的主要指标情况(如运量、周转量、营运率、航行率、平均每吨位船生产量、平均每千瓦拖带量等)。使广大水运企业职工及时了解自己的劳动成果和相互之间的差距,从而更好的鼓励职工积极向上,进一步促进企业生产的发展。

第二节 船舶运用情况的统计范围及指标

一、船舶运用情况的统计范围

船舶运用情况统计以企业使用船舶为统计对象。所谓使用船舶是指使用权属于企业内部自有的和租入的运输船舶,其范围包括:

1. 正在营运的运输船舶;

2. 正在修理或等待修理的运输船舶;

3. 技术状态不良,申请报废,但尚未经上级批准的运输船舶;

4. 从其他企业租入的运输船舶。

船舶运用情况统计不包括:

1. 出租给其他单位使用运输船舶;

2. 被国家征用的运输船舶;

3. 封存不使用的运输船舶;

4. 卧冬的运输船舶;

5. 沉没的运输船舶;

6. 基本恢复修理的运输船舶;

7. 未正式投入营运的运输船舶;

8. 不直接参加运输生产的船舶。

二、船舶使用情况统计指标

船舶运输各个环节的工作是一个相互联系的整体,因而船舶使用情况统计指标也是一个相互联系的完整的指标体系。在船舶使用情况统计中必须严格地按规定计算每一个指标,并从它们的相互关系中分析研究船舶运用的数量、质量、时间、速度和生产力等问题,船舶使用情况统计指标分为数量指标和质量指标两部分。

(一)船舶数量指标

船舶使用情况统计指标的重要部分是时间指标,其指标体系如图 3 - 1 所示。

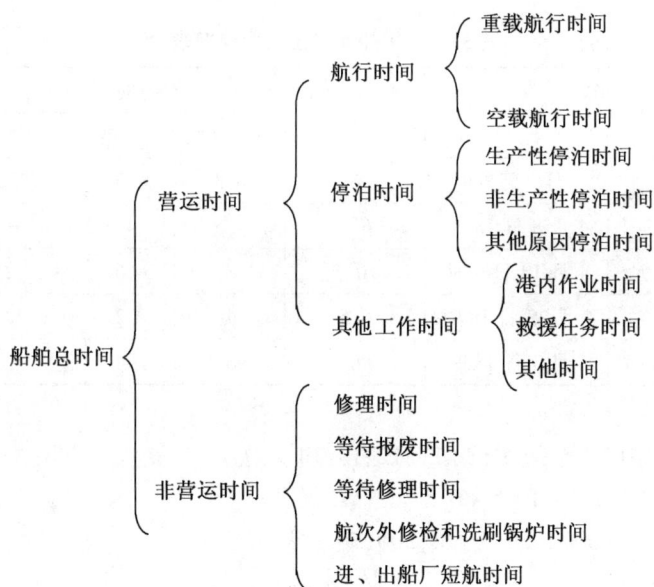

图 3 - 1　船舶数量指标体系

1. 船舶总时间

是指水运企业使用的运输船舶,在报告期内已完成航次的全部时间,包括营运时间和非营运时间,其计算单位为吨(人、千瓦)·天,吨(人、千瓦)·天。船舶吨(人、千瓦)的计算方法是以船舶的定额吨位(客位、千瓦)数乘其相应的时间求得(以小时计算,除以24小时折算为一天)。在发生船舶增减变动时,新增船舶自按固定资产登记运用之日起计算;报废船舶,自主管机关批准之日起不再计算;调入调出船舶,以双方交接船舶之日为期,调出方不再计算,调入方开始计算。

例3-1 某货轮定额吨位为8 000吨,在8月份共完成四个航次(7月28日12时~8月24日12时),其完成运量30 000吨,货物周转量9 600千吨·海里。完成最后一个航次者即按计划进厂修船,直到10月20日修毕交付使用。则该货轮8月份的船舶总时间为

营运时间 7月28日12时~8月24日12时,为27天

营运吨天为 8 000×27=216 000(吨·天)

非营运时间 8月24日12时~8月31日24时,为7.5天

非营运吨天为 8 000×7.5=60 000(吨·天)

船舶总吨天 216 000+60 000=276 000(吨·天)

2. 营运时间

是指在船舶总时间中技术状态良好可以从事客货运输工作的时间。它是由航行时间、停泊时间和其他工作时间所组成的。船舶营运时间中的航行时间和停泊时间,应根据船舶在报告期内所完成的航次数计算。是否作为报告期完成的航次数,主要看其航次的讫点时间是否在报告期内,如果在报告期内则计算为报告期完成的航次数。

例3-2 某船定额吨位3 000吨,在4月份共发生以下五个航次(如表3-1所示),求该船4月份的营运时间。

表3-1 某船4月份航次情况表

航次	航次		营运时间/天	航行时间/天			停泊时间/天
	起	讫		小计	重航	空航	
11	3月27日6时	4月2日6时	6	4.5	3	1.5	1.5
12	4月2日6时	4月8日18时	6.5	4.5	4.5	—	2
13	4月8日18时	4月19日6时	10.5	8	6	2	2.5
14	4月19日6时	4月25日18时	6.5	4	2	2	2.5
15	4月25日18时	5月3日18时	8	6	4	2	2

解 4月份共完成4个航次(第11,12,13,14航次)

营运天数为 6+6.5+10.5+6.5=29.5(天)

营运吨天数为 3 000×29.5=88 500(吨·天)

3. 航行时间

是指船舶自始发港到目的港之间在航行途中的航行实际时间,包括机动船拖带驳船排筏通过急流浅滩和大桥时分批拖带的往返航次航行时间,以及等待航道和等候浅滩的时间。它不包括航行途中因故(如风、雾等)等待的时间和港内移泊的时间,航行时间按船舶是否有载分为重航时间和空航时间。在内河又分为上水航行和下水航行时间。

在例3-2中,该船4月份的航行时间为

$$3\,000 \times (4.5 + 4.5 + 8 + 4) = 63\,000(\text{吨} \cdot \text{天})$$

4. 重载航行时间

即重航时间,是指船舶载有旅客或货物的航行时间。船舶航行只要有载,不论载多少均作为重航计算。船舶载重航行才能使客货发生空间位移,完成客货运输任务,创造运输收入,因此航行中应尽量使船舶满载航行,才能为企业创造更多的营运收入,要做到这一点企业应该加强货源的组织工作。

在例 3 - 2 中,该船 4 月份的重航时间为
$$3\,000 \times (3 + 4.5 + 6 + 2) = 46\,500(\text{吨} \cdot \text{天})$$

5. 空载航行时间

即空航时间,是指船舶没有装载客货的航行时间。拖轮的空航时间是指拖带空船及不拖带船舶的单独航行时间。

在例 3 - 2 中,该船 4 月份的空航时间为
$$3\,000 \times (1.5 + 2 + 2) = 16\,500(\text{吨} \cdot \text{天})$$

6. 停泊时间

是指船舶在运输生产过程中,由于各种原因在目的港、非目的港和航行途中的全部停泊时间。停泊时间按其发生的原因,分为生产性停泊时间、非生产性停泊时间及其他停泊时间。

在例 3 - 2 中,该船 4 月份的停泊时间为
$$3\,000 \times (1.5 + 2 + 2.5 + 2.5) = 25\,500(\text{吨} \cdot \text{天})$$

7. 生产性停泊时间

是指船舶在运输生产过程中为完成客货运输任务必需的停泊时间。包括装卸准备、装货、卸货、补给燃料和淡水、上下旅客、联检、洗轮、油轮加油、化验、排水压水及驳船队在港口编解船队的技术作业等停泊时间。

8. 非生产性停泊时间

是指船舶在运输生产过程中,并非为完成客货运输任务所必需的停泊时间。包括等码头泊位、等库场、等货、等工人、装卸设备故障、停电、等港作拖轮等运行调度命令,等补给燃物料、淡水、无夜工、节日休息、移泊、事故停泊等待时间。

加强港口、船舶等物资部门之间的协作。船方对到港时间进行预确报,港方根据船舶到港时间安排好码头泊位及安排好装卸工艺,货方按规定的时间把货物送到指定的地区。通过三方协作才能缩短非生产性停泊时间。

9. 其他原因停泊时间

是指船舶在运输生产过程中,由于各种自然条件的限制而产生的停泊时间,包括风、雪、雨、雾及某些航道不能夜航等停泊时间。

10. 其他工作时间

是指营运时间中除航行时间和停泊时间之外,临时从事港内作业援救遇难船舶、防风、抗港、供应、轮渡扫雪等特殊任务时间。其他工作时间应在任务完成后一次计算。

例 3 - 3 某拖轮 1 200 千瓦在 4 月 28 日 8 时奉命赴出事海域援救遇难船舶,于 5 月 2 日 20 时完成任务返航。则该拖轮的 5 月份其他工作时间为
$$1\,200 \times 4.5 = 5\,400(\text{千瓦} \cdot \text{天})$$

11. 非营运时间

是指船舶因技术状况不良,不能从事客货运输生产的时间,包括修理时间和等待报废时间。

(1)修理时间是指船舶进行基本恢复修理、计划修理、航次修理、事故修理等修理时间。船舶修理时间应自船方与船厂双方交接船舶过程时算起,至船舶修理完毕,厂、船双方交接船舶之时为止。

(2)等待报废时间是指船舶技术状况不良,申请报废,但尚未经上级批准的等待报废时间。等待报废时间应自船舶报废前最后一个航次结束时算起,至上级机关正式批准之日的前一天为止。

例 3-4 某船定额吨位为 1 500 吨,于 4 月 8 日 12 时完成最后一个航次,由于技术状况不良,又无修理价值,于 4 月 25 日申请报废,结果在 4 月 30 日正式批准报废。则该船 4 月份的等待报废时间:

等待报废时间 21.5 天(4 月 8 日 12 时 ~4 月 30 日 0 时)

等待报废吨天数 1 500×21.5=32 250(吨·天)

(3)等待修理时间是指船舶在厂外等待进厂修理的时间。船舶等待修理,应自船舶在修理前最后一个航次结束时计算起,至船厂接船为止(进出船厂的短航时间除外)。厂方接船后,不论其是否动工修理,即统计为修理时间。

(4)航次外的检修和洗刷锅炉的时间,是指在航次时间以外的船舶检修时间和洗刷锅炉的时间。如利用在港装卸货、等泊位、等货时间进行船舶的检修和洗刷锅炉工作,这些时间不统计为航次外的检修和洗刷时间。

例 3-5 某货轮定额吨位为 5 000 吨,于 3 月 18 日 6 时靠泊某码头进行卸货,该轮利用卸货时间检修轮机,货物于 3 月 20 日 6 时卸毕,本可离埠起航,由于检修工作到 3 月 21 日 18 时才结束,因而延误了开船时间。则该货轮 3 月份的航次外检修时间为

总检修时间 3.5 天(3 月 18 日 6 时 ~3 月 21 日 18 时)

利用卸货时间检修 2 天(3 月 18 日 6 时 ~3 月 20 日 6 时)

航次外检修时间 1.5 天(3 月 20 日 6 时 ~3 月 21 日 18 时)

航次外检修吨天 5 000×1.5=7 500(吨·天)

(5)进、出船厂的短航时间是指船舶专为修理进厂的无载货航行价值的短距离的航行时间,应自船舶在修理前最后一个航次结束时算起,至船舶航行到船厂时为止。

例 3-6 某货轮定额吨位为 3 000 吨于 5 月 20 日 12 时在上海港完成最后一个航次,卸货毕立即去南通船厂修船,5 月 21 日 12 时抵达南通,先在厂外等待进厂,5 月 25 日 12 时船厂正式接修,直到 7 月 20 日修毕交付使用。则该货轮 5,6,7 月份的非营运时间为

5 月份非营运时间 11.5 天(5 月 20 日 ~5 月 31 日 24 时)

其中进厂短航时间 1 天(5 月 20 日 ~5 月 21 日 12 时)

待修时间 4 天(5 月 21 日 12 时 ~5 月 25 日 12 时)

修理时间 6.5 天(5 月 25 日 12 时 ~5 月 31 日 24 时)

六月份非营运时间 30 天

7 月份非营运时间(修理时间) 19 天(7 月 1 日 0 时 ~7 月 20 日 0 时)

12. 船舶吨(人、千瓦)次数

是指报告期内所完成的航次数与相应的船舶定额吨位(客位,千瓦)数的乘积。其航次

是指船舶按照调度命令,载运或拖带货物、旅客,完成一个完整的运输生产过程,即记为一个航次。其计算公式为

$$船舶吨(人、千瓦)次数 = \sum [船舶定额吨位(客位、千瓦)数 \times 航次数] \quad (3-1)$$

在例3-1中该货轮8月份的船舶吨次数为

$$800 \times 4 = 3\ 200(吨 \cdot 次)$$

13. 船舶吨位(客位、千瓦)公里(海里)

是指船舶定额吨位(客位、千瓦)数与其所完成航次的航行里程的乘积。其计算公式为

$$船舶吨位(客位、千瓦)公里(海里) = \sum [船舶定额吨位(客位、千瓦)数 \times$$
$$航行里程] \quad (3-2)$$

14. 重航船舶吨位(客位、千瓦)公里(海里)

是指船舶定额吨位(客位、千瓦)数与其所完成航次的载重航行里程的乘积。其计算公式为

$$重航船舶吨位(客位、千瓦)公里(海里) = \sum [船舶定额吨位(客位、千瓦)数 \times$$
$$重载航行里程] \quad (3-3)$$

例3-7 某货轮定额吨位是8 000吨,在上海港卸货完毕放空回大连,但先到青岛加燃料油,然后再去大连装煤炭7 500吨运上海。上海到大连航行2天,大连回上海航行1.5天。

则该油轮的船舶吨位海里为

上海→青岛(空航)　8 000×404 = 3 232 000(吨·海里)

青岛→大连(空航)　8 000×274 = 2 192 000(吨·海里)

大连→上海(重航)　8 000×558 = 4 464 000(吨·海里)

船舶吨位海里为　9 888 000(吨·海里)

重航船舶吨位海里为　4 464 000(吨·海里)

(二)质量指标

质量指标是用平均数来反映运输生产过程的技术经济效果和工作质量的指标,其指标如下。

1. 平均使用的船舶数

是指水运企业在报告期平均每天拥有的使用船舶数,是反映运输企业运输能力数量变化的指标。平均使用船舶数用来反映水运企业的运输能力的大小。计算平均使用船舶数,必须根据使用船舶的动态,把每艘使用船舶在报告期内的时间因素计算进去,以每艘船舶在报告期完成航次数计算

平均使用的船舶数 = 船舶总吨(人、千瓦)数/报告期日历天数。

在例3-1中,该货轮8月份的平均使用船舶数为

$$276\ 000/31 = 8\ 903(天)$$

2. 营运率

是指在船舶总时间中营运时间所占的比重,是反映船舶在报告期内参加营运时间多少的指标,其计算公式为

$$营运率 = [营运吨(人、千瓦)天数/船舶总吨(人、千瓦)天数] \times 100\% \quad (3-4)$$

影响营运率的因素是各项非营运时间,通过减少非营运时间来提高营运率。因此,平时应加强对船舶的维修保养,加强修船的计划性,缩短修船的时间,消除待修时间,船舶靠泊后

就进行船舶检修和洗刷锅炉,减少航次外检修和洗刷锅炉时间等,营运率就会提高。

在例 3-1 中,该货轮 8 月份的营运率为

$$216\,000/276\,000 \times 100\% = 78.26\%$$

3. 航行率

是指船舶营运时间中航行时间所占的比重,这是反映船舶在营运时间内航行时间多少的指标。其计算公式为

$$航行率 = [航行吨(人、千瓦)天数/营运吨(人、千瓦)天数] \times 100\% \qquad (3-5)$$

在例 3-2 中,该拖轮 4 月份的航行率为

$$航行率 = (63\,000/88\,500) \times 100\% = 71.18\%$$

影响航行率的因素主要是各项停泊时间,因此,要提高航行率,主要是提高港口的装卸效率,缩短船舶技术作业,消除非生产性停泊时间等。

4. 重航率

是指船舶营运时间中有载航行时间所占的比重,这是反映船舶工作质量和运输生产组织工作质量的一个重要指标。其计算公式为

$$重航率 = [重航吨(人、千瓦)天数/营运吨(人、千瓦)天数] \times 100\% \qquad (3-6)$$

在例 3-2 中,该货轮 4 月份的重航率为

$$(46\,500/88\,500) \times 100\% = 52.54\%$$

影响重航率的因素,除了影响航行率的因素外,还加上货源组织工作和船舶运行组织工作。

5. 平均航行速度

简称平均航速,是指船舶平均航行一天所行驶的里程,是反映船舶航行的技术速度的指标。平均航次速度可分为平均重航速度和平均空航速度两种。影响平均航行速度的因素有船舶的技术状况,航道的条件与驾驶技术,拖驳船队队形等。其计算公式为

$$平均航行速度[公里(海里)/天] = \frac{船舶吨位(客位,千瓦)公里(海里)}{航行吨(人,千瓦)天数} \qquad (3-7)$$

在例 3-7 中,该货轮船舶吨位海里为 9 888 000 吨·海里

航行吨天为

$$8\,000 \times (2 + 1.5) = 28\,000(吨·天)$$

则该货轮平均航行速度为

$$9\,888\,000/28\,000 = 353.14(海里/天)$$

6. 平均重航速度

是指船舶平均有载航行一天所行驶的里程,是反映船舶重航时技术速度的指标。其计算公式为

$$平均重航速度 = \frac{重航船舶吨位(客位、千瓦)公里(海里)}{重航吨(人、千瓦)天数} \qquad (3-8)$$

在例 3-7 中,该货轮重航船舶吨位海里为 4 464 000 吨·海里,重航吨天为 12 000 吨·天,则该货轮的平均重航速度为

$$4\,464\,000/12\,000 = 372(海里/天)$$

7. 载重(客)量利用率

是指船舶在整个运输生产过程中吨位(客位)的利用程度,是反映船舶负载能力利用情

况的指标。提高载重(客)量利用率也就是提高水运企业的经济效益。因此,我们首先分析下影响载重(客)量利用率的因素,主要有客运流分布情况,货种与船舶舱容系数的适应情况,航道条件,配积载水平与装舱的质量,运输组织管理水平等。其计算公式为

$$载重(客)量利用率 = \frac{货物(旅客)周转量或换算周转量}{船舶吨位(客位)公里(海里)} \times 100\% \qquad (3-9)$$

在例 3 – 7 中,该货物的船舶吨位海里为 9 888 000 吨·海里

自载货物周转量为 7 500 × 558 = 4 185 000(吨·海里)

则该货轮载质量利用率为 4 185 000/9 888 000 × 100% = 42.32%

8. 重航载重(客)量利用率

是指船舶在有载航行过程中吨位(客位)的利用情况,是反映船舶重航时负载能力利用情况的指标。其计算公式为

$$重航载重(客)量利用率 = \frac{货物(旅客)周转量或换算周转量}{重航船舶吨位(客位)公里(海里)} \times 100\% \qquad (3-10)$$

在例 3 – 7 中,该货轮的重航船舶吨位海里为 4 464 000 吨·海里,自载货物周转量为 4 185 000 吨·海里,则该油轮的重航载质量利用率为 $\frac{4\ 185\ 000}{4\ 464\ 000} \times 100\% = 93.75\%$

9. 平均每千瓦拖带量

是指拖轮在全部航行里程中平均每天拖带的货物吨数,是反映拖轮拖带能力利用情况的指标。影响拖轮每千瓦拖带量的因素主要有拖轮的牵引效率,驳船的载质量利用情况,驳船的质量与船队队形,航道条件,货源组织与运输组织管理水平等。其计算公式为

$$平均每千瓦拖带量 = \frac{拖带货物周转量或换算周转量}{拖带千瓦·公里(海里)} \qquad (3-11)$$

例 3 – 8 某拖轮 500 千瓦,在上海港拖空驳 500 吨去南京,航行了 30 小时,又在南京拖运一个 1 500 吨的驳船队来上海,航行 36 小时,则该拖轮的平均每千瓦拖带量为

船舶千瓦公里为 500 × (392 + 392) = 392 000(千瓦·公里)

重航船队千瓦·公里为 500 × 392 = 196 000(千瓦·公里)

拖带换算周转量为 1 500 × 392 = 594 000(千瓦·公里)

平均每千瓦拖带量为 594 000/392 000 = 1.52(吨)

10. 重航平均每千瓦拖带量

是指拖轮在有载航行里程中,平均每千瓦拖带的货物吨数,是反映拖轮在重航情况下,拖带能力利用情况的指标。其计算公式为

$$重航平均每千瓦拖带量 = \frac{拖带货物周转量或换算周转量}{重航拖轮千瓦·公里(海里)} \qquad (3-12)$$

在例 3 – 8 中,该拖轮的重航平均每千瓦拖带量为 594 000/196 000 = 3.03(吨)

11. 平均每营运吨(人、千瓦)天生产量

是指船舶在营运期间每吨位(客运、千瓦)平均每天完成的货物(旅客)周转量,是反映船舶在营运期间工作效率的综合性指标。其计算公式为

$$平均每营运吨(人、千瓦)天生产量 = \frac{货物(旅客)周转量或换算周转量}{营运吨(人、千瓦)天数} \qquad (3-13)$$

平均每营运吨(人、千瓦)天生产量,是船舶在营运期间,其航行时间所占比重的大小、航行速度的快慢及负载能力利用程度的综合反映,所以它也等于航行率、平均航行速度、载

重(客)量利用率(或平均每千瓦拖带量)3个指标的连乘积。

$$平均每营运吨(人)天生产量 = 航行率 × 平均航行速度 × 载重(客)量利用率 \quad (3-14)$$

$$平均每营运千瓦天生产量 = 航行率 × 平均航行速度 × 平均每千瓦拖带量 \quad (3-15)$$

12. 平均每吨位(客位、千瓦)船生产量

是指船舶在报告内每吨位(客位、千瓦)完成的换算周转量,它是反映船舶使用效率的综合性指标。其计算公式为

$$平均每吨位(客位、千瓦)船生产量 = \frac{货物(旅客)周转量或换算周转量}{平均使用船舶数} \quad (3-16)$$

平均每吨位(客位、千瓦)船生产量,等于报告期日历天数、营运率、航行率、平均航行速度、载重(客)量利用率(或平均每千瓦拖带量)五项指标的连乘积,即

$$平均每吨位(客位)船生产量 = 报告期日历天数 × 营运率 × 航行率 ×$$
$$平均航行速度 × 载重(客)量利用率 \quad (3-17)$$

$$平均每千瓦船生产量 = 报告期日历天数 × 营运率 × 航行率 ×$$
$$平均航行速度 × 平均每千瓦拖带量 \quad (3-18)$$

13. 平均航次周转期

是指船舶完成一个航次平均所需天数,它反映船舶周转的快慢。其计算公式为

$$平均航次周转期(天/次) = \frac{营运吨(人、千瓦)天数}{船舶吨(人、千瓦)次数} \quad (3-19)$$

在货流构成比较稳定、船舶航线比较固定、技术设备基本不变的条件下,平均航次周转期的缩短与延长反映船舶生产周期和生产组织工作的质量和水平。

第三节　船舶运用情况的统计报表

船舶运用情况的统计报表为"运输船舶运用情况"月(年)报,见表3-2。本表表明了各种船舶在报告期内的运用情况及其工作效率,是提高检查和编制客货运输工作技术经济指标计划的依据。

表3-2　交通部门县以上水运企业船舶运用情况月(年)报

填报单位(盖章)

综合类别:总计、内河、沿海、远洋

　　年　　月

甲	乙	丙	客船 1	货船 2	拖船 3	驳船 4
	计算单位	序号				
平均航行期	天	1				
船舶总时间	吨(客位、千瓦)天	2				
船舶营运时间	吨(客位、千瓦)天	3				
船舶航行时间	吨(客位、千瓦)天	4				
船舶吨位(客位、千瓦)公里	吨(客位、千瓦)公里	5				

表 3 – 2（续）

甲	计算单位 乙	序号 丙	客船 1	货船 2	拖船 3	驳船 4
自载换算周转量	吨（人）·公里	6				
自载及拖带换算周转量	吨（人）·公里	7				
平均船舶数	吨（客位、千瓦）	8				
营运率	%	9				
航行率	%	10				
平均航行速度	公里/天	11				
载质量利用率或平均每千瓦拖带量	% 或吨/千瓦	12				
平均每营运吨（人、千瓦）天生产量	吨（人）·公里	13				
平均每吨（客位、千瓦）船生产量	吨（人）·公里	14				

补充资料：企业个数＿＿＿＿＿＿＿个

单位负责人（签章）	统计部门负责人 （签章）	制表人 （签章）	实际报出日期： ＿＿＿年＿＿＿月＿＿＿日

　　本表在绝对数方面只要填报船舶总时间、船舶营运时间、船舶航行时间、船舶吨位（客位、千瓦）公里及换算周转量等几个指标；在平均数和相对数方面，须填报平均船舶数、营运率、航行率、平均航行速度、载质量利用率、平均每千瓦拖带量、平均每营运吨（人、千瓦）天生产量、平均每吨位（客位、千瓦）船生产量等指标。这些数字都可在运输船舶运用及技术经济指标完成情况中求得。

　　本表应按船舶类型分为客船、货船、拖船、驳船四类填写。

思考与练习

1. 试述船舶运用情况统计的意义和任务。
2. 请写出船舶总时间构成体系图。
3. 什么是平均使用船舶数。
4. 什么是营运率，怎样计算？它受哪些因素影响？
5. 什么是航行和重行率，怎样计算？
6. 什么是平均航行速度和平均重行速度，怎样计算？
7. 什么是载重（客）量利用率和重航载重（客）量利用率？
8. 什么是每千瓦拖带量和重航平均每千瓦拖带量，怎样计算？
9. 什么是每营运吨（人、千瓦）天生产量，怎样计算？
10. 什么是平均每吨位（客位、千瓦）船生产量，怎样计算？

第四章　船舶的维修统计

第一节　船舶维修统计的意义与任务

一、船舶维修统计的意义

船舶维修是指船舶进行维护和修理的总称。其作用是维持和恢复船舶的技术性能,延长船舶的使用寿命,保证船舶安全运行,提高船舶的运输效率,节约燃料消耗,降低运输成本。船舶是水运企业运输生产的基本生产工具,合理使用船舶,有计划的组织船舶的维修工作,是保证船舶安全营运的重要环节之一,因此,水运企业必须认真搞好修理工作。既要保证船舶及时进行修理,按计划出厂交付使用,又要保证修理质量,不断完善船舶技术状况,确保船舶安全营运。在修得好、修得快的基础上,还要求尽可能减少船舶的修理项目,降低维修费用,降低运输成本,完成更多的运输任务,提高企业的经济效益。

二、船舶维修的任务

要加强船舶的维修工作,就必须加强船舶的维修统计工作。船舶维修统计的任务主要有以下几点:

1. 反映船舶维修数量、维修质量、修理时间、修理费用以及修理能力的适应程度;
2. 为检查和编制船舶维修计划提供可靠资料;
3. 为制定船舶维修定额,合理组织维修提供科学的依据。

第二节　船舶维修的统计范围和修理类别

一、船舶维修的统计范围

船舶维修的统计范围是凡水运企业的船舶,不论其在本企业附属船厂或委托其他船厂修理均应统计;在营运期船舶的航次间所发生的航修和洗刷锅炉等也应统计在内。

二、船舶修理类别

船舶修理类别是根据修理船舶的损坏情况、技术状况、所需修理工程的性质和修理的间隔等进行具体划分的。

1. 基本恢复修理

基本恢复修理是指将打捞的沉船,遭受重大损伤的船舶,过度损坏不能航行的船舶,或虽已达到使用年限,因特殊需要尚有修复价值的船舶进行一次恢复其营运性能或改进技术状况的修理工程。进行这样的修理称为基本恢复修理,基本恢复修理应根据技术政策的规定,首先应确认其有无修理价值。

确认标准是指修理后产生的经济效益大于修理费用,若有修理价值则由船舶各部门提出修理方案论证资料,经有关方面(运船、计财、调度部门)组织的技术会议审查决定,报上级监管部门批准后执行。

2. 计划修理

计划修理又称计划性养护修理,它包括大修、小修和停航检修三种。

(1)大修 又称检修,船舶因长期连续使用而产生较大的损耗,经过检修后,使船舶恢复到正常的技术状况,经过合理的技术改造,使船舶达到符合入级标准或航行证书所规定的各项要求,进行这样的修理称为大修。大修的目的是对船体、主机、辅机及其他设备进行全面的检查,重点修复在小修时不能解决的较大缺陷,保持船舶应有的强度和重要设备的安全运转条件。大修的间隔期一般规定在2~3次小修后进行一次,也就是3~7年进行一次大修。

(2)小修 是指船舶能够保持船级或航行证书中所规定的技术标准,可以正常不间断地航行到下一次小修年度的修理工程,进行这样的修理称为小修。小修的目的是消除在营运中产生的过度磨损,保证船舶在两次小修间的安全航行。主修时重要是对船体、舵装置、轴、通海阀门、主辅机、锅炉及工程船专用设备等进行重点的检查和修理,一般只进行原有设备的调整、研磨、更换零部件、清洁保修等工作。一般规定在一年半至两年进行一次小修。

(3)停航检修 是指船舶按计划停止营运,船员自修为主,由船厂配合进行的保养作业。其作业项目应根据船舶预防检修制度的有关规定进行。

3. 航次修理

航次修理是指船舶在营运期中发生故障影响航行而必须由船厂协助进行的一般修理工程。航次修理应利用航次在港停泊时间进行,船厂应积极配合做好修理工作,根据电话通知,随即安排修理,必要时随船抢修,尽可能保证航次安全和不影响船舶运输生产。

4. 事故修理

事故修理是指因发生海损事故、机损事故或由于建造与修理质量不良而发生的损坏,对这些船舶应进行修复的修理工程,称为事故修理。

重大事故的修理范围和期限由船舶机务部门会同验船部门和承修船厂协商确定。对一般事故的修理,船厂应保证随叫随到修理或随船跟修,尽快修复,以免影响营运时间。

第三节　船舶维修的统计指标

船舶维修作业量不但是反映船舶运输企业营运船舶在报告期进行各种修理作业的船舶数,而且也是表明船厂生产量的指标,同时它也是维修作业统计的基础指标,是检查船舶维修计划完成情况的依据。

1. 送修船舶数

送修船舶数是指在报告期内实际送修的船舶数量,其计算单位为艘数、定额吨位数、客位数、千瓦数。这样才能反映送行船舶和规模。

2. 修竣船舶艘数

修竣船舶艘数是指根据船合同规定的修理项目,在报告期内已经全部修理完工的船舶数。包括在报告期或报告期以前送修,在本报告期完工出厂的船舶数。

3. 期末尚未竣工的船舶数

期末尚未竣工的船舶数是指在报告期末尚未修理竣工,尚需在厂继续修理的船舶数。

它可以反映在修的船舶数量。

4. 期末停航待修船舶数

期末停航待修船舶数是指需要修理，但由于修理能力、材料配件的限制，不能安排修理，在报告期末尚在停航在修的船舶数。

5. 返修船舶艘次数

返修船舶艘次数是指已经修理竣工出厂的船舶由于修理过失或因材料，配件质量不佳造成的回厂返修的船舶艘次数。凡有翻修工作的船舶不论返修工时的长短及修理费用的多少，返修几次就计算几个返修艘次。

6. 在厂修理艘天

在厂修理艘天是指在报告期内修理竣工船舶在厂实际进行修理的天数。修理天数的计算，应自船厂受理时起，至船舶修理竣工出厂时止的延续日历天数。船舶因返修而耗用的时间也计算在内，其计算单位为艘·天。

7. 修理费用

修理费用是指在报告期内修理竣工船舶所支付的实际修理费用，它反映修船费用的使用与节超情况。

修理费用应具体统计船舶厂修费用、自修费用和配件购置费用等，以便分析各项修船费用的组成和实际节超情况。

各种事故造成的修船费用，原则上列为事故损失。

8. 平均在厂修理天数

平均在厂修理天数是指在报告期内已经修理竣工的船舶平均在厂修理的天数。它是衡量修船工作效率的质量指标。其计算公式为

$$平均在厂修理天数 = 在厂修理艘天 / 修竣船舶艘数$$

例 4 – 1 某水运企业 2007 年 10 月份修理竣工船舶三艘，在厂修理时间和费用如表 4 – 1 所示。

表 4 – 1　某水运企业船舶在厂修理时间和费用表

船名	定额吨位	修理日期		在厂修理天数	修理费用/万元
		厂方受理	航方接船		
A	5 000	10 月 2 日	10 月 30 日	28	100
B	8 000	8 月 4 日	10 月 20 日	87	200
C	15 000	6 月 20 日	10 月 6 日	108	250
合计	28 000	—	—	223	550

则该企业 10 月份的平均在厂修理天数为

$$223/3 = 74.3（天）$$

9. 平均修理费用

平均修理费用是指修理竣工船舶平均的修理费用。它反映船舶平均修理费用水平的高低，借以进行费用预算和分析比较。平均修理费用有两种计算方法，一种是以每艘船计算，另一种是按每吨位（客位、千瓦）船计算，其计算公式为

$$平均修理费用 = \frac{船舶修理费用}{修竣船舶艘数}（元／艘） \tag{4-1}$$

$$平均修理费用 = \frac{船舶修理费用}{修竣船舶吨位（客位・千瓦）数}（元／人、千瓦） \tag{4-2}$$

在例4-1中,则某企业10月份的平均修船费用为

（1）按每艘船计算   550/3 = 183.3（万元/艘）

（2）按每吨位船计算   5 500 000/28 000 = 196.43（元/吨）

10. 单位修船费用

单位修船费用是指在报告期内平均每完成一千换算周转量所支付的修船费用,它反映了维修工作与生产经营活动相结合的经济效益。其计算公式为

$$单位修船费用 = \frac{船舶修理费用}{换算周转量}［元／千吨・公里（海里）］ \tag{4-3}$$

例4-2   某航运公司在2007年8月份支付修理竣工船舶的修理费用共300万元,该公司10月份完成换算周转量为120万千吨・公里,则该公司2007年8月份的单位修船费用为

$$3\ 000\ 000/1\ 200\ 000 = 2.5（元/千吨・公里）$$

11. 船舶返修率

船舶返修率是指在报告期内已经修理竣工出厂的船舶,由于维修质量不好而造成回厂返修船舶艘次数与修竣船舶艘次数的比率。它是衡量船舶修理质量的指标。其计算公式为

$$船舶返修率 = \frac{返修船舶艘次数}{修竣船舶艘数} \times 100\% \tag{4-4}$$

例4-3   某航运公司2007年共修理竣工船舶20艘,其中有返修船舶2艘次,则该航运公司2007年的船舶返修率为

$$2/20 \times 100\% = 10\%$$

第四节   船舶维修的统计报表

一、船舶修理完成情况月报

本表(见表4-2)目的在于了解运输船舶修理完成的艘数和修理费用等情况,可为检查和编制船舶维修计划,判定维修定额和科学合理的组织维修作业提供资料。

现将本表填报方法说明如下:

1. "年度计划修理艘数及修理费"均按上级批准的计划填列,如尚未批准下达者,可暂时按上报计划数填列,并在备注中加以说明;

2. 本月实际完工船舶需填艘数及修理费,并按是否纳入计划分别填制"计划内"和"计划外"两项;

3. 本月末在修艘数是指本月末尚未竣工继续在厂修理的艘数,其中包括虽已竣工但未正式交船的艘数;

4. 年初至本月累计完工船舶中"为年计划修理%"的计算公式为

$$年初至本月累计完工船舶艘数完成年度计划 = \frac{年初至本月累计完工船舶数}{年度计划修理完工艘数} \times 100\%$$

$$\tag{4-5}$$

二、竣工船舶明细表

表4-3是"运输船舶修理完成情况月报"的一份附表。通过本表可反映本月竣工的每艘船舶的详细情况,便于各级领导掌握船舶修理工作的具体情况。

表4-2 运输船舶修理完成情况月报表

填报单位　　　　　　　　　　　　　　　　　　　　　　　　　　20　　年　　月份

船舶类型 / 修别	20年度计划修理			本月计划完工船舶	本月实际完工船舶			本月末在修艘数	年初至本月累计完工船舶				备注
	艘数		修理费/万元		小计/(艘/万元)	其中			艘数	为年计划修理%	其中结账		
	进厂	完工				计划内	计划外				艘数	修理费/万元	
检修,大修,中修 — 小计													
检修,大修,中修 — 客货轮													
检修,大修,中修 — 货轮													
检修,大修,中修 — 油轮													
检修,大修,中修 — 拖轮													
检修,大修,中修 — 驳船													
小修 — 小计													
小修 — 客货轮													
小修 — 货轮													
小修 — 油轮													
小修 — 拖轮													
小修 — 驳船													

单位负责人:　　　　　　　　统计负责人:　　　　　　　填报日期:20　　年　　月　　日

表 4 - 3　竣工船舶明细表

填报单位　　　　　　　　　　　　　　　　　　　　　　　　　20　　年　　月份

序号	船名	规格/吨(/客位、千瓦)	修别	承修厂	修理费/万元		计划修期			实际修期			备注
					计划	实际	天数	进厂日期	出厂日期	天数	进厂日期	出厂日期	
1													
2													
3													
4													
5													
6													
7													
8													
9													
10													
11													
12													
13													
14													

单位负责人：　　　　　　统计负责人：　　　　　　填报日期:20　　年　　月　　日

思考与练习

1. 试述船舶维修统计的意义和任务。

2. 船舶修理分为哪些类别？

3. 什么是在厂修理艘天和平均在厂修理天数,怎样计算？

4. 什么是修理费用、平均修理费用和单位修船费用,怎样计算？

5. 什么是返修船舶艘次数和船舶返修率,怎样计算？

第五章　装卸工作统计

第一节　装卸工作统计的意义和任务

一、装卸工作统计的意义

装卸工作是港口最主要的生产活动,是港口一切经济活动的中心,也是水运工作中一个不可缺少的环节。货物运输和吞吐,只有装卸工作的不断进行才能实现。在装卸任务充足的情况下,装卸效率和企业管理水平的提高就能使船舶在港停泊时间缩短,加速船舶的周转,扩大港口的通过能力。这不但能更好地完成国家的运输计划,也有利于促进全国工农业生产的发展。

由于装卸工作在港口生产中的重要性,装卸工作统计也就显得非常重要了。通过装卸工作统计,可以反映港口企业某一时期内装卸货物的数量、装卸效率的高低、装卸工人出勤情况等。利用这一系列的指标,就可以综合地对企业进行全面地分析,检查装卸工作计划的执行情况,总结经验,接受教训,进一步挖掘企业的潜力,提高港口企业的管理水平,更好地完成港口装卸任务。

二、装卸工作统计的任务

1. 为编制和检查装卸工作计划提供资料。

在编制工作计划时,必须要有大量的可靠的统计资料作为科学依据,才能编制出切实可行的装卸工作计划,指导港口企业的生产活动。计划编制后,必须通过装卸工作计划的完成情况来反映数量、装卸效率的高低、装卸工人的工时利用情况等,以便全面地分析计划完成或未完成的主、客观原因。

2. 为分析研究装卸工人劳动生产率的水平提供资料。

港口企业提高装卸工人劳动生产率,主要是提高企业管理水平,要求调度部门加强组织协调,合理安排船舶靠泊,改进企业装卸组织,提高装卸设备的技术水平,广泛采用先进的装卸工艺,加强各部门之间的协调与配合。通过装卸工作统计可以反映港口装卸效率、装卸作业机械化程度和装卸工人工时利用等方面的情况,为分析研究劳动生产率,改进装卸组织,挖掘企业的潜力和提高装卸效率提供科学的依据。

3. 发现并推广先进操作方法和先进装卸组织的成果,为改进装卸工艺提供依据。

广大港口职工为了实现企业管理现代化的宏伟目标,生产热情不断地提高,港口装卸工作中创造了许多先进的操作方法,提出了不少合理化建议,采用了许多新技术、新工艺,使企业的装卸效率不断地提高,企业经济效益不断增长,港口企业规模不断扩大。

第二节 装卸工作的统计范围

一、装卸工作的统计范围

装卸工作的统计范围主要包括以下两部分：

1. 凡在港务局管辖的码头、锚地浮筒及库场上所完成的装卸工作（包括本局工人、本局支付装卸费的外援工人和物资部门自备工人所装卸的货物）都要纳入统计；

2. 由港务局组织工人（包括本局工人和本局支付装卸费的外援工人）在港区范围内的非港务局码头、库场、锚地、浮筒上所完成的装卸工作也要纳入统计。

为了考核本局工人的装卸效率，在装卸工作统计中，应将本局工人完成的数量单独进行统计。

二、装卸工作的种类

1. 船舶作业

是指将货物从库场、港驳、车辆上装上船（包括外轮、江海轮驳船及内河船舶）或从船上将货物卸到库场、港驳、车辆上的装卸工作。另外，船过船的装卸工作当然也包括在内，船舶装卸工作分为三种：

（1）进口或出口货物的船舶装卸工作；

（2）转口货物（包括水陆、水水中转联运的货物）的船舶装卸工作；

（3）船用燃物料的装卸工作。

2. 车驳库场作业

指装卸车辆、港驳、库场之间的转栈等装卸工作，它们都不与船舶发生直接联系，但都为船舶提供间接服务。

3. 装卸辅助作业

装卸辅助作业是为港口装卸工作提供辅助作业，在港口从事一些船舶作业车辆、港驳、库场作业之外的搬运工作，如同一库场内的捣垛、转堆、摊晒货物、洗舱、翻舱、散装货物的拆包（缝包、灌包）、运木排、过磅（秤）、排选、改变包装、贴标、打印等其他工作。

第三节 装卸工作的统计指标

装卸工作统计是以一系列统计指标来反映装卸工作生产活动情况的。这些指标是对大量的原始资料进行归纳整理后计算出来的，因此它们能够反映一定的社会经济现象，现将有关装卸工作中重要指标分述如下。

一、吞吐量

（一）概念

吞吐量是港口指标体系中最重要的产量指标，它分为旅客吞吐量和货物吞吐量。

旅客吞吐量是指旅客乘船进出港区范围的总人数，其计算单位为人次。旅客吞吐量应包括乘游船进出港口的旅客人数，包括免票儿童、船员人数及在本港下船登岸后又乘原船出港的旅客。

货物吞吐量是经水运进出港区范围并经装卸的货物数量,包括邮件及办理托运手续的行李、包裹以及补给船舶的燃物料和淡水。货物吞吐量由出口吞吐量和进口吞吐量两部分组成。出口吞吐量是指从本港装船运出港口的货物数量,不包括在本港扎排运出的竹、木排;进口吞吐量是指由水运进港卸下的货物数量,包括流放或由船舶拖带进港,在本港扎排的竹、木排。

(二)货物吞吐量的计算方法

1. 由本港装船运出港口的货物,计算一次出口吞吐量;

2. 由水运运进港口卸下的货物,计算一次进口吞吐量;

3. 由水运运进港口经卸下后又装船运出的转口货物,不论是直接转口(即船到船)或经过进仓手续后再转口,在本港进行装卸者,分别按进出口各计算一次吞吐量;

4. 由水运运进港口卸下,并在港内消耗的建港物资、人防物资和防汛物资等,均计算一次进口吞吐量;

5. 补给国内外运输船舶的燃料和淡水计算为出口吞吐量;

6. 由水运进出港区的邮件及办理托运手续的行李、包裹,分别按进口和出口计算吞吐量;

7. 凡被拖带或流放的竹、木排,在本港进行装卸者,分别按进、出口计算吞吐量;

8. 货物吞吐量必须以该船需要在本港装卸的货物全部卸完或装妥并办完交接手续后一次进行统计;

9. 滚装汽车的吞吐量按车辆数和实际质量分别计算。

下列情况下不能计算为货物吞吐量:

1. 由同一船舶运载进港,未经装卸又运载出港的货物(包括原驳换拖);

2. 由同一船上卸下又装到同一船上的货物,或装船后未出港又卸回本港的货物;

3. 本港港区范围内的轮渡、短途运输物资,以及为运输船舶服务的驳运量和各码头之间的驳运量;

4. 港口进行疏浚运至港外的泥沙及其他废弃物;

5. 在同一市区内港与港之间的货物运输;

6. 路过的竹、木排在港进行原排加固,小排并大排,或大排改小排等加工整理的;

7. 渔船或其他船舶直接向江、海、湖泊中捕捞运进港口的水产品及挖掘的河泥;

8. 以陆上运输工具(指汽车、手推车等)进出于港区,而与水上运输工具无关的货物,虽然利用了港口的设备与工人进行装卸,或经过港口的库场进行保管,但不统计为货物吞吐量。

吞吐量统计的截止时间,一律以期末最后一天的18时整为截止时间。也就是说在这以前全船装完或卸完的船舶才能计入本期完成的吞吐量,否则应列入下期完成的吞吐量。

货物吞吐量统计除按照进出口、全港、本港等统计外,还要根据不同的目的分贸易性质、货物类别、船舶类型、货物流向等进行统计。

1. 按货物的贸易性质可以分为内贸吞吐量和外贸吞吐量。

2. 按货物的类别分为不同货类的吞吐量。如:

(1)煤炭及其制品;(2)石油、天然气及其制品;(3)金属矿石;(4)钢铁;(5)矿物性建筑材料;(6)水泥;(7)木材;(8)非金属矿石;(9)化肥及农药;(10)盐;(11)粮食;(12)其他。

3. 按装运货物的船舶分类。分为杂货船、散货船、滚装船、集装箱船、油船、客货船及其他。

4. 吞吐量按其货物流向分为不同国家和地区统计。

5. 按货物所通过的码头泊位,逐个泊位统计。

货物吞吐量的统计一律按质量吨为计算单位,集装箱的自重也计算在吞吐量中。

二、装卸量

货物装卸量是指经由水运或陆运进、出港区范围,并经过装卸的货物吨数。装卸量是反映港口装卸工作量大小的指标,也是港口装卸设备和配备劳动力的重要依据。

货物进、出港区范围主要有以下四种形式:

1. 水上进港,水上出港;

2. 水上进港,陆上出港;

3. 陆上出港,水上出港;

4. 陆上进港,陆上出港。

不论属于哪种形式,凡是进港的货物均须分别按进港卸船或卸车(驳)、出港装船或装车(驳)时各计算一次装卸量。

下列情况货物装卸量的具体计算方法:

1. 水上进或出港的货物,从船上卸下或装至船上时,计算一个船舶作业装卸量。

2. 陆上进港或出港的货物,从车上卸下或装至车上时,计算一个车辆作业装卸量。

3. 船过船(包括港驳)的作业,按进港与出港各计算一个船舶作业装卸量。

4. 车辆与船舶的直接作业,分别按车辆作业、船舶作业各计算一个装卸量。

5. 货物从货主码头用港驳运入港区,或货主用港驳把货物提取出港,均分别计算港驳作业装卸量。

6. 进港的建港物资、人防物资、防汛物资等,因进港后一般不再出港,可按载运进港时的运输工具,分别计算一个车辆或船舶计算作业装卸量。

7. 船用燃物料整批进港、分批供给各船舶使用,可按进、出港的实际数量分别计算装卸量。

下列情况下不计算装卸量:

1. 凡水上或陆上进港未经装卸而又出港的货物;

2. 凡经由军用码头、库场,并由其自行装卸的军用物资;

3. 港区内库场之间的转栈作业和驳运捣载作业;

4. 在物资部门或地方航运部门专用码头由其自备之人装卸的货物。

在一般情况下,一吨货物通过港口装卸后,均由两个装卸量车、船直取。船过船作业虽然在港口通过一次操作,但仍要按两个装卸量计算。

三、装卸自然吨

装卸自然吨是指进出港区并经过装卸的货物数量,一吨货物从进港到出港(包括用于本港消耗物资),不论经过几次操作,均计算为一个装卸自然吨。

装卸自然吨和吞吐量一样都是港口工作量的主要指标,它与吞吐量的主要区别是水水中转货物在港口进行换装作业时,每一装卸自然吨计算两个吞吐量。而水陆中转则统计为一个吞吐量。由于装卸自然吨不随货物装卸工艺过程的变化而变化,因此,用它计算港口装卸成本和其他一些指标的基础比吞吐量确切。

在计算装卸自然吨时,除进港后不再出港(港内消耗的建港物资)的货物在进港时统计外,其余一律在装船或装车出港时统计。首先,这样统计比较符合生产活动的特点,即当货物装运出港时才完成了港口的生产过程,才是完成一个完整的产品;其次,可以促进港口不仅重视卸货,而且重视装货,有利于提早实现商品的使用价值;再次,有利于减少货物在库场的积压,保证港口的畅通无阻。

装卸自然吨计算公式为

$$装卸自然吨 = \frac{装卸量 + 只统计进港未统计出港物资 + 只统计出港未统计进港的物资}{2}$$

$$(5-1)$$

例5-1 某港务局本月完成装卸工作及耗用劳动力情况为

装卸　360万吨(其中有港内消耗的建港物资12万吨)

操作量　300万吨

装卸工作工日　　装卸工人100 000工日

　　　　　　　　机械司机12 000工日

装卸工时　　装卸工人　60万工时

　　　　　　机械司机　8万工时

则该港该月的装卸自然吨为

$$\frac{362 + 12}{2} = 186(万吨)$$

四、操作量

吞吐量、装卸量或装卸自然吨只能反映港口装卸工作的社会效果,并不能完全反映港口的装卸工作量,因为货物通过港口有不同的操作过程。为了反映港口在完成上述产量时所消耗的实际工作量和港口生产的管理水平,在港口指标体系中必须有操作量指标。

操作量指标是指通过一个完整的操作过程所装卸、搬运的货物数量,计算单位是操作吨。在一个既定的操作过程中,一吨货物不论经过几组工人或几部机械的操作,也不论搬运距离的远近、是否有辅助作业,均只计算为一个操作量。

完整的操作过程是指货物由某一运输工具到另一个运输工具或库场,即货物在船、库、库场之间每两个环节所完成的一个完整的装卸搬运过程。它是由舱内、起落舱、水平搬运、库场(或车)内等工序组成。

操作过程一般划分为

(1)船↔船;

(2)船↔车驳;

(3)船↔库场;

(4)车驳↔库场;

(5)车驳↔车驳;

(6)库场↔库场。

货物吞吐量、装卸量、装卸自然吨和操作量之间的关系如表5-1所示。

表 5 – 1 货物吞吐量、装卸量、装卸自然吨与操作量之间的关系

操作过程	吞吐量	装卸量	装卸自然吨	操作量
船—船	2	2	1	1
船—库场—船	2	2	1	2
船—港内驳运（去货主码头）	1	1	1	1
船—港内驳运（去港务局码头）	1	1	1	1
船—库场—港内驳运（去货主码头）	1	1	1	2
船—库场—港内驳运（去港务局码头）	1	1	1	2
港内驳运（自港务局码头来）—库场—船	1	1	1	2
车—船	1	2	1	1
车—库场—船	1	2	1	2
车—库场—港内驳运（港口自用物资）	0	1	1	2
船—库场—港内某处（港口自用物资）	1	1	1	2
船—库场—库场—车	1	2	1	3

五、操作系数

货物通过港口时，由于其经过的工艺过程不同而产生不同的操作量。操作量越多，劳动消耗也就越多。管理工作应该力求采用工艺过程，以最小的劳动消耗来取得最大的经济效益，为此，设置了操作系数这个指标。

操作系数是指货物操作量和与之相应的装卸自然吨之比，它反映一吨货物自进港到出港的平均操作系数，是考核港口工作组织管理水平的重要指标之一。其计算公式为

$$操作系数 = \frac{操作量}{装卸自然吨} \qquad (5-2)$$

由于每吨货物通过港口至少要经过一个过程，因此，操作系数不会小于 1。如果港口全部货物都以直接换装的形式进行，如船↔船、船↔船、车↔车，则操作系数等于 1。但实际上，由于不同运输工具之间的衔接以及由于其他作业的需要等种种原因，总是会有相当一部分货物需要进入库场保管一段时间，然后再运出港口，所以操作系数总是大于 1 的。

在一般情况下，操作系数越低的港口直接换装比例越高，完成换装作业所消耗的劳动量越少。成本低、货损少、对库场的需求也少是装卸组织管理工作的目标之一。降低操作系数就是提高直接换装的比重，而提高的关键是不同运输工具之间良好的衔接，但良好的衔接又依赖于运输工具的到港规律及港口组织管理水平。另外，货物的批量大小也是影响直接换装比重的重要因素。批量越大，直接换装比重可能越高，批量较少的货物直接换装就有一定的难度。

六、装卸工时效率

装卸工时效率是指装卸工人（包括机械司机及助手）平均每个人工作 1 小时所完成的操作量。其计算公式为

$$装卸工时效率 = \frac{操作量}{装卸工时数} \qquad (5-3)$$

在例 5-1 中,该港该月的装卸工时效率为

$$\frac{3\,000\,000}{600\,000 + 80\,000} = 4.41(吨／工时)$$

装卸工作效率是港口装卸工作指标系中说明劳动生产率水平的指标之一。它主要受装卸工业机械化程度、货种变化、装卸工艺水平、劳动组织水平、装卸工人积极性、船型等因素的影响。

七、装卸工班效率

装卸工班效率是指每一个装卸工人(包括机械司机及助手)实际从事装卸作业 8 小时所完成的操作量。其计算公式为

$$装卸工班效率 = \frac{操作量}{装卸工班数}(吨／工班) \qquad (5-4)$$

或

$$装卸工班效率 = \frac{操作量}{装卸工时数} \times 8 = 装卸工进效率 \times 8(吨／工班) \qquad (5-5)$$

在例 5-1 中,该港该月的装卸工班效率为

$$\frac{3\,000\,000}{600\,000 + 80\,000} \times 8 = 32.29(吨／工班)$$

八、装卸作业机械化程度

装卸作业机械化程度是指港口装卸作业中,利用各种机械操作所占的比重。装卸作业机械化程度的不断提高,不但可以使装卸工人从笨重的体力劳动中解救出来,提高劳动生产率,而且可以加速船、车的周转,扩大港口的通过能力,因为港口装卸工作逐步实现机械化、自动化是我们的发展方向,也是今后港口技术改造,技术革新的中心内容之一。

装卸作业机械化程度,目前规定用工序吨来计算,即把每个完整的操作过程划分若干工序,以每一个工序作为统计的观察单位。

根据目前港口装卸作业情况,共划分为下列五个工序:

1. 舱底作业 是指货物装船或卸船时在舱内的全部作业。如在舱内挂钩、摘钩、拆垛、拆关、做关、平舱、扫舱等作业。整件杂货的装船或卸船都有舱底作业工序,散货只有卸船才有舱底作业工序。

2. 起、落舱作业 是指货物装船或卸船时,从船舱到岸壁,从岸壁到船舱,从船舱到车辆,以及从船舱到另一船舱等的起落舱作业。卸船只有起舱作业,装船只有落舱作业。

3. 搬运作业 是指货物在码头、库场、车辆之间的水平搬运作业。

4. 车内作业 是指火车、汽车等车辆的装卸作业,包括装卸车作业、做关、拆关、车内拆垛等作业。

5. 库内作业 是指货物在库场内拆踩、码垛、堆高、做关、拆关、供喂料等作业。

装卸作业机械程度的计算公式为

$$机械操作比重 = \frac{机械操作工序吨}{总工序吨} \times 100\% \qquad (5-6)$$

例 5-2 船↔库,钢板 5 000 吨,先用人力在船内进行挂钩,再用门机把钢板从舱内吊

起放在牵引车上,用牵引车拖到库场,用轮胎吊从牵引车上把货物卸到库场上。计算这次装卸作业的工序吨和机械操作比重。

解 先计算工序吨

1. 舱底作业:工人进行挂钩等工作　　　　5 000 吨(人力操作)
2. 起舱作业:门机起舱　　　　　　　　　 5 000 吨(机械操作)
3. 搬运作业:牵引车水平搬运　　　　　　 5 000 吨(机械操作)
4. 库内作业:轮胎吊卸车并堆放在库场上　 5 000 吨(机械操作)

该装卸作业工序吨为

机械操作工序吨　　5 000 + 5 000 + 5 000 = 15 000(吨)

人力操作工序吨　　5 000 吨

总工序吨　　　　　20 000 吨

$$机械操作比重 = \frac{15\ 000}{20\ 000} \times 100\% = 75\%$$

为了使装卸作业机械化程度具有可比性,应将各种货物在各种不同的操作过程中,固定划分成若干个工序作为计算的依据。现将货物在各种操作过程中的工序数划分如表 5 - 2 所示。

表 5 - 2　货物在各种操作过程中的工序数划分表

操作过程	舱底作业	起舱作业	落舱作业	搬运作业	车内作业	库内作业
1. 船驳→船驳(外档)	2(散货1)	1	1			
2. 船驳→船驳(里档)	2(散货1)	1	1	1		
3. 船驳→库场	1	1		1		1
4. 船驳→车	1	1		0 或 1	1	
5. 库场→船驳	1(散货0)		1	1		1
6. 库场→车				0 或 1	1	1
7. 库场→库场				1		2
8. 车→驳船	1(散货0)		1	0 或 1		
9. 车→库场				0 或 1	1	1
10. 车→车					1	

第四节　装卸工作的统计报表

一、分船型吞吐量报表

本表(见表 5-3)可以反映本港在报告期内各种船型完成各种货物吞吐量情况,以此来反映每个船型在港口吞吐量中所占比重。那些船型是港口装卸生产工作中的重点船型,以便港口针对该船型加强企业的管理工作,提高该船型装卸的安全性和装卸效率,更好地为船东提供服务。

表5-3 分船型吞吐量报表(月、年报)

填报单位: 20 年 月~20 年 月 (计量单位:吨)

船型		合计	煤	石油	金属矿石	钢铁	矿建	水泥	非金属矿石	化肥	盐	粮食	机械设备电器	化工原料及制品	有色金属
合计	小计														
	进口														
	出口														
海轮	小计														
	进口														
	出口														
远洋轮船	小计														
	进口														
	出口														
外籍轮	小计														
	进口														
	出口														
长航轮船	小计														
	进口														
	出口														
地方轮船	小计														
	进口														
	出口														

统计负责人: 填表人: 实际报出日期:20 年 月 日

二、分货类吞吐量报表

该表(见表5-4)反映港口每种货类吞吐量中外贸、内贸所占比重,表明那些货物主要是外贸货物或者是内贸货物,以便更好地加强货物管理工作。

表5-4 分货类吞吐量报表(月、年报)

填报单位: 　　　　20　　年　　月~20　　年　　月　　　　　　　　(计量单位:吨)

货物分类	总计			总计			总计		
	合计	外贸	内贸	合计	外贸	内贸	合计	外贸	内贸
总计									
其中:转口									
内:船过船									
1. 煤炭及制品									
2. 石油天然气及制品									
内:原油									
3. 金属矿石									
内:铁矿石									
铜精矿									
4. 钢铁									
内:钢材									
生铁									
5. 矿物性建筑材料									
内:砂									
6. 水泥									
7. 木材									
8. 非金属矿石									
内:磷矿石									
9. 化学肥料及农药									
内:散化肥									
10. 盐									
11. 粮食									
内:小麦									
面粉									
稻谷									
大米									
大麦									
12. 机械、设备、电器									

表 5-4(续)

货物分类	总计			总计			总计		
	合计	外贸	内贸	合计	外贸	内贸	合计	外贸	内贸
13. 化工原料及制品									
内:橡胶									
纯碱									
化学纤维									
14. 有色金属									
15. 轻工、医药产品									
内:纸									
日用工业品									
糖									
16. 农林牧渔业产品									
内:棉花									
文蛤									
17. 其他									
内:饲料									
集装箱									
其他									

统计负责人：　　　　　　　　　填表人：　　　　　　　　　电话：

三、分码头泊位吞吐量报表

该表(见表5-5)反映港口各个泊位完成各种货物的吞吐量情况,以便了解各个泊位在装卸货物方面的分工,安全高效地完成装卸工作,提高企业的经济效益。

表 5-5　分码头泊位吞吐量报表(月、年报)

填报单位：　　　　　　　　20　　年　　月~20　　年　　月　　　　　　(计量单位:吨)

码头泊位名称	合计	煤	石油	金属矿石	钢铁	矿建	水泥	木材	非金属矿石	化肥	盐	粮食	机械设备电器
合计　小计													
直接经岸													
水上过驳													
1# 锚地　小计													
直接经岸													
水上过驳													
2# 锚地　小计													

表 5-5（续）

码头泊位名称	合计	煤	石油	金属矿石	钢铁	矿建	水泥	木材	非金属矿石	化肥	盐	粮食	机械设备电器
直接经岸													
水上过驳													
3#码头　小计													
直接经岸													
水上过驳													
4#码地　小计													
直接经岸													
水上过驳													
5#码头　小计													
直接经岸													
水上过驳													
外借码头　小计													
直接经岸													

统计负责人：　　　　　　　　填表人：　　　　　　　　电话：

思考与练习

1. 怎样计算货物吞吐量？

2. 试述装卸工作的统计范围。

3. 试述装卸工作的种类。

4. 什么是装卸量、装卸自然吨和操作量，怎样计算？

5. 什么是操作系数，怎样计算？它的大小说明什么问题？

6. 什么是装卸工时效率和装卸工班效率，怎样计算？

7. 什么是装卸作业机械化程度，怎样计算？

第六章　港口生产设备实有数统计

第一节　港口生产设备实有数统计的意义和任务

一、港口生产设备实有数统计的意义

港口为了进行船舶装卸生产活动,必须配备必要的港口生产设备。一个港口生产设备的数量、构成、性能及使用情况,对于港口吞吐量的多少、工人劳动效率、劳动强度的高低、船舶在港停留时间长短、装卸成本的高低都有很大的影响。码头是港口专供船舶安全停靠、装卸货物和上下旅客的水上建筑物,是港口最主要、最关键的生产设施。一个港口如果码头数量不足,那么船舶到港后就无法及时停靠,更不能及时装卸货物和上下旅客,必将使船舶停泊时间延长,运输收入减少,因此,船方必然会选择其他港口停靠,从而影响本港的经济效益。在装卸过程中大量使用装卸设备进行作业,能够大大提高装卸效率,加速船车的周转,降低装卸成本。货物通过库场来集散,可以更合理地进行配载工作,提高船舶容积的使用率;还可以在库场内进行货物分类,重新包装,分析质量及堆存供给船舶用的燃料,更好地为船舶运输工作服务。

二、港口生产设备实有数统计的任务

1. 反映码头库场、机械等设备的数量,以及状态和使用情况。

通过港口生产设备实有数统计能反映港口设备的拥有量,各种性能,以及有关使用情况的数量和质量指标。

2. 为检查与监督港口的生产设备的计划执行情况提供依据。

为了使计划能顺利地完成,我们必须经常通过每天的有关指标的统计,了解计划的完成进度,以便及时了解执行中存在的问题与不足,针对问题提出合理的建议。

3. 分析港口设备的应用情况,为挖掘港口设备的潜力提供可靠的资料。

通过有关指标的分析,了解港口的生产设备是否已经充分有效地得到利用,还有多大的潜力可挖掘,这样才能使企业有限的资源发挥最大的效能,促进企业管理水平的提高。

第二节　港口生产设备实有数的统计范围与分组

一、码头泊位运用情况的统计范围

凡属港务局管辖的并用于生产的各种码头泊位,均应进行统计。包括本局自有的码头泊位和租入的码头泊位,但不包括出租或者是出借给外单位并不由本局管辖的码头泊位,以及虽属本局管辖,但不用于生产的码头泊位。

二、装卸机械的运用的统计范围

（一）统计范围

凡属于港务局调度应用的（包括本局自有和租入的），带有动力的装卸机械均须进行统计。具体范围如下：

1. 正在正常使用（包括使用中因故停工）的装卸机械；

2. 临时故障而停工的装卸机械；

3. 正在修理和保养的装卸机械；

4. 等待修理的装卸机械；

5. 等待报废的装卸机械。

（二）装卸机械的分类

港口的装卸机械种类很多，各类装卸机械的用途各不相同，在同类装卸机械中虽然用途相同，但它们在构造上、使用动力上和起动能力上也往往有很多差别，因此必须把它们进行必要的分类。

1. 起重机械类

主要用于船舶的装卸、装车、卸车、码垛、拆垛及其他垂直运输的操作，包括：

（1）固定式起重机；

（2）汽车起重机；

（3）轮胎起重机；

（4）履带起重机；

（5）浮式起重机；

（6）门座式起重机；

（7）桥式起重机；

（8）门式起重机。

2. 输送机械类

主要用于散货的起、落舱、水平搬运、堆高等工作，包括：

（1）气力输送机；

（2）皮带输送机。

3. 装卸搬运的机械类

主要用于水平搬运、码垛、拆垛、装卸车等工序的操作，包括：

（1）叉式装卸车；

（2）单斗车；

（3）集装箱跨运车；

（4）牵引车；

（5）搬运车；

（6）缆车；

（7）载重汽车。

4. 专用机械类

主要用于装卸某些大宗货物的大型装卸机械，它们一般安装在专业码头上，包括：

（1）装船机；

(2)卸船机；

(3)堆耙机；

(4)装车机；

(5)卸车机；

(6)堆料机；

(7)取料机；

(8)斗轮式堆取料机；

(9)堆土机；

(10)集装箱起重机；

(11)装油臂。

三、库场的分类

港口的库场类别很多,为了便于研究库场的构成、能力及运用情况,必须按照货物堆存工作的特点,对库场进行科学的分类。

（一）仓库

1.普通仓库

是指港口中用于堆存一般货物的仓库,满足货物防湿、通风的要求。

2.特种仓库

是指专门保管特种货物或有特种设备仓库,如圆筒粮库,冷藏仓库等。

3.危险品仓库:是指专门保管易爆品、易燃品、腐蚀品、有毒品和放射物品等危险品的专用仓库。这种仓库一般建在远离市区的地方,并备有各种防护设备,万一发生意外事故可以立即采取有效措施,防止事故的进一步扩大。

4.油库

是指专门储存原油及其制品的储油罐。

5.水上仓库

是指浮放在水面上的一种仓库。

6.货棚

是指有顶天墙的简易仓库。

（二）堆场

1.煤场

2.集装箱堆场

3.矿石堆场

4.其他堆场

第三节　码头泊位运用情况的统计指标

一、日历泊位小时数

日历泊位小时数是指报告期生产用码头泊位在册日历小时数的总和,计算单位为艘时,其计算公式为

$$日历泊位小时数 = \sum（每个泊位在册天数 \times 24） \qquad (6-1)$$

日历泊位小时数的构成如下：

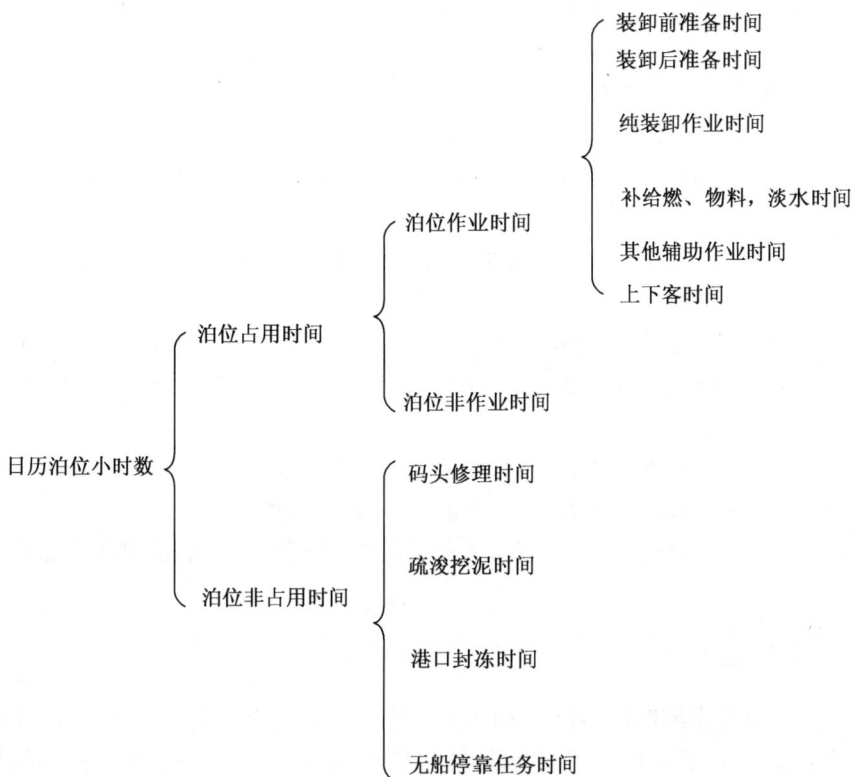

日历泊位小时数
- 泊位占用时间
  - 泊位作业时间
    - 装卸前准备时间
    - 装卸后准备时间
    - 纯装卸作业时间
    - 补给燃、物料，淡水时间
    - 其他辅助作业时间
    - 上下客时间
  - 泊位非作业时间
- 泊位非占用时间
  - 码头修理时间
  - 疏浚挖泥时间
  - 港口封冻时间
  - 无船停靠任务时间

二、泊位占用时间

泊位占用时间是指在日历泊位小时数中,实际停泊船舶所占用的时间。

计算泊位占用时间的具体步骤如下：

1. 泊位占用时间应从船舶靠码头时系第一根缆绳时起,计算到船舶离码头时解完最后一根缆绳时为止。

2. 计算泊位占用时间,应以现有的码头泊位个数为依据,而不能以所停靠的船舶数计算,即一个码头泊位停靠船舶一小时,不论是停靠一艘、两艘或两艘以上的船舶,均只能作为一个泊位占用时间,不能计算两个或两个以上码头泊位占用时间。

（1）当一个码头泊位停靠一艘船舶时,其泊位占用时间就是该船停靠码头的整个延续时间。

例 6-1 甲码位是一个 15 000 吨级的泊位,在报告期内有一艘 12 000 吨的船舶停靠该泊位,4 月 3 日 8 时靠码头,4 月 6 日 12 时离码头。

即该码头的泊位占用时间为 76 艘时。

（2）当一个码头泊位停靠两艘或两艘以上的船舶时,其泊位占用时间的计算应从第一艘船舶靠码头时系完第一根缆绳时起,至最后一艘船离码头时解完最后一根缆绳时为止,仍按一个泊位占用时间计算。

例6-2 甲泊位是一个30 000吨级的泊位,在报告期内有三艘船舶陆续停靠该泊位。

A轮(20 000吨)　　　　4月2日8时靠码头

　　　　　　　　　　　4月5日6时离码头

B轮(8 000吨)　　　　　4月3日6时靠码头

　　　　　　　　　　　4月7日12时离码头

C轮(15 000吨)　　　　 4月5日12时靠码头

　　　　　　　　　　　4月8日12时离码头

解 该泊位的泊位占用时间为4月2日8时靠码头~4月8日12时离码头,计为148艘时。

(3)当两个相邻的泊位停靠一艘大船时,该船的停靠码头时间应是工作于此两个泊位的占用时间。

例6-3 甲泊位是一个10 000吨级的泊位,甲、乙两个泊位相邻,在报告期内有一艘20 000吨的船舶停靠在这两个泊位上,4月5日12时靠码头,4月7日20时离码头。

解 该两个泊位的占用时间为

甲泊位　4月5日12时~4月7日20时　　　计56艘时

乙泊位　4月5日12时~4月7日20时　　　计56艘时

3. 计算泊位占用时间时,只计算直接靠码头船舶所占用的时间,停靠在该船外档的船舶一律不予计算。

三、泊位作业时间

泊位作业时间是指船舶在泊位占用时间中真正发挥作用的时间,泊位作业时间越长,其港口企业效益就越好,它包括装卸前准备时间,装卸后结束时间,纯装卸作业时间,补给船用燃物料,淡水时间,其他辅助作业时间和上下旅客时间等。

四、泊位利用率

泊位占用率是指占用时间占日历泊位小时数的比值,其计算公式为

$$泊位占用率 = \frac{泊位占用时间}{日历泊位小时数} \times 100\% \qquad (6-2)$$

例6-4 某港6月份日历泊位时数为3 600艘时,如果它的五个泊位的泊位占用时间为2 800艘时,作业时间为25 020艘时,则该港的泊位占用率为

$$\frac{2\,800}{3\,600} \times 100\% = 77.78\%$$

五、泊位作业率

泊位作业率是指泊位作业时间占日历泊位小时数的比重,它反映码头泊位装卸作业的使用情况。其计算公式为

$$泊位作业率 = \frac{泊位作业时间}{日历泊位小时数} \times 100\% \qquad (6-3)$$

在例6-4中,该港6月份的2 500泊位作业率为

$$\frac{2\,500}{3\,600} \times 100\% = 69.4\%$$

六、每米码头吞吐量

每米码头吞吐量是指在报告期内,平均每米码头所完成的吞吐量。它综合反映码头泊位的利用程度和生产效率。计算公式为

$$每米码头吞吐量 = \frac{吞吐量}{码头长度}(吨/米) \qquad (6-4)$$

每米码头吞吐量受很多因素影响,如船型、船舶吨位大小、货种的变化、船过船作业比重大小、装卸作业机械化程度、港口组织管理水平和气象因素等,都会影响到每米吞吐量的变化。

七、泊位利用率

泊位利用率是综合反映码头泊位利用情况的统计指标。其计算公式为

$$泊位利用率 = \frac{船舶靠泊米时}{船舶营运米时} \times 100\%$$

$$= \frac{\sum[船舶长度 \times (1+靠泊安全系数) \times 靠泊时间]}{码头泊位长度 \times 报告期日历天数 \times 24} \times 100\% \qquad (6-5)$$

例 6-5 某码头长 200 米,在某年 6 月份中进行码头修理 4 天,其船舶停泊情况如表 6-1 所示。

表 6-1 某码头船舶停泊情况表

船名	长度/米	靠泊安全系数/%	靠泊长度/米	靠泊时间/小时	靠泊米时
A	120	20	144	80	11 520
B	100	20	120	70	8 400
C	110	20	132	80	10 560
D	130	20	156	90	14 040
E	125	20	150	85	12 750
F	100	20	120	72	8 640
合计					65 910

则 该码头的泊位利用率 $= \frac{65\ 910}{200 \times 26 \times 24} \times 100\% = 52.81\%$

第四节 装卸机械运用的系统指标

一、台时

台时是表示装卸机械时间利用情况的计算单位,一台装卸机械一小时即为一个台时。其计算公式为

$$台时 = 装卸机械台数 \times 小时数$$

装卸机械总时间构成如下：

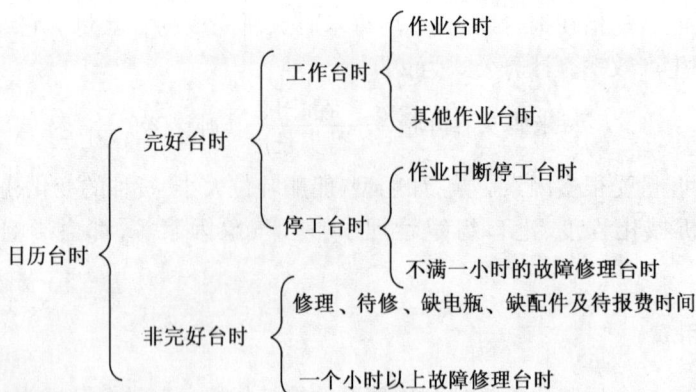

（一）日历台时

是指报告期内所有已安装的每台装卸机械在册天数,乘以 24 小时的总和,它包括完好时间台时和非完好时间台时两部分。日历台时反映装卸机械总的生产能力。其计算公式为

$$日历台时 = \sum（每台装卸机械在册天数 \times 24）\qquad (6-6)$$

如果数台装卸机械组成一个专业化的装卸机械整体来使用,其固定在一个场所不再移动,也不增长,可将这组装机械视为一个主体。如果这些装卸机械经常移动,或虽已固定场所,但可随任务和水位等的变化而部分移动或增减时,仍需逐台进行统计。

日历台时的计算不受所配有的装卸机械司机班制时间的影响。不论是什么班制,每台装卸机械均以其在册天数乘以 24 小时工作计算。

例 6-6　某港原有起重机 12 台,3 月 15 日起又重新投入使用起重机 1 台,在 3 月份有 2 台各修理 20 天,有 2 台各修理 10 天,根据全月统计：

作业台时　　　　　　　　　　5 600 台时
其他作业台时　　　　　　　　200 台时
作业中断的停工台时　　　　　1 820 台时
机械故障修理台时　　　　　　300 台时(其中不满一小时者 100 台时)
完成机械作业量　　　　　　　640 000 吨

则该港 4 月份起重机的日历台时为

$$12 \times 31 \times 24 + 1 \times 17 \times 24 = 9\ 336（台时）$$

（二）完好台时

是指装卸机械技术状况良好,可以装卸作业的台时。即以日历台时减去非完好台时后所得的台时数,其中包括工作台时和停工台时。

1. 工作台时

包括装卸机械实际进行装卸作业和其他工作台时,可以分为以下两部分。

（1）作业台时是指装卸机械实际从事装卸作业的时间。从装卸机械到现场开始装卸作业时起,计算至最后一次货物装卸完毕时止的全部时间。但在作业过程中扣除停工和机械故障时间,并分别列入停工和非完好时间中。

（2）其他工作台时是指装卸机械实际从事装卸的准备时间,装卸后的结束时间,机械转移中行驶时间,整理库场、翻桩、搬运工属具等辅助时间。

2. 停工台时

是指装卸机械技术状况虽然良好,但由于船、车到港不平衡,暂无装卸任务。缺燃料、停电、不满一小时的机械故障临时修理,以及风、雨、雹、雾等原因造成的一切未来参加工作的时间。

在例 6－6 中,某港 3 月份的完好台时为

完好台时 = 工作台时 + 停工台时 = 5 600 + 200 + 1 820 + 100 = 7 720(台时)

(三)非完好台时

是指装卸机械技术状况不良,不能从事装卸作业的台时,它包括正常的维修保养台时,待修、缺电瓶、缺配件、待报废台时,以及一个小时以上的故障修理台时。

在例 6－6 中,该港 3 月份的非完好台时为

$$非完好台时 = 修理台时 + 一小时以上事故故障修理台时$$
$$= 2 \times 20 \times 24 + 2 \times 10 \times 24 + 200$$
$$= 1 640(台时)$$

二、机械作业量

机械作业量是指装卸机械在装卸过程中所起落或搬运的货物吨数的总和。计算机械作业量的目的是为了更好地反映装卸机械完成的工作量和起运效率。现将其计算方法说明如下:

1. 在同一操作过程中,有几种装卸机械分别在不同工序中进行工作,则每台装卸机械应分别计算机械作业量;

2. 几台同样的装卸机械在同一工序中共同完成一批货物的起运工作,则每台装卸机械应平均计算机械作业量;

3. 使用两台或两台以上的起重机同时起重某一件大货物时,则每台起重机应按其起重能力大小分别计算其机械作业量。

三、完好率

完好率是指装卸机械完好台时数占日历台时数的比重,其计算公式为

$$完好率 = \frac{完好台时}{日历台时} \times 100\% \qquad (6-7)$$

在例 6－6 中,该港 3 月份起重机的完好率为

$$完好率 = \frac{7\,720}{9\,336} \times 100\% = 82.6\%$$

提高装卸机械的完好率,重要的是加强设备的维修保养,严格执行操作规章,提高技术管理水平以及设备的修理质量。

四、利用率

利用率是指装卸机械实际工作的台时数占日历台时数的比重。其计算公式为

$$利用率 = \frac{工作台时}{日历台时} \times 100\% \qquad (6-8)$$

在例 6－6 中,该港 3 月份起重机的利用率为

$$利用率 = \frac{5\,600 + 200}{9\,336} \times 100\% = 62.13\%$$

五、平均台时产量

平均台时产量是指每台装卸机械在一小时内所完成的机械作业量。其计算公式为

$$平均台时产量 = \frac{机械作业量}{作业台时}(吨／台时) \qquad (6-9)$$

在例6-6中,该港3月份起重机的平均台时产量为

$$平均台时产量 = \frac{640\,000}{5\,600} = 114.29(吨／台时)$$

平均台时产量是反映装卸机械起运效率的一个综合性指标,它受装卸机械负荷能力、装卸货种、包装形式、搬运距离、船型、司机的技术熟练程度等因素的影响。

第五节　库场运用的统计指标

一、库场总面积

是指仓库、堆场内部地面上的总面积。它是反映港口企业库场规模的重要指标,决定着港口企业的通过能力。多层仓库在计算库场总面积时应将每层的总面积加总计算,仓库总面积不包括墙壁的厚度、堆场总面积、场外通道。其计算单位为平方米。

二、库场的有效面积

库场有效面积是指库场实际用于堆存货物的面积,即在库场总面积中,减去不能用来堆放货物的面积,如办公室、消防设备、安全通道、货堆间距、墙距等面积,其计算单位为平方米。库场有效面积一般都由港务局货运部门会同技术部门,根据库场的技术状态、堆存货物的性质、包装情况、需留通道宽度等条件进行测算后确定。一经确定,一般在相当长的时间内不变动。

为了更好地利用库场面积,在便于装卸保管和安全的条件下,应尽可能扩大库场的有效面积,为港口的生产顺利进行提供服务,因此,应最大限度提高库场面积有效利用系数。库场面积利用系数是指库场有效面积与总面积的比率。其计算公式为

$$库场面积有效利用系数 = \frac{库场有效面积}{库场总面积} \times 100\% \qquad (6-10)$$

例6-7　某港务公司仓库总面积为8 000平方米,有效面积为7 200平方米,单位面积堆存定额为3.2吨/平方米,则该仓库的有效面积利用系数为

$$\frac{7\,200}{8\,000} \times 100\% = 90\%$$

三、单位面积堆存定额(使用定额)

是指在同一时间内平均每平方米有效面积的库场所能堆存的货物吨数。其计算单位为吨/平方米,单位面积堆存定额有技术定额和使用定额两种。技术定额是由工程技术部门根据库场的不同而确定的,因此每个仓库、堆场都有其技术定额,它是使用定额的最高限。使用定额根据货物包装情况、货物性质、堆垛型式、堆存期限、技术安全条件、仓库高度等因素来测定。所以这些因素的任何变化都会产生不同的使用定额。在仓库堆存业务中所使用的

单位面积堆存定额都是使用定额。

四、仓容量

仓容量是指在同一时间内,库场最大安全堆存货物吨数,它的大小取决于货物有效面积和单位面积堆存定额,其计算公式为

$$仓容量 = 有效面积 \times 单位面积堆存定额 \qquad (6-11)$$

在例 6-7 中,该港务公司仓库的仓容量为

$$7\ 200 \times 3.2 = 23\ 040(吨)$$

由于库场有效面积和单位面积堆存定额的变化会导致仓容量的变化,因此需要计算报告期内的平均仓容量来反映容量的大小。其计算公式为

$$平均仓容量 = \frac{报告期每天仓容量之和}{报告期日历天数} \qquad (6-12)$$

例 6-8 某堆场 6 月初的有效面积为 5 000 平方米,单位面积堆存定额为 3.2 吨/平方米,从 6 月 21 日起将其中 1 000 平方米改造为修理车间。则该堆场 6 月份的平均仓容量是多少?

$$平均仓容量 = \frac{报告期每天仓容量之和}{报告期日历天数} = \frac{5\ 000 \times 3.2 \times 20 + 4\ 000 \times 3.2 \times 10}{30}$$
$$= 14\ 933.3(吨)$$

五、货物堆存吨数

是指货物在报告期间内所堆存的货物吨数,它是反映港口堆存能力大小的重要指标。其计算公式为

$$货物堆存吨数 = 期初结存吨数 + 本期进仓吨数 \qquad (6-13)$$

式中,期初结存吨数就是上期末结存吨数,所以它需要计算上期期末结存吨数。

$$本期结存吨数 = 期初结存吨数 + 本期进仓吨数 - 本期出仓吨数 \qquad (6-14)$$

例 6-9 某仓库 5 月初结存货物 4 000 吨,6 月份进仓货物 260 000 吨,出仓货物 250 000 吨,货物堆存天数为 611 000 吨·天,仓库平均有效面积为 8 000 平方米,单位面积堆存定额为 3.6 吨/平方米,则该仓库的货物堆存吨数为

$$84\ 000 + 260\ 000 = 344\ 000(吨)$$

本期结存吨数为

$$84\ 000 + 26\ 000 - 250\ 000 = 94\ 000(吨)$$

六、货物堆存吨天数

是指报告期内库场货物堆存吨数与其堆存天数的乘积的总和。这个指标不仅反映了货物堆存的数量,也反映了货物堆存的时间。它既是考核库场工作的产量指标,也是计算库场堆存工作质量指标的依据。在分析货物堆存吨天数时,不能单独根据绝对数来衡量库场堆存工作的好坏,还需要结合平均堆存期、库场利用率、库场容量周转次数、单位面积堆存量等指标联系起来研究,才能作出正确的评价。货物堆存吨天数的计算公式为

$$货物堆存吨天数 = \sum(堆存吨数 \times 堆存天数) \qquad (6-15)$$

例 6-10 某仓库的货物进出仓情况如下:

(1)4月26日进仓500吨,于5月6日出仓;

(2)5月2日进仓1 000吨,于5月11日出仓;

(3)5月10日进仓800吨,于5月21日出仓;

(4)5月16日进仓1 000吨,于5月28日出仓600吨,其余400吨于6月2日出仓。

则该仓库5月份的货物堆存吨天数为

(1)$500 \times 6 = 3\ 000$(吨·天);

(2)$1\ 000 \times 10 = 10\ 000$(吨·天);

(3)$800 \times 12 = 9\ 600$(吨·天);

(4)$600 \times 13 = 7\ 800$(吨·天);

(5)$400 \times 16 = 6\ 400$(吨·天)。

总计36 800(吨·天)。

七、平均堆存期

是指在报告期内每吨货物平均在港堆存的天数。其计算公式为

$$平均堆存期(天) = \frac{货物堆存吨天数}{货物堆存吨数} \qquad (6-16)$$

在例6-9中,该仓库5月份平均堆存期为

$$\frac{611\ 000}{94\ 000} = 6.5(天)$$

港口的库场是为船舶的快装快卸服务的,因此,不仅应当在仓容量上和时间上充分利用,更重要的是要加速船舶的周转,尽量缩短货物在港口的堆存时间,减少货物的积压,防止港口的堵塞,扩大港口的通过能力。

在分析平均堆存期这一指标时,报告期越长,反映的情况就越真实,因为有许多货物都在报告期前进仓的。如果报告期短,会造成平均堆存期短的错觉。因此,在这一指标前最好是一年或半年作为报告期,以一个月来作为报告期不能反映现实现象。

八、平均每天货物堆存吨数

是指在报告期内库场平均每天堆存的货物吨数,其计算公式为

$$平均每天货物堆存吨数(吨) = \frac{货物堆存吨天数}{报告期日历天数} \qquad (6-17)$$

在例6-9中,该仓库5月份的平均每天货物堆存吨数为

$$\frac{611\ 000}{31} = 19\ 709.68(吨)$$

平均每天堆存吨数越大,越接近仓容量,说明库场在容量方面得到充分的利用,但还必须与平均堆存期联系起来看,平均每天堆存吨数越大,平均堆存期越小,说明库场容量得到有效利用的同时,库场周转速度也越快。

九、单位面积堆存量

是指包括在报告期内,平均每平方米有效面积库场实际堆存的货物吨数。其计算公式为

$$单位面积堆存量 = \frac{平均每天货物堆存吨数}{平均有效面积}(吨／平方米) \qquad (6-18)$$

在例 6 – 9 中,该仓库 5 月份的单位面积堆存量为

$$单位面积堆存量 = \frac{19\ 709.68}{8\ 000} = 2.46(吨/平方米)$$

单位面积堆存量越大,越接近单位面积堆存定额,同时平均堆存期越快,说明库场运用得越好,港口库场管理工作做得越好。

十、库场运用率

又称仓容量运用率,是指在报告期内库场容量的平均利用程度。其计算公式为

$$库场运用率 = \frac{平均每天货物堆存吨数}{平均仓容量} \times 100\% \qquad (6-19)$$

或

$$库场运用率 = \frac{货物堆存吨数}{平均仓容量 \times 报告期日历天数} \times 100\% \qquad (6-20)$$

在例 6 – 9 中,该仓库 5 月份的库场运用率为

$$\frac{19\ 709.68}{8\ 000 \times 3.6} \times 100\% = 68.44\%$$

这个指标越接近 100%,说明库场的容积运用得越好。但是还必须与平均堆存期结合起来研究。如果库场的容积运用率高,而且平均堆存期越短,说明库场周转很快,这有利于扩大港口的通过能力。

十一、库场容量周转次数

又称库场周转次数,是指在报告期内库场容量的平均堆存货物次数。其计算公式为

$$库场容量周转次数 = \frac{货物堆存吨数}{平均仓容量}(次) \qquad (6-21)$$

在例 6 – 9 中,该库场 5 月份的库场容量周转次数为

$$\frac{94\ 000}{8\ 000 \times 3.6} = 3.62(次)$$

库场容量周转次数是一个反映库场设备使用频繁程度的指标。它的数值越大,说明货物流转越快。要提高容量周转次数,除了必须努力缩短货物在库场的堆存时间外,还必须充分利用库场的容积,增加库场的堆存吨数。

第六节 港口生产设备的统计报表

码头泊位运用情况的统计报表是“码头泊位运用情况”月报表(见表 6 – 2)。通过本表可以反映不同用途码头的泊位运用情况,可为改进企业经营管理,挖掘企业潜在能力,搞好港口规划与港口建设提供科学依据。

装卸机械运用的统计报表目前主要是“装卸机械运用情况”月报表(见表 6 – 3),通过这份统计表能够反映港口各类装卸机械的运用情况及装卸效率,可为充分利用装卸机械现有设备,挖掘装卸机械潜在能力,提高装卸效率提供可靠的依据。

库场运用的统计表主要是“库场运用情况”月报表(见表 6 – 4),通过本表可以了解各单位货物堆存情况和各类库场的运用情况,反映货物在港堆存时间的长短,以便及时发现问题采取适当的技术组织措施,加速货物的周转,扩大港口的通过能力。

表 6 – 2　码头泊位运用情况

填报单位　　　　　　　　　　　　　　　　　　　　　　　　　20　　年　　月份

码头泊位名称	泊位个数/个	码头长度/米	主要货种	日历泊位小时数			吞吐量/吨	泊位占用率/%	泊位作业率/%	每米码头吞吐量/(吨/米)
				合计	其中:泊位占用时间					
					小计	内:作业时间				
甲	1	2	3	4	5	6	7	8 = 5/4	9 = 6/4	10 = 7/2
总计										
某公司合计										
1 号码头										
2 号码头										
⋮										

补充资料:本月完成锚地作业　　　艘次,　　　　　　　　完成吞吐量　　　吨;

　　　　　　　　浮筒作业　　　艘次,　　　　　　　　完成吞吐量　　　吨。

负责人:　　　　　　　　制表人:　　　　报表日期:20　　年　　月　　日

表 6 – 3　装卸机械运用情况

填报单位　　　　　　　　　　　　　　　　　　　　　　　　　20　　年　　月份

机械名称	期末使用台数	日历台数	完好台数	工作台时		机械作业量/吨	完好率/%	利用率/%	台时产量/吨
				小计	期中:作业				
甲	1	2	3	4	5	6	7 = 3/2	8 = 4/2	9 = 6/5
自年初累计合									
1. 起重机械类									
其中:×××									
×××									
2. 运输机械类									
其中:×××									
×××									
3. 装卸机械									
搬运类									
其中:×××									
×××									

表 6 – 3（续）

填报单位　　　　　　　　　　　　　　　　　　　　　　　　　　20　　　年　　　月份

机械名称	期末使用台数	日历台数	完好台数	工作台时		机械作业量/吨	完好率/%	利用率/%	台时产量/吨
				小计	期中：作业				
甲	1	2	3	4	5	6	7 = 3/2	8 = 4/2	9 = 6/5
4. 专用机械类									
其中：× × ×									
× × ×									

备注：说明机械增减原因和非完好情况。

负责人：　　　　　　制表人：　　　　　　电话：　　　　　　报表日期：20　　　年　　　月　　　日

表 6 – 4　库场运用情况

填报单位　　　　　　　　　　　　　　　　　　　　　　　　　　20　　　年　　　月份

	期末有效面积/平方米	平均容量/吨	期初结存吨数/吨	进仓吨数/吨	出仓吨数/吨	期末结存吨数/吨	堆存吨天数/吨·天	平均堆存期/天	容量周转次数/次
甲									
合计									
1. 仓库									
其中：× × ×									
× × ×									
2. 货场									
其中：× × ×									
× × ×									
3. 煤场									

统计负责人：　　　　　　制表人：　　　　　　填报日期：20　　　年　　　月　　　日

思考与练习

1. 什么是泊位占用时间和泊位作业时间,怎样计算?

2. 什么是泊位占用率和泊位作业率,怎样计算?

3. 什么是每吨码头吞吐量,怎样计算?

4. 什么是机械作业量?

5. 什么是完好率,怎样计算? 怎样才能提高完好率?

6. 什么是利用率? 怎样才能提高利用率?

7. 什么是货物堆存吨天数,怎样计算?

8. 什么是平均堆存期,怎样计算? 怎样缩短平均堆存期?

9. 什么是平均每天货物堆存吨数和库场运用率,怎样计算?

10. 什么是容量周转次数,怎样计算?

第七章　水运运输安全和质量统计

安全生产是运输质量最重要的指标,水陆运输的安全性是指在运输生产过程中,运输对象完好无损,平安实现位移的特性。安全性包括两个方面的内容:一是船舶运行的安全,应避免出现各种海损、机损事故;二是运输对象的安全。由于运输企业向社会提供的是运输劳务,而这种劳务又是以位移的方式来实现的,因此,作为水运企业来说,在从事客货运输生产过程中,要想取得利润,圆满完成运输生产任务,就必须以安全为保证。如果运输生产过程中发生安全事故,必然涉及面广,危害性大,不仅影响生产任务的完成,增大运输成本,严重事故还会给国家政治声誉和人民生命财产造成巨大损失。因此,安全生产是增产的前提,也是节约的重要内容,是企业提高经济效益的根本保证。

第一节　船舶海损事故统计

一、船舶海损事故的意义和任务

船舶是水运企业中最重要的生产设备,保证船舶运行安全是水运企业经营管理工作的一项重要任务,是关系到国家财产和人民生命安全的大事。安全为了生产,生产必须安全。水运企业一定要认真贯彻执行安全第一的方针,加强对船员的安全生产教育和技术教育,提高他们的安全意识和技术水平;采取各种有效措施,防止船舶海损事故的发生,保证运输安全。

船舶海损事故统计是为了了解船舶安全生产的现状,针对运输生产中出现的安全问题,有针对性地采取相关措施,加强对船员的安全生产教育;同时加强对安全生产的检查与监督工作,确保安全生产方针、政策得到落实。因此,定期进行船舶海损事故统计,做到准确、及时地反映船舶发生海损事故情况,发现和表扬安全生产先进单位和个人,总结推广安全生产的先进经验,分析海损事故的原因和规律,提出防止事故发生的有效措施,促进水运企业搞好船舶的安全生产。

二、船舶海损事故的统计范围

1. 船舶海损事故的概念

凡船舶在航行中或停泊中发生碰撞、搁浅、触礁、触损、浪损,或遭遇风灾、火灾等造成财产损失、营运时间损失或人身伤亡的事故,均属船舶海损事故。

下列事故,不算海损事故:

(1)船舶机具或属具损坏,但不影响船舶航行安全而发生的事故;

(2)由于船上劳动保护不周、操作不慎或属具损坏等造成的人身伤亡事故;

(3)由于船员(或旅客)自杀、失足落水、失踪等造成人身伤亡事故;

(4)船舶装卸油类或任意排放油污、污水造成水域污染。

2. 船舶海损事故的统计范围

凡船舶在航行或停泊中发生的海损事故,其直接经济损失在200元以上,或遭致停航12小时以上,或造成人身重伤,死亡者,不论事故是否处理完毕均应纳入统计。

三、船舶海损事故的分类

1. 按事故发生的情况分类

（1）碰撞　是指船舶与船舶相互间碰撞造成的海损事故。

（2）搁浅　是指船舶搁置浅滩在 12 小时以上，或擦浅造成的海损事故。

（3）触礁　是指船舶触碰或搁置礁石造成的海损事故。

（4）触损　是指船舶触碰岸壁、码头、航标、桥墩、钻台等固定建筑物或沉船、沉树、木桩等水下障碍物造成的海损事故。

（5）浪损　是指船舶余浪冲击他船造成的海损事故。

（6）风损　是指船舶遭遇强风袭击造成的海损事故。

（7）火灾　是指船舶遭受火烧、爆炸、雷、电等造成的海损事故。

（8）其他　凡不属于上述海损事故，由于其他原因（如倾覆，漏水致沉等）造成船舶沉没、损坏或船员、旅客伤亡的海损事故。

2. 按事故的性质分类

（1）责任事故

是指在技术操作、执行规章、船舶管理等方面的疏忽或过失，船舶修理工作上、航行标志管理上的疏忽和过失等造成的海损事故。

（2）自然因素事故

是指因流冰、山崩、海啸、地震、大风、洪水、大雾、航道变迁等自然情况，船员和有关部门已尽心尽责，仍不能避免发生的海损事故。

（3）其他因素事故

是指因空袭、遇害、敌人破坏等军事行动等特殊原因所造成的船舶海损事故。

3. 按事故的损失程度分类　分为重大事故、大事故、一般事故和小事故四类，其划分标准见下表 7-1。

表 7-1　船舶海损事故分级标准

事故等级 ＼ 船舶分类	3 000 总吨以上或主机功率 3 000 千瓦以上的船舶	500 总吨以上，3 000 总吨以下或主机功率 1 500 千瓦以上，3 000 千瓦以下的船舶	500 总吨以上或主机功率 1 500 千瓦以下的船舶
重大事故	死亡 3 人以上，或直接经济损失 500 万元以上	死亡 3 人以上或直接经济损失 300 万元以上	死亡 3 人以上或直接经济损失 50 万元以上
大事故	死亡 1~2 人或直接经济损失 500 万元以下，300 万元以上	死亡 1~2 人或直接经济损失 300 万元以下，50 万元以上	死亡 1~2 人或直接经济损失 50 万元以下，20 万元以上
一般事故	人员有重伤，或直接经济损失 300 万元以下，50 万元以上	人员有重伤，或直接经济损失 50 万元以下，20 万元以上	人员有重伤，或直接经济损失 20 万元以下，10 万元以上
小事故	人员有轻伤或直接经济损失在 50 万元以下	人员有轻伤或直接经济损失在 20 万元以下	人员有轻伤或直接经济损失在 10 万元以下

四、船舶海损事故的统计指标

1. 事故次数

是指水运企业船舶在报告期内实际发生的海损事故次数。在一次海损事故中，不论受损船舶的经济损失是多少，均作为一次事故统计。船舶发生一次碰撞事故，上报时如有关船舶为两艘或三艘，则每艘船各按二分之一或三分之一统计，但企业内部资料仍应作一次统计。如与国外船舶碰撞，则仍应上报为一次。

2. 损失金额

是指水运企业在报告期内由于发生海损事故而造成损失的全部经济金额，包括货损费、对外赔偿费、修理费、施救费、检查费、事故处理费、沉没报废船舶的价值等损失。损失金额不能及时结算时，应先根据事故的严重程度、损失大小、适当估算，待实际结果出来后，再予以修正。碰撞事故的损失金额，应按事故责任比例分摊数统计。

3. 损失运力

是指在报告期内运输船舶因发生海损事故而损失的运输能力，包括因海损事故而耽误的营运时间以及进厂修理和保修时间。具体计算方法如下：

（1）船舶发生海损，经船员自修后继续航行者，其运力损失应自发生海损事故时起算，至修理后恢复航行时为止；

（2）船舶发生海损后，必须进船厂修理者，其运力损失应自发生海损事故时起算，至修理后重新参加营运时为止；

（3）船舶发生海损后，在报告期内不能恢复其航行，其运力损失应根据船舶损坏的修理情况，适当进行估算。

4. 伤亡人数

是指水运企业在报告期内船舶因发生海损事故而死亡及受伤的船员和旅客人数，不包括由于船上劳动保护不周，操作不慎或工具损坏及自杀、失踪等所造成的伤亡人数。因碰撞事故造成的死亡人数由重要责任方统计，如双方责任一样，则由死人一方统计。

5. 沉没或全损船舶数

是指水运企业在报告期内由于海损事故而沉没或遭受严重损坏后无修复价值的船舶数。凡因舱内进水，失去浮力，致货船、驳船的干舷甲板或客轮最高一层的连续甲板浸没二分之一以上者，均作沉没船舶统计。沉没船舶若不能打捞起来或损坏严重，即使打捞后也无修理价值者，则作全损伤。其计算单位为艘、吨位、客、千瓦。

第二节　船舶机损事故统计

一、船舶机损事故统计的意义和任务

为了保证船舶安全航行，更好地完成客货运输任务，水运企业必须使船舶机械设备经常处于良好状态。要做好这项工作，除了取决于船舶的设计性能、船龄等因素外，还取决于船舶的正确操作使用，加强对船舶的保养工作，否则船舶就可能在航行或停泊过程中发生机损事故，影响船舶的正常运输生产。船舶机损事故统计的目的，就是通过日常统计工作，了解和掌握船舶发生机损事故的情况，分析研究发生机损事故的主客观原因，根据原因有针对性地采取有效措施,防止和减少船舶机损事故的发生,使船舶机械设备处于良好状态,保证船舶安全运行,提高水运企业的经济效益。

二、船舶机损事故的统计范围

1. 船舶机损事故的概念

凡船舶锅炉、主机、机舱辅机、电气设备、轴承、推进器、甲板辅机(不包括甲板系统设备和无线电通讯设备)等部位发生故障或损坏,并造成损失者,或虽未造成损失,但其情节严重、恶劣者,均称为船舶机损事故。

2. 船舶机损事故的统计范围

凡水运、港口、航道企业、事业单位的船舶,在报告期内发生的机损事故,损失程度属于重大事故和一般事故者,不论事故是否已处理完毕,均应包括在统计范围内。

三、船舶机损事故的分类

(一)按事故的损失程度分类

1. 重大事故

凡船舶发生轴承折断(包括曲拐轴、中间轴、尾轴及推进轴),机身或机座裂损变形,曲轴承严重烧损,锅炉烧塌变形或爆炸,以及其他危及安全的事故,从而造成经济损失和运力损失超过一般事故之规定,或造成人身伤亡者,均为重大事故。

2. 一般事故

凡船舶发生机损事故,造成损失符合表7-2规定之一者,即为一般事故。

表7-2　一般事故

船别 \ 损失	367.75千瓦	368.49~1 471千瓦	1 471.74~3 677.5千瓦	3 678.24~7 355千瓦	7 355.74千瓦
损失全额	500~1 000元	1 001~5 000元	5 001~10 000元	10 001~15 000元	15 001~30 000元
损失运力	损失生产时间3小时以上	损失生产时间7小时以上	损失生产时间10小时以上	损失生产时间12小时以上	损失生产时间16~20小时

3. 轻微事故

凡船舶发生机损事故,造成损失小于一般事故之规定者,均属于轻微事故。

4. 隐性事故

凡违反操作规程、管理不当或检修不周,虽未构成机损事故,但可能酿成事故者,均属隐性事故。隐性事故可分为一般隐性事故和恶性隐性事故。一般隐性事故是指造成不太严重后果的隐性事故,如短时间的缺油、发热等。恶性隐性事故是指可能造成严重后果的隐性事故,如锅炉断水、漏水、开错倒顺车等。

(二)按事故的性质分类

1. 责任事故

(1)船员责任事故是指船员违反劳动纪律、操作规程,或违反有关部门及机器制造厂说明书的规定,进行超负荷使用,麻痹大意,预检不周,疏于服务,自修质量不佳,或者质量检查不严所造成的机损事故。

(2)非船员责任事故

①厂修质量不良而造成的事故　是指船厂由于违反工艺操作规程,施工修理和装配不当;事后造成的机损事故。

②材料及燃、润料质量差所造成的事故　是指新造或换新的部件,其机械性能不符合要求,使用燃、润料质量不符合要求,造成机件损坏或加速磨损及腐蚀。

③设计不当而造成的事故　是指新造或新换的机件,在计算安装、用料等设计方面发生错误,造成机件损坏事故。

2. 非责任事故

(1)自然损坏　凡因自然磨损、腐蚀、已经发软,但无条件事先调换者。

(2)其他　不属于有关部门和人员的责任,或由于不可抗拒的原因所造成的机损事故。

四、船舶机损事故的统计指标

1. 事故次数

是指承运企业船舶在报告期内实际发生机损事故的次数。船舶发生机损事故,只要符合统计范围者,均作一次事故统计。

2. 损失全额

是指由于发生机损事故而造成的全部经济损失,包括修理费、配件费、机损事故所产生的船舶检查费、拖带费及赔偿费等,损失全额不能及时估算时,应根据其损失程度进行适当估算。

3. 损失运力

是指船舶发生机损事故后所损失的运输能力,是从船舶发生机损事故时起算,至船舶修复后重新恢复营运为止。其计算单位为吨·天、人·天、千瓦·天。

第三节　货物运输事故统计

一、货物运输事故统计的意义和任务

(一)货物运输事故统计的意义

货物运输过程一般包括货物托运与承运、装运前的准备工作、装船、卸船、航行、保管和交付等环节。按货物运输过程的阶段不同,可将货运作业划分为收送作业、途中作业和到达作业。货物的安全性是指从托运开始到收货人收货为止,这一过程中货物完整无损、无差的程度,保证货物完整无损地、及时地、保质保量地完成货物的运输。不但可以更好地使物资充分发挥应用的作用,同时也能减少港航企业事故赔偿损失、降低运输和装卸成本,提高港航企业的信誉。为了提高货运质量,企业必须通过日常统计工作了解货运质量现状,根据出现的质量问题有针对性地采取有效措施加以解决。

(二)货物运输事故统计的任务

货物运输事故统计的重要任务是及时反映货物在运输、装卸及保管中所发生的货损、货差事故次数、件数和损失金额,并与过去的质量资料进行比较,以便于了解货运质量的现状,

有利于总结经验,吸取教训,针对出现的货运质量问题,追查有关部门的责任,并提出提高货运质量的有效措施,不断提高企业管理水平。

二、货物运输事故的统计范围

(一)货物运输事故的概念

货物从托运方交付承运至承运方将货物交收货单位止,称为货物承运责任期。货物运输事故是指货物在承运责任期间的装卸、航行、保管、交接过程中货物发生的损坏、灭失,以及数量上的差错。

(二)货物运输事故的统计范围

港航企业在报告期内发生的货物运输事故,凡编有货运记录,并属于本企业责任者,不论是否处理完毕,一律统计在本报告期内,统计时应将水运企业和港口分别进行计算。

三、货物运输事故的分类

(一)按货运事故性质不同分类

1. 货损　是指货物在运输、装卸和保管过程中发生的货物数量上的确实损失和质量上的损失。数量上的确实损失包括海难或其他事故(如碰撞、搁浅、火灾、风灾等)以及落水无法捞取、被盗、遗失等原因所导致的货物灭失;由于挥发、散失、流失等原因所造成的超过公耗的货物减量。质量上的损失包括变形、变质、腐蚀、感染和碰撞损失等。

2. 货差　是指货物在运输、装卸和保管过程中发生的溢短或货运工作中的差错,即由于错转、错交、错装、错卸、漏装、漏卸、单货不符等所造成的差错。

(二)按事故发生情况分类

1. 件数短少　是指在运输、装卸和保管过程中所造成的货物件数短少。

2. 质量短少　是指在运输、装卸和保管过程中,由于货物挥发、散失、流失等原因所造成的超过公耗的货物减量。

3. 湿损　是指在运输、装卸和保管过程中,因雨湿、浪湿、潮湿、汗湿而在货物表面留有痕迹所造成的货损。

4. 破损　是指货物或包装破裂、断裂、变形、磨损、折损,或金属表面镀层脱落等的货损。

5. 污损　是指由于配装不当或装卸和保管时不够注意,而使清洁货物被油污、尘污、染毒或感染上异味所造成的货损。

6. 腐坏　是指在运输、装卸和保管过程中,所造成的货物腐烂、变质、干枯等。

7. 海损　是指因船舶发生海损事故而造成的货损。

8. 落水　是指因装卸操作不慎致使货物落水,或因船舶颠簸致使货物塌垛落水等所造成的货损。

9. 票货分离　是指货运票据记载的货物品名和数量与货物的实际情况不符,包括有票无货、有货无票。

(10)其他　是指不属于以上各类的货运事故。

(三)按事故的损失程度分类

1. 重大事故

(1)由于货物爆炸、火灾、中毒等造成人身伤亡的事故。

(2)涉外物资、珍贵文物、尖端保密产品等发生灭失的事故。

（3）货物损失价值在 1 万元以上的事故。

2. 大事故　是指货物损失价值在 5 000 以上至 1 万元以下的事故。

3. 一般事故　是指货物损失价值在 5 000 元以下的货物运输事故。

四、货物运输事故的统计指标

（一）货运事故次数

货运事故次数是水运企业在报告期内发生货物运输责任事故的次数。其计算方法如下：

1. 货运事故次数，一律按"货运记录"进行统计；

2. 凡编有"货运记录"并判定属于本企业责任的货物运输事故统计为一次，同一运单的货物，在运输、装卸和保管过程中，不论发生几次货运事故及其损失的大小，均编制一份"货运记录"，作为一次事故统计；

3. 同一运单的货物，既发生货损事故，又发生货差事故，按其损失较大者作一次事故统计，不应把货损和货差分别作一次事故统计，但其货损和货差件数应分别统计；

4. 由双方或三方共同负责的货运事故，各责任方均应各统计一次货运事故；

5. 散装液体货物呛、冒、滴、漏事故，应统计货运事故次数。

（二）总货运件数

1. 港口总货运件数　是指在报告期内经港口作业（包括装卸、堆存保管、港口驳运）的包装货物的包数、箱数、桶数、捆数等的总件数。

2. 船舶总货运件数　是指在报告期内水运企业自有和租有船舶所承运的包装货物的包数、箱数、桶数、捆数等的总件数。

（三）货损、货差件数

是指在报告期内港航企业发生的货运事故中，实际受损和有差错的包装货物的总件数。其计算方法如下：

1. 按货物运单上表明的货物计件单位作为货损、货差件数单位统计；

2. 共同负责的事故件数，如属两方或三方负责的，应按二分之一或三分之一统计，不满一件按一件计算。

（四）货运收入

1. 港口货运收入

是指在报告期内港口从事货物港内驳运、装卸、保管等的全部经济收入，包括装卸费、堆存费、驳运费、外轮理货费、业务代理费等收入。

2. 船舶货运收入

是指在报告期内水运企业从事货物运输的全部经济收入。

（五）实际赔偿金额

实际赔偿金额是指在报告期内由于港航企业的责任发生货物运输事故而造成货物直接经济损失所支付的实际赔偿数，包括货款、运费、包装费、修理费等费用，以报告期内实际发出的"承认赔偿通知书"的全部金额为准。

（六）货损率

货损率是指在报告期内港航企业发生的货损件数占总货运件数的比率。其计算公式为

$$货损率 = \frac{货损件数}{总货损件数} \times 10\ 000‰ \qquad (7-1)$$

（七）货差率

货差率是指在报告期内港航企业发生的货差件数占总货运件数的比率。其计算公式为

$$货差率 = \frac{货差件数}{总货运件数} \times 10\ 000‰ \qquad (7-2)$$

（八）赔偿金额率

赔偿金额率是指在报告期内港航企业的实际赔偿金额占货运收入的比率，它是反映港航企业运输质量的重要指标之一。其计算公式为

$$赔偿金额率 = \frac{实际赔偿金额}{货运收入} \times 10\ 000‰ \qquad (7-3)$$

（九）货运事故频率

货运事故频率是表示在一定时期内发生的货运事故次数与周期完成的货物周转量之间的比率。其计算公式为

$$货运事故频率 = \frac{货运事故次数 \times 10\ 000}{货运周转量}（次／万吨·公里） \qquad (7-4)$$

由于该指标是表示货物运输的质量指标，所以在统计时应注意货物周转量不能采用换算周转量。

第四节　职工伤亡事故统计

一、职工伤亡事故统计的意义

在社会主义国家中，生产资料是公有的，工人阶级是国家的领导阶级，职工是企业的主人，国家、企业、职工之间的根本利益是一致的。因此，国家每年都拨付大量的资金，用来改善工人的劳动条件和加强对工人的劳动保护措施。这不仅反映党和政府对职工的关怀和爱护，同时也充分体现了社会主义制度的优越性。在企业管理中，安全和生产不是相互排斥的，而是相互促进的，是辩证统一的。保证安全才能搞好生产，搞好生产必须确保安全。如果不安全，发生伤亡事故，危害了工人的身体健康，造成生产停工，生产必将遭受严重的经济损失，导致职工人心涣散。因此，我们必须通过日常职工伤亡事故统计，分析事故发生的原因，有针对性地采取相关措施，对保证安全生产，防止事故的发生，具有重要的意义。

二、职工伤亡事故的统计范围

在港航企业中，发生伤亡事故的原因很多。但就其与生产的关系来看，可分为因工伤亡与非因工伤亡两类。从反映企业安全生产情况来看，职工伤亡事故的统计范围只限于职工因生产与工作而发生的伤亡事故，非因工伤亡不统计在内。

所谓因工伤亡事故，是指职工在生产区域所发生的和生产有关，并歇工一天或一天以上的伤亡事故。因工伤亡事故，包括职工为了生产和工作而发生的伤亡事故，或虽不在生产和工作岗位上，但由于企业设备或劳动条件不良而引起的职工伤亡事故，以下职工上下班在企业通道被生产用车辆所撞引起的伤亡事故。职工在生产区域以外，为执行企业领导分配的任务时，在其工作时间和工作地点，以及在执行任务的途中所发生的伤亡事故等。

如何准确划分因工伤亡与非因工伤亡呢？以下方法可以参考。

1. 是否与生产（或工作）有关。如民兵操练和实弹射击中发生伤亡,这些与生产无关,就不作统计。

2. 是否因工。如虽在工作时间内,但职工因私自离开工作岗位去游泳,或上下班途中在企业通道以外被车辆所撞发生伤亡事故,都不作统计。

3. 是负伤还是疾病。如虽在工作时间内,但因身体健康原因而致死（如脑溢血、心脏病）,不作伤亡事故统计。

4. 统计范围与善后处理待遇要有区别。一般说,凡统计、上报的伤亡事故,可享受职工伤亡事故待遇,但不属统计、上报范围的伤亡事故,有的也可享受因工伤亡待遇。

三、职工伤亡事故的统计指标

（一）伤亡事故总次数

是指港航企业在报告期内发生职工伤亡事故的总案次数,在同一案次伤亡事故中,不论伤亡事故人数是多少,事故损伤程度如何,均按一次统计。

伤亡事故次数按严重程度可分为如下三种:

1. 死亡事故次数　是指有一人以上死亡情况的事故次数。在一次事故中,只要有一人以上死亡,不论其余负伤者情况如何,即计为死亡事故次数。

2. 重伤事故次数　是指无人死亡但有一人以上重伤情况的事故次数。在一次事故中,如有多人受伤,则只要有一人为重伤,即计为重伤事故。

3. 轻伤事故次数　是指只有轻伤,无人死亡和重伤的事故次数。

（二）伤亡总人次数

是指企业在报告期内由于工伤事故所导致的负伤和死亡总人数。伤亡总人数可分为死亡人次数、重伤人次数和轻伤人次数。

（三）负伤者歇工总日数

是指职工发生工伤事故后,伤者为了治疗和休养而在一定时间内连续但非永久性的丧失劳动能力,不能从事工作的停工天数。歇工日数从事故发生后中断工作时算起,到负伤者治疗痊愈恢复工作时为止。恢复工作后因旧伤复发又歇工的天数不再统计在内。

（四）负伤频率

是指在报告期内,平均每一千名职工中负伤（包括重伤和轻伤）的人次数。它是反映职工工伤事故发生频繁程度和企业安全生产水平高低的一个指标。通过负伤频率可以使企业及时了解职工工伤事故的严重程度,便于企业采取措施,消除工伤事故。其计算公式为

$$负伤频率 = \frac{重伤事故人数 + 轻伤事故人数}{全部职工平均人数} \times 1\,000\text{‰} \quad (7-5)$$

（五）负伤严重率

是指平均每一负伤职工工伤一次所损失的工作日数。它是反映职工受伤轻重和企业安全生产水平高低的一个指数。其计算公式为

$$负伤严重率 = \frac{报告期负伤者歇工总日数}{报告期歇工总人数} \quad (7-6)$$

为了更确切的反映平均每一负伤职工在负伤期间丧失劳动能力的天数,表明负伤严重程度,我们可以利用报告期的伤愈人员为对象,来计算负伤严重率。因为只有负伤者伤愈复

工后,才能准确的计算出安全歇工日数。其计算公式为

$$伤愈者负伤严重率 = \frac{伤愈者歇工总日数}{伤愈者人数} \tag{7-7}$$

(六)千人死亡率

是指平均每一千名职工中,因工死亡的人数。它是反映因工死亡事故严重程度的指标,其计算公式为

$$千人死亡率 = \frac{因工死亡人数}{全部职工平均人数} \times 1\,000‰ \tag{7-8}$$

例 7-1　某港 2007 年 1 季度的歇工总日数如表 7-3 所示,求该港 2007 年 1 季度的负伤严重率和伤愈者负伤严重率各是多少?

表 7-3　某港 2007 年 1 季度的歇工总日数统计表

姓名	负伤者歇工总日数	伤愈者歇工总日数
赵××	8	40
钱××	10	30
孙××	20	28
李××	32	—
周××	15	46
合计	85	144

解　负伤严重率 $= \dfrac{85}{5} = 17$

伤愈者负伤严重率 $= \dfrac{144}{4} = 36$

思考与练习

1. 什么是船舶海损事故?
2. 试述船舶海损事故的分类。
3. 船舶海损事故的统计指标有哪些?
4. 什么是船舶机损事故,其统计范围怎样?
5. 试述货物运输事故的分类。
6. 货物运输事故的统计指标有哪些?
7. 什么是因工伤事故,其统计范围怎样?
8. 职工伤亡事故的统计指标有哪些?

第八章　劳动工资统计

第一节　劳动工资统计的意义和任务

一、劳动工资统计的意义

水运企业要从事运输生产,必须具备三个前提条件,即劳动力、劳动对象、劳动资料。其中最为重要的条件是劳动力。劳动力是指在运输企业经济活动中从事劳动的人员,更具体的说是在企业中从事劳动,并由企业支付报酬的人员。通过劳动力数量统计和分析,可以把劳动者的积极性调动起来;也可以正确地处理好劳动者之间以及劳动者和劳动工具、劳动对象之间的关系,使劳动者、劳动对象、劳动工具三者最经济、最合理、最有效地结合起来;还能在合理分工的基础上,正确地配备劳动力,提高劳动生产率,促进运输生产的发展和经济效益的提高。

为了维持和提高劳动者的劳动能力,应该在按劳付酬的原则下,以一定数量的物质文化生活的消费来满足劳动者的需要。劳动者及其家庭成员的物质文化生活的消费,以工资和福利两种形式来实现。

二、劳动工资统计的任务

劳动工资统计的任务有以下几点。

1. 为党和国家制定有关劳动工资政策,并反映和检查政策执行情况提供依据。

劳动工资是十分复杂而又极为重要的问题,它是直接关系到全国人民生活水平的大事,具有很强的政策性。如果处理不当,将会带来严重的后果。制定一项正确的政策,就需要企业提供大量的经过分析的劳动工资方面的数字资料。通过统计积极反映劳动工资政策中出现的新情况、新问题,便于及时总结经验,解决存在的问题,以利于党的方针政策的贯彻执行。

2. 为编制和检查劳动工资计划提供依据。

劳动工资执行的一项重要任务就是为编制计划提供全面、准确的数量资料,使计划的编制建立在积极稳妥的基础上,尽可能反映国民经济计划按比例发展规律的要求。为了使计划更好地符合实际,必须随时检查劳动工资计划的完成情况,发现问题及时反映,以便更好地完成计划。

3. 为加强劳动管理,开展群众性的社会主义劳动竞赛提供依据。

劳动工资统计不仅是上级部门的需要,同样也是加强企业管理的需要。通过奖励制度,提高劳动者的积极性和创造性,不断提高企业劳动生产率。充分利用统计资料,采用鲜明生动的图表、简报等形式,定期公布劳动竞赛和增产节约的成果。总结活动中出现的新情况、新问题;表彰先进个人,先进集体;宣传和推广经验,使群众比有对象,学有榜样,赶有目标,促进后进向先进转化,推动增产节约运动不断地向前。

第二节　职工数量及其构成统计

一、企业职工的分类

企业生产和经营是各类职工在不同的工作岗位上分工合作,密切配合,为社会提供优质产品和服务。因此,各类产品在配备上必须结构合理、比例恰当,才能充分发挥职工的协同作用,提高企业的经济效益。对劳动的全过程进行有效的组织和科学的管理,从而保证运输生产全过程的正常进行,对提高运输工具生产率和劳动生产率具有重要意义。因此,根据不同的统计目的,按不同的标志对运输生产企业职工进行如下分类。

(一)职工按用工期限分类

1. 长期职工　指用工期限在一年以上的在岗职工,包括原固定职工、合同制职工、长期临时工,以及国有企业使用的城镇集体所有制单位的人员和其他使用期限在一年以上的原计划外用工。新分配的大、中专技校毕业生员在当年用工期限不满一年,应视同于长期工。

2. 临时工　指用工期限不超过一年的职工,包括企业根据国家有关规定招用的、签订一年以内劳动合同并且使用期限不超过一年的临时工、季节性用工。

(二)职工按劳动岗位分类

1. 生产人员　是指在运输生产企业中直接从事运输生产及辅助生产活动的各类人员。如运输船员、汽车司机、装卸工人、装卸机械司机、车辆维护修理员和加工运输生产工具配件及其他辅助性劳动的工人。

2. 专业技术人员　是指担负工程技术或工程技术管理工作,并具有工程技术工作能力、为企业发展提供技术保障的人员。

3. 管理人员　指在企业各级职能机构和管理岗位上从事行政、生产、经济管理和政治思想工作的人员,以及长期脱离生产岗位,从事管理工作的工人身份的人员。

4. 服务人员　指服务于职工或间接服务于生产人员,如文教员、生活福利人员、医务保健人员、工勤人员和社会性服务人员。

5. 其他人员　指由企业支付工资,但所从事的工作与企业生产基本无关的人员。如援外劳务人员、长期学习人员、长期病假退养人员和下岗人员等。

(三)职工按技术职务分类

技术职务包括国家已正式指定的各种专业技术服务。已聘用专业技术职务人员,是指其职务经过主管部门审批,并已批准通过且被企业聘用的人员。

1. 高级技术服务　包括工程师、高级经济师、高级会计师、高级统计师,以及相当于这一级的其他技术职务人员。

2. 中级技术人员　包括工程师、经济师、会计师、统计师、讲师、助理研究员,以及相当于这一级的其他技术职务人员。

3. 初级技术职务人员　包括助理工程师、助理经济师、助理统计师、助理会计师、技术员、统计员,以及相当于这一级的其他技术职务人员。

二、职工人数统计

企业职工人数是总量指标中的时点指标,其特点是数值大小和时间长短无关。时点指标的数值相加没有实际意义。职工人数是经常发生变动的,因此,需要计算期末人数的总体规模和水平,以便及时掌握其变动情况,分析其变动的原因和因素。

1. 期末人数

期末人数是指企业在报告期最后一天的人数,如月末、季末、年末人数。期末人数是时点指标,它说明企业在报告期最后一天这一时点上所拥有劳动力数量。期末人数可以用来检查工人人数计划的执行情况和研究下期劳动力对生产的保证程度。

期末人数是职工人数统计的一个重要指标,必须准确统计,但作为时点指标,期末人数只有通过计算序时平均数才能说明企业在整个报告期内的人数。

2. 平均人数

它指企业在报告期内平均每天拥有的职工人数,表明企业在报告期内占用劳动力的一般水平。在统计工作中通常计算月、季、年的平均人数。计算公式为

$$月平均人数 = \frac{报告期每天人数之和}{报告日历天数} \qquad (8-1)$$

如果报告期内职工人数仅统计了月初人数和月末人数,或报告期内职工人数变化不定的,也可采用以下方法计算:

$$月平均人数 = \frac{月初人数 + 月末人数}{2} \qquad (8-2)$$

在月平均人数的基础上,可计算季、年平均人数,其计算公式为

$$季平均人数 = \frac{季内各月平均人数之和}{3} \qquad (8-3)$$

$$年平均人数 = \frac{年内各月平均人数之和}{12} \qquad (8-4)$$

或
$$年平均人数 = \frac{年内各季平均人数之和}{4} \qquad (8-5)$$

计算平均人数时,必须注意以下几点:

1. 每日实有人数是指企业每天所拥有的人数,无论是否出勤,均应计算在内;

2. 节假日人数按节假日的前一天实有人数计算;

3. 不论企业报告期内开工时间长短,计算平均人数时,应将开工期间每日实有人数之和除以报告期日历天数,而不是按实际开工日数平均,这是因为平均人数是反映报告期每天平均拥有的人数,而不是企业在开工期间的平均人数。

例 8-1 某企业 2007 年 8 月 24 日开工,其职工人数资料如下:

24 日、25 日、26 日、27 日、28 日、29 日、30 日、31 日实有人数为 1 800 人,则该企业 8 月份的平均人数为

$$月平均人数 = \frac{1\ 800 \times 8}{31} = 46.45(人)$$

第三节 劳动时间利用情况统计

交通运输企业在现有职工的条件下,充分合理地利用劳动时间,是提高劳动生产率,降低运输成本,提高企业经济效益的重要途径。因此,准确地核算直接生产工人的劳动时间利用情况,是企业经济核算的一项重要内容,并且有助于改善劳动组织,提高企业管理水平。

一、劳动时间的统计核算

（一）劳动时间的计算单位

企业劳动时间的统计核算是对工人进行的,生产工人的劳动时间一般是以工日和工时为计算单位。在实行 8 小时工作制度下,一个工日是指一个工人工作一天(一个轮班),即工作 8 小时;一个工人工作一个小时叫作一个工时。

（二）劳动时间的核算

1. 日历工日(工时)

日历工日是工人在一定时期内所拥有的全部可能的劳动时间。它等于报告期内每日(包括节假日)工人人数之和或报告期内工人平均人数与报告期日历天数的乘积。日历工时是指报告期内日历工日乘以按制度规定每天工作小时数的计算之和。

1. 制度公休工日(工时)

制度公休工日是指在国家(或企业)规定工人休息的节假日的工日数。由于某种原因,工人在公休日内未休息而进行加班的工日数应计入。

工作工日数,制度公休工日数减去公休日加班工日数,等于实际公休工日数。对于公休日加班未满一个轮班的,不计为加班日。而应作为加点工时数,计入实际工作工时数。因每个劳动者都享有休息的权利,工人因病假、产假、事故假等各种原因请假时间中的公休日,仍算作公休工日,不算缺勤工日。制度公休工时是指制度公休日乘以按制度规定工作小时数的计算之和。

3. 制度工作工日(工时)

制度工作工日是指按国家(或企业)规定,报告期内工人应该工作的工日数。它是报告期内按制度规定应该完成的劳动时间总数,是考核企业劳动时间利用情况的基础。制度工作工时等于日历工时数减去制度公休工时数。

4. 停工工日(工时)

停工工日是指工人出勤后,由于某种原因(如停电、停水、停料等)未能从事自己岗位工作的工日数。对于事先预知原因(如计划停电),企业将公休日与工作日调换使用的情况,工人在公休日工作不计作加班,在工作日休息不算停工。工人停工满一轮班的称为全日停工工日,停工不满一轮班的称为非全日停工工时。

$$停工工时 = 全日停工工日 \times 8 - 非全日停工工时 \qquad (8-6)$$

5. 出勤工日(工时)与缺勤工日(工时)

（1）出勤工日(工时)

出勤是对工人上班而言,在轮班内只要工人上下班,不管是否工作或工作时间长短,都算出勤。工人事先接到停工通知或因公出差,虽未上班,也视为出勤。出勤工日数就是工人在制度工作时间内实际出勤的工日数,它等于制度工日数减去缺勤工日数。出勤工时数等于制度工作工时数减去缺勤工时数。

（2）缺勤工日(工时)

缺勤工日是指工人按制度应该到班参加生产,但由于工人本身的原因,未能到班参加生产的工日数。工人缺勤满一轮班的称为全日缺勤工日。工人因迟到、早退或因病、因事等缺勤不满一轮班的,称为非全日缺勤工时。

$$缺勤工时 = 全日缺勤工日 \times 8 - 非全日缺勤工时 \qquad (8-7)$$

6. 非生产工日（工时）

是指执行国家或社会义务活动或经企业指示从事其他社会活动，而未从事本企业生产的工日（工时）。如参加抗洪救灾，参加企业内的党、政、工、团等其他社会团体会议等。非生产时间满一轮班的称为全日非生产工日，不满一轮班的称为非生产工时。

7. 实际工作工日（工时）

实际工作工日数是指工人在报告期内实际参加生产的工日数，工人在一个轮班只要到班参加生产，不管时间长短，都算作一个实际工作工日。

实际工作工时数是指以工时为单位的在报告期内从事生产的时间数。它比实际工作工日数更能准确地反映工人实际应用于生产活动上的劳动时间总量。

$$实际工作工日（工时）= 制度工作（工时）- 停工工日（工时）-$$
$$缺勤工日（工时）- 非生产工日（工时）+ 加班工日（工时） \tag{8-8}$$

二、劳动时间利用情况统计指标

劳动时间利用情况分析的目的，在于不断改善生产组织和劳动组织，尽量减少缺勤，停工和非生产时间，节约劳动力，挖掘劳动潜力，充分把劳动时间利用在第一生产线。反映劳动时间利用情况的指标有以下几个。

1. 出勤率

出勤率是指制度时间表内出勤时间占制度工作时间的比重，反映工人在制度规定的工作时间内的出勤程度。由于考核制度的不同，出勤率有两种计算方式。一种是按工日计算，他只反映全日缺勤工日对劳动时间利用的影响；另一种是按工时计算，它不但反映全日缺勤工日对劳动时间的影响，而且也反映非全日缺勤工日对劳动时间的影响。两者相比，后者比前者更准确。其计算公式为

$$出勤率（按工日计算）= \frac{出勤工日}{制度工作工日} \times 100\% \tag{8-9}$$

或

$$出勤率（按工时计算）= \frac{出勤工时}{制度工作工时} \times 100\% \tag{8-10}$$

2. 装卸出勤率

是指装卸工人在制度工作时间中，可供装卸生产使用的比率。这是港口企业中使用的一个指标，由于在出勤时间中非生产时间比重往往较大，而这些时间对装卸生产又不能发挥直接的作用，因此出勤率指标无法真实反映劳动时间可供装卸使用的程度。装卸出勤率是按工时计算的，其计算公式为

$$装卸出勤率 = \frac{出勤工日 - 全日非生产日}{制度工作工日} \times 100\% \tag{8-11}$$

3. 制度工时利用率

是反映制度工时数实际被利用程度的指标。出勤率只反映工人出勤程度、不能反映制度时间内实际利用程度，因为工人出勤后，还可以发生停工和公假的现象。为了反映工人制度时间实际用于生产的程度，需要计算制度工时利用率。其计算公式为

$$制度工时利用率 = \frac{制度内实际工作工时}{制度工作工时} \times 100\% \tag{8-12}$$

4. 出勤工时利用率

是指工人出勤后,劳动时间直接作用于生产的情况。它反映了全日非生产、全日停工、非全日缺勤、非全日非生产时间和非全日停工时间对实际可能利用的劳动时间的影响。其计算公式为

$$出勤工时利用率 = \frac{制度内实际工作工时}{出勤工时} \times 100\% \qquad (8-13)$$

例 8 – 2　某港 4 月份的装卸工人劳动时间利用情况如表 8 – 1 所示。

表 8 – 1　某港 4 月份装卸工人劳动时间利用情况表

项目	计算单位	数量
平均人数	人	1 000
日历人数	天	30
制度劳动日长度	小时	8
制度公休	工日	8 000
公休加班	工日	400
全日缺勤	工日	1 000
全日非生产	工日	2 000
全日停工	工日	400
非全日缺勤	工时	1 200
非全日非生产	工时	600
非全日停工	工时	24 000
加点	工时	200

解　日历工日 = 1 000 × 30 = 3 000(工日)

制度工作工日 = 3 000 × 8 000 = 22 000(工日)

出勤工日 = 22 000 – 1 000 = 21 000(工日)

制度内实际工作工日 = 21 000 – 2 000 – 400 = 18 600(工日)

出勤工时 = 21 000 × 8 – 1 200 = 166 800(工时)

根据式(8 – 9)可得

$$出勤率(按工日计算) = \frac{21\ 000}{22\ 000} \times 100\% = 95.45\%$$

根据式(8 – 10)可得

$$出勤率(按工时计算) = \frac{166\ 800}{22\ 000 \times 8} \times 100\% = 94.77\%$$

根据式(8 – 11)可得

$$装卸出勤率 = \frac{21\ 000 - 2\ 000}{22\ 000} \times 100\% = 86.36\%$$

根据式(8 – 12)可得

$$制度工时利用率 = \frac{18\ 600 \times 8 - 1\ 200 - 600 - 2\ 400}{22\ 000 \times 8} \times 100\% = 69.89\%$$

根据式(8-13)可得

$$出勤工时利用率 = \frac{18\,600 \times 8 - 1\,200 - 600 - 24\,000}{166\,800} \times 100\% = 73.74\%$$

第四节　劳动生产率统计

劳动生产率是评价企业经济效益好坏的一个重要目标,运输生产企业的劳动生产率是指企业员工从事运输生产活动的劳动效率,可通过单位时间劳动生产率、工人劳动生产率、全员劳动生产率等指标进行考核,不包括对劳动生产率变动的统计和分析。企业劳动生产率的提高一方面能为社会提供更多的产品和服务,另一方面意味着社会劳动时间的节约和成本的降低。

一、劳动生产率的概念和计算方法

(一)劳动生产率的概念

劳动生产率是工人在单位时间内生产产品的能力,单位时间内生产能力愈大,生产的产品数量愈多,则劳动生产率愈高。劳动生产率的提高,意味着劳动时间的节约,即用同样的劳动,生产出更多的产品或提供更多的劳务;也标志着企业劳动管理的改善和加强,是开展生产、节约劳动、降低成本、提高经济效益的有效途径。

劳动生产率的提高,既反映了改善劳动组织,加强劳动纪律,提高企业管理水平所做出的成绩,也反映了广大职工技术革新,技术革命,开展增产节约运动,为实现四个现代化所作出的贡献。

(二)劳动生产率的计算方法

1. 劳动生产率的正指标和逆指标

(1)劳动生产率的正指标　是指单位时间内所生产的产品数量。因此,单位时间内所产生的产品越多,劳动生产率就越高,反之则越低。其计算公式为

$$劳动生产率 = \frac{产品数量}{劳动时间} \qquad (8-14)$$

(2)劳动生产率的逆指标　是指生产单位产品所消耗的劳动时间。因此,单位产品所花费的劳动时间越少,劳动生产率水平越高,反之则越低。其计算公式为

$$劳动生产率 = \frac{劳动时间}{产品数量} \qquad (8-15)$$

劳动生产率的正指标和逆指标只是表现形式上的不同,而无实质上的差异,是从不同角度反映劳动生产率的水平,各有不同的作用。正指标被广泛用于反映运输企业的劳动生产率水平;逆指标一般在企业内部使用,主要用来判定劳动定额。

2. 按产品实物量计算劳动生产率

根据运输生产的劳动成果计算的劳动生产率称为实物劳动生产率,即每种产品的实物量与相应的劳动消耗量的比率。其计算公式为

$$工人实际劳动生产率指标 = \frac{某种产品的实物量}{生产该产品的工人平均人数} \qquad (8-16)$$

工作实物量统计应遵循以下原则:

(1)计算产品实物量的产品或服务必须是符合国家质量标准或部门质量标准的合

格品；

（2）遵守产品核算的截止时间，即期末一天最后一班前；

（3）应尽可能实际度量，少用估计推算；

（4）统计产品实物量时，其统计范围、产品名称、计量单位、计算方法均应按国家有关产品目录的规定进行统计。

3. 按产品价值量计算劳动生产率

为了综合反映生产多种产品的企业劳动生产水平，需要计算劳动生产率的价值指标。工业企业的产值指标有两种：一种是按工业总产值计算的劳动生产率，另一种是按净产值计算的劳动生产率。其计算公式为

$$\text{产值劳动生产率指标} = \frac{\text{工业总产值或工业净产值}}{\text{全部职工平均人数}} \qquad (8-17)$$

4. 按劳动量指标计算劳动生产率

劳动生产率的劳动量指标，即定额工时劳动生产率指标，是反映生产工人每一实际工作工时平均完成多少定额工作产量。对于企业不同品种规格的产量，如以实物量统计，无法折算汇总；如以价值量指标来统计，又要受价值规律、市场供求变化的影响。如果将不同产品工时定额折算成实际完成的定额工时加以汇总，然后与生产这些产品的实际工时相比来计算劳动生产率水平，就能避免上述问题。劳动生产率按劳动量指标（定额工时产量）计算的公式为

$$\text{劳动生产率} = \frac{\text{实际完成定额工时}}{\text{生产使用工时}} \qquad (8-18)$$

5. 按不同人员范围计算的劳动生产率指标

（1）全员劳动生产率

是指以企业的全部人员为范围计算的劳动生产率，它反映报告期内平均每一职工生产产品的数量。因此，计算全员劳动生产率是非常有意义的，它可以用来控制企业定员，压缩非生产人员，充分、合理、节约地使用劳动力。其计算公式为

$$\text{全员劳动生产率} = \frac{\text{换算周转量（吞吐量）}}{\text{全部职工平均人数}} \qquad (8-19)$$

（2）生产工人劳动生产率

生产工人是运输业直接从事运输生产的劳动者，其效率的高低直接反映了运输企业的技术装有水平，劳动熟练程度和技术操作水平，其劳动生产率还是分析全员劳动生产率的依据。其计算公式为

$$\text{运输船员劳动生产率} = \frac{\text{换算周转量}}{\text{运输船员平均人数}} \qquad (8-20)$$

$$\text{装卸工人及司机劳动生产率} = \frac{\text{操作量}}{\text{装卸工人及司机平均人数}} \qquad (8-21)$$

二、劳动生产率的计算原则

劳动生产率指标在统计计算过程中应严格遵循可比性原则，具体表现在如下三个方面：

1. 运输生产的劳动成果和劳动时间消耗量在范围上必须一致，也就是说，劳动成果的统计必须与活劳动消耗量的统计同时起止；

2. 运输生产的劳动成果和劳动消耗量在空间上必须一致，即都发生于同一企业内部；

3. 运输生产的劳动成果和劳动消耗量要具有直接的依存关系,也就是说,应是相应的劳动消耗量所生产的劳动成果,而劳动消耗量应是生产相应的劳动成果所消耗的全部劳动量。

第五节　工资及劳保统计

一、职工工资的核算

(一)工资总额核算的原则

企业职工工资总额是企业在一定时期内直接支付给全部职工的劳动报酬总额。为准确核算企业职工工资总额,必须遵循以下原则。

1. 计入工资总额的应该是职工的劳动报酬

凡是根据职工的劳动数量和质量支付给职工的劳动报酬,不论它是用货币形式支付还是用实物形式支付,还是是从工资开支的,还是由工资科目以外的其他各项经费项目(如搬运费,职工福利基金,加工费等)开支的,均应计入工资总额中。总之,凡是职工的劳动报酬,不论经费来源,也不论支付形式,都应计入工资总额中。

2. 工资总额统计范围应与企业职工人数范围一致

凡是属于职工的人员,其劳动报酬就应该计入工作总额中;凡是不属于职工的人员,工资就不能计入工资总额内。例如,计划外人员的工资就不能漏掉不统计,而离休人员已不属于职工范围,其所发的各种待遇和福利,就不能计入工资总额中。

3. 必须按一定时期范围内的实发数进行统计

时期范围可分为月、季、半年、年。也就是说,要按照月、季、半年以及年度核算工作总额,工资总额按实发数统计,如遇节假日提前在当月的上月的,上月发放工资仍统计为当月工资总额;如遇因工资调整或工资改革而一次补发数额较大时,应加以说明,但在计算职工平均工资时,则需分摊到补发期内各月的工资总额中。

(二)工资总额构成统计与分析

1. 工资总额的构成统计

工资总额的构成反映一定时期内工资总额的基本内容和分配形式的特征,可以用来研究工资总额在各部分职工之间的分配状况和分析工资变动的因素。

工资总额按形式可划分为以下几部分。

(1)计时工资　是指按照计时工资标准和工作时间支付给职工的劳动报酬,它包括以下几部分:

①对已做工作按计时工资标准支付的工资;

②新参加工作职工的见习工资;

③根据国家法律、法规和政策规定,因病、工伤、产假、事假、探亲假、定期休假、执行国家或社会义务活动等原因,按计时工资标准的一定比例支付的工资;

④实行岗位技能工资制的单位支付给职工的技能工资和岗位(职务)工资;

⑤合同制职工按规定缴纳的不超过本人标准工资3%的退休养老金,职工受聘用期的工资浮动升级的工资等。

(2)计件工资　是指对已做工作按计件单价支付给职工的劳动报酬,它包括以下几部分:

①实行超额累进计件、直接无限计件、限额计件、超定额计件等工资制,按劳动部门或主

管批准的定额和计件单价支付给个人的工资；

②按工作任务包干方法支付给个人的包干工资；

③按营业额提成或利润提成办法支付给个人的工资；

④计时工资和计件工资一般称为标准工资,标准工资是根据职工工作能力、熟练程度以及劳动的轻、重、繁、简程度,按照一定标准(计时工资标准和计件单价)支付的基本收入,是工资总额的基本组成部分。

(3)工资性奖金　是指支付给职工的超额劳动报酬和增收节支的劳动报酬,它包括以下几部分：

①各种生产奖金　如超生产奖、质量奖、安全奖、提前竣工奖,考核各项经济指标的综合奖、年终奖等；

②节约奖　包括各种动力、燃料、原材料等的节约奖；

③劳动竞赛奖　包括发给劳动模范、先进集体、先进个人的各种奖金和实物奖励；

④其他奖　如港口速遣奖、劳动节约的提成奖以及运输部门从补票收入中支付的堵漏奖等。

(4)津贴和补助　是为了补偿职工特殊或额外的劳动消耗和其他特殊原因而支付给职工的津贴,以及为了保证职工工资水平不受物价影响而支付给职工的物价补贴,但不包括计划生育等非劳动报酬的补贴,津贴和补助包括以下几部分：

①对劳动强度大,劳动条件差的工种实行津贴　如野外津贴、高空津贴、高空作业津贴、装卸工人岗位津贴、油轮津贴等；

②技术性津贴　如科研津贴、特级教师津贴；

③班组长津贴；

④补贴　包括为职工工资水平不受物价上涨或变动影响而支付的各种津贴,如副食品价格补贴、粮油蔬菜价格补贴、煤价补贴、住房补贴、水电补贴等；

⑤加班加点工资　是指对在法定节假日和公休日工作的职工所发放的劳动报酬。例如,春节、国庆节等法定节假日和公休日的加班工资,在正常工作班时间以外,再继续延长时间进行劳动,如算加班加点,其劳动报酬为加班加点工资；

⑥其他工资　是指由于历史原因对某些人员支付的一部分高于其应得水平的保留工资和对落实政策人员补发的工资。

2.工资总额构成的分析

工资的形式是多种多样的,各种形式的工资都是为了体现按劳分配原则。但是,不同的工资形式在促进生产发展、提高劳动生产率方面的作用大小是不完全相同的。因此,需要对工资总额构成进行分析。

对不同形式的工资在工资中的比重分析,通常是计算各种工资形式的工资额在工资总额中的比重。

例8-3　某航运公司企业职工各种工资形式比重资料如表8-2所示,请分析工资总额的构成是否合理。

解　分析工资总额的构成是否合理,可以从静态和动态两方面进行。

(1)从静态上要分析各项工资的支付数额和比例是否符合有关规章制度;是否有利于调动职工的积极性;是否能促进经济效益的提高。

(2)从动态上将工资总额构成与过去对比,掌握构成的变化情况。如发现构成变化较大,要进一步查明原因;特别是对工资总额构成变化的,要注意观察构成变化对生产的影响。

(3)对标准工资形式的分析,计时工资和计件工资是标准工资的两种不同形式。计时工资是在等级基础上,以劳动时间的多少决定工资总额,工资与劳动成本的大小无直接关系;计件工资则是以劳动成果数量或劳动量作为衡量劳动报酬的尺度,劳动者完成合格的劳动成果和劳动量越高,得到的工资越多。因此,计件工资比计时工资能更直接、更具体地体现按劳分配的原则。

表 8-2　某航运公司职工工资形式比重资料表

| | 总计 | 计时工资 | 计件工资 | | 工资性奖金 | 津贴 | 加班工资 | 其他工资 |
			合计	其中超额工资				
工资额/元	417	331	21.2	2.2	26.2	15.2	9.4	14
比重	100	79.38	5.08	0.53	6.28	3.65	2.25	3.36

二、劳保福利统计

在我国用于保证和改善职工生活的收入,除工资以外,还有劳保福利。它已经成为职工工资的重要补充,是职工实际收入的一个重要组成部分。因此,劳动工资统计,除统计职工工资之外,还要对劳保福利进行统计。

(一)劳保福利费用总额及其构成统计

职工劳保福利费用总额是指企业根据国家有关劳保福利规定实际发给职工个人和用于集体的劳动保险与福利的费用,它由劳动保险和福利费用组成。

1. 企业的劳动保险费用属于营业外开支　包括:退职、离退休金、包括职工退职一次发给的退休金、离退休职工的离休金、退休金、医药费、易地安家补助费、因工致残退休职工的护理费等。

2. 职工死亡、丧葬费及抚恤金　包括职工因工致残按月支付的抚恤金或补助费,职工因工死亡丧葬费和按月发给其抚养直系亲属的抚恤金或补助费,职工因病或非因工死亡或者退休后死亡的丧葬费,一次付给其直系亲属的抚恤金或救济费等。

(二)福利费用

企业的福利费用一般是按职工工资总额的一定比例提取的,它包括以下几项。

1. 医疗卫生费　它包括职工医疗费,职工因工负伤就医路费,职工供养的直系亲属的医疗补助费、医疗经费等。

2. 职工生活困难补助　指对生活困难的职工,企业所给予的定期补助和临时补助。

3. 农副业生产补助　包括农副业生产的开办费和亏损补贴。

4. 文娱体育宣传费

5. 集体福利事业补贴　指对诸如食堂、宿舍、浴室、理发室、洗衣房、托儿所、医务室等一些有收入的集体福利部门的各项开支扣除收入后的差额补贴。

6. 集体福利设施费　指按照国家规定开支的集体福利设施费用。如职工宿舍的修缮费用、职工俱乐部建设费用、集体福利设施的购置和修理费用等。

7. 其他福利性开支　包括探亲路费、上下班交通补贴、因工负伤医疗期间的伙食补贴、计划生育补贴、托儿所补助费、卫生费等。其他福利性开支还包括购买防暑药品和饮料以及发给职工的生活零用品等费用开支。

（二）劳保福利费用的分析

1. 对劳保福利费用构成情况与变动情况的分析

对劳保福利费用构成情况进行统计，可以反映一定时期内运输企业各项劳动福利费用所占的比重、特点等变动情况。例如，运输企业的劳保福利费用中，除用于当年职工福利开支外，还有一部分是用于购置设备和用于集体设施方面的开支。为了反映当年职工所得的效益，可以计算集体福利设施占全部劳保福利总额的比重，研究全部劳保福利费用于当年和长远两部分的比例。

2. 反映职工劳保福利费用支出的水平

职工劳保福利费用支出的水平，即平均每一个职工所享受的劳保福利费用，其计算公式为

$$平均每一职工所享受的劳保福利费 = \frac{劳保福利费用总款}{职工平均人数} \qquad (8-22)$$

由于社会主义企业的工资与职工的劳保福利费都是社会主义制度下消费品的分配形式，因此将平均每一职工所享受的劳保福利费用与职工平均工资联系起来，可以更好地反映企业职工生活水平的变动情况。

（三）平均工资

平均工资是指在一定时期内每一劳动者的平均工资水平。通过它可以反映职工的生活水平，研究各类人员的工资水平的高低，但由于它是由平均工资与职工人数两个因素构成的，无法确切表明工作水平及其动态，因此必须计算平均工资。工资是职工生活的主要来源，我们社会主义国家要在不断发展生产和提高劳动生产率的基础上，不断提高职工工资水平。因此，劳动生产率的发展速度和职工生活水平的提高速度应保持一个恰当的比例。一般来说，劳动生产率的提高速度应略高于职工物质和生活水平的增长速度，也就是略高于职工工资水平的增长速度。平均工资的计算公式为

$$平均工资 = \frac{工资总额}{职工平均人数} \qquad (8-23)$$

例 8-4　某装卸作业区某月的实付工资总额为 124 万元，其中装卸工人 84 万元。全部职工人数为 500 人，其中装卸工人 400 人，则该区的月平均工资为

$$全部职工平均工资 = \frac{1\ 240\ 000}{500} = 2\ 480(元/人)$$

$$装卸工人平均工资 = \frac{840\ 000}{400} = 2\ 100(元/人)$$

平均工资应根据不同的时间单位，分别计算月平均工资、季平均工资和年平均工资。除了计算全部职工平均工资外，还可以计算直接生产人员（如装卸工人、运输船员）管理人员、工程技术人员等各类人员的平均工资。

思考与练习

1. 试述劳动工资统计的意义和任务。

2. 年平均人数、季平均人数、月平均人数怎样计算？

3. 什么是出勤率、装卸出勤率和工时利用率,怎样计算?

4. 请列出劳动时间构成情况的示意图。

5. 劳动生产率有哪些计算方法?

6. 什么是工资总额,其构成怎样?

7. 什么是劳保福利费用总额?

8. 怎样计算平均工资?

第九章　财务成本统计

第一节　固定资产统计

一、固定资产的概念

固定资产是指企业使用年限超过一年的房屋、建筑物、机器、机械、库场、船舶、码头以及其他与生产有关的设备等,是可供企业长期使用,在使用过程中保持原有实物形态的劳动资料和其他物资资料。不属于生产经营主要设备的物品,单位价值在2 000元以上,并且使用年限超过一年的,也应当作固定资产。一项资产是否属于固定资产,还要由企业持有这项资产的目的是否为了长期使用,是否为了用于生产经营来确定。

水路运输企业的固定资产包括运输活动生产过程中的主要劳动手段(包括船舶、装卸机械、库场、建筑物、通讯及导航设备等),以及用于职工福利的非经营用的固定资产(如浴室、俱乐部、幼儿园、理发室、职工宿舍等)。它们虽然与运输生产过程没有直接关系,但与劳动手段一样,为企业所统一管理和使用,因此,亦列为企业的固定资产。固定资产所占用的资金,称为固定资金。

水路运输企业的固定资产是进行运输生产的重要物资条件。它的特点是单位价值比较大,一般可使用多年,能够多次参加运输生产过程而不改变其原有的实物形态,其价值在生产过程中随着本身的磨损以折旧的形式转移到运输成本中去,并从营运收入中得到补偿。随着企业再生产过程的不断进行,固定资产的价值不断地转移,直到固定资产报废,价值全部转移,固定资产才完成一次周转。

为了划清固定资产的范围,使之有比较明确的界限,便于管理与核算的统一,在实际统计过程中,一般使用年限和单项价值在规定的限额以上(生产性固定资产一般在1 000元以上)。当然,这个标准不是固定不变的,它将随着经济和科技的发展而变动,并结合企业的实际情况进行规定和处理。不同时具备上述两个条件的,一般称为低值易耗品,按流动资产进行处理。

二、固定资产总量统计

在统计固定资产时,可以采用实物量指标,也可以采用价值量指标。采用实物量指标统计,可以确切了解固定资产的总量以及分布情况,用以反映企业的生产规模,并可通过固定资产的技术性能来反映它的使用价值。但是,由于不同种类的固定资产其用途和性质不同、计量单位不同,所以他们的实物数量不能直接相加,要统计固定资产的总量必须利用固定资产的价格来进行统计。实际统计工作中,反映固定资产的价值总量的指标有原值、净值及重置价值。

1. 固定资产原值

又称原始价值或原始成本,是指企业购置或建造各种固定资产所支付的实际金额,以及对固定资产进行改造、扩建所追加的金额总和。它表示固定资产全新状态的价值,可以反映企业固定资产的原始投资总额,可以作为计算和提取折旧的依据,同时也是分析研究固定资产构成和利用情况的依据。

2. 固定资产净值

是指固定资产的原值减去累计折旧额后的净额,也就是固定资产原值扣除因使用磨损而转移到产品中去的那部分价值后的余存价值。固定资产净值反映了固定资产尚未转移到产品中去的那部分价值,是企业目前所拥有的固定资产的实际价值。

3. 固定资产重置价值

是指在目前生产技术情况下重新建造或重新购置该项固定资产所需要的全部支出。由于各项固定资产的购置时期不同,用原值表明的固定资产总值,受不同时期价格水平变动的影响,不能准确地反映固定资产的实际价值,要排除不同时期购置价格的影响,需要用固定资产重置价值指标。而以当前重置价对以往投入生产的固定资产进行重置估价,可以更准确地了解固定资产情况。

三、固定资产构成统计

水路运输企业的固定资产种类繁多,价值不一,为了研究各种固定资产所占资金之间的比例关系,分析运输企业固定资产的配备情况,需要对固定资产的构成进行统计,以便更好地利用企业固定资产。固定资产按其经济用途和使用情况可分为以下几种:

1. 生产性固定资产

是指直接参加或直接服务于企业生产经营过程的固定资产,如船舶、车辆、码头、库场、装卸机械、集装箱、通讯导航设备、生产用的房屋等。

2. 非生产用固定资产

是指不直接服务于运输生产经营过程的固定资产,如招待所、幼儿园、食堂、浴室、俱乐部等。因此,非生产用的固定资产在满足职工需求的情况下,要控制在一定范围内,以便发挥固定资产的效用。

3. 租出固定资产

是指经批准因企业多余闲置而出租给外单位使用的资产。通过租出固定资产来提高固定资产的利用效果,增加企业的收入。

4. 未使用固定资产

是指已完工或已购建的但尚未交付使用的固定资产,以及因进行改建、扩建等原因停止使用的固定资产,如企业购建的尚待安装的固定资产等。企业对于未使用固定资产,要积极创造条件充分加以利用。

5. 不需用固定资产

是指本企业多余或不适用,需要调配处理的固定资产。不需用固定资产必须尽快处理,让它转化为生产用固定资产。

6. 封存固定资产

是指按规定经企业主观部门批准封存不用的固定资产。

7. 土地

是指过去已经估价单独登记的一切生产用和非生产用的土地。对于因征地而支付的补偿费,应并入有关的房屋、建筑物的价值之内,不单独作为土地的价值计算。

四、固定资产变动统计

在港航企业中,总有大批的固定资产在继续被使用,同时新的固定资产在不断地被增加,引起固定资产发生增减变化的原因主要有以下几种。

1. 固定资产增加的原因

(1)新建或改建的固定资产;

(2)购置的固定资产;

(3)调入的固定资产;

(4)其他,如清查中盘盈的固定资产等。

2. 固定资产减少的原因

(1)报废与拆除的固定资产;

(2)灾害与事故损失的固定资产

(3)调出的固定资产;

(4)向其他单位投资转出的固定资产;

(5)其他,如清查中盘亏的固定资产等。

实际工作中,为了考核固定资产变动情况,可以设置以下指标:

(1)固定资产增长量 是指在一定时期内固定资产价值与减少价值之差,它反映一定时期内固定资产增长情况。

(2)固定资产动态指标 是指报告期末固定资产原值与基期末固定资产原值之比,它表明固定资产增减变动的程度。其计算公式为

$$固定资产动态指标 = \frac{报告期末固定资产原值}{基期末固定资产原值} \times 100\% \qquad (9-1)$$

(3)固定资产增长率 是指报告期固定资产增长量与期初全部固定资产总值之比,用以说明报告期内固定资产增长的相对程度。其计算公式为

$$固定资产增长率 = \frac{报告期固定资产增长量}{同期期初全部固定资产原值} \times 100\% \qquad (9-2)$$

由于固定资产的动态指标不能反映余数企业固定资产变动的过程,因此,固定资产变动的过程和原因可以用以下固定资产的平衡关系表示:

年末固定资产原值 = 年初固定资产原值 + 本年增加固定资产原值 - 本年减少固定资产原值

$$(9-3)$$

根据平衡关系,具体分析固定资产在一年中的增加变动情况及其原因,可以查明固定资产增减是否合理,以及对企业经济效益产生的影响。对不合理的增减,应提出处理意见。

五、固定资产利用程度统计

运输企业的生产与发展,除了通过购置运输工具和设备、扩大企业规模、增加利润外,充分利用企业现有的固定资产具有很重要的意义。充分利用固定资产,是运输企业经营管理的一个重要内容。提高固定资产的利用效率,以较少的固定资产完成更多的运输生产任务,是节约企业资金的一个重要途径,也是降低运输成本的有效措施。综合反映运输企业固定资产利用程度的指标有以下几个。

1. 每百元固定资产核算周转量

是指平均占用每百元固定资产所完成的核算周转量。其计算公式为

$$每百元固定资产核算周转量 = \frac{核算周转量}{固定资产原值} \times 100 \qquad (9-4)$$

2. 每百元固定资产营运收入额

是指企业在报告期每百元固定资产平均提供的营运收入。该指标的数值越大,表明企业的固定资产利用效果越好。其计算公式为

$$每百元固定资产营运收入 = \frac{营运收入总额}{固定资产原值} \times 100 \qquad (9-5)$$

3. 每百元固定资产盈利额,是指平均占用每百元固定资产所获得的盈利额。盈利额包括税金和利润两部分。该指标的数值越大,表明企业的固定资产利用效果好。其计算公式为

$$每百元固定资产盈利额 = \frac{利税总额}{固定资产原值} \times 100 \qquad (9-6)$$

4. 每百元营运收入占用的固定资产

是指企业在报告期平均每百元营运收入占用的固定资产,该指标的数值越小,说明固定资产利用效率越好。其计算公式为

$$每百元营运收入占用的固定资产 = \frac{年平均固定资产总额}{全年营运收入总额} \times 100 \qquad (9-7)$$

在计算时应注意:固定资产必须使用年平均数计算,因为营运收入是时期指标,用年平均固定资产金额才能与营运收入相适应。

第二节　流动资产统计

一、流动资产的概念和特点

流动资产是指可以在一年内或者超过一年的一个营业周期内变现或者运用的资产,包括现金、各种存款、应收款、预付款和可变现的有价证券等。运输业在生产过程中,除了拥有一定的固定资产外,还需要有一定数量的流动资产,保持有一定数量的燃料、物料、配件和低值易耗品等。这类生产资料称为流动资产,它们所占有的资金称为流动资金。

同固定资产相比,流动资产有以下两个方面的特点:

1. 流动资产的实物耗费与价值补偿同时完成,也就是说,在企业生产与经营过程中,流动资产既以价值形态参与周转,又以实物形态参与周转,流动资产的耗费与补偿是在一个经营周期内同时完成的。实物形态的流动资产在生产过程中完全消耗,改变了原有的形态,其价值也完全转移到新生产的产品成本中去,通过产品销售收入而收回。

2. 流动资产占用形态既相互转化又同时并存。运输企业流动资产的最初形态是货币资金,随着生产工作的进行,它的一部分用于购买燃料、物料、备用配件、装卸工具等的价值一次全部转入运输成本中去,在结算运输收入后全部收回,流动资产又转化为较最初数额增多了的货币资金,之后,又转入下一个循环。因为它永远处于周而复始的不断流动状态,所以称为流动资金。

二、流动资产的总量统计

流动资产总量是指各种流动资产形态的总和,包括货币资产、短期投资、应收及预付款、存货等。

1. 货币资产

是指企业拥有的现金和流通票据,包括库存现金、银行存款、银行本票和汇票等。货币资产按面值计算。

2. 短期投资

是指能随时变现,且持有时间不超过一年的有价值证券及其他投资,包括股票投资、证券投资等。短期投资的目的,是为了避免资金闲置,利用暂时多余的资金去获得一定的投资收益。当生产需要时,能随时变现。我国会计制度规定以成本计价反映总量。

3. 应收及预付款

是指因生产经营活动而发生的与其他单位的往来款项所形成的债权。包括应收票据、应收账款、其他应收款、预付账款、待摊费用等。

4. 存货

是指企业在生产经营过程中为销售或耗用而储备的各种资产,包括燃料、物料、配件、通讯导航器材及低值易耗品等。企业存货成本包括购买价、运杂费、运输途中的合理损耗、入库前的挑选整理费等。实际工作中,存货的统计数据可直接从会计资料中获得。

三、流动资产构成统计

为加强流动资产管理,正确运用和组织流动资产,有必要对流动资产的构成进行统计。

(一)流动资产按其在生产过程中的作用分类,可以分为生产领域的流动资产和流通领域的流动资产

1. 生产领域的流动资产

是指用于企业生产领域的各项流动资产,包括储备资产和处于生产过程中的流动资产等。它是保证企业生产经营顺利进行必不可少的资产,在企业流动资产中占有较大比重。

(1)储备资产 是指处于生产准备状态的流动资产,即企业货币购买燃料、物料、配件、通讯导航器材及低值易耗品等流动资产。它是运输企业流动资金构成中的最主要部分,占有较大比重。流动资金短缺往往是由于这部分资金积压造成的,把储备资金压缩到最合理限度,是合理利用好流动资金的关键。

(2)生产过程中的流动资产 是指从储备物资投入生产开始,到生产过程结束为止所备用的流动资产,包括运输生产中所耗用的燃料、物料、配件等流动资产。

2. 流动领域的流动资产

是指不直接用于生产过程的结算资金和货币资金,如库存现金、银行存款、备用金及各种应收款等。它是保证流通过程顺利进行并尽快进入下一个环节的重要条件,也应加速其周转。

(二)流动资产按管理方式分类,可以分为定额流动资产和非定额流动资产

1. 定额流动资产

主要指生产领域中的储备资金、生产资金、成品资金等。这部分资金占用数量比较稳定,可以根据生产任务和生产条件确定合理的定额。

2. 非定额流动资产

主要指货币资金和结算资金。这部分资金在数量上随经营情况的不同而经常变动,无法确定最低需要量,所以属于非定额流动资产。

(三)流动资产按资产的变现情况分类,可以分为速动资产和非速动资产

1. 速动资产

是指能迅速转化为现金的流动资产,包括现金应收账款、短期投资等。

2. 非速动资产

是指不能迅速转化为现金的流动资产,主要是存货。

运输企业流动资产总量的分类统计,能反映流动资金的构成情况,可以分析流动资产的构成是否合理,为管理流动资产提供了依据。

四、流动资金利用情况统计

运输企业的流动资产在使用过程中经常处于流动状态,不断地从一种形态转化为另一种形态。流动资产在各种形态上停留时间越短,它所发挥的的作用越大,表明资金的利用越充分。反映流动资产利用情况的指标有周转次数、周转天数、每百天运输收入占用的流动资产等。

1. 流动资产周转次数

流动资产周转次数是一定时期内营运收入与流动资产平均占用额的比例。流动资产从货币形态开始,依次经过储备阶段、生产阶段,到取得运输收入,收回资金为止,即完成一次周转。一定时期内流动资金的周转次数越多,则流动资金利用效率越好。其计算公式为

$$流动资产周转次数 = \frac{报告期营运总收入}{流动资产平均占用额} \qquad (9-8)$$

2. 流动资产周转天数

流动资产周转天数是指企业流动资产完成一次周转所需的天数。其计算公式为

$$流动资产周转天数 = \frac{报告期日历天数}{流动资产周转天数} \qquad (9-9)$$

流动资产周转次数越多,周转一次所需要的天数越少,两者成反比。

3. 每百元收入占用流动资产

它是反映企业在一定时期内流动资产占用额与营运收入额的比率。在实际工作中,一般以百天营运收入所占用的流动资产表示。其计算公式为

$$每百元营运收入占用流动资产 = \frac{流动资产平均额}{年营运总收入} \times 100 \qquad (9-10)$$

指标越少,则流动资产的利用效果越好。为了便于将企业不同时期的百天营运收入占用的流动资产进行比较,分析流动资产的利用情况,一般对百天营运收入占用的流动资产按年考核。

4. 每千换算周转量占用流动资产

每千换算周转量占用流动资产是反映船舶运输企业在报告期内所完成的换算周转量和流动资产占用额的比例关系。这个指标越低,说明完成同样数量的换算周转量所占用的流动资产越小,即流动资产利用得越好。其计算公式为

$$每千换算周转量占用流动资产 = \frac{定额流动资产平均额}{换算周转量} \times 100 \qquad (9-11)$$

例9-1 某运输企业第三季度的统计资料如表9-1所示,第三季度完成换算周转量为32亿吨·公里。求第三季度流动资产周转次数、周转天数和每千换算周转量占用流动资产分别是多少?

表9-1 某运输企业第三季度统计资料表

流动资产占用额/万元		营运收入/万元	
日期	金额	日期	金额
6月30日	520	—	—
7月31日	500	7月份	300
8月31日	540	8月份	320
9月30日	560	9月份	340

解 第三季度的营运收入总额 $= 300 + 320 + 340 = 960$(万元)

第三季度流动资产平均占用额 $= (520/2 + 500 + 540 + 560/2) \div 3 = 526.67$(万元)

由(9-8)可得

$$流动资产周转次数 = \frac{960}{526.67} = 1.82 次$$

由(9-9)可得

$$第三季度流动资产周转天数 = \frac{92}{1.82} = 50.55 元$$

由(9-11)可得

$$第三季度每千换算周转量占用流动资产 = \frac{5\,266\,700 \times 1\,000}{3\,200\,000\,000} = 1.645(元/千吨公里)$$

第三节 运输和装卸成本

一、运输成本的意义和任务

运输成本是指交通运输企业在一定时期内为完成一定数量的运输量所支付的费用总额。运输企业为了运输货物和旅客,需要消耗燃料、物料,发生运输工具的折旧和修理费,支付职工工资,支付各种管理和业务费用等,这些费用总和构成了运输企业的成本费用。运输成本是反映运输企业生产经营管理和技术水平高低的一个综合性指标。运输企业运输质量的优劣、劳动生产率的高低、燃料和其他物资消耗的多少、运输工具组织管理水平、运输工作量的多少都会直接从这些运输成本中反映出来。通过运输成本的统计与分析,对企业生产经营管理活动中存在的优点应予以推广,对薄弱的环节应加以改进,对有潜力的地方应进行挖掘。因此,运输企业应加强运输成本核算,认真做好运输成本统计工作,不断节约运输生产费用,降低运输成本,提高企业经济效益。

运输成本统计的任务是在成本核算的基础上,对运输成本的动态和成本计划完成情况进行分析,找出完成与未完成计划的原因,从中发现企业生产经营管理中存在的问题,为促进企业加强生产管理、不断降低运输成本、节约开支、提供必要的资料。

二、船舶运输成本

船舶运输成本是以各类船舶的运输业务为成本核算对象。有条件的企业还可以进一步核算单船成本、航次成本、分货类成本、分航次成本等。

船舶运输成本统计指标有运输总成本和单位运输成本两种。

(一)运输总成本

运输总成本是指船舶在报告期内完成客货运输总量所支付的各项费用的总和,包括船舶在运输过程中直接发生的各种费用、为运输服务的港口费用,以及应负担的管理机构各项费用。其计算公式为

$$运输总成本 = 船舶费用 + 企业管理费 - 与运输成本关费用$$

1. 船舶费用

是指运输船舶从事客货运输工作所发生的各项费用。它反映船舶运输过程中物化劳动和活劳动消耗货币形态的综合量。它由下列项目组成:

(1)工资　是指按规定支付的船员工资;

(2)职工福利基金　是指企业按规定从工资总额中提取的职工福利费;

(3)燃油料　是指运输船舶为进行经营业务而耗用的全部燃料和油料;

(4)材料　是指企业进行经营业务而耗用的全部材料,如修理商品配件、低值易耗品等;

(5)基本折旧　是指企业按照核定的固定资产折旧率计算提取的折旧费;

(6)修理资金提存　是指企业按照核定的修理基金提取率计算提取的修理基金;

(7)港口费　是指运输船舶在港口发生的引航费、港务费、停泊费、拖轮费、交通船费、代理费、理货费、开关舱费、扫舱费、烘舱费、翻仓费等客货运业务费用,航行国外的船舶还包括吨税、过境税、运河费、灯塔费、系解缆费、货物装卸费、货物转口费及垫舱料费等;

(8)船舶保险费　是指远洋运输船舶向保险公司投保所支付的保险费;

(9)事故损失　是指运输船舶发生海损、机损和货损、货差等事故对外支付的赔偿费用;船舶损坏部分的修理费用以及抢救和善后处理等费用;

(10)养河费　是指地方内河营运船舶按规定支付给地方航政部门的养河费;

(11)其他　是指不属于以上各项的运输船舶其他费用,例如船舶检验、交通船费、船员制服补贴等。

2. 企业管理费

是指企业为管理和自制生产所发生的费用,包括管理人员的工资福利费,管理用固定资产折旧费、修理费、办公费、水电费、业务费、差旅费、招待费等费用。

3. 与运输成本无关费用

包括船舶费用中的运输船舶出租、旅客服务和企业管理费中的通讯对外服务、供应对外服务等费用。

(二)单位运输成本

单位运输成本是指船舶运输企业在报告期内完成单位运输量的平均成本额,用以表明运输企业的运输成本水平,同时也是检查成本计划执行情况、分析成本变动原因的依据。其计算公式为

$$客运单位成本 = \frac{客运总成本}{旅客周转量} \times 1\,000 \qquad (9-12)$$

$$货运单位成本 = \frac{货运总成本}{货物周转量} \times 1\,000 \qquad (9-13)$$

$$客货运综合单位成本 = \frac{客货运总成本}{换算周转量} \times 1\,000 \qquad (9-14)$$

三、港口装卸成本

港口企业的装卸成本,以本港的货物装卸业务为核算对象,有条件的港口还可以进一步核算分货类成本、分专业码头成本、分操作过程成本等。港口装卸成本统计指标有装卸总成本和装卸单位成本等。

（一）装卸总成本

装卸总成本是指港口在报告期内经营货物装卸业务完成总装卸量所支付的全部费用。装卸总成本是计算装卸单位成本的基础。其计算公式为

装卸总成本 = 装卸直接费用 + 企业管理费（不包括在装卸成本内的作业费用）

$$(9-15)$$

1. 装卸直接费用

是指为了进行装卸作业直接发生的各项费用,它由下列项目组成:

（1）工资及福利费　是指支付给装卸工人和司机的工资、津贴、补助、奖金以及提取的福利费等;

（2）燃料　是指装卸机械在运行和操作过程中所耗用的燃料费用;

（3）动力及照明　是指装卸机械在运行和操作过程中所耗用的动力及照明费;

（4）工具　是指制造、购置和修理装卸工属具所发生的费用;

（5）折旧费　是指企业按核定的固定资产折旧率计算的折旧费;

（6）修理费　是指企业对码头、仓库、装卸机械等设备进行修理所支付的费用;

（7）大修理基金提存　是指企业按照核定的大修理基金提存率计算提取的大修理基金;

（8）外付装卸费用　是指付给外单位支援装卸工作所发生的费用;

（9）劳动保护费　是指从事装卸业务使用的劳动保护用品,以及防暑、防寒、保健饮料品所发生的各项费用;

（10）事故损失　是指因装卸作业造成的应由本港负担的机损、货损、人员伤亡等事故所发生的损失;

（11）其他　指不属于以上各项目的其他装卸直接费用。

2. 企业管理费（参阅运输总成本中的企业管理费）

3. 不包括在装卸成本内的作业费用

包括装卸工人参加仓库修理所发生的费用等。

（二）单位装卸成本

单位装卸成本是指港口企业在报告期内按单位装卸生产量计算的平均成本。它可以综合反映装卸成本的平均水平;通过对比分析,可以反映港口企业装卸计划完成情况,分析成本变动原因的依据。其计算公式为

$$千吞吐量单位装卸成本 = \frac{装卸总成本}{吞吐量(本港装卸)} \times 1\,000 \qquad (9-16)$$

$$千装卸自然吨单位装卸成本 = \frac{装卸总成本}{装卸自然吨} \times 1\,000 \qquad (9-17)$$

$$千操作量单位装卸成本 = \frac{装卸总成本}{操作量} \times 1\,000 \qquad (9-18)$$

例 9 - 2 某港 2007 年完成吞吐量8 600 万吨(其中,本港卸8 200 万吨),装卸自然吨5 600 万吨,操作量12 000 万吨,装卸总成本为12 800 万吨,求该港该年的单位装卸成本。

解 据式(9 - 15)可得

$$千吞吐量单位装卸成本 = \frac{12\,800}{8\,200} \times 1\,000 = 156.98(元/千吨)$$

据式(9 - 16)可得

$$千装卸自然吨单位装卸成本 = \frac{12\,800}{5\,600} \times 1\,000 = 2\,285.7(元/千吨)$$

据式(9 - 17)可得

$$千操作量单位装卸成本 = \frac{12\,800}{12\,000} \times 1\,000 = 1\,066.7(元/千吨)$$

第四节 利润统计

一、利润的概念

利润是指企业在一定期间生产经营活动的最终成果,也就是收入与费用配比相抵后的差额。运输企业的利润是从企业的营运收入中扣除成本和税金后的差额。利润是反映企业生产经营活动效益的一个综合性指标。运输企业在增加运量、提高质量、降低成本等方面的完成情况,最终都要通过企业利润的高低反映出来。因此,进行利润统计,对加强企业经营管理,提高经济效益有着重要的意义。

二、利润总额的构成

利润总额是运输企业在一定时期获得的全部利润,它集中反映了交通运输企业营运生产活动各方面的经济效益,是衡量和评价企业经营活动的重要指标。为了便于对利润总额的统计分析,需要研究利润总额的构成。

1. 船舶运输利润

船舶运输利润是指船舶运输企业进行客货运输业务所获得的运输收入扣除运输成本和缴纳的税金后所余下的纯收入。其计算公式为

$$运输利润 = 运输收入 - 运输成本 - 运输税金 \qquad (9-19)$$

2. 港口装卸利润

港口装卸利润是指港口企业进行货物装卸业务所获得的装卸收入扣除装卸成本和缴纳的税金后余下的纯收入。其计算公式为

$$装卸利润 = 装卸收入 - 装卸成本 - 装卸税金 \qquad (9-20)$$

3. 堆存利润

是指港口企业进行货物储存保管业务所获得的利润。

4. 外轮代理利润

是指企业进行外轮代理业务所获得的利润。

5. 其他业务利润

是指港航企业经营其他业务所获得的利润。其他业务是指企业所经营的旅客服务、船舶临时出租、外派船员和打捞施救、旅游、引水等业务产生的利润。

6. 营业外收入与营业外支出

营业外收入与营业外支出,是指企业发生的与其生产活动无直接关系的各项收入和各项支出。其中,营业外收入包括固定资产盘盈、处理固定资产净收益、教育附加费返还款、罚款收入及其他收入;营业外支出包括固定资产盘亏、处理固定资产净损失、非常损失、捐赠损失、非修理期间的停工损失、赔偿费、违约金等。

$$利润总额 = 运输利润 + 装卸利润 + 堆存利润 + 外轮代理利润 +$$
$$其他业务利润 + 营业外收入 - 营业外支出 \qquad (9-21)$$

三、利润率的统计

利润率是用来反映企业一定时期的利润额与生产耗费、生产成果或经营资金占用额等相互关系的指标。交通运输企业的利润率指标,通常有成本利润率、营收利润率、产量利润率、资金利润率等。

1. 成本利润率

成本利润率是指运输企业在报告期内运输利润与运输成本之间的比例关系。一般而言,在收入一定时,企业成本低,则利润额高,成本利润率也高,说明企业为获取收益而付出的代价越小,获利能力越强;反之,则相反。其计算公式为

$$成本利润率 = \frac{运输(装卸)利润额}{运输(装卸)成本} \times 100\% \qquad (9-22)$$

2. 营收利润率

营收利润率是指港航企业在一定时期内的利润总额与营运收入的比例。说明运输企业每收入一元可获得的利润,其计算公式为

$$营收利润率 = \frac{利润总额}{营运收入} \times 100\% \qquad (9-23)$$

3. 产量利润率

运输企业产量利润率是指企业在一定时期内完成的运输利润与运输量之间的比例,表明每完成单位运量或单位周转量所获得的利润。产量利润率指标主要反映生产成果所取得的经济效益,用来检查企业增产情况下是否做到了增盈。

$$产量利润率 = \frac{运输利润}{换算周转量} \times 100\% \qquad (9-24)$$

4. 资金利润率

资金利润率是指企业在一定时期内利润总额与资金占用额之间的比例,反映了企业劳动成果与劳动消耗、劳动占用之间的关系,是综合反映运输企业生产经营活动的经济效益和资金利用效果的一项重要的综合性指标。通过资金利润率可以从企业全部资产占用(包括

固定资产和流动资产占用)来考虑企业的经济效果,促使企业节约资金,提高资金利润率。其计算公式为

$$资金利润率 = \frac{利润总额}{固定资产平均原值 + 流动资产平均占用额} \times 100\% \qquad (9-25)$$

或

$$资金利润率 = \frac{利润总额}{固定资产平均净值 + 流动资产平均占用额} \times 100\% \qquad (9-26)$$

5. 资金利税率

资金利税率是指一定时期内企业利润总额、交纳税金与资产平均余额的比例。其计算公式为

$$资金利税率 = \frac{利润总额 + 税金}{固定资产平均原值 + 流动资产平均占用额} \times 100\% \qquad (9-27)$$

或

$$资金利税率 = \frac{利润总额 + 税金}{固定资产平均净值 + 流动资产平均占用额} \times 100\% \qquad (9-28)$$

运输企业利润和税金都是运输生产经营活动所创造的纯收入。经济体制改革以来,国家对利润的分配作了较大的调整,加征了多种新的税种,税金占运输企业纯收入的比重逐渐增大,所以计算资金利税率更能综合反映运输企业的经济效益。

思考与练习

1. 什么是固定资产?
2. 什么是固定资产原值和固定资产净值?
3. 固定资产有哪些构成?
4. 固定资产变动原因是什么?
5. 什么是每百元固定资金平均收入额和每百元收入占用固定资产,怎样计算?
6. 什么是流动资金?
7. 什么是运输和装卸成本?
8. 什么是运输总成本,怎样计算,它由哪些项目所构成?
9. 什么是装卸总成本,怎样计算,它由哪些项目所构成?
10. 什么是利润?
11. 利润总额由哪些构成?
12. 什么是成本利用率、营运收入利润率、产量利用率、资金利用率、资金利税率,怎样计算?

第十章　水运运输统计分析

第一节　水运运输统计分析概述

一、统计分析的意义与任务

统计分析是指在统计调查和整理的基础上,运用统计指标和特定的方法,对企业经济现象进行科学的分析和综合研究的过程,以达到认识事物本质和规律性的目的。统计工作的全过程包括统计调查、统计资料的整理和统计分析。统计分析是统计工作的最后一个重要阶段。统计分析就是在占有资料的基础上,根据统计分析的要求,运用各种统计分析方法,对所研究的社会经济现象进行解剖、比较、分析、综合、揭示事物内在联系及发展的规律性,总结经验,发现问题,预测未来,找出企业生产经营活动的本质和规律,提出解决问题的建议,不断提高企业经营管理水平。

统计分析的基本任务有如下三点:

1. 分析运输企业各项经济指标完成计划情况,从而对企业生产经营活动的成果作出全面的评价;

2. 分析研究运输企业生产经营活动过程中的成绩和差距,找出薄弱环节,总结经验,接受教训,挖掘潜力,提出建议,促进企业生产经营持续、高速发展;

3. 分析研究运输企业生产经营活动发展变化的趋势,了解和掌握客观经济规律,预测未来,不断提高企业管理水平。

二、统计分析的特点和种类

（一）统计分析的特点

1. 统计分析是从数据入手,进行定量分析,将企业经济现象的数量进行对比,从中找出数量之间的关系和差异,进而分析原因,找出事物发展的规律性。

2. 统计分析具有综合性的特点,统计分析的对象不是个别的事物,也不是个别的现象,而是某种现象的整体。例如,统计分析安全质量的变动,是分析整个企业安全质量的变化,而不是分析某个船舶的安全质量的变化。

3. 统计分析具有灵活性,既可以对企业的整体生产经营进行综合分析,又可以对企业中的某个问题进行专门分析。

（二）统计分析的种类

1. 按分析的内容不同进行分类

（1）计划执行情况的分析,一般包括计算各种统计指标的计划完成情况,分析计划完成或未完成的原因,总结计划执行中的成绩和经验,并找出计划执行中存在的问题,针对出现的问题采取相应措施,解决企业存在的问题,使企业更健康的发展。

（2）国家的方针、政策执行情况的分析,通过统计分析,了解企业对国家的方针,政策执行情况,以便于企业改进自己的工作。

2. 按分析内容所包含的范围不同进行分类

（1）专题分析是指对某个专门问题所进行的分析。一般是围绕中心工作开展,对某个重要问题、典型事例等进行专门的分析研究。例如,对安全质量的分析,企业经济效益的分析等。专题分析的特点是针对性强,分析面比较窄,容易深入研究问题,时效性强。

（2）综合分析是把一些相互联系的社会经济现象综合起来进行统计分析,用以揭示它们之间的联系规律,是对经济活动中全面性问题所作的全面分析。它主要研究国民经济发展中企业生产经营活动中的各种比例关系。其特点是分析内容涉及范围大,指标多,因素复杂。

由于综合分析研究的对象总体大小不同,所以综合分析又可以分为以下几种。

①国民经济的综合分析　这种分析的对象是国民经济总体,分析目的是研究国民经济中的若干重大比例关系。如果比例失调就要通过分析找出失调的原因,进行再平衡工作。这些比例关系包括:积累与消费之间,农、轻、重之间,国家、集体和个人所得,财政收入与国民收入的比例关系等。

②部门的综合分析　以国民经济各部门为总体的统计分析称为部门综合分析,这种分析研究的是各部门内部达到的比例关系,并进行综合平衡工作。以交通部门为例,对各种运输方式比例关系的研究就是部门综合分析。

③地区的综合分析　以一个地区(省、地、市、县)为总体的统计分析称为地区的综合分析。分析研究的是地区经济发展中的一些比例关系。它是进行国民经济综合分析的基础。

④企业的综合分析　是以企业为总体,对企业内部的一些比例关系进行研究的统计分析。例如,研究企业内部管理人员与一线工人的比例关系等。

三、统计分析的原则与步骤

(一)统计分析的基本原则

1. 统计分析要坚持唯物辩证法,坚持对立统一的原则

从事物的发展中来分析问题,既要看到成绩,也要看到问题;既要看到有利条件,也要看到不利因素。

2. 统计分析要坚持基本统计数据与具体情况相结合的观点

要重视大量的基本统计数字的分析研究和运用,以便对研究对象作出综合分析;也要注意必须通过典型案例和具体情况的剖析,使综合分析的内容更加翔实。

3. 统计分析要坚持实事求是,从实际情况出发进行分析

从企业实际生产活动找出问题,通过仔细的调查与分析研究,找到解决问题的方法,切忌想当然,定框框,违背事物的本质。

4. 统计分析要坚持全局的观点

在企业看来有利的事情,而在整个行业或整个国民经济看来不一定有利,因此,必须坚持局部服从全局的观点。

5. 统计分析要用发展的观点看问题

要从事物发展的基本历史联系中来观察问题。

(二)统计分析的基本步骤

1. 确定统计分析的目的和题目,拟订分析提纲

统计的特点之一,在于具有强烈的实践性。因在实践中有其明确的目的性,确定分析的

目的是进行统计分析工作首先必须解决的问题。没有分析的目的或目的不明确,分析工作就会无所适从,也就不能正确选择分析题目。选定分析题目后,即可拟订分析提纲。所谓分析提纲实际上是一份统计分析的具体计划。分析提纲的内容包括:分析的目的和要求,所需要的资料及其来源,统计分析的方法和指标等,从而在整个研究过程中应按照提纲进行具体的分析研究工作,减少工作的盲目性。

2. 收集统计资料,进行评价并作出必要的分组整理

统计资料是进行统计分析的依据,收集统计资料是统计分析的前提。因此,必须按照分析提纲的目的和要求收集所需资料。所收集的资料可以有不同的来源,例如,企业本身、市场调查、上级主管机关、国家统计局等。资料的准确程度与分析质量的好坏密切相关。因此,还必须对资料作全面的检查和评价,对资料的来龙去脉要做到心中有数,才能恰如其分的运用资料,最后的分析结论才能符合客观实际。

3. 运用各种分析方法和指标对资料进行分析研究,得出结论,提出建议

对资料进行系统而深入的分析是统计分析工作的中心环节。系统而深入的分析能使我们对所研究的现象从感性认识提高到理性认识。在进行系统深入的分析研究过程中,不仅要运用数字进行分析,还要结合具体情况进行深刻的分析,找到问题的症结所在。统计分析的内容包括:事物之间的联系,事物的发展变化情况,事物之间的依存关系和因果关系等。分析得出结论并提出解决问题的建议,才能最终解决问题。

4. 写出统计分析报告

经过以上系统深入的分析之后,就应对分析所得出的结论用确切的指标和清晰简练的文字把它表达出来。可按照具体的情况和需要采用简明扼要的文字说明或口头汇报,还可以用鲜明生动的统计图形或表格来说明问题。一般以书面报告形式为多,即统计分析报告。统计分析报告的结构一般包括:分析目的和要求,统计分析的正文,成绩和经验,存在的问题,产生问题的原因,提出解决的方法等。通过统计分析报告,可为各级领导决策、企业编制计划、指导工作提供可靠的依据。

第二节　水运运输统计分析的基本方法

统计分析的方法很多,如分组分析法、综合分析法、动态分析法、对比分析法、指数分析法、相关分析法等。这些方法是长期以来在统计实验中逐渐形成并总结出来的。它们各有各的特点,各有各的用处。这些方法基本上都是通过比较对照的方法来分析问题。我们在进行统计分析中,较常用的统计分析方法有以下几种。

一、分组分析法

统计分组就是对所研究的社会经济现象,按其内在的特点和统计的目的和任务,按照一定的标志将单位分为不同的类型或不同的性质的组,使它反映社会经济现象质的区别,通过分组可以剖析事物的现状、结构以及各部分的变化和它们之间的关系。例如,我们在研究船舶在港停泊时间中,单看某一港口在报告期内的"船舶平均每次在港停泊天数"这样一个综合性的指标还不够,必须运用分组法把船舶分为外国船和本国船。在本国船中还可分为外贸船和内贸船。又可按船舶的载质量和不同的货物种类进行分组,来分析不同船舶和不同货类的在港停泊情况,通过这样的分组比较,就能具体了解相互之间的差距。

将企业职工、流动资金分类,研究企业职工的性别结构、年龄结构、工龄结构,以及分析产量与成本之间的依存关系等都可以使用分组分析法。

二、对比分析法

对比分析法是统计分析中应用最多的一种方法,是认识事物的科学方法之一。应用对比法必须注意指标的可比性,要严格按照指标的范围和计算方法,计划包括范围、统计条件、计价基础和时间单位等的一致性。在不同企业之间进行经济指标对比时,还要考虑它们之间在技术上和经济上的特点。技术经济上具有可比基础,是正确运用对比法的必要条件。统计分析中常用的对比分析法有以下几种。

1. 实际与计划对比分析法

企业的生产经营活动是按计划进行的,因此,统计人员要经常检查各项统计指标完成的程度,就需要运用各种统计指标的实际数与其相应的计划指标进行对比,如将实际利润指标与计划利润指标对比,实际营运收入与计划营运收入对比,实际单耗与定额单耗对比等,据此来检查和分析各种指标计划的完成程度。

2. 部分与总体对比分析法

将总体中的某一部分数值与总体指标数值对比,可以说明总体内部的结构。例如,将制度内的实际工时与制度工时进行对比来反映工时利用率的高低,就是通过部分与总体的对比分析进行的。

3. 空间对比分析法

空间对比分析法,就是将同一时间内的两个地区、两个单位的同类指标进行对比的方法。通过空间对比,可以反映不同企业的同类指标之间的差别,以便发现先进和落后,促使企业改进工作;也可以与国外同行业的先进水平对比,通过这种对比,可以反映企业的某一指标与国外先进水平之间的差距,以便采取措施,赶超世界先进水平。

4. 时间对比分析法

时间对比分析法就是同一单位不同时间的同类指标的对比,用以反映企业经济现象的发展变化方向和速度。

三、比率分析法

比率分析法是指某两个相互有关的指标之间的对比,是判断企业的收益能力、投资效果和技术装备水平的一种方法。例如,在观察企业收益情况时,以企业利润总额与其他企业比较是没有较大意义的,因为企业规模大小不同、所占用的资金不同,所获得的利润也就不同。因此必须计算资金利润率,才能反映不同规模企业和企业内部不同时期的收益能力,从而判断企业经营管理水平的高低。由此可见,比率法分析法虽然比较简单,但却很实用。

四、连锁替代分析法

连锁替代分析法又称因素分析法,企业某个经济现象的变动,往往受多种因素的影响。为了测定和分析各个因素变动对复杂现象变动的影响,需要借助于因素分析法。在经济现象中许多现象之间存在着数量经济关系,而且这种数量经济关系一般表现为复杂现象的总量等于各影响因素数量的乘积。例如,吨船产量与报告期日历天数、营运率、航行率、平均航行速度、载质量利用率各因素之间的关系表现为

平均每吨船产量 = 报告期日历天数×营运率×航行率×平均航行速度×载质量利用率

$$(10-1)$$

假设指标天是由 a,b,c,d 四个相互联系的因素所组成,它们的关系为

$$d = a \times b \times c \times d$$

下脚标 0 和 1,分别表示基期和报告期。

则基期指标为

$$a_0 = a_0 \times b_0 \times c_0 \times d_0$$

而报告期实际指标为

$$d_1 = a_1 \times b_1 \times c_1 \times d_1$$

其替换过程为

$$
\begin{aligned}
\text{分析的起点} &\rightarrow a_0 \times b_0 \times c_0 \times d_0 \quad\left.\right\} a \text{ 因素的影响}\\
\text{第一次替代} &\rightarrow a_1 \times b_0 \times c_0 \times d_0 \quad\left.\right\} b \text{ 因素的影响}\\
\text{第二次替代} &\rightarrow a_1 \times b_1 \times c_0 \times d_0 \quad\left.\right\} c \text{ 因素的影响}\\
\text{第三次替代} &\rightarrow a_1 \times b_1 \times c_1 \times d_0 \quad\left.\right\} d \text{ 因素的影响}\\
\text{第四次替代} &\rightarrow a_1 \times b_1 \times c_1 \times d_1
\end{aligned}
$$

因素分析法的步骤:

1. 计算分析 d 的总变动

$$d = d_1 - d_0 = a_1 \times b_1 \times c_1 \times d_1 - a_0 \times b_0 \times c_0 \times d_0$$

2. 计算各因素的变动影响

$$a \text{ 因素变动的影响} = a_1 \times b_0 \times c_0 \times d_0 - a_0 \times b_0 \times c_0 \times d_0$$

$$b \text{ 因素变动的影响} = a_1 \times b_1 \times c_0 \times d_0 - a_1 \times b_0 \times c_0 \times d_0$$

$$c \text{ 因素变动的影响} = a_1 \times b_1 \times c_1 \times d_0 - a_1 \times b_1 \times c_0 \times d_0$$

$$d \text{ 因素变动的影响} = a_1 \times b_1 \times c_1 \times d_1 - a_1 \times b_1 \times c_1 \times d_0$$

3. 影响因素的综合分析

$$
\begin{aligned}
a_1 \times b_1 \times c_1 \times d_1 - a_0 \times b_0 \times c_0 \times d_0 = &(a_1 \times b_0 \times c_0 \times d_0 - a_0 \times b_0 \times c_0 \times d_0) + (a_1 \times \\
&b_1 \times c_0 \times d_0 - a_1 \times b_0 \times c_0 \times d_0) + (a_1 \times b_1 \times \\
&c_1 \times d_0 - a_1 \times b_1 \times c_0 \times d_0) + (a_1 \times b_1 \times c_1 \times \\
&d_1 - a_1 \times b_1 \times c_1 \times d_0)
\end{aligned}
$$

运用连锁替代法必须要确定各因素的相乘关系,这是一个先决条件,没有这样的相乘关系就无法用连锁替代法。运用连锁替代法还必须确定各因素变动的先后顺序,否则虽然总的影响数值不变,但各因素的影响数值会随着替代次序的改变而不同。

第三节 港航企业的统计分析

一、船舶运输企业的统计分析

统计分析主要有定期的统计分析和专题分析两种,这里主要介绍定期的统计分析。定期的统计分析就是按月、季、年进行统计分析,计划执行情况的分析是定期统计分析的主要

形式。

（一）船舶运输量分析

1. 检查船舶运输量计划完成情况

检查船舶运输量计划完成情况是以月、季、年的实际运输量与相应的计划数相比，所得完成计划的百分数即可反映船舶运输量计划完成的程度；也可用自年初至本月、本季累计数与年（季）度计划相比计算其完成进度。其判断的标准是看计划完成的进度是否大于已经进行了的时间占总时间的比例。如果是大于的关系表示计划完成得较好，否则完成得不够好，需及时采取措施解决存在的问题。

2. 检查旅客流向计划的完成情况

按航线检查旅客流向计划的完成情况，可以进一步分析旅客运输量完成或未完成计划的问题所在。了解到由于哪些航线的旅客增加或减少，影响计划完成的好坏，接着再深入探究影响这些航线客流量变化的真正原因。

影响旅客变化的因素很多，主要包括以下几点：

（1）国内生产力分布情况的变动；

（2）各种运输网的发展和变化；

（3）各种运输方式客运票价的变动；

（4）国家在一定时期的经济政策和社会动向；

（5）旅游事业的发展；

（6）节假日的影响；

（7）临时性的客运和重大会议。

3. 检查货物流向和货物分类计划的完成情况

货物运输量是船舶运输量的最主要组成部分，检查货物流向和货物分类计划的完成情况，是分析货物运输量完成情况的主要方法之一。通过不同流向各种货物的计划完成程度，可以清楚地了解到货物运输量计划完成和未完成的主要原因。

影响货流变化的因素很多，主要包括以下几点：

（1）生产力的发展和各地区之间的经济联系；

（2）各种运输网的发展和分布情况；

（3）各种运输方式的通过能力；

（4）各种运输方式的运输成本和货物运价；

（5）不同时期国家的经济政策及国际经济形势；

（6）货物送达速度。

（二）船舶效率的分析

1. 每吨船产量的分析

每吨船产量是一个综合性的指标，受很多因素的影响。每吨船产量与其他指标之间的关系可以表示为

$$每吨船产量 = 报告期日历天数 \times 营运率 \times 吨天产量 \qquad (10-2)$$

由于报告期日历天数是个常数，营运率和吨天产量才是影响每吨船产量的主要因素。影响营运率的因素主要包括以下几点：

（1）船舶修理是否按计划完成；

（2）船舶待修时间的长短；

(3)有无计划外修理和事故修理时间；

(4)有无由于航次外检修和洗刷锅炉等占用营运时间；

(5)船舶制造和修理质量；

(6)船龄的长短；

(7)修船周期的长短。

2. 吨天产量的分析

吨天产量是指船舶在营运期间每吨位每天完成的换算周转量。它也是一个综合性的指标，受很多因素的影响。吨天产量与其他指标之间的关系可表示为

$$吨天产量 = 航行率 \times 平均航行速度 \times 载质量利用率 \qquad (10-3)$$

(1)影响航行率的因素，主要包括以下几点：

①船舶到港后是否及时装卸，装卸完毕是否及时起航；

②港口装卸效率的高低；

③船舶技术作业时间的长短；

④各种非生产性停泊时间的长短；

⑤气象因素；

⑥船舶航行速度的高低；

⑦运输距离的远近。

(2)影响平均航行速度的因素，主要包括以下几点：

①船舶每吨排水量所能得到的主机功率；

②船体外形和所受阻力的大小；

③船底以下部分的光滑程度；

④航道的深度和宽度，有无浅滩、暗礁、弯道、桥梁、船闸等情况；

⑤风向、风浪、潮速、流速、上下水等情况；

⑥驾驶技术(如选择经济航线，充分利用流速等)；

⑦科学合理的驳船队形。

(3)影响载质量利用率的因素，主要包括以下几点：

①客货流的分布情况和平衡程度；

②船舶与货种的适应程度；

③配积载和装舱技术；

④航道水深情况；

⑤船舶运行组织管理水平；

⑥是否有多角运输和改道航行现象。

(4)影响平均每千瓦拖带量的因素，除影响载质量利用率的各项因素之外，还包括以下几点：

①轮的牵引效率；

②空驶和拖空程度；

③是否做到"拖得足，拖得快"；

④所拖驳船科学合理的队形。

二、港口企业的统计分析

(一)货物吞吐量分析

1. 检查货物吞吐量计划完成情况

表 10 - 1 是根据该港口集团几个公司的计划完成情况来分析对全港的影响程度的。

表 10 - 1　某港某年第一季度分公司货物吞吐量分析表　　　　(单位:万吨)

装卸公司	计划	实际	完成/%	比计划增(＋)减(－)	
				绝对数	所占比重
总计	8 000	8 800	110.0	＋800	100
一公司	2 000	2 400	120.0	＋400	50
二公司	2 600	2 800	107.7	＋200	25
三公司	1 800	2 100	116.6	＋300	37.5
四公司	1 600	1 500	93.7	－100	－12.5

从表 10 - 1 可以看出,该港能够超额完成计划。第一、第二、第三装卸公司都超额完成计划,而且超额完成的程度较大,虽然四公司未完成计划,但由于它是较小的公司,少完成100 万吨对全港的影响不大,相互抵消后该港还超额完成计划的 10% 。

2. 检查吞吐量货物分类计划的完成情况

表 10 - 2　某港某年第一季度计划完成情况　　　　(单位:万吨)

项目		合计	货物分类				
			煤炭	石油	金属矿石	钢铁	矿建材料
总计	计划	1 000	300	400	100	150	50
	实际	4 200	400	480	120	140	60
	完成/%	120.0	133.3	120.0	120.0	92.9	120
进口	计划	550	—	400	100	—	50
	实际	660	—	480	120	—	60
	完成/%	120.0	—	120.0	120.0	—	120
出口	计划	450	300	—	—	150	—
	实际	540	400	—	—	140	—
	完成/%	120.0	133.3	—	—	92.9	—

从表 10 - 2 中可以看出,在各类货物中,除钢铁出口未完成计划指标外,其余各类货物均超额完成计划任务,其中完成最好的是煤炭,为计划的 133.3% ,绝对数比计划超出 100万吨,主要是煤炭出口量大幅增加。

(二)船舶在港停泊时间的分析

反映船舶在港停泊时间的主要指标是船舶平均每次在港停泊天数。它一个综合性的指标,受很多因素的影响。为了尽量消除这些不可比因素,我们必须运用各种方法进行分析。

表 10 - 3　某港某年第一季度船舶在港停泊时间　　　　　　（单位:天）

船舶分类	实际	去年同期	比去年同期增(+)减(-)	
			绝对数	相对数
总计	3.0	3.2	- 0.2	- 6.3
外轮	4.5	4.8	- 0.3	- 6.3
中国远洋公司船舶	4.0	4.2	- 0.2	- 4.8
上海海运局船舶	2.8	3.0	- 0.2	- 6.7
广州海运局船舶	3.1	3.4	- 0.3	- 8.8
其他船舶	2.0	1.8	+ 0.2	11.1

从表 10 - 3 可明显看到,该港船舶在港停泊时间中,除其他船舶比去年同期延长 11.1 天外,其余各类船舶在港停泊时间均有不同程度的缩短,其中缩短最多的是广州海运局船舶,缩短了 8.8%;其次是外轮,缩短了 6.3%。

思考与练习

1. 试述统计分析的意义与任务。
2. 统计分析的特点有哪些?
3. 统计分析的种类有哪些?
4. 统计分析的基本原则有哪些?
5. 试述统计分析的步骤。
6. 统计分析的基本方法有哪些?
7. 影响营运率、航行率、平均航行速度的因素有哪些?
8. 影响载重(客)量利用率、平均每千瓦拖带量的因素有哪些?

第四编

铁路运输统计

第一章　铁路运输概述

第一节　铁路运输的优缺点

铁路运输是指有固定的运行轨道,以铁路机车,客、货车辆为运输工具,承担旅客、货物运送任务的一种运输方式。

铁路运输是五种基本运输方式之一,它在我国的综合交通运输网络中居于骨干地位,它不但历经了资本主义世界的跌宕起伏,而且也见证了我国经济发展的沧桑巨变,可以说是久经考验的钢铁巨龙。运输业在一个国家的国民经济发展中具有基础性的战略地位,铁路运输在许多发达国家更是曾经或者正在充当经济发展先行官的角色。例如,横贯美国东西的大铁路曾经极大了促进了美国的西部大开发,而法国、日本、德国等国家的高速铁路运输一直都对国民经济的发展产生着巨大的拉动作用。

我国典型的大陆性地理特征条件,决定了我国铁路运输还远远没有达到发展的极限而且具有不可替代性。自实施铁路中长期发展规划以来,我国的铁路运输建设投资比实施前成倍增长。铁路运输业在国民经济发展中的地位与作用,使得在新的时期,我们更要加强铁路运输统计的研究工作,为铁路运输业乃至国民经济的发展做出更大的贡献。

我国铁路运输是由国家铁路、地方铁路、合资铁路和铁路专用线及专用铁道组成,主要承担大宗货物中、长距离运输和中、长途旅客运输。自1825年至今,铁路运输已经走过了将近两个世纪的风风雨雨,见证了资本主义世界的兴衰,而其自身的发展也是起起落落,最终在综合运输网络体系中占有一席之地,发挥着其不可替代的作用。这主要得益于其固有的特点和世界形势的变化。

一方面,铁路运输具有以下显著的优点。

1. 运量较大。不同国家在列车载重标准上存在着较大的差异,基本上都是根据各自的铁路机车车辆性能、线路条件和运输实际需要确定列车载重标准。例如,我国的货车一般每节载重是60吨,如果挂50节,则载质量达到3 000吨,事实上一般货物列车的实际载质量在3 000~5 000吨之间。况且,列车的货物运输正在朝着重载化方向发展,国外早已开行万吨以上的重载列车,而我国大秦线至今已经开行2万吨列车,2007年煤炭运量已超过3亿吨。

2. 运送速度较快。铁路运输的速度高于公路运输和水上运输。铁路运输的高速化也是世界性的发展趋势,尤其是客运列车速度更快。目前日本、法国、德国、英国、俄罗斯、瑞典、西班牙等国家都修建和开行了时速200公里以上的高速列车;我国在客运高速化方面进展神速,2008年8月1日正式投入营运的京津城际铁路设计时速300公里以上,最高时速则达到了350公里,北京与天津两地的120公里车程不到半小时。

3. 运输成本较低。铁路运输的费用远较航空运输和公路运输低,只相当于公路运输的几分之一甚至十几分之一,运输耗油也只相当于公路运输的1/20左右。特别是在世界能源价格居高不下的情况下,铁路运输的这个优点更加受到了世界各国的重视。

4. 运输的连续性、准确性和可靠性较好,基本能保证货物运输的一致性,因而是一种较佳的运输途径选择。这主要是因为列车运行受天气等自然条件的影响较小。

5. 运输的安全性较高。由于在专线上按照运行图进行营运,因此较为安全,据统计,公共汽车、飞机、小汽车的事故发生率分别为火车的2倍、7倍、20~30倍。

6. 环保性较好。按运输人·公里计算,在有害气体排放量方面,汽车比铁路多10~20倍,飞机比铁路多100倍;在噪声污染方面,由于铁路主要在野外运行,对城镇居民的噪音影响很小,远较汽车运输小得多而且是间断性的,而城市道路上的汽车运输则是持续性的高噪音污染;在空气落尘污染方面,据美国1980年所作的测量,铁路每吨·英里地落尘量约为公路的75%。

7. 占地面积较少。同样条件下,公路建设用地比铁路建设多3.5倍,而且,现代高速客运列车大多在高架桥上运行,占地更少。

8. 可实现运行的自动控制性。因为具有专用路权,且具有高度导向性,因此可以采用列车自动控制方式控制列车运行,甚至可以实现完全自动化的无人驾驶程度。

另一方面,铁路运输也具有以下的缺点。

1. 初始投资大,建设周期长。这主要是因为铺轨、建造桥梁和隧道,经常要穿过山岭、河流,甚至岩洞冻土,施工复杂。

2. 固定资产庞大且投资回收期较长。铁路投资大都属于固定设备的沉没成本,专用性很强,一旦停止营运,难以转让或回收,损失较大;铁路运输的投资回收期较长,风险较高,但投资回报率较低。美国营运资料显示,美国铁路业的投资回报率在1986年为4.9%,1987年为5.6%,远低于其他一般事业。因此,虽然在1980~1986年间美国S&P股价指数上涨了114%,但铁路运输公司的股价却只上涨了27%,对比鲜明。

3. 设备庞大不易维修,且战时容易遭到毁坏。铁路运输有赖于整个系统各环节所有设施的协作,而整个系统复杂而庞大,不易达到完善的维修,加上近年来传统铁路运输收入欠佳,维修更难全面。此外,回顾历史不难发现,由于铁路运输的国防战略作用极为突出,因而作为明显的目标极易受到攻击而瘫痪。

4. 货损率较高。这主要是由列车行驶的震动较大、装卸操作不当、中转次数较多等因素导致的。据统计,美国铁路运输的货损率高达3%,远高于公路运输。

5. 营运的弹性较差。由于线路的固定性,空车返回较为常见,导致营运成本上升。

6. 需要其他运输方式集疏运。这是因为铁路运输难以实现"门到门"的服务。

7. 非行驶时间较长,不利于短途运输。在货车的周转时间中,列车在途行驶时间只占35%左右,而货物作业停留时间约占40%,技术站中转停留时间占25%。因此,铁路运输的货物送达速度主要取决于始发和到达时间以及货物在场、库停留时间等非行驶时间。

作为经受过若干时代考验的交通运输方式,铁路运输以其特有的魅力重新受到了人们的重视。我们在进行运输统计的时候,要抓住其固有特点,反映其发展趋势,要做到科学、准确、全面、有效。

第二节 铁路运输统计的研究对象与任务

一、研究对象

统计学研究的对象是客观事物的数量关系和数量特征,是关于数据收集、整理、归纳和分析的方法论科学,是实证研究的一种最重要方法。统计方法广泛地运用于各个领域,起着信息功能、咨询功能、监督功能、辅助决策功能的作用。各个部门要作出决策、执行计划、检查监督、宏观调控等都需要以充分、灵通、可靠的统计资料为基础。统计学在铁路运输领域中的应用称为铁路运输统计学。

由上述分析可知,铁路运输统计学研究的是统计学在铁路运输行业中的具体应用,研究的是铁路运输行业中的数量关系和数量特征方面的相关内容,即研究铁路运输行业的统计分类,统计规律,统计组织与管理,统计资料与信息的采集,统计指标体系的设置、分类,各项统计指标的含义、作用、计算方法,以及统计指标的分析,从而揭示铁路运输行业的实时动态以及发展规律,为铁路运输建设和和国民经济现代化建设服务。限于篇幅关系,本篇重点介绍铁路运输统计指标中的经营指标的分类、概念、作用以及计算方法,其他内容不加赘述。

二、基本任务

2006 年 9 月 21 日铁道部令第 28 号公布并施行的《铁路行业统计管理规定》明确指出:铁路行业统计是政府统计的重要组成部分,是由国务院铁路主管部门依法组织实施的部门统计调查活动;铁路行业统计的基本任务是对全国铁路运输生产、经营管理、建设发展等情况进行统计调查、统计分析,提供统计资料和统计咨询意见,实行统计监督。也就是说,铁路行业统计的范围主要包括铁路行业的运输生产、经营管理、建设发展等方面,这是全行业、全范围的全面统计,而铁路运输统计主要侧重于其中比较直观的组成部分。

铁路运输统计的基本任务主要体现在以下几个方面:

1. 对全国铁路运输生产及相关的经营管理与建设发展等情况进行统计调查、统计分析,提供统计资料和统计咨询意见,实行统计监督。

2. 联系事物性质,运用统计指标和统计指标体系对铁路领域中大量现象的数量方面进行研究,从而阐明研究对象的规模、水平、结构、比例、动态和相互依存关系,揭示铁路运输行业发展的规律性在具体时间和具体地点条件下的数量表现。铁路运输业统计指标体系作为反映铁路运输流程的基本信息框架,是客观、系统地反映、评价和预测铁路产业经营业绩、质量状况、运营态势的基本依据,是政府宏观管理决策、铁路行业管理、运输企业经营管理的重要基础,在铁路发展中一直发挥着重要的基础性作用。

3. 准确、及时、完整、系统地收集、整理和分析研究各项铁路统计资料,为制定铁路运输政策、编制铁路计划并监督检查计划的执行情况、指挥日常的铁路运输生产和改善铁路运输企业的经营管理提供可靠的依据。

第三节 铁路运输统计的内容

铁路运输统计作为铁路行业统计的一个重要组成部分,其统计的范围主要侧重于整个行业统计中的铁路运输生产以及相关的经营管理,同时也可以涉及铁路建设发展方面与运输及经营密切相关的那部分内容。

因此,铁路运输统计的内容主要包括铁路客货运输统计、机车车辆和列车运行统计、铁路固定资产统计、铁路劳动工资统计、铁路物资供应统计、铁路财务统计、铁路可持续发展统计。不过,中国铁道部除了运输业务外,还管理铁路机车车辆制造、新线建设和现有线路的技术改造。因此,铁路行业统计工作还包括铁路工业统计、基本建设统计等。但这不是铁路运输统计的主要内容,铁路运输统计的主要内容具体如下。

一、铁路客货运输统计

客货运输统计指标子体系作为铁路运输统计指标体系的主要组成部分,它动态地反映旅客运输、货物运输生产的经营效果和基本态势,是对铁路运输服务产品数量和质量状况的系统反映,为国家宏观经济调控与决策,铁路行业的客货运输生产指挥、运输收入与成本的核算、清算收入与分配、固定资产投资、长远规划、业绩考核等决策管理与发展建设,运输企业的经营管理与决策提供基础依据。

该统计指标子体系包括旅客运输、货物运输、行包运输、客货综合运输四个指标群。其中旅客运输指标群分为运量、运距、效率、乘客特征指标组,货物运输指标群分为运量、运距、效率指标组,行包运输指标群分为运量、运距、效率指标组。客货综合运输指标群分为运量、效率指标组。主要是按站别说明旅客发送量、货物发送量和到达量;按品类说明地区间、铁路局间的货物交流量;按线路区段和货物品类反映上行和下行方向铁路的货运密度;按货物类别和运输类别阐明货物运输量、运输周转量和平均运程;按管内和直通运输分组反映铁路旅客运输量、运输周转量和平均运程。这些指标主要反映铁路客货运量和客货运周转量的水平和动态。

二、铁路机车、车辆和列车运行统计

这是移动装备及运用统计指标子体系的主要内容。动装备及运用统计指标子体系是对铁路机车、货车和客车及其他铁路运输移动装备的系统反映,与此体系相对应的现行铁路运输业统计规章主要有《铁路机车统计规则》《铁路货车统计规则》《铁路运输设备统计规则》。其中,铁路机车统计指标群是铁路运输统计的重要组成部分,能够全面、系统地反映机车运用、检修和燃料(煤、油、电)消耗情况,为制定运输生产计划和经营管理提供依据。铁路客货车统计是铁路运输业统计的组成部分,为组织、指挥日常运输生产、编制和考核月度运输工作计划,制定和考核年度运输生产计划提供依据。总之,移动装备是铁路运输生产活动的主要手段,是完成运输生产任务的重要物质基础。移动装备的状况直接关系到我国铁路运输生产任务的完成,是制定铁路长远发展规划、编制生产计划、指挥日常运输生产的重要依据。

移动装备统计指标子体系分为货车、客车、机车、其他移动装备指标群。货车统计指标群分为现在车统计、质量、停留时间、运用工作量、效益、运用效率、正点统计、装卸车统计、检修等指标组;客车统计指标群分为规模、质量、正点统计、效率、检修等指标组;机车统计指标群分为规模、质量、工作成绩、能源消耗、运用效率、检修统计指标组;其他移动装备指标群分为安全设备、其他设备等指标组,这部分本书不涉及。

具体来讲,这方面的内容主要反映机车和车辆的现有数(保有量)、工作量和运用效率、机车车辆的现有数(保有量)按技术特征和运用状况分类统计。货车工作量以装车数、卸车数、车辆公里、重车公里等来统计;车辆的运用效率由一系列相互联系的质量指标来统计;机车工作量主要以所完成的总重吨公里、机车公里、机车小时来统计。机车、车辆运用和列车运行的主要质量指标有:机车日产量、机车日车公里、机车平均牵引总重、机车辅助走行率、单机走行率、货车日产量、货车周转时间、货车日车公里、货车停留时间、空车走行率、货车平均静载重、货车平均动载重、列车平均质量、列车出发正点率、列车运行正点率等。

三、铁路固定资产投资统计

固定资产投资统计指标子体系是铁路运输统计指标体系的重要组成部分。由于固定资产投资统计是社会经济统计的重要组成部分，它通过对固定资产再生产过程数量方面的观察，研究投资规模、构成、变动、损耗、利用、效果等发展变化的数量关系和数量界限，说明铁路技术设备的能力和各部门、各环节的比例关系，从而认识固定资产再生产经济活动的客观规律，为研究铁路物质技术基础的发展水平及其与国民经济的适应状况提供重要依据，也为认识社会、管理国家、监督经济活动提供重要的手段。与此相适应，铁路固定资产投资统计是铁路运输业统计的重要组成部分，它通过准确、及时、全面、系统地收集、加工、发布铁路固定资产投资的信息资料，并进行统计分析和预测，为监控铁路经济运行，制定建设方针政策，编制固定资产投资计划，指导建设及加强管理提供依据，对铁路建设政策和对计划的执行情况进行监督并提供咨询建议，是铁路管理、检查、监督其固定资产投资活动及强化企业管理的手段。固定资产投资统计指标子体系包括基本情况、投资额、实物工程量、新增生产能力、新增固定资产、投资效果等指标群，分别从不同方面系统地对铁路基本建设投资、更新改造投资和机车车辆购置活动进行描述和分析。

四、铁路劳动统计

劳动统计指标子体系是铁路运输统计指标体系的重要组成部分。由于劳动统计是国民经济统计的一个重要组成部分，通过准确、及时、全面、系统地收集、整理、分析、预测，提供反映有关劳动经济现象的统计资料——反映铁路职工的数量、构成、动态和劳动时间的利用情况，研究劳动生产率的水平及其影响因素，说明工资总额、平均工资的水平和动态，从而为政府进行宏观决策和宏观调控提供适用信息和辅助决策手段，为各级管理部门和基层企业、事业单位进行中观、微观决策和科学管理提供服务，从而充分发挥统计信息、咨询、监督的整体功能。与此相适应，铁路劳动统计是铁路运输业统计的重要组成部分。劳动统计指标子体系分为劳动力、劳动报酬、工时、效率、人工成本指标群。其中劳动力指标群分为劳动力数量和劳动力质量指标组。

五、铁路物资供应统计

这方面的内容反映铁路部门生产资料的分配和供应情况；说明生产资料按数量、品种、期限的供应计划完成情况以及原材料、燃料、电力的消耗和节约状况；说明供应机构和生产单位原材料、燃料、零部件的储备和需要量。

六、铁路财务统计

根据《统计法》及《统计法实施细则》的规定，财务信息是由财务会计机构或者会计人员提供。而在铁路管理部门由铁道部财务部门负责财务会计数据信息的采集、加工与处理及财务报表的管理。但考虑到现行铁路运输业统计指标体系对价值量指标的核算亟待加强，而价值量指标主要体现为财务指标，需要财务管理部门向统计部门提供系统的财务信息。这方面的内容利用财务会计报表资料研究铁路的收入、支出、资金、收入率、成本、利润率、资金占用率和资金产出率等综合指标，以阐明铁路经营的经济成果和发展趋势。

七、铁路可持续发展统计

可持续发展统计指标子体系,包括运输安全、环境保护、能源消耗、用地面积、物资统计等指标群,从不同的角度反映铁路运输业的可持续发展状况。其中运输安全指标群分为事故频率、事故损失指标组;环境保护指标群分为基本情况、废气、废水、固体废物、污染治理指标组;能源消耗指标群分为能源消耗、水资源消耗和节能指标组;用地面积指标群分为用地规模、用地强度、用地产出指标组。

此外,不同的统计制度会使得统计内容侧重点有所不同。目前,国际上存在着两种统计制度,即社会主义统计制度和资本主义统计制度。

社会主义国家铁路统计的指标体系、计算方法、报表组织、资料的收集和整理都以统一制定的统计规章为依据,统计内容除了反映经营的最终成果外,还非常重视技术设备的运用效率;不仅要满足铁路部门自身的需要,而且要为研究宏观经济问题提供资料。

资本主义国家铁路统计由于各国铁路的所有制和集中程度不同而具有不同程度的分散性,其内容侧重于财务结果以及运量、劳动力和技术设备数量的统计。

鉴于铁路运输统计的众多内容,以及本书篇幅所限,仅对铁路客货运输密切相关的指标进行统计和分析。

第四节　我国铁路运输统计组织

一、铁路运输统计工作的特殊性

铁路运输企业是一个特殊的物质生产部门,它在国民经济中所处的地位、它的产品形态以及生产组织与管理方式都与其他产业部门有所不同。因此,铁路运输统计具有与其他行业统计不同的特殊性。

1. 行业性强

目前,我国的铁路运输业是一个具有较高垄断性的行业,其"高、大、半"(高度集中、大联动机、半军事化)的特性,使铁路统计在指标体系、报表时间、统计机构、统计地理区域等方面与其他国民经济统计部门差别较大。在管理上属于从上到下垂直领导,自成一体,其统计涉及到工程运输、工业、基建、文教、卫生等方面,所以说行业性强。

2. 时效性强

铁路行业是一个高度集中,半军事化,具有国民经济大动脉这样一个性质的大联动机。它分布全国各地,具有点多线长、流动分散、生产连续性强的特点,要保证全国范围内生产过程的连续和协调,需要提供时效性较强的统计资料。由此产生了速报统计和精密统计的区别。

3. 规范性强

铁路运输的统一性,决定了运输统计资料的规范性。如果没有统一的统计制度、统计报表、统计方法和统计口径,就无法取得正确的、全面系统的铁路运输统计资料,就不能适应铁路运输的"全国一盘棋"要求。建立和健全规范的统计方式是铁路运输统计的主要内容。

二、铁路运输统计工作的组织

(一)组织形式

我国的铁路运输实行自上而下管理格局,已经完成了由"铁道部→铁路局→铁路分局→生产站段"四级管理格局向"铁道部→铁路局→生产站段"三级管理格局的改革。

铁路局直管站段三级管理体制改革以后,铁路统计为适应不断发展变化的新形势,对各级统计机构的设置提出了明确要求和标准,实行铁道部、铁路局、站段统计逐级负责制。

铁道部设立统计中心,具体负责拟定铁路行业统计规章制度;管理、协调全国铁路统计业务工作,对外发布统计数据工作;管理铁路统计监察工作,提出铁路统计现代化规划并指导实施。

铁路局设立计划统计处,内设综合统计科、运输统计科、监察科和附属客货运统计所。负责本局统计法律法规的贯彻落实,制定本局统计工作制度;组织、协调本单位统计工作,及时、准确地完成上级统计机构部署的统计调查任务;开展统计分析,提供统计咨询建议,实行统计监督。

站段设立计划统计科或收入统计科等统计业务科室。虽然站段不是企业,但作为我国铁路"三级管理"的一级,也是统计管理的责任主体,承担着统计数据源头采集、处理和质量控制的主体责任。在机构设置和人员配备上突出站段现场管理的特点,专、兼职结合,充分发挥站段统计管理的效能。

(二)管理规定

《铁路行业统计管理规定》(同上)第四条规定:全国铁路行业统计工作实行统一领导、分级负责。国务院铁路主管部门的全国铁路行业统计主管机构(以下简称铁路行业统计主管机构)负责组织、指导、协调、管理并监督全国铁路行业统计工作。各铁路统计调查单位负责组织本单位的铁路统计工作。

第五条规定:铁路统计调查单位必须依照有关统计法律、法规、规章的规定,准确、完整、及时地提供统计资料,不得提供不真实、不完整的资料,不得拒报、迟报统计资料。

第六条规定:铁路统计调查单位应当按照国务院铁路主管部门对统计工作的规定和要求,加强对本单位统计工作的领导,建立健全统计管理制度,加快统计信息化建设,保障统计工作所需的机构、人员、经费、设备和其他条件。

第七条规定:铁路统计调查单位和负责人应当维护统计数据的真实性、严肃性,不得自行修改统计机构、统计人员依法提供的统计资料;不得以任何方式要求统计机构、统计人员提供虚假的统计资料或者伪造、篡改原始记录、统计台账和其他统计资料;不得放任、纵容或者袒护统计工作中的弄虚作假行为;不得对拒绝、抵制弄虚作假行为的统计人员打击报复。

统计机构、统计人员有权拒绝、抵制单位负责人强令或者授意篡改统计资料及编造虚假数据的行为。

铁路统计调查单位和负责人应当保障统计机构和统计人员依法独立行使统计调查、统计报告和统计监督的职权不受侵犯。

三、铁路运输统计工作的资料来源

我国铁路运输统计工作的资料主要来源是以经常、全面统计为基础的各项定期报表。此外,某些专门的统计调查,如定期进行的全国铁路车辆清查、货物送达时间和速度的重点调查或抽样调查、根据需要组织的各项典型调查,在铁路统计中也占有重要地位。铁路运输生产的一些重要业务凭证(如客票、货票、司机报单、列车编组顺序表等)是铁路统计的基本原始资料。

思考与练习

一、简答题

1. 铁路运输统计主要包括哪七个方面的内容?

2. 铁路运输统计的基本任务是什么?

3. 铁路运输统计的研究对象是什么?

4. 铁路运输统计工作有何特点?

5. 目前我国铁路运输统计工作的组织形式是什么?

二、案例分析题

美国既是铁路的王国,也是铁路的墓地。19世纪南北战争后,美国经济急速西进。特别是加州的繁荣引起了铁路泡沫,使美国成为名副其实的铁路王国。从1900年到第一次世界大战,美国的铁路迅速兴起,许多主线之外加修第二条、第三条,甚至第四条轨线。但是,第二次世界大战后,美国很快建立了州际高速公路网络,汽车制造业更是突飞猛进。一时间,铁路客运被私家车取代,铁路货运则被大型运货车击败。许多铁路线被拆毁,随着健身热被改建成专供自行车和长跑爱好者使用的跑道。在波士顿郊区的家附近的这种跑道边上,还留着几条旧铁轨,建了个小博物馆。显然,铁路已经成了历史陈迹。但是,全球化进程,特别是中国经济对美国的冲击,已经开始改变美国内陆的景观。以高速公路和大货运卡车为核心的消费品运输,适合零散、小批量的货物。中国货物的登陆,则不仅批量前所未有,而且登陆点非常集中,用卡车显然对付不了,不得不求助于铁路。从2003年开始,加州的几条铁路干线负载过重,频频发生堵塞。另外,最近的能源危机,使公路货运成本增加。正是这样的背景,使铁路在美国再度热起来。近年来,美国人重新考虑铁路的意义,不再继续拆毁铁路,铁路运输运量在全美运输总比例有所回升。自2000年以来,铁路公司已经投资了100亿美元扩张线路,另有120亿计划中的投资蓄势待发。铁路货运的内容也从工业原料向亚洲进口的消费品转型。

问题

1. 请查找课外资料,然后简述美国的铁路运输发展历程,并思考其对我国铁路运输建设的借鉴意义。

2. 为什么美国在第二次世界大战后大量拆毁铁路,而近些年来又重新发展铁路运输?

3. 铁路运输与公路运输各自优缺点何在,如何相互合作?

第二章　铁路货物运输统计

第一节　货物运输统计的基本任务

铁路货物运输统计属于产品统计的范畴。铁路货物运输统计通过收集、整理原始资料和计算一系列统计指标,反映铁路货物运输成绩和工作质量,研究货物运输规律,为编制长远规划及中、短期运输生产和设备改造计划,加强运输组织和改善经营管理,进行经济分析和经济核算提供依据。

铁路运输点多线长,客货运输业务较为分散,但组织严密,调度指挥高度集中。与这一特点相适应,铁路运输统计有速报统计和精密统计两种形式。

速报统计每日 18 点结算,用电话或通过计算机网络将统计数据自下而上地逐级汇总上报,其目的是及时地向上级领导和有关业务部门报告生产进度和运输任务完成情况,为组织指挥运输生产提供依据。

精密统计是通过对原始单据进行加工整理后每月集中汇总编制统计报表,其主要用途是为编制中、长期工作计划,制定运输政策,评定工作成绩,核算财务成果,分配运输收入提供依据。

铁路货物运输统计是铁路运输统计的基本组成部分之一,其基本任务是真实地反映我国铁路运输生产的真实状况,为检查铁路运输计划执行情况、制定下一年度和计划期的铁路运输计划、核算计划期的铁路经营状况等提供依据。

第二节　铁路货物运输统计调查与原始数据

一、统计调查

过去,我国铁路统计主要采用全面统计报表一种方法,随着铁路管理体制改革,铁路统计依据国家统计调查方法体系改革的目标模式,从实际出发,结合路情组织普查、全面调查、抽样调查,灵活运用重点调查、典型调查和科学推断,建立起各种方法综合运用的统计调查方法体系。如根据铁路运输管理的需要,参照普查要求,组织完成了多次全路性货车清查;推广抽样调查方法,组织开展了货物到达、旅客乘车、职工住房、劳动用工、人工成本、工业增加值、建安工程价格指数等项目的抽样调查。

目前,在铁路货运统计调查方面,采取以统计报表为主,临时性的专门调查为辅的方式进行。铁路货运统计的调查对象(即统计范围)是在铁路营业线、临时营业线上的车站按营业手续使用营用车(包括企业自备及租用车)运送的一切货物。铁路货运统计的调查单位是一批货物的运输。在铁路货物运输中,"批"是办理货物承运与交付的基本单位。一批货物不等于一车货物,也不是一件或一吨货物,而是指填制一张货票,按同一运输条件运输的货物。

二、统计原始数据

铁路货运统计调查的主要原始单据是货票。所谓货票,是由铁路运输部门填制的具有财务性质的票据,是根据货物运单记载的内容填制的。它是铁路运输企业办理货物运输业务的主要凭证,也是核收铁路运输收入的重要依据。而且部门货票还经过铁路财务部门抽查复核,现在拥有电子计算机的单位,已经能对全部货票进行检查校验。由于货票所记载的原始数据比较准确,指标体系比较完备,分组也比较复杂,因此,它是铁路货运统计资料的主要来源。

货票上记载了所需要的统计项目:发站、到站、发局、到局、经由、里程、货物名称、货物质量、运费、承运时间等。货票一式四联:甲联由发站存查;乙联由发站报送发局,分批向统计工厂移交,作为货运统计的原始资料;丙联交发货人;丁联随货物送至到站存查。将一批货物从甲地运往乙地,需要花费一定的时间。因此,是按货物发送时间统计,还是按货物到达时间统计,是一个应当明确的问题。相比之下,按货物发送时间统计具有如下优点:原始单据在运输过程开始便已取得,统计资料的时效性强;按货票乙联进行统计,货票号码是连续的,统计资料的完整性好;原始数据可与有关财务报表核对,有利于保证统计指标的正确性。因此,我国铁路是按货物发送时间统计的。关于货运统计结算时间,规定为 18 点,即每日18 点前承运的货物统计为当日的货物发送量,18 点后承运的货物统计为次日的货物发送量。

除货票以外,铁路运输生产的一些重要业务凭证如司机报单、列车编组顺序表等也是铁路货运统计的基本原始资料。以经常、全面统计为基础的各项货物运输定期报表是铁路货物运输统计的主要资料来源。此外,某些专门的统计调查,如定期进行的全国铁路货物送达时间和速度的重点调查或抽样调查,根据需要组织的各项典型调查,在铁路货物运输统计中也占有重要地位。

第三节　铁路货物运输统计的统计分组

一、概述

铁路运输为国民经济的各行各业服务,其承运的货物品名数以千万计,若没有适当的分组,是无法统计的。

铁路货物运输统计分组是根据铁路货物运输统计研究任务的要求和研究现象总体的内在特点,把铁路货物运输的现象总体按某一标志划分为若干性质不同但又相互联系的若干部分。这些若干部分中的每一个部分就叫作一个"铁路货物运输的统计分组"。总体的变异性是统计分组的客观依据。铁路货物运输统计分组是铁路货物运输的现象总体内进行的一种定性分类,它把铁路货物运输的现象总体划分为一个个性质不同的范围更小的总体。

在铁路货物运输的统计调查方案中必须对铁路货物运输的统计分组做出具体规定,才能收集到能够满足分组需要的资料。铁路货物运输统计资料整理的任务是使零散的铁路货物运输资料系统化,但怎样使所收集的资料系统化,本着什么去归类,这就取决于铁路货物运输的统计分组。因此,在取得完整、正确的统计资料前提下,铁路货物运输统计分组的优劣是决定整个铁路货物运输统计研究成败的关键,它直接关系到铁路货物运输统计分析的质量。

铁路货物运输统计分组的根本任务就是区分铁路货物运输的现象之间存在着的质的差异,而其首要任务,则在于划分复杂的铁路货物运输经济现象的不同类型。借助于铁路货物运输的类型分组,可以确定研究对象即铁路货物运输经济现象的同质总体,并划分铁路货物运输经济现象总体的不同类型组,从而运用铁路货物运输的统计指标揭示铁路货物运输经济现象发展的特征和规律性。通过铁路货物运输经济现象的统计分组,可以把铁路货物运输经济现象总体中各个不同性质的单位区分开来,使性质相同的单位归在一个组内。这样才能从数量方面剖析铁路货物运输的经济现象,揭示铁路货物运输经济现象内部的联系,深入地研究铁路货物运输经济现象总体的特征,认识铁路货物运输经济现象的本质及规律性。此外,利用铁路货物运输的统计分组还可反映铁路货物运输经济现象总体的内部构成及其变化情况,以及研究各种铁路货物运输经济现象的标志之间的相互依存关系。

二、铁路货物运输统计的统计分组

(一)按托运方式分组

按照托运方式(或称"按运输方式"),铁路货物运输可以分为三组:

1. 整车运输:是指一批货物的质量、体积、状态需要以一辆以上货车运送的货物运输方式。整车运输适用于大宗货物,其运输费率较零担货物低。

2. 零担运输:一批货物的质量、体积、状态不足以装满一辆货车,允许与其他货物一起配装并运送的货物运输方式。零担运输适用于批量较小的零星货物,托运时,一件货物的体积不得小于 0.02 立方米(一件质量在 10 公斤以上的除外),每批不得超过 300 件。

3. 集装箱运输:是指采用集装箱作为运载工具的货物运输方式。凡是能够装入集装箱,并且不对集装箱和货车造成损坏、污染和危险的货物。集装箱适于运输精密、贵重、易损、易腐等货物。

另外,托运时还要注意,按一批托运的货物,必须托运人、收货人、发站、到站和装卸地点相同(整车分卸货物除外)。整车货物每车为一批。跨装、爬装及使用游车的货物,每一车组为一批。零担货物或使用集装箱运输的货物,以每张货物运单为一批。使用集装箱运输的货物,每批必须是同一箱型,至少一箱,最多不得超过铁路一辆货车所能装运的箱数。

(二)按运输范围分组

按运输范围分组就是按照运送路线的范围和作业性质分组。这是适应我国铁路运输管理体制的一种分组方法。铁路运输中,按运输范围分组就是根据货物的运送路线是否超过一个铁路局的范围,而对运输量进行分组。目前我国铁道部下设 18 个铁路局,每个铁路局下又设若干铁路分局,货物运输可能超过,也可能不超过局(分局)的管辖范围。按照这一标准,货物运输可以分成两大类。

1. 管内货物运输:是指在铁路局管辖范围内,不经过他局线路所完成的货物运输。(所谓管内,是指在一个铁路局的范围内。)

2. 直通货物运输:经由两个或两个以上铁路局线路所共同完成的货物运输。(所谓直通,是指在一个以上的铁路局范围内。)

而直通运输又分成三类。

(1)输出运输:发站在本局,经由分界站向邻局移交的货物运输。

(2)输入运输:到站在本局,经由分界站由邻局接入的货物运输。

（3）通过运输：自邻局接入，通过本局向邻局移交的货物运输。

（三）按货物发到地区分组

这里的地区可以是省、市这样的行政区域，也可以是铁路局、分局、站段这样的路内单位。用这种分组方式对运输量进行分组，可以反映各铁路局、省（自治区、直辖市）及车站的各种货物的发送和到达情况，从而为编制货运计划及货流图提供重要依据，还可以反映各地区之间的经济联系。

（四）按运输工具分组

货物运输按运输工具分组，可以反映各种运输工具完成的货物运输量所占的比重及其变化情况，为研究各种运输工具的使用情况、生产率和经济效益提供依据。

铁路货物运输按货车种类可以将使用车和卸空车按照棚车、敞车、平车、砂石车、罐车、保温车等进行分组。通过这种分组，可以了解各种车辆的使用车数和卸空车数，作为调配车辆与安排装卸作业的参考。

（五）按运输距离分组

前面四种分组都属于按品质分组，按运输距离分组则属于按变量分组。

铁路运输与其他运输方式一样，在不同时期也存在着一个合理运输的历程界限——经济运距。这种分组反映了货运量在不同运距上的分布情况，并能揭示出不合理运输，为研究各种运输方式的合理分工提供依据，进而促进综合运输网络的优化。

（六）按运输密度分组

运输量按运输密度分组就是把各区段线路长度及各区段上所通过货物周转量按各区段密度大小进行分组。按运输密度分组也属于按变量分组。

为了分析铁路运输的均衡性，不仅要按区段研究，还要按每个区间和区段上、下行方向对运输密度进行分组研究，以便说明货物周转量在各区段上行和下行方向的分布情况，反映运输的均衡程度，说明运输线路能力的利用程度，并为加强线路技术设备、提高线路通过能力提供依据。

除了上面六种常见的分组方式之外，还有按货物性质分组等类型，这在实际工作中可灵活运用。

第四节　铁路货物运输统计指标

在介绍运输统计指标以前，先介绍一个基本概念——铁路营业里程：又称营业长度（包括正式营业和临时营业里程），是指办理客货运输业务的铁路正线总长度。凡是全线或部分建成双线及以上的线路，以第一线的实际长度计算；复线、站线、段管线、岔线、特殊用途线以及不计算运费的联络线都不计算营业里程。铁路营业里程是反映铁路运输业基础设施发展水平的重要指标，也是计算客货周转量、运输密度和机车车辆运用效率等指标的基础资料。

一、数量指标

（一）货物发送吨数（$Q_发$）

即货物发送量，是指报告期内全国铁路（铁路局）所属各营业车站的发送货物吨数，其中包括本站所承运的货物吨数以及由国外、新线、地方铁路其他铁路及水路等接运的货物吨数。它是根据货票上记载的质量进行计算的。铁道部、铁路局及车站按报告期（年、季、月）

和货物品类分别加以统计。按照这一定义,有下面的关系式:

$$全路货物发送吨数 = \sum 各铁路局货物发送吨数$$

$$铁路局(分局)货物发送吨数 = \sum 管内各站货物发送吨数$$

对于全国铁路来讲,往往将货物发送量分为货物发送量(分货类发送量)和行李包裹发送量(简称行包发送量),则

$$货运总发送量 = \sum 货物发送量 + \sum 行包发送量$$

(二)货物到达吨数($Q_到$)

是指报告期内全国铁路(铁路局)所属各营业车站最终到达的货物总量,其中包括到达各营业车站的货物吨数以及由车站向国外铁路、新线和地方铁路等移交的货物吨数。与货物发送吨数类似,有下面的关系式:

$$全路货物到达吨数 = \sum 各铁路局货物到达吨数$$

$$铁路局(分局)货物到达吨数 = \sum 管内各站货物到达吨数$$

(三)货物运送吨数(Q)

即货物运送量,是指铁路局(分局)在报告期内经过铁路运输并办理一定运送业务的货物总量,包括货物发送吨数和由邻局(分局)接运的货物吨数。

整个铁路网在统计的意义上是一个封闭的系统,既无输出、输入,也无通过。因而,发送货物吨数或到达货物吨数就是它的运送货物吨数。即

$$全路货物运送吨数 = 全路货物发送吨数 = 全路货物到达吨数$$

因此,这一指标对全国铁路来说,意义不大。但是对铁路局来说,只有货物发送吨数和货物到达吨数两个指标是不够的,因为有些铁路局还办理既不是本局发送,又不是到达本局的通过货物的运输,对通过货物的运输,该局虽不办理装卸作业,但要办理中转作业及运送工作,也要占用并消耗一定的劳动及其他资源。因此,为了说明铁路局的全部货物运输量及运输工作量,就需要计算货物运送吨数指标。

铁道部、铁路局都要计算货物运送吨数指标,铁道部的运送货物吨数就是全路的发送货物吨数或到达货物吨数,但铁道部计算的全路运送货物吨数不等于各铁路局运送货物吨数之和。即

$$全路货物运送吨数 \neq 各铁路局货物运送吨数之和$$

类似地

$$铁路局货物运送吨数 \neq 各铁路分局货物运送吨数之和$$

通过分析以上定义并推理可以得出以下计算公式:

$$Q = Q_发 + Q_接 \quad (吨) \tag{2-1}$$

$$Q_发 = Q_{管内} + Q_{输出} \quad (吨) \tag{2-2}$$

$$Q_接 = Q_{输入} + Q_{通过} \quad (吨) \tag{2-3}$$

于是

$$Q_直 = Q_{输入} + Q_{输出} + Q_{通过} \quad (吨) \tag{2-4}$$

$$Q = Q_{管内} + Q_{输出} + Q_{输入} + Q_{通过} \quad (吨) \tag{2-5}$$

$$Q_到 = Q_{管内} + Q_{输入} \quad (吨) \tag{2-6}$$

$$Q_交 = Q_{输出} + Q_{通过} \quad (吨) \tag{2-7}$$

因此

$$Q = Q_{到} + Q_{交} \quad (吨) \qquad (2-8)$$

式中 Q——货物运送吨数,吨;

$Q_{发}$——货物发送吨数,吨;

$Q_{接}$——货物接运吨数,吨;

$Q_{管内}$——管内货物吨数,吨;

$Q_{输出}$——输出货物吨数,吨;

$Q_{输入}$——输入货物吨数,吨;

$Q_{通过}$——通过货物吨数,吨;

$Q_{到}$——货物到达吨数,吨;

$Q_{交}$——货物交出吨数,吨;

$Q_{直通}$——直通货运量,吨。

例 2-1 甲局 2007 年度货运统计资料如表 2-1 所示,求该局同期的货物到达吨数、交出吨数、运送吨数以及直通货运量。

表 2-1 甲局 2007 年度货运统计资料表

发送吨数/万吨		接运吨数/万吨		接运吨数/万吨		接运吨数/万吨	
计	其中管内	自乙局	其中输入	自丙局	其中输入	自丁局	其中输入
8 500	5 500	1 300	700	900	500	1 500	800

解   由上表数据计算甲局的各项货运量指标如下:

$$Q_{发} = 8\ 500(万吨)$$

$$Q_{管内} = 5\ 500(万吨)$$

$$Q_{接} = 1\ 300 + 900 + 1\ 500 = 3\ 700(万吨)$$

$$Q_{输出} = 8\ 500 - 5\ 500 = 3\ 000(万吨)$$

$$Q_{输入} = 700 + 500 + 800 = 2\ 000(万吨)$$

$$Q_{通过} = (1\ 300 - 700) + (900 - 500) + (1\ 500 - 800) = 1\ 700(万吨)$$

所以

$$Q_{到} = Q_{管内} + Q_{输入} = 5\ 500 + 2\ 000 = 7\ 500(万吨)$$

$$Q_{交} = Q_{输出} + Q_{通过} = 3\ 000 + 1\ 700 = 4\ 700(万吨)$$

$$Q = Q_{发} + Q_{接} = 8\ 500 + 3\ 700 = 12\ 200(万吨)$$

$$Q_{直通} = Q_{交} + Q_{输入} = 4\ 700 + 2\ 000 = 6\ 700(万吨)$$

(四)货物周转量($T_{货}$)

即货运周转量(Freight Turnover),是指报告期内各批货物吨数与相应的运送距离乘积之总和,单位是吨·公里。1 吨货物被运送 1 公里的货物周转量就是 1 吨·公里。

一般情况下,全国铁路货量是指单位时间内全国铁路货物发送吨数。全国货物发送吨数虽是反映铁路运输业工作量多少的指标之一,但不能反映全部铁路运输工作量。铁路运输能力的大小不仅取决于货物发运吨数的多少,还取决于货物运输距离的长短。同样是发运 1 吨货物,运输距离长,其工作量就大,占用的设备就多。

而货物周转量与货物发送量、到达量、运送量不同,它不仅含有质量因素,而且含有距离因素,所以它能全面反映运输业的产品特性,是货物运输的产量指标,是真正反映铁路运输工作量的指标,也是编制和检查运输生产计划、计算运输效率、劳动生产率以及核算运输单位成本的主要基础资料。也就是说,只有货物周转量才是铁路运输业真正的产品产量。因此,真正用来确定路网规模的指标是货物周转量,而不是货物发运吨数。

影响货物周转量的因素,主要是货运量和货物平均运距。而它们又受国民经济的发展水平和速度,生产力布局的变化,经济结构、产品结构和地区经济结构的发展变化,运输网的发展等的影响。

按定义,货物周转量可用下面的公式进行计算:

$$货物周转量 = \sum(每批货物的质量 \times 该批货物的运送距离)$$
$$= 实际运送货物吨数 \times 货物平均运程$$

即

$$T_货 = \sum_{i=1}^{n} Q_i l_i = Q\bar{L}_货 \quad (吨 \cdot 公里) \tag{2-9}$$

式中　Q_i——第 i 批货物的实际质量,吨,$i = 1,2,\cdots,n$;

　　　l_i——第 i 批货物的实际运送距离,公里,$i = 1,2,\cdots,n$;

　　　Q——货物运送吨数;

　　　$\bar{L}_货$——货物平均运程,公里。

对于全路来讲

$$全路货物周转量 = \sum 各铁路局货物周转量。$$

货运周转量包括货运总周转量、分货物品类的周转量以及行包周转量。在我国,货物周转量和货运量的货物品类的划分是一致的。因此,对于全国铁路来讲,货运总周转量 = 货物周转量 + 行包周转量。例如,2007 年我国铁路完成货物周转量23 536.13 亿吨·公里,完成行包周转量260.87 亿吨·公里,则完成的货运总周转量为23 797.00 亿吨·公里。

例 2 - 2　乙局 2008 年第一季度的分货类运送吨数及相应的平均运送距离如表 2 - 2 所示,求该局同期的货物周转量与货物平均运程。

表 2 - 2　乙局 2008 年第一季度货物运送统计资料表

货物品类	货物运送吨数/万吨	货物平均运送距离/公里
木材	100	500
石油	120	520
焦炭	150	530
水泥	180	550
化工品	200	600
其他	300	450

解　乙局 2008 年第一季度的货物周转量为

$$T_货 = \sum_{i=1}^{6} Q_i l_i = 100 \times 500 + 120 \times 520 + 150 \times 530 + 180 \times 550 + 200 \times 600 + 300 \times 450$$
$$= 545\,900(万吨 \cdot 公里)$$

乙局同期的货物平均运程为

$$\bar{L}_{货} = \frac{T_{货}}{Q} = \frac{545\,900}{100 + 120 + 150 + 180 + 200 + 300} = 519.90(公里)$$

（五）货物吨公里与总重吨公里

1. 货物吨公里

在铁路统计工作中，由于计算所依据的原始单据不同，货物吨公里又分为计费吨公里和运行吨公里。

（1）计费吨公里　是根据货票中所记载的货物质量和《铁路运价里程表》中发、到站之间的里程（一般按最短距离）计算的。计费吨公里指标每月由铁路统计工厂根据货票进行统计，然后由铁道部将各铁路局上报的计费吨公里加以汇总。通常我们所指的货物周转量则是指计费吨公里。

（2）运行吨公里　即载重吨公里，是根据司机报单中所记载的货物质量与实际走行的距离计算的。铁路机务段统计室每天都要计算运行吨公里指标，用以考核、分析机车运用及机车用煤、用油等情况。

在实际运输工作中，运行吨公里和计费吨公里之间通常采用差数百分率进行换算。则

　　　货物周转量（计费吨公里）= 运行吨公里 /（1 + 差数百分率）

2. 总重吨公里

总重吨公里包括运行吨公里、运用车自重吨公里、守车吨公里。运用车自重吨公里等于运用车自重与运用车走行公里数的乘积；守车吨公里等于守车自重与守车走行公里数的乘积。所谓守车，即望车，一般是挂在货车的尾部，用来守望车辆及协助刹车的，台湾称"守车"，客货车上均有；我国大陆亦称其为"守车"，但只用于货运列车。自 1992 年开始，我国进行了列车尾部安全防护装置（简称列尾装置）的研究，并已成功地研制出了科技含量高、适应性强的列尾装置，解决了货物列车取消守车和运转车长的列车运行安全问题。

（六）运输收入

运输毛收入等于运输总收入减去运输营运费用支出；运输纯收入等于运输毛收入减去固定资产折旧以及税收。

二、质量指标

（一）货物平均运程（$\bar{L}_{货}$）

即货物运输平均运距（Average Transport Distance of Freight），是指报告期内平均每吨货物被运送的里程。在货运量一定的条件下，货物平均运距决定着货物周转量的大小。货物平均运距反映了各类货物产销之间、各地区和各企业之间的经济联系状况。缩短货物平均运距，可以加速运输工具的周转，缩短货物的送达时间，节约运输费用，并且对加速国民经济流动资金的周转，降低商品的流通费用都有重要作用。

影响货物平均运程的因素有多种，其中主要的影响因素是工业生产力布局、运输货物结构、铁路线网密度。

由定义可知，货物平均运程的计算公式为

$$\bar{L}_{货} = \frac{T_{货}}{Q} \quad (公里) \tag{2-10}$$

货物平均运程反映产、销地之间的联系距离，主要取决于资源配置和生产力布局。

例2-3 丙局2007年度分品类货物运送吨数及相应的平均运程如表2-3所示,请计算该局同期全部货物平均运程。

表2-3 丙局2007年度货物运送统计资料表

货物品类	货物运送量/万吨	货物平均运程/公里
石油	300	400
焦炭	800	210
水泥	200	220
化工品	100	250
其他	700	350

解 丙局2007年度全部货物平均运程为

$$\bar{L}_{货} = \frac{300 \times 400 + 800 \times 210 + 200 \times 220 + 100 \times 250 + 700 \times 350}{400 + 210 + 220 + 250 + 350} = 420.98（公里）$$

(二)平均货运密度

是指报告期内平均每公里营业线路通过的货物吨数,或平均每公里营业线路所承担的货物周转量。

1. 站间货物运输密度($\bar{d}_{货站}$)

是指报告期内站间平均每公里营业线路通过的货物吨数,其计算方法如下:第一个站间的货运密度是由该线某一方向的第一个车站所发送的货物吨数与接入经由该站间的货物吨数之和;第二个站间货物运输密度是将第一个站间的货物运输密度,加上第二个车站所发送的货物吨数,再减去到达该站的货物吨数,如有邻线接入或向邻线交出的货物吨数;以下各站间货物运输密度的计算方法依此类推。

2. 区段平均货物运输密度($\bar{d}_{货区}$)

是指报告期内区段间平均每公里营业线路通过的货物吨数,其计算方法如下:将站间的货物运输密度乘以站间里程,得出吨公里,再将本区段各站间吨公里相加除以区段里程即可得出结果。为了反映各条线路的货运工作强度,除了计算路网的平均货运密度$\bar{d}_{货}$之外,还要对具体的线路区段(特别是繁忙线路区段)计算这一指标。这时,如同货运周转量一样,需要按照上行、下行分别计算。区段上行平均货运密度$\bar{d}_{货}^{上}$与该区段的下行平均货运密度$\bar{d}_{货}^{下}$往往不相等,其差别程度反映了货物运输分方向的不均衡程度。通常下行平均货运密度低于上行平均货运密度,($\bar{d}_{货}^{下} : \bar{d}_{货}^{上}$)这个比值我们通常称之为货流不平衡系数。

3. 全路(路局)平均货物运输密度($\bar{d}_{货}$)

是指报告期内区段间平均每公里营业线路通过的货物周转量。这是反映交通运输线路上货物运输量运输繁忙程度的主要指标,是平衡运输线路运输能力和通过能力,规划线路建设及改造、配备技术设备,研究运输网布局的重要依据。平均货运密度指标除了反映线路平均货运负荷这一物理意义之外,还能反映线路(区段)的货运能力利用程度,从而为运输能力的加强提供依据。

计算平均货运密度的公式为

$$\bar{d}_{货} = \frac{T_{货}}{L_{营}} \quad （吨·公里／公里） \tag{2-11}$$

式中　$\bar{d}_{货}$——全路(或路局)的平均货运密度;

　　　　$T_{货}$——全路(或路局)的货物周转量;

　　　　$L_{营}$——全路(或路局)的营运里程。

通常所指的铁路货运量主要包括货物发送量、货物运送量、货物周转量、货运密度等指标,是反映铁路运输业为国民经济和人民生活服务的数量指标,也是制定和检查铁路运输生产计划,研究铁路运输发展规模和速度的重要指标。

(三)货物平均运送时间和平均运送速度

这是两个反映货运质量的重要指标。

1. 货物平均运送时间是指报告期内平均每批(或者每吨)货物在铁路运输过程中所延续的时间。其计算公式为

$$每批(吨)货物平均运送时间 = \frac{\sum 各批(吨)货物运送时间(批日数或吨日数)}{\sum 货物运送批(吨)数}$$

$$= \frac{\sum 货物运送批(吨)数 \times 实际运送日数}{\sum 货物运送批(吨)数} \qquad (2-12)$$

式中,货物实际运送日数是指从货物承运次日起至运抵到站卸车完毕(或货车到规定车辆交接地点)时止所耗费的实际日数。

2. 货物平均运送速度是指报告期内平均每批(或每吨)货物每天被运送的公里数,其值等于各批(吨)货物运送公里数(批·公里或吨·公里)之和除以各批(吨)货物运送时间(批日数或吨日数)之和。

货物平均运送时间和运送速度是考核货运工作质量的重要指标,也是争取市场份额的重要指标。在市场经济条件下,竞争主要是产品和服务质量的竞争。一个企业,如果不能以顾客为中心,不能以自己的产品和服务质量去使顾客满意,那就会失去市场,不仅不可能得到发展,甚至连生存也不可能。从这个意义上讲,质量是企业的生命。铁路运输业也不例外,货物运输的质量指标已成为铁路货物运营的重要指标。因此,应加强运输组织工作,尽量缩短货车在途中的旅行时间和在车站的停留时间,使货物运送速度不断提高。

(四)货运效益

这类指标可以比较全面地反映运输任务的完成效率与产生的效益,主要包括:货运收入率、货运市场占有率、成本利润率等。货运收入率指货运平均每公里的收入,是分析货物运输效益的重要指标。市场占有率反映了铁路运量在整个运输市场的分量,是企业经营实力的反映。成本利润率则是运输成本与运输利润的比值,能够比较全面地反映企业的盈利能力。

第五节　货物运输统计报表

统计报表是按照国家统一规定的表式、统一的指标项目、统一的报送时间,自下而上地逐级定期提供基本统计资料的一种调查方法,它是铁路货物运输统计的主要资料来源。

铁路运输统计报表由规定的统计部门根据货票等单据填制,其填制有一定的格式和时间要求,其发送也有一定的形式和时间要求。

铁路运输统计报表很多,下面仅列出一个供参考。

表 2 – 4 铁路分货类运输量统计表
铁路分货类运输量

表　　号:D323 表
制表机关:国家统计局
文　　号:国统字(2005)85

填报单位:　　　　　　　　　20　　年　　　　　　有效期限:20　　年　　月

货　类	代码	货运量 /万吨	货物周转量 /万吨·公里	平均运程 /公里
甲	乙	1	2	2
合　计	01			
煤	02			
石　油	03			
焦　炭	04			
金属矿石	05			
钢铁及有色金属	06			
非金属矿石	07			
磷　矿　石	08			
矿建材料	09			
水　泥	10			
木　材	11			
粮　食	12			
棉　花	13			
化肥及农药	14			
盐	15			
化　工　品	16			
工业机械	17			
电子电气	18			
金属制品	19			
农业机具	20			
鲜活易腐货物	21			
农副土特产品	22			
饮食烟草	23			
纺织品	24			
文教用品	25			
医药品	26			
其　他	27			
零　担	28			
集装箱	29			

单位负责人:　　　　　统计负责人:　　　　　填表人:　　　　　填报日期:20　　年　　月　　日

说明:1.统计范围是辖区内铁路。

　　2.报送时间为年后　　月　　日前,报送方式为　　　　　　　　　。

思考与练习

一、单项选择题

1. 铁路局的运输工作量等于(　　)之和。
   A. 局装车数与接入重车数　　　　　　B. 局装车数与卸车数
   C. 各分局卸车数　　　　　　　　　　D. 各分局装车数

2. 某线路区段长100公里,各种货物综合平均运程为50公里,货运量为100万吨,则货运密度为(　　)万吨·公里/公里。
   A. 500　　　　　　B. 200　　　　　　C. 100　　　　　　D. 50

3. 在实际运输工作中,运行吨公里和计费吨公里的换算,通常采用(　　)。
   A. 回运系数　　　B. 差数百分率　　　C. 产运系数　　　D. 波动系数

二、简答题

1. 铁路货物运输统计的基本任务是什么?

2. 如何进行铁路货运统计调查?

3. 铁路货运统计调查的主要原始单据是什么,主要资料来源又是什么?

4. 什么是货票,货票上面记载了哪些内容,货票各联分别有什么作用?

5. 统计分组、分组体系的含义分别是什么,统计分组有何作用,统计分组的任务是什么?

6. 统计分组的关键是什么?

7. 请举例说明什么是品质标志,什么是数量标志。

8. 统计分组的种类有哪些?

9. 铁路货运统计分组常用的分组方式有哪些?

10. 铁路货运统计的数量指标有哪些? 质量指标有哪些?

11. 货物周转量有何重要作用,影响货物周转量的主要因素有哪些?

12. 货物平均运距有何作用?

13. 什么是货流不平衡系数?

14. 平均货物运输密度有何作用?

15. 影响货物平均运程的主要影响因素是什么?

三、计算题

1. A铁路局2008年上半年货物发送吨数为4 000万吨,到达吨数为4 500万吨,接运吨数为6 000万吨,求该局同期交出货物吨数。

2. B铁路局管内营运里程为7 500公里,2008年货物发送吨数为1.8亿吨,接运吨数为2.0亿吨,货物平均运程900公里,求该局同期的平均货运密度。

3. 某地区原煤年初库存量为25万吨,年末库存量计划达到50万吨,该地区原煤年产量为250万吨,当地消费量为50万吨,则计划年度该地区原煤发运吨数是多少?

4. C铁路局的货物发送量为2 600万吨,接运量为1 500万吨,管内运量为1 400万吨,则该局的货物运输量为多少万吨?

5. D 局去年计费吨公里 50.8 亿吨公里。运行吨公里比计费吨公里高 2.5%，去年运用车共走行14 200万公里，货车平均自重 18 吨，无守车，则该局去年总重吨公里是多少亿吨公里？

6. E 铁路局要编制年度货物运输计划，从（货物交流表）已知管内运输量 80 万吨，输出运输量 30 万吨，输入运输量 20 万吨，通过运输量 10 万吨。从运转工作计划的资料可知，该局运行的货物周转量为16 250万吨公里。设差数百分率为 6%，试计算：

(1) 该局货物运输量；

(2) 该局货物周转量；

(3) 该局货物平均运程。

7. F 局 2008 年度货运统计资料如下表所示，求该局同期的货物到达吨数、交出吨数、运送吨数以及直通货运量。

发送吨数/亿吨		接运吨数/亿吨		接运吨数/亿吨		接运吨数/亿吨	
计	其中管内	自乙局	其中输入	自丙局	其中输入	自丁局	其中输入
1.2	0.8	0.45	0.21	0.15	0.11	0.22	0.18

8. G 局 2008 年上半年的分货类运送吨数及相应的平均运送距离如下表所示，求该局同期的货物周转量与货物平均运程。

货物品名	货物运送吨数/万吨	货物平均运送距离/公里
盐	150	800
石油	200	750
焦炭	500	1 200
棉花	100	1 000
磷矿石	350	820
其他	400	1 100

9. H 局 2007 年度分品类货物运送吨数及相应的平均运程如下表所示，请计算该局同期全部货物平均运程。

货物品名	货物运送量/万吨	货物平均运程/公里
棉花	400	550
粮食	1 000	500
医药品	850	600
矿建材料	800	1 000
其他	900	950

10. I 局管辖 A，B，C 三个分局，其货运资料如下表所示，求该局的货物平均运程。

	甲局		
	A 分局	*B* 分局	*C* 分局
发送吨数/万吨	2 500	2 800	3 200
平均运程/公里	450	500	620
接运吨数/万吨	1 600	2 200	2 700
	3 600		

11. *J* 铁路局计划各种货物发送量、接运量及平均运程如下表所示,试计算:(1)该局的运输量;(2)该局的货物周转量;(3)该局全部货物的平均运程。

货物品名	发送吨数/万吨	接运吨数/万吨	平均运距/千公里
化肥	500	120	800
木材	200	150	500
焦炭	1 300	4 000	1 000
棉花	100	150	700
铁矿石	4 500	1 300	400
其他	650	500	750

第三章　旅客运输统计

第一节　旅客运输统计的基本任务

铁路旅客运输统计包括旅客统计和行李包裹统计,而且也属于产品统计的范畴。铁路旅客运输统计与货物运输统计比较,在统计调查、统计分组、指标内容等方面,有很多相似之处。铁路旅客运输统计反映的是铁路旅客运输的工作成绩和铁路旅客流动规律,从一个侧面反映了人民物质文化生活状况,为编制客运计划,改善组织管理,进行经济核算提供依据。

按照现行的《铁路旅客运输统计规则》规定,铁路旅客运输统计的基本任务有:

1. 建立适应铁路行业管理和经营管理所需要的旅客运输统计指标体系和调查方法;

2. 运用先进的统计手段,准确、及时、全面、系统地收集、整理、提供反映铁路旅客运输状况的统计资料;

3. 分析、揭示铁路旅客运输发展的规律性在具体时间、地点、条件下的数量表现,阐明、预测铁路旅客运输发展的趋势、水平、结构、比例;

4. 为国家制定铁路客运发展规划,进行宏观调控与决策及铁路旅客运输经营管理提供依据。

第二节　旅客运输统计调查与原始单据

一、铁路旅客运输统计调查

旅客运输统计调查采取定期统计报表和临时性的专门调查相结合的组织方式。客运统计的调查对象包括:在铁路营业线、临时营业线上的车站和乘降所购买客票乘车的旅客,在旅客列车上和到站补购客票的旅客及退票的旅客。

旅客运输统计的调查单位是一位旅客由发站至到站的一次旅行。与货运统计相同,旅客运输统计也是按发送时间统计的,即按售出客票的日期统计。

旅客运输统计的原始单据有:售出客票报告、代用客票、区段客票、市郊定期客票及其他有关凭证和退票报告。其中,售出客票报告属于基层原始统计报表,是客运统计的主要原始单据,由车站售票室将每天发售的常备客票整理汇总填记,按规定的时间上报。退票报告是发站根据旅客购买客票后因故退票而填制的,由此计算的退票人数和人·公里应从当月资料中剔除。客运统计在结算时间上与货运统计有所区别。

旅客运输统计结算时间为 24 点,即每天 24 点前售出的客票,作为当日旅客发送量的统计依据,24 点后售出的客票,计入次日的旅客发送量。

二、铁路旅客运输统计分组

旅客运输统计的分组方式主要是按运输范围(即按运输种别)分组。与货运统计中的按运输范围分组类似,旅客运输也分为管内运输和直通运输。管内运输,是指在本局管内,不经过其他局管辖线路所完成的运输;直通运输,是指经过两个及两个以上局完成的运输。直通运输又分为输入运输、输出运输和通过运输三类。输出运输,即发往他局,或虽发往本局,而在运输过程中需经由他局的运输;输入运输,即发站属于其他局,或虽属本局,但在运输过程中需经由他局而到达本局管内的运输;通过运输,即由相邻局接入,通过本局再移交相邻局的运输。

旅客运输统计按照运输对象可以分为旅客统计和行李、包裹统计。旅客统计范围是指购买客票或办理签证在铁路营业线、临时营业线(指铁路局临管线,下同)上的车站和乘降所乘车的旅客。行李、包裹统计范围是指在铁路营业线、临时营业线上的车站按营业手续运送和中转的行李、包裹。

此外,客运统计还有按发送地区分组、按发到地区分组、按客运密度分组等方式。

三、铁路旅客运输统计原始单据

根据现行《铁路旅客运输统计规则》的规定,铁路旅客运输统计的原始资料包括原始票(单)据、原始信息和基层原始统计表,它们是旅客运输统计的依据。原始统计表是针对网络条件及电算化程度较差的环境而设立的,应逐渐被网络传输所取代。可见,原始单据是原始资料的一部分。具体来讲,铁路客运统计的原始单据包括:计算机客票、常备票、代用票、军运后付代用票、区段票、往返票、定额票、月季票(无固定统一格式)、行李票、包裹票、行李包裹装卸交接证、国际联运清算单据、国际联运册页客票、客运运价杂费收据等。

旅客运输统计所需要的原始单据,由各局财务收入,运输、客运部门和基层站段及相关信息系统提供。

第三节 旅客运输统计指标

一、数量指标

旅客人数统计指标分为旅客发送人数、旅客到达人数、旅客运送人数、列车补票人数、到站补票人数、旅客中转人数、持免票签证的发送人数、旅客退票人数等。它是铁路在交通运输行业中所占份额的直接反映,反映人民生活和文化交流对铁路运输需要的情况,是局间旅客服务费清算的基础,并作为编制旅客列车运行图、配备客运设备和客运服务人员的依据。

(一)旅客发送人数($A_发$)

即旅客发送量,是指报告期内在铁道部管辖的铁路营业线和临时营业线上的车站启程而购买客票乘车的旅客人数,包括在铁路各营业站和乘降所购买客票乘车及在列车内和到站补票的旅客人数,还包括由国外、新线、地方铁路接运的旅客人数,并减去退票人数。与国铁办理直通客运业务的合资、地方铁路与国铁间或与其他合资、地方铁路间相互发送的直通旅客,由发送局或发送合资、地方铁路公司按《铁路旅客运输统计规则》规定统计发送人数,接入(或通过)局或合资、地方铁路公司不得重复统计发送人数,应统计为输入(或通过)人数。

国家铁路旅客发送人数 = 各铁路局旅客发送人数之和

= 各铁路局管内旅客人数 + 各铁路局输出旅客人数

铁路局旅客发送人数 = 管内各站旅客发送人数之和

= 管内旅客人数 + 输出旅客人数

全国铁路旅客发送人数 = 国家铁路旅客发送人数 + 合资、地方铁路旅客发送人数

（二）旅客到达人数（$A_{到}$）

是指报告期内各车站、铁路局旅客到达数量。

全国铁路旅客到达人数 = 全国铁路旅客发送人数

全国铁路旅客到达人数 = 各铁路局旅客到达人数之和

= 各局管内旅客人数 + 各局输入旅客人数

铁路局旅客到达人数 = 管内旅客人数 + 输入旅客人数

（三）旅客运送人数（A）

是指报告期内使用铁路客车运送的旅客人数，即铁路局旅客运输的全部工作量，对铁路局或铁路分局来说，旅客运送人数等于旅客发送量和旅客接运量之和，即

铁路局旅客运送人数 = 管内旅客人数 + 输出旅客人数 + 输入旅客人数 + 通过旅客人数

而全国铁路旅客运送人数则等于全国铁路旅客发送人数。这是反映铁路运输业为国民经济和人民生活服务的数量指标，也是制订和检查铁路运输生产计划、研究铁路运输发展规模和速度的重要指标。铁路客运量的计算方法是不论行程远近或票价多少，均按单程计算为一人次；半价票、小孩票也按一人统计；月、季票按每月往返各 21 人次计算；不足购票年龄免购客票的儿童，不计算运量。

则对于铁路局而言，有下面的计算公式：

$$A_{发} = A_{管内} + A_{输出} \quad （人） \tag{3-1}$$

$$A_{接} = A_{输入} + A_{通过} \quad （人） \tag{3-2}$$

$$A_{到} = A_{管内} + A_{输入} \quad （人） \tag{3-3}$$

$$A_{直通} = A_{输出} + A_{输入} + A_{通过} \quad （人） \tag{3-4}$$

$$A = A_{发} + A_{接} = A_{管内} + A_{输出} + A_{输入} + A_{通过} \quad （人） \tag{3-5}$$

式中　$A_{发}$——旅客发送人数，人；

　　　$A_{到}$——旅客到达人数，人；

　　　$A_{接}$——旅客接运人数，人；

　　　$A_{管内}$——管内旅客人数，人；

　　　$A_{输出}$——输出旅客人数，人；

　　　$A_{输入}$——输入旅客人数，人；

　　　$A_{通过}$——通过旅客人数，人；

　　　$A_{直通}$——直通旅客人数，人；

　　　A——旅客运送人数，人。

（四）旅客中转人数（$A_{中}$）

旅客中转人数即旅客中转量，是指在铁路各营业站及列车上办理中转签证换乘的旅客人数。

全国铁旅客中转人数 = 各铁路局旅客中转人数之和

（五）免票发送人数

免票发送人数是指持有铁路乘车证在铁路各营业站和乘降所办理签证乘车的旅客人数。

全国铁路免票发送人数 = 各铁路局免票发送人数之和

（六）退票旅客人数

退票旅客人数是指在铁路营业站办理退票手续的旅客人数。在中途站办理的退票，不计算退票人数。外局发生的退票，由退票站所在局将退票资料分为中途退票和异地退票（异地售票发生的退票），按规定的交换格式交换给发送局，由发送局进行调整，其中对于中途退票，发送局只调整直通交换资料和发送周转量，不调整发送人数。

（七）行李、包裹件数及质量

普通行包的件数，按行李、包裹票据记载的实际件数计算包括行包发送、中转、到达件数；其质量则是按行李、包裹票据记载的实际质量计算，以公斤整理，合并后以吨为单位统计。

行包专列单独统计，不统计件数。行包专列的质量指行包的实际质量，无实际质量时按计费质量统计。

（八）周转量

周转量等于运送量和运送距离的乘积，它反映运输工作的数量和质量，是铁路运输工作量的主要指标。它包括两个指标：旅客周转量与行包周转量。

1. 旅客周转量（$T_客$）

报告期内旅客运送人数与相应的运送距离乘积之总和，即是铁路分局、铁路局或全路所完成的旅客人·公里。旅客周转量既包含了运送人数，又包含了运送距离，因而全面反映了"位移"的性质，是旅客运输的产量指标。其计算公式为

旅客周转量 $= \sum$（实际运送的每一乘客 × 该旅客出发站与到达站间距离）

即

$$T_客 = \sum_{i=1}^{n} A_i l_i = A\bar{L}_客 \quad （人·公里） \tag{3-6}$$

式中　A_i——第 i 位旅客，人，$i = 1,2,\cdots,n$；

　　　l_i——第 i 位旅客出发站与到达站间距离，公里，$i = 1,2,\cdots,n$；

　　　A——旅客运送人数，人；

　　　$\bar{L}_客$——旅客平均行程，公里。

对于全路来讲

全路旅客周转量 $= \sum$ 各铁路局旅客周转量

我国 2007 年全国铁路完成旅客周转量7 216.31 亿人·公里。

2. 行包周转量（$T_行$）

行包周转量 = 行李、包裹吨数 × 发、到站间里程

铁路局（分局）行包周转量 = 铁路局（分局）行李、包裹运送吨数 ×

各该在本局（分局）管内的运送里程

我国 2007 年全国铁路完成行包周转量 260.87 亿吨·公里。

（九）铁路运输总收入

是指铁路运输企业在完成客货运输工作中，按照国家批准的运费标准收取的货币收入。包括货运收入，客运收入，行李、包裹收入，邮运收入，车站和列车补收的旅客客票收入，到站补收的货物和行包运费，货物行包变更手续费等。

296

（十）运输利润

是指铁路运输业一定时期从事客货运输业务的经营成果,也称运营业务利润,是运输收入减去运输成本(运输支出)及其他费用以后的净额。它是考核运输企业一定时期经营成果的综合性指标。努力增加运输利润,超额完成运输利润计划,对于完成国家上缴任务,发展铁路运输事业,改善铁路运输条件,提高铁路职工生活水平都有非常重要的意义。

二、质量指标

（一）平均行(运)程

1. 旅客平均行(运)程

是指报告期内平均每名旅客乘车旅行的距离。铁路局旅客平均行程等于铁路局旅客周转量与该局旅客运送人数的比值;对于全国铁路来讲,因为旅客运送人数等于旅客发送人数,所以全国铁路旅客平均行程等于全国铁路旅客周转量除以全国铁路旅客发送人数。以 $\bar{L}_{客}$ 表示旅客平均行程,$T_{客}$ 表示旅客周转量,则

$$\bar{L}_{客} = \frac{T_{客}}{A} \quad （公里） \tag{3-7}$$

2. 行包平均运程($\bar{L}_{行包}$)

是指平均每吨行李、包裹的运送距离。

全国铁路行包平均运程 = 全国铁路行包周转量/全国铁路行包运送吨数

铁路局行包平均运程 = 铁路局行包周转量/铁路局行包运送吨数

（二）平均客运密度

平均客运密度是反映交通运输线路上旅客运输量运输繁忙程度的主要指标,是平衡运输线路运输能力和通过能力,规划线路建设及改造、配备技术设备,研究运输网布局的重要依据。

1. 站间旅客运输密度($\bar{d}_{客站}$)

是表示站与站间所通过的旅客人数,分别按上、下行计算。其计算方法是:按运行方向第一个站间的旅客运输密度,是该线开始第一个车站所发送的旅客人数和接入经由该站的旅客人数之和;第二个站间密度,是将第一个站间密度加上第二个车站所发送的旅客人数,再减去到达该站的旅客人数;以下各站间密度依此类推。

2. 区段平均旅客运输密度($\bar{d}_{客区}$)

是表示区段内平均每公里营业线所通过的客运量,分别按上、下行计算。其计算公式为

$$\bar{d}_{客区} = \frac{\sum (\bar{d}_{客站} \times l_{站})}{l_{区}} \quad （人） \tag{3-8}$$

式中　　$l_{站}$——站间里程,公里;

　　　　$l_{区}$——区段里程,公里。

3. 全路(路局)平均旅客运输密度($\bar{d}_{客}$)

是表示报告期内(通常是 1 年)全国铁路(路局)平均每公里营业线路所承担的旅客周转量,即以全路(路局)旅客周转量除以铁路局营业里程,即

$$\bar{d}_{客} = \frac{T_{客}}{L_{营}} \quad （人·公里／公里） \tag{3-9}$$

（三）客座人公里收入率（$\lambda_客$）

客座人公里收入率是指报告期内铁路局担当的某次旅客列车平均每一客座人公里所取得的票价收入，是分析旅客运输效益及客车利用效率的重要指标。其计算公式为

$$\lambda_客 = \frac{I}{\sum nS_客} \quad （元／人·公里）\tag{3-10}$$

式中　I——（分席别）票价收入；

　　　$\sum nS_客$——客座公里总数，等于该车次（分席别）定员 × 全程运距。

其中，旅客票价收入是指票价合计，即票面金额合计。客车定员按图定满轴编组和标记定员确定。

（四）客运效益

客运效益统计指标用以反映运输任务的完成效率，这类指标有客运收入率和客运市场占有率。客运收入率指平均每公里客运的收入，是分析旅客运输效益的重要指标。市场占有率反映了铁路运量在整个运输市场的比重，是企业经营实力的反映。

三、铁路运输业总产量指标——换算周转量（$T_换$）

我们知道，铁路运输包括旅客运输和货物运输两大部分，铁路运输产量包括客运产量和货运产量，反映客运产量和货运产量的指标分别是旅客周转量、行包周转量和货物周转量。但铁路运输业作为一个统一的整体，还需要有一个总产量指标，以反映铁路职工总的劳动成果，也便于计算铁路运输成本和劳动生产率。由于客运周转量和货运周转量的计量单位不同，不能直接相加，要计算总产量，必须使人·公里和吨·公里成为可比的。为此，精确的方法是将 1 人·公里与 1 吨·公里的劳动消耗量分别测算出来，进行换算之后再相加。这样做十分繁琐，而且客货运消耗往往交织在一起，很难准确区分。在实际统计工作中，可以采取一种简化的近似做法，即采用一个客货换算系数，这样，客运周转量和货运周转量便可以直接相加了，相加的结果即是一个换算周转量。

所谓换算周转量，是指将旅客周转量按一定比例换算为货物周转量，然后与货物周转量相加成为一个包括客货运输周转量的换算量指标。它综合反映了各种运输工具在报告期内实际完成的旅客和货物的总周转量，是考核运输业综合性的总产量指标。其计算公式为

　　换算周转量 = 货物周转量 + 行包周转量 + 旅客周转量 × 客货换算系数

客货换算系数的大小，取决于运输 1 吨·公里和 1 人·公里所耗用人力和物力的多少。目前我国统计制度规定的客货换算系数，按铺位折算，铁路、远洋、沿海、内河运输的系数为 1；按座位折算，内河为 0.33、公路为 0.1、航空国内为 0.072、国际为 0.075。即假定在铁路运输中 1 人·公里和 1 吨·公里的成本是相等的，由此，换算周转量可以用下式来表示：

$$T_换 = T_货 + T_行 + T_客 \quad （吨·公里）\tag{3-11}$$

式中　$T_换$——全路（或路局）的换算周转量，吨·公里；

　　　$T_货$——全路（或路局）的货运周转量，吨·公里；

　　　$T_行$——全路（或路局）的行包周转量，吨·公里；

　　　$T_客$——全路（或路局）的客运周转量，换算吨·公里。

换算周转量是铁路运输业总产量指标。例如，全国铁路完成货物周转量 23 536.13 亿吨·公里，完成行包周转量 260.87 亿吨·公里，完成旅客周转量

7 216. 31 亿人·公里,则总换算周转量 = 23 536. 13 + 260. 87 + 7 216. 31 = 31 013. 31(亿吨·公里)。

有了换算周转量,便可以计算平均换算密度(也叫平均运输密度)指标,这是全面反映铁路平均负荷程度的一个指标,以计算全路(或路局)的平均换算密度,则有

$$\bar{d}_{换} = \frac{T_{换}}{L_{营}} \quad (换算吨·公里 / 公里) \tag{3-12}$$

例 3-1 丁局营业里程 $L_{营} = 6\,000$ 公里,2007 年统计资料见下表。试计算丁局各项周转量指标及平均换算密度指标。

表 3-1　2007 年丁局统计资料表

货物运输		旅客运输		行包运输	
发送吨数	1. 54 亿吨	发送人数	0. 95 亿人	发送吨数	320 万吨
接运吨数	0. 5 亿吨	接运人数	0. 45 亿人	接运吨数	250 万吨
平均运程	800 公里	平均行程	600 公里	平均运程	650 公里

解 $T_{货} = (1.54 + 0.5) \times 800 = 1\,632$(亿吨·公里);

$T_{客} = (0.95 + 0.45) \times 600 = 840$(亿人·公里),即相当于 840 亿吨·公里;

$T_{行} = (0.032 + 0.025) \times 650 = 37.05$(亿吨·公里);

所以 $T_{换} = 1\,632 + 840 + 37.05 = 2\,509.05$(亿换算吨·公里),即相当于 2 509.05 亿吨·公里;

$\bar{d}_{换} = \dfrac{T_{换}}{L_{营}} = \dfrac{2\,509.05 \times 10^4}{6\,000} = 4\,181.75$(万吨·公里/公里)

第四节　铁路旅客运输统计报表

铁路旅客运输统计报表制度,是根据国家和铁路经营管理的需要而制定的有关旅客运输统计的报表格式、报送时间和方式、责任单位等要求的制度。国家铁路、合资铁路、与国铁办理直通旅客运输的地方铁路,要按本规则建立规定的报表报送铁道部统计中心。

根据现行的《铁路旅客运输统计规则》第三十七条至第四十九条的规定,铁路旅客运输统计报表(批准文号:铁统计(2001)128 号)主要包括以下几部分内容。

一、旅客发送量及票价统计表(客报-1)

1. 本表是表示各客运营业站(乘降所)、铁路局和省、市、自治区的旅客发送情况,包括列车的补票人数、车站的补票人数和退票人数。有人售票乘降所人数统计为站售票人数,无人售票乘降所人数统计为补票人数。

2. 根据自局客运发送资料及外局交换资料编制,按运输种别、席别填列各车站、铁路局及行政区域的旅客发送人数、补票人数及退票人数,合计栏为加补减退数。

3. 由新线、国外接运的旅客人数,应与接运站本站发送的旅客人数分开填列。

4. 年报应按分局别、线别、站别顺序填列。

5. 人数单位为人;票价单位为元,保留一位小数,上传数据时不传小数点。

6. 本表为月、年报,分站别的月报保存于铁路局。月报于次月 9 日向铁道部传输按分局别、省别统计的客报－1,年报于翌年 1 月 9 日向铁道部网络传输完整客报－1。

二、旅客运输量及周转量统计表(客报－2)

1. 本表是表示各铁路局旅客运输量、周转量及平均行程的完成情况。

2. 根据自局客运发送资料和各局交换的资料编制,按管内、直通(输出、输入、通过)分别站售票、补票、退票、合计填列旅客人数、周转量、平均行程。周转量以千人·公里为单位,千以下四舍五入。各运输种别中的合计栏为加补减退数。

3. 本表另按省、市别列出加补减退旅客周转量及发送人数,发送人数来源于客报－1,各省、市、自治区发送人数合计应与本表管内、输出合计人数之和相等,省、市、自治区人公里合计数应与本表合计人公里数相等。

4. 临时营业线按线别的旅客发送人数、周转量分别站售票、补票、退票、合计作为本表其中数同时上报。其周转量为旅客运输产生在临时营业线内的周转量。

5. 窄轨加补减退旅客人数、周转量作为其中数单独列报。

6. 本表为月、年报。月报于次月 12 日报部,年报于翌年 1 月 12 日报部。

三、分界站旅客输出、输入及通过统计表(客报－3)

1. 本表表示铁路局间旅客去向及各局间分界站输出、输入及通过旅客人数。

2. 根据自局发送资料和各发送局交换的资料编制。合资、地方铁路的直通资料由所在铁路局随本局直通交换资料合并交换。对同一个局间分界站,铁路局与本局内合资、地方铁路公司交接人数合计应与邻局核对完全一致。合资、地方铁路与所在局分界站交接人数也应核对一致。

管内有合资、地方铁路的铁路局根据直通交换资料中的实际到站及经由,分出本局和合资、地方铁路分运输种别的人数。各单位输出、输入、通过合计人数,应与客报－2 相应一致。

3. 本表以加补减退资料编制;各局间交换资料为站售票、补票、退票的分项资料。

4. 本表为月、年报。月报于次月 12 日报部,年报于翌年 1 月 12 日报部。

四、区段平均旅客密度统计表(客报－4)

1. 本表反映铁路营业线上各区段平均旅客密度。

2. 根据本局资料和外局交换资料编制。

3. 按管内、直通分上、下行方向,先计算出站间密度,再汇编成区段平均密度,平均密度以旅客人数表示,以千人为单位。

4. 旅客密度区段执行部定统一的线路统计区段。

5. 本表以加补减退资料编制。

6. 本表为年报,于翌年 1 月 12 日向铁道部传输。

五、旅客运送距离统计表(客报－5)

1. 本表是按照运送距离别,分席别反映旅客运送量和周转量,是作为了解和研究旅客行程情况的依据。

2. 本表根据自局旅客发送加补减退资料编制。

3. 本表周转量为发送周转量,其中的运送里程为票据上记载的运价里程。

4. 各里程段的周转量,是该段每一旅客旅程的累计数,以千为单位。

5. 合计人数应与客报-1加补减退发送人数一致。

6. 票价合计单位:元,保留一位小数,传输时不传小数点。

7. 本表为月、年报。月报于次月12日报部,年报于翌年1月12日报部。

六、旅客中转量统计表(客报-6)

1. 本表反映车站和列车上以电子售票方式办理中转手续的分担当局别车次别旅客运送情况。

2. 本表根据本局车站电子售票、车内电子补票信息编制。

3. 站中转指在车站办理签证的中转,车中转指在车内办理签证的中转。表中"站中转"或"车中转"表示方法在上报格式中规定。

4. 本表为月、年报。月报于次月9日报部,年报于翌年1月9日报部。

七、主要干线分线别旅客运输量统计表(客报-7)

1. 本表反映全路主要干线的旅客运送量、周转量及平均行程的情况。

2. 根据自局客运发送资料和各局交换的资料编制,按管内、直通(输出、输入、通过)分别填列旅客人数、周转量、平均行程。人数单位为人;周转量单位为千人·公里,千以下四舍五入。

3. 本表以加补减退资料编制。

4. 交叉点上车站的旅客人数统计的归线原则,是以旅客乘车的方向确定所属线。

5. 本线发送到本线的资料属于线管内,本线发往外线的旅客资料属于线输出,外线发至本线的旅客资料属于线输入,外线发往外线并通过本线的旅客资料属于线通过。

6. 本表为月、年报。月报于次月12日报部,年报于翌年1月12日报部。

八、分车次别、席别、旅客发送量周转量及票价统计表(客报-8)

1. 本表是反映铁路局分车次、担当局、席别的旅客运输情况。根据自局发送资料和异地售票资料结合调度命令编制。本表可由部汇总各担当局(客运公司)担当列车情况。

2. 车次分别按上下行填列。对两个或多个铁路局共同担当的列车,分开统计。

3. 收入指标为票价合计数,以元为单位,保留一位小数,传输时不传小数点。

4. 本表周转量为发送周转量,其中的里程为票据上记载的运价里程。人数单位为人;周转量单位为千人·公里。

5. 本表以车站为单位编制,合计为铁路局汇总表。

6. 表中"合计"栏为加补减退数。

7. 本表合计发送量、票价合计数应与客报-1对应的合计发送量、合计票价一致。本表周转量合计应与客报-5的周转量合计一致。

8. 本表为月、年报。月报于次月9日报部,年报于翌年1月9日报部。

九、分站别、车次别、担当局别旅客发送量及公免人数统计表(客报-9)

1. 本表是反映各营业站、乘降所分车次别、担当局别的发送、公免旅客运送情况。

2. 本表根据本局发送资料和异地售票交换资料编制。

3. 对两个或多个铁路局共同担当的列车,分开统计。

4. 本表站别发送人数合计应与客报-1站别发送人数合计一致;分车次别发送人数应与客报-8对应车次一致。

5. 本表发送人数合计栏为加补减退数。

6. 本表为月、年报。月报于次月9日报部,年报于翌年1月9日报部。

十、普通行李、包裹发送量中转量及到达量统计表(行包-1)

1. 本表反映各办理行李、包裹车站的普通行李、包裹发送、中转及到达量情况。

2. 根据车站"行李、包裹发送(中转)量统计表(客统报2)",计算机行包票信息和外局交换资料编制。按运输种别填列各站、铁路局和省、市、自治区的行李、包裹发送、中转、到达件数和质量。质量按千克整理,以吨为单位上报,吨以下四舍五入。

3. 本表为月、年报。月报于次月12日向铁道部网传铁路局行包1,年报于翌年1月12日向铁道部网传完整的行包-1。

十一、普通行李、包裹运输量及周转量统计表(行包-2)

1. 本表反映铁路局按运输种别运送的行李、包裹质量和周转量情况。

2. 本表根据自局发送资料和外局交换资料编制。编制本表前,相邻局分界口交接量应核对一致。

3. 按管内、直通(输出、输入、通过)分别填列行李、包裹运送吨数、周转量及平均运程。周转量以千为单位。

4. 窄轨吨数、周转量作为其中数单独列报。

5. 本表为月、年报。月报于次月12日报部,年报于翌年1月12日报部。

十二、分站别、车次别、担当局别行包专列发送量周转量统计表(行包-3)

1. 本表对行包专列运送的行包进行统计。

2. 对在别局担当的行包专列上加挂行包车辆的局,统计时要与担当局分开统计。

3. 发送周转量指发送量与行包发到站间里程的乘积。

4. 本表为月、年报。月报于次月9日报部,年报于翌年1月9日报部。

十三、行包专列运输量周转量统计表(行包-4)

1. 本表反映行包专列运量周转量情况。周转量口径同行包-2。

2. 本表根据自局发送资料和外局交换资料编制。编制本表前,相邻局分界口交接量应核对一致。

3. 本表为月、年报。月报于次月12日报部,年报于翌年1月12日报部。

思考与练习

一、填充题

1. _____能够反映运输工作的数量和质量,是铁路运输工作量的主要指标。
2. _____是反映交通运输线路上旅客运输量运输繁忙程度的主要指标,是平衡运输线。

二、简答题

1. 铁路旅客运输统计的基本任务是什么?
2. 铁路客运统计的主要原始单据是什么?
3. 铁路客运统计在结算时间上与货运统计有何不同?
4. 旅客人数统计指标具体包括哪些指标?
5. 旅客人数统计指标有何作用?
6. 铁路客运量指标有何重要作用?
7. 什么是换算周转量,如何计算?
8. 铁路客运统计报表主要包括哪些?

三、计算题

1. 2006 年全国铁路完成货运总发送量(包括行包运量)288 285 万吨,货运总周转量(包括行包周转量)21 954.46 亿吨·公里,平均货运密度2 851 吨·公里/公里;旅客发送量125 656 万人,全国铁路完成旅客周转量6 622.12 亿人·公里。求全国铁路同期的货物平均运程、旅客平均运程、平均客运密度以及换算周转量。

2. 甲局 2008 年旅客运输情况如下表所示,求该局同期的旅客周转量和旅客平均行程。

运输种类	旅客人数/万人	管内平均运程/公里
管内	500	200
输入	450	80
输出	360	90
通过	400	100

3. 乙局营业里程 $L_营$ =5 650 公里,2008 年统计资料见下表,求乙局各项周转量指标及平均换算密度指标。

货物运输		旅客运输		行包运输	
发送吨数	2.30 亿吨	发送人数	1.20 亿人	发送吨数	400 万吨
接运吨数	0.70 亿吨	接运人数	0.70 亿人	接运吨数	300 万吨
平均运程	1 000 公里	平均行程	560 公里	平均运程	580 公里

4. 某铁路局近两年客货运输完成情况如下表所示。请完成下列表格,并分析该铁路局2008年实际完成的换算周转量比2007年超额完成对其贡献最大的指标是哪一个?

指标名称	单位	2007年实际	2008年	
			计划	实际
旅客发送量	百万人	120	125	130
旅客接运量	百万人			
旅客周转量	亿人·公里	640	680	735
旅客平均行程	公里	400	410	420
货物发送量	亿吨			
货物接运量	亿吨	1.22	1.40	1.52
货物周转量	亿吨·公里	1 692	1 984	2 252.8
货物平均运程	公里	600	620	640
换算周转量	亿吨·公里			

第四章 车辆及机车统计

第一节 车辆及机车统计的基本任务

运营统计主要研究各种运输方式的运输工具现有数量及其利用情况。各种运输方式的运输工具,在报告期内经常处于不同状态,如运送旅客、运送货物、检查修理、等待命令等。运营统计不只限于计算运输工具的有关运行速度的指标,还要计算各种运输工具完成的工作量、各种运输工具的生产率及有关指标。

在铁路运输业中,主要运输工具就是不同动力的机车及各种类型和用途的车辆。在本章中,主要研究的统计对象是铁路车辆。铁路车辆是装运货物、运送旅客的运载工具。它没有动力装置,需要把车辆连挂在一起由机车牵引,才能完成客货运输任务。

铁路车辆根据运输的需要,可分为客车、货车两大类,因此车辆统计包括客车统计和货车统计。车辆统计属于运输工具统计,主要采取统计报表的形式进行统计调查。我国铁路客车实行配属制,即配属于各铁路局使用,货车则在全路范围内通用。货车总数是客车的十几倍,货车运用方式也要比客车复杂得多,因而货车统计工作量较大,报表多,指标细,且及时性要求高。

货车统计的内容可以概括为两大部分:一是货车现状的统计,包括数量、种类、状态、分布、运用状况等;二是货车运用的统计,包括货车完成的工作量及运用效率。通过这两大部分的统计,一方面及时掌握货车数量及动态,为日常车流调整及货车调配提供依据;另一方面了解货车运用的数量与质量,考核运用成绩,分析运用效率,研究加速车辆周转的对策,不断提高铁路运输业的经济效益。

客车统计则主要是运用效率及列车正晚点统计。

此外,与客、货车统计相关的统计是机车统计。因为,在铁路运输中,要随时掌握机车车辆的数量及其所处的状态和地点,考核机车车辆的运用效率,计算和统计各有关指标,以便经济合理地运用机车车辆。

第二节 货车现在车与装卸车统计

一、货车现在车统计

该指标是统计每日 18 点的货车数量及其运用状况。现在车统计既要统计货车总数,又要按照一定的类别,统计各类货车的数量,因此,首先介绍货车的分类。

(一)货车的分类

货车是指用于装运货物的铁路车辆。在特殊情况下,个别货车也用来运送旅客或兵员。有些铁道车辆并不直接参加货物运输,而是用于铁路线路施工、桥梁架设、轨道衡检测等特殊用途,但这些车辆也属于货车类。铁路货车具有经常流动、没有固定地点等特点。按现行制度规定,铁路货车属于铁道部的固定资产,除少量的窄轨车、宽轨车、机械保温车及制定用途的专用车外,不实行配属制,各铁路局、铁路分局不拥有铁路货车的产权。

货车按车种不同分为棚车(P)、敞车(C)、平车(N)、罐车(G)、冷藏车(B)、毒品车(W)、集装箱车(X)及其他货车。

货车按所有权不同分为部属货车和非部属货车。部属货车是铁道部的固定资产,非部属货车指路外单位的企业自备车及外国货车。

货车现在车按运用特点分为两大类:运用车和非运用车。

1. 运用车:参加铁路营业运输的部属货车、企业自备车、外国货车、企业租用、军方特殊用途重车。运用车按照工作状态分为重车和空车两类。

(1)重车包括:

①实际装有货物并具有货票的货车;

②卸车作业未完的货车;

③倒装作业未卸完的货车;

④以"特殊货车及运送用具回送清单"手续装载整车回送铁路货车用具(部属篷布、空集装箱及军用备品等)的货车;

⑤填制货票的游车;

⑥在编组计划规定区段内未装有货物的沿途零担车。

(2)空车包括:

①实际空闲的货车;

②装车作业未完的货车;

③倒装作业未装完的货车。

2. 非运用车:不参加铁路营业运输的部属货车和在有专用线、专用铁道企业内的已批准过轨的该企业自备货车及军方特殊用途空车,以及路内特殊用途需要专门制造不能装运货物的特种用途车。

非运用车按用途和技术状况又分为若干种,主要有备用车、检修车、代客货车、路用车、洗罐车等。

(二)现在车统计方法

货车现在车统计属于时点统计,一般采用平衡法推算现在车数。其计算通式为

$$N_今 = N_昨 + N_加 - N_减 \quad (车) \tag{4-1}$$

式中　$N_今$——报告日(今日)18点现在车数,车;

　　　$N_昨$——昨日18点结存车数,车;

　　　$N_加$——今日加入车数,车,即今日新产生的车数,包括随列车到达的货车、出厂新车、企业自备车及企业租用车的加入以及其他部门拨交铁路的货车;

　　　$N_减$——今日减出车数,车,即今日消失的车数,包括随列车出发的货车、报废车、企业自备车和企业租用车的剔除以及铁路拨交其他部门的货车。

利用平衡法可以方便地推算出18点现在车总数,同时能推算各类现在车数。

例 4 - 1 铁路 A 站昨日结存及今日到发装卸车数如表 4 - 1 所示,请计算该站现在车数并进行检验。

表 4 - 1 铁路 A 站昨日结存及今日到发装卸车数统计表

	重车	空车	非运用车	计
昨日结存	60	30	12	102
今日到达	250	50	10	310
今日发出	301	60	9	370
今日装车				15
今日卸车				20

解 $N_{今} = 102 + 310 - 370 = 42$(车)

$N_{今重} = 60 + 250 + 15 - 301 - 20 = 4$(车)

$N_{今空} = 30 + 50 + 20 - 60 - 15 = 25$(车)

$N_{今非} = 12 + 10 - 9 = 13$(车)

检验:$4 + 25 + 13 = 42$,即 $N_{今} = N_{今重} + N_{今空} + N_{今非}$。

在计算现有车数时,关键在于弄清楚 $N_{加}$ 和 $N_{减}$ 具体包括哪些内容。在上例,各个数据之间是有内在联系的,我们要注意两个问题:第一,今日发出重车数、今日装车数之和不能超过昨日结存重车数、今日到达重车数以及今日卸车数之和;第二,今日发出空车数与今日装车数之和不能超过昨日结存空车数与今日到达空车数以及今日卸车数之和。因为,装车后即产生重车,卸车后即产生空车。至于非运用车数,若有从运用车转入非运用车,或从非运用车转入运用车的情况,也要作相应的处理。

平衡法不仅适用于车站,而且适用于铁路局的现在车总数统计,这时,$N_{加}$ 中随列车到达的货车数就是该局各分界站接入车数之和,$N_{减}$ 中随列车出发的货车数就是该局各分界站交出车数之和。铁路局统计现在车数的另一方法是累加法,即

铁路局各类货车 18 点现有数 $= \sum$ 该局管内各站类货车 18 点现有数

用累加法计算,既可以与平衡法核对总车数,又可以分类别统计各种现在车数。事实上,累加法是以统计报表的形式进行统计调查的方法,这是现在车统计的基本方法,全路的现在车数也是将各铁路局的现在车数累加汇总而得的。

现在车统计的原始资料来源于运输部门的各种业务凭证,如列车编组顺序表(运统 1)、车站行车日志、车辆的各种交接记录、移交记录、转变记录等。其中,列车编组顺序表记录了各次列车的详细编组内容,是货车随列车出入车站的主要原始记录。对每一列自编出发列车,车站都要编制列车编组顺序表,并与前者核对,防止出错。

二、装卸车统计

(一)装车统计范围

凡是在铁路营业线、临时营业线上的货运营业站承运并填制货票,以运用车运送货物的装车,均统称为装车数。

1. 整车货物

(1) 由营业站承运的装车；

(2) 新线、合资、地方铁路、国境分界站（接轨站）由新线、合资、地方铁路、国外接入并填制货票的重车或换装货物的装车；

(3) 港口站接运的水陆联运货物的装车及不同轨距联轨站换装货物的装车；

(4) 填制货票的游车；

(5) 填制货票免费回送货主的货车用具和加固材料的整车装车；

(6) 按80%核收运费的企业自备车、企业租用车和路用车的装车（按轴公里计费的除外）；

(7) 填制货票核收运费的站内搬运的装车。

2. 零担货物

(1) 按照列车编组计划或以调度命令指定挂运的沿途零担车在始发站的装车（不论重、空车）；

(2) 整装零担车在装车站装载自站发送货物占全部货物质量一半及以上的装车。

3. 集装箱货物

整车集装箱在装车站装载自站发送集装箱其换算箱数占全部换算箱数一半及以上的装车。

(二) 卸车统计范围

凡填制货票，以运用车运送，到达铁路营业线、临时营业线上营业站的卸车，均统计为卸车数。

1. 整车货物

(1) 到达营业站货物的卸车；

(2) 新线、合资、地方铁路、国境分界站（接轨站）向新线、合资、地方铁路、国外交出的重车或换装货物的卸车；

(3) 水陆联运货物在港口站的卸车及不同轨距联轨站换装货物的卸车；

(4) 填制货票的游车；

(5) 填制货票免费回送货主的货车用具和加固材料的整车卸车；

(6) 按80%核收运费的企业自备车、企业租用车和路用车的卸车（按轴公里计费的除外）；

(7) 填制货票核收运费的站内搬运的卸车。

2. 零担货物

(1) 按照列车编组计划或以调度命令指定挂运的沿途零担车在终到站的卸车（不论重、空车）；

(2) 整装零担车在终到站到达自站货物占全部货物质量一半及以上的卸车。

3. 集装箱货物

整车集装箱在终到站到达自站集装箱其换算箱数占全部换算箱数一半及以上的卸车。装卸车统计的原始单据有货票、装（卸）车清单、国境站货物交接单、新线货物交接记录单等。

根据《铁路货车统计规则》关于统计报告制度的规定，装卸车统计采用18点结算制，即自昨日18点起至本日18点止为一个统计报告日，按这个时刻统计一日的装卸车数，统计时间为货车装卸作业完成的时刻。

（三）统计指标

1. 装车数与日均装车数、卸车数与日均卸车数

（1）装车数与日均装车数

装车数是指报告期内铁路车站、铁路局或全国铁路以运用车发送货物装车完了的车数。根据《铁路货车统计规则》的规定，凡是铁道部管辖的铁路营业线、临时营业线上的货运营业站承运并填制货票，以运用车运送货物的装车，均应统计装车数。装车数按照日、旬、月、季、年进行统计。

由于计算装车数比计算货物发送吨数简便，而且在货车静载重指标完成或接近完成的情况下，装车数能否完成和货物发送吨数能否完成在大体上是一致的，所以，这个指标常被用于规定全国铁路一个铁路局的日常运输任务，并被用于考核其完成情况。

铁路货物运输的过程，实际上是从货物装车发送时起，至货物到达卸车站卸车完成时止的全部过程。装车数的大小不仅决定装车作业本身工作量的大小，也决定着列车编组与运行等其他工作量。它不仅可以用来检查装车计划的完成情况及作为编制列车编组计划、机车工作计划的参考，而且还可以用来计算某些车辆运用指标。此外，装车数还是确定车站货位、劳动力、装卸机械设备配置的必要资料。

对于装车数指标，除了统计报告期装车总数外，为了反映装车数的一般水平，可以计算平均每日装车数，即日均装车数。该指标是指报告期内平均每天装车的数量，它等于报告期装车总数除以报告期日历天数。

（2）卸车数与日均卸车数

卸车数是指报告期内铁路车站、铁路局或全国铁路到达的货车卸车完成的车数。卸车数的统计范围与装车数相同。

对于卸车数指标，同样可以计算平均每日卸车数，即日均卸车数。该指标是指报告期内平均每天装车的数量，它等于报告期卸车总数除以报告期日历天数。

甚至可以计算日均装卸车数，即

日均装卸车数 = 报告期装卸车总数/报告期日历天数

对于全国铁路来讲，有以下的计算关系式：

$$全路装（卸）车数 = \sum 各铁路局装（卸）车数之和$$

$$= \sum 各站装（卸）车数之和$$

装卸车数以整车为标准，零担装卸车数包括整零、沿零。一站整零装、卸各按 1 车计算；两站整零第一到站（三站整零为第一、第二到站）无论有无加装，装卸合计均按 0.5 车计算；中间站沿零发到，累计 10 吨按一车计算。零担换算整车的比例为1：3.5；专用线作业车换算为本站作业车的比例为2：1；专用铁道作业车换算为本站作业车的比例为3：1。日均装卸车在 750 辆以上的货运站为特等站。

在装卸车有关统计报表中，装车数要按车种别、货物种类别统计；卸车数要按车种别统计，以便按照货物品类检查装车和卸车的完成情况及了解分车种的装卸车情况，为运输调度指挥提供资料。

将铁路车站、铁路局的装车数与卸车数加以比较，就可以确定空车欠余情况，为编制空车调拨计划提供依据。因此，装车数、卸车数是以车为单位反映铁路运输本身有关货物运输工作开始和终了作业的运输量指标。

装车与卸车是对立统一的矛盾体。装车是卸车的前提,卸车是装车的保证,如果未抓好卸车工作,货车不能及时卸空,就无法用于下一次装车,对于铁路局来说,本局的装车和向外局排送空车的任务就失去了保证。所以,卸车数能否按时完成常常是排空和装车任务能否完成的决定因素。

2. 使用车数($u_{使}$)

在铁路运输中,为了较全面地反映运用车的占用及卸空情况,还需要统计使用车数和卸空车数。由于技术和商务事故等原因,有时在途中需要将重车上的货物进行倒装作业,或装载中转零担货物,或将中转零担货物卸下,这些都不计算装、卸车数,但是,它们同样占用了车辆或卸空了车辆。

使用车数是指铁路装载货物或货车用具实际使用的全部车辆数,其计算公式为

$$u_{使} = u_{装} + \Delta u_{使} \tag{4-2}$$

式中　$u_{装}$——装车数,车;

　　　$\Delta u_{使}$——增加使用车数,车。

增加使用车数是指因装载不能计算装车数的货物或整车装载铁路货车用具而增加使用的车辆数量,即不按装车数统计的使用车数,它包括:中转零担货物的装车,运用重车途中倒装而增加的装车,装运铁路货车用具的整车装车;新线、地方铁路分界站向新线、地方铁路的装车,以及由新线、地方铁路接入重车到达新线、地方铁路分界站的卸车,计算增加使用车和增加卸空车各一辆。

使用车数按去向和车种确定。其中,装车数根据批准的要车计划产生的装车货源数据库生成,增加使用车系参照车站实际统计资料确定。

使用车按其去向可分为自装自卸和自装交出两部分,所以又有下面的计算公式:

$$u_{使} = u_{自装卸} + u_{自装交出} \quad (车) \tag{4-3}$$

式中　u 自装卸——自装自卸车数(车);

　　　u 自装交出——自装交出车数(车)。

3. 卸空车数($u_{卸空}$)

卸空车数($u_{卸空}$)用卸车数($u_{卸}$)与增加卸空车数($\Delta u_{卸空}$)之和表示,即

$$u_{卸空} = u_{卸} + \Delta u_{卸空} \quad (车) \tag{4-4}$$

式中　$u_{卸}$——卸车数,车;

　　　$\Delta u_{卸空}$——增加卸空车数,车。

增加卸空车数是指虽然卸空了货物却不按卸车数统计的卸空车数,与增加使用车数相类似,主要是由于零担货物中转与货物倒装等原因而产生的。

保证卸车任务的完成不仅可以加速货物送达,还可以避免重车积压,加速货车周转。重车卸后才可以产生空车,因而卸车任务的完成又是完成排空任务和撞车任务的重要条件。

卸空车按其来源可分为自装自卸和接入自卸两部分,所以又有下面的计算公式:

$$u_{卸空} = u_{自装卸} + u_{接入自卸} \tag{4-5}$$

式中　$u_{接入自卸}$——接入自卸车数。

使用车数和卸空车数是反映货车重、空状态变化的指标。一辆货车装完了货物,便由空车状态变为重车状态,一般统计为一辆装车数。但在有的情况下,货车由空车状态变为重车状态并不计装车数;同样,货车由重车状态变为空车状态也不计入卸车数。例如,整车装运

铁路货车用具是不计装车数的,但车辆却处于重车状态,重车在途中发生倒装作业,一车倒装两车时,增加的那一车不能计入装车数(因为装车数在始发站已作了统计),但它确实处于重车状态(因为装了货物)。像这样占用了车辆却不计装车数的情况,按增加使用车数来统计;同样,由重车状态变为空车状态却不计卸车数的情况,按增加卸空车数统计。

由使用车数和卸空车数的定义可知:

$$全路使用车数(卸空车数) = \sum 各铁路局使用车数(卸空车数)$$

$$铁路局使用车数(卸空车数) = \sum 管内各铁路分局使用车数(卸空车数)$$

$$= \sum 管内各铁路站使用车数(卸空车数)$$

4. 货车工作量(u)

铁路货车运用工作的基本内容,就是将货车送往货物发送车站装车,然后将重车编入,列车按规定路径运行,送至货物到达站卸车,卸完后空车再送往装车,如此往复循环。每完成一次作业循环,铁路就完成了一个工作量,而该辆货车就算完成了一次周转。这样,货车工作量实际上就是在一定周期内,全路、铁路局(分局)运用货车完成的货车周转次数,在数值上,可以用每昼夜新产生的重车数(u)来表示,就全路而言,工作量就是指全路的使用车数,即

$$u = u_{使} \quad (车) \tag{4-6}$$

而铁路局的工作量则应等于使用车数与接入重车数之和,即

$$u = u_{使} + u_{接重} = u_{自装卸} + u_{自装交出} + u_{接入自卸} + u_{接运通过} = u_{卸空} + u_{交重} \quad (车) \tag{4-7}$$

式中 $u_{接重}$——接入重车数,车;

$u_{接运通过}$——接运通过车数,车;

$u_{交重}$——交重车数,车。

由上述推算可见,工作量也可用 $u_{卸空} + u_{交重}$ 进行计算。

由于运用车尚需按状态和去向控制,因而还需将运用车分为重车运用车和空车运用车,重车运用车按去向又分为到达本局(分局)管内卸车和到达外局(分局)卸车两种,前者称为管内工作车,后者称为移交重车。为此,对三部分运用车还需分别定义其工作量。

(1)管内工作车工作量($u_{管内}$)为卸空车数,即

$$u_{管内} = u_{卸空} \quad (车) \tag{4-8}$$

(2)移交重车工作量也称为移交车工作量($u_{移交}$),为各分界站的交出重车数,即

$$u_{移交} = u_{交重} \quad (车) \tag{4-9}$$

(3)空车工作量($u_{空}$)为使用车数($u_{使}$)与交出空车数($u_{交空}$)之和,即

$$u_{空} = u_{使} + u_{交空} \quad (车) \tag{4-10}$$

显然,全路的工作量不等于全路各铁路局工作量之和;铁路局的工作量不等于其所属各分局工作量之和;铁路局、分局的工作量不等于其管内工作车工作量、移交重车工作量及空车工作量之和。

例4-2 已知A铁路局管辖甲、乙、丙、丁四个铁路分局,2007年各分局日均使用车数及接运重车数如表4-2所示。

表 4-2　A 铁路局 2007 年各分局日均使用车数及接运重车数统计表

分局	$u_{使}$		$u_{接重}$	
	$u_{装}$	$\Delta u_{使}$	自邻局	自邻分局
甲	700	30	500	470
乙	1 000	40	400	500
丙	700	20	300	300
丁	602	18	260	240
合计	3 002	108	1 460	

解　根据上表和计算公式可得

$$u_{甲} = u_{使} + u_{接重} = 700 + 30 + 500 + 470 = 1\ 700(车)$$

$$u_{乙} = u_{使} + u_{接重} = 1\ 000 + 40 + 400 + 500 = 1\ 940(车)$$

$$u_{丙} = u_{使} + u_{接重} = 700 + 20 + 300 + 300 = 1\ 320(车)$$

$$u_{丁} = u_{使} + u_{接重} = 602 + 18 + 260 + 240 = 1\ 120(车)$$

$$u_{A} = u_{使} + u_{接重} = 3\ 002 + 108 + 1\ 460 = 4\ 570(车)$$

由此可得：$1\ 700 + 1\ 940 + 1\ 320 + 1\ 120 = 6\ 080 > 4\ 570$，即 $u_{A} \neq u_{甲} + u_{乙} + u_{丙} + u_{丁}$。这主要是因为相邻分局之间的车流交换对分局而言属于接运重车，所以四个分局的工作量之和大于铁路局的工作量。

5. 分界站交接空车数（$u_{交空}$）

每个车站、分局、铁路局每日按车种别的装车数和卸车数一般是不相等的。为了保证不间断地、均衡地完成装车任务，必须将卸车数大于装车数的地区所产生的多余空车运送到装车数大于卸车数的地区，这种空车的调配工作称为空车调整。按空车调整任务向其他单位（铁路局、分局、车站）移交空车的数量可由下式确定：

$$u_{交空} = u_{接空} + u_{卸空} - u_{使} \qquad (车) \qquad (4-11)$$

式中　$u_{接空}$——接空车数，车。

确定空车调整任务应按车种进行。此外，由于我国铁路货物全路通用，没有固定的配属站，且空车走行公里为非生产走行，不产生运输产品，因而空车调整存在着合理化即优化问题。一般应以空车走行公里最少为主要优化目标。

6. 装卸作业次数

又称货物作业次数，是指报告期内装卸作业的总次数，记作 $N_{次}$。现行统计规则规定，每装一车，或卸一车，都计算一次货物作业；每增加使用车一辆，或增加卸空车一辆，也计算一次货物作业。此外，还有其他情况也计算作业次数，如整车货物倒装全部卸空后又原车装运，既不算装、卸车数，又不算增加使用、增加卸空车数，但进行了装、卸作业，所以规定按两次作业统计。不过，这种"其他作业次数"极少，当装卸作业量较大时，它们占的比例很小，故可近似认为

$$N_{次} = u_{使} + u_{卸空} \qquad (车) \qquad (4-12)$$

312

21 世纪高职航海系列教材

第三节　货车停留时间统计

一、货车按作业性质的分类

（一）货物作业车

在车站进行货物作业（即装卸作业）的货车。

1. 一次货物作业车

在车站只装不卸或只卸不装的货车。

2. 双重货物作业车

在站卸后又装的货车。因一装一卸各算一次货物作业，故一辆双重货物作业车在站进行了两次货物作业。应当说，进行双重作业是有利的，因为它避免了空车在区段内的走行，而空车走行是不产生吨公里的；同时，它有利于缩短一次货物作业平均停留时间。因此，应提倡车种代用，增加双重作业车的比重。

（二）中转作业车（简称中转车）

在车站不进行货物作业，而只进行中转作业的货车。

1. 无调中转车

随某一列车到达车站，进行无调中转技术作业之后又随该列车继续运行的中转车。这里的无调中转技术作业是指该列车在车站到发线上所进行的到发技术作业，主要内容有摘挂机车及试风，车辆技术检查及修理，货运检查，车号员核对现车、列车的交接等。

2. 有调中转车

随某一列车到达车站，进行有调中转技术作业之后随另一列车运行的中转车。有调中转技术作业包括列车到达作业、解体作业、货车集结、列车编组作业及列车出发作业，简记为"到→解→集→编→发"。像这样由各个作业环节组成的有序"链条"在运输组织学中称为技术作业过程。那么，一次货物作业车的技术作业过程是到达→解体→送车→装（或卸）→取车→集结→编组→出发。双重货物作业车的技术作业过程是到达→解体→送车→卸车→调移→装车→取车→集结→编组→出发。其中，调移是指把卸后空车从卸车地点调送到装车地点的调车作业。

二、货车停留时间的概念及分类

（一）货车停留时间的概念

货车停留时间是指在车站进行货物作业或中转作业的运用车，自到达或加入之时起，至发出或退出之时止的全部在站停留时间。具体地说，货车停留时间包括三种情况：

1. 货车自到达车站至由车站发出；

2. 货车自到达车站至从运用车中退出（由运用车转为非运用车）；

3. 货车自加入运用车（由非运用车转为运用车）至由车站发出。

可见，货车停留时间不包括货车处于非运用状态的时间，缩短货车停留时间对加速车辆周转具有重要意义。

（二）货车停留时间的分类

按作业性质的不同，货车停留时间分为货物作业停留时间和中转停留时间两大类。

1. 货物作业停留时间

是指货车因在站线或专用线进行货物作业(含倒装)而在车站停留的全部时间。影响货物作业车在车站停留的因素很多,从技术作业过程来看,可分为三个时段。

(1)入线前的停留时间 对一次货物作业车来说,是指由到达车站时起至送到装卸地点止的时间;对双重作业车来说,是指由卸车完成时起至送到另一装车地点止的时间,包括到达作业、等待解体、解体作业、等待送车、送车作业等。

(2)在线的停留时间 即站线(专用线)作业停留时间,是指由货车送到装卸地点时起至装卸作业完成时止的时间,包括等待装车、等待卸车、等待调移、装卸作业、等待取车等。

(3)出线后的停留时间,由货车装卸作业完成时起至由车站发出时止的时间,包括取车时间、分解车列、等待编组、编组作业、等待发车、出发作业等。

因此,要缩短货物作业车辆在车站停留时间首先,在编制车站日班工作计划时,要把本站货物作业车纳入计划,定出取、送、装、卸等作业的具体时间,并对作业完毕本站货物车辆指定挂运车次。其次,增加双重作业车辆比重,也就是充分利用到站卸后空车再装车。因为一辆货车进行一次货物作业时,有入线前停留时间、在线停留时间、出线后停留时间。进行双重货物作业时,在线停留时间只增加装车时间和调移时间(当装卸地不同时)。与另调空车相比不但节省了入线前停留时间、出线后停留时间,而且相应地减少了部分作业交叉干扰。最后,组织大车组不入调车线,由到发线直接送入装卸线;或直接由装卸线取车到到发线(或编发线)减少重复解体作业。以上三条经验既是加快车辆周转的措施,也是优化日班工作计划编制的手段。

2. 中转停留时间

是指货车因进行中转作业而在车站停留的全部时间。中转停留时间按中转车种类分为两种:

(1)无调中转停留时间 货车进行无调中转作业在车站停留的全部时间。

(2)有调中转停留时间 货车进行有调中转作业在车站停留的全部时间。

车辆周转是以车辆周转周期为单位进行周而复始地循环。周转周期长,车辆使用率低,同一时期使用的车辆就多。占用制造、维修的费用就多。在一个循环周期中,车辆在车站停留时间占 70% 左右。近年来车辆在车站装卸过程占用时间有增加的趋势。可见,缩短车辆在车站停留时间是降低运输成本、提高车辆利用率的最有效途径。

三、统计指标

货车停留时间的统计指标都是质量指标,反映货车在站停留时间的平均程度。

1. 一次货物作业平均停留时间($t_货$)

简称停时,是指货车平均进行一次货物作业在站停留的全部时间。其计算公式为

$$t_货 = \frac{\sum Nt_货}{N_次} \quad (小时) \tag{4-13}$$

式中 $\sum Nt_货$——报告期货物作业车停留车小时,1 车停留 1 小时为 1 车小时;

$N_次$——报告期货物作业次数。

2. 一车货物作业车平均停留时间($t_车$)

简称一车平均停留时间,是以车数为单位计算的作业车平均停留时间,不管货车是进行

一次作业,还是进行双重作业。其计算公式为

$$t_{车} = \frac{\sum Nt_{货}}{N_{车}}$$ (4-14)

式中 $N_{车}$——报告期货物作业车数。

$t_{车}$ 与 $t_{货}$ 是两个既有联系又不相同的指标。在数值上,二者常常不相等,因为只要存在双重作业,就有 $N_{车} < N_{次}$,从而 $t_{车} > t_{货}$。在实际工作中,主要考核指标 $t_{货}$。

3. 无调中转车平均停留时间($t_{无}$)

简称无调中时。其计算公式为

$$t_{无} = \frac{\sum Nt_{无}}{N_{无}} \quad （小时）$$ (4-15)

4. 有调中转平均停留时间($t_{有}$)

简称有调中时。其计算公式为

$$t_{有} = \frac{\sum Nt_{有}}{N_{有}} \quad （小时）$$ (4-16)

式中 $\sum Nt_{有}$——报告期有调中转停留车小时;

$N_{有}$——报告期有调中转车车数。

5. 中转车平均停留时间(简称中时)

记作 $t_{中}$,是对全部中转车计算的平均停留时间,实质上是货车一次中转作业的平均停留时间。计算公式为

$$t_{中} = \frac{\sum Nt_{中}}{N_{中}} = \frac{\sum Nt_{无} + \sum Nt_{有}}{N_{无} + N_{有}} \quad （小时）$$ (4-17)

式中 $\sum Nt_{中}$——报告期全部中转车停留车小时;

$N_{中}$——报告期全部中转车车数。

从上式可以看出,$t_{中}$ 是无调中时和有调中时的加权平均数。由于有调中转车在车站要经历"到→解→集→编→发"这样的作业过程,而无调中转车随原列车到发,仅在到发线上作短暂停留,所以有调中转车停留时间比无调中转车长得多。前者停留时间少则 2~3 小时,多则 7~8 小时,甚至更长;后者停留时间一般不超过 1 小时,因而总有 $t_{有} > t_{无}$。

由此可知,增加无调比(接入无调中转车数与接入总车数之比)是缩短中时的措施之一。

四、统计方法

在实际统计工作中,货车停留时间统计常采取两种方法,即号码制货车停留时间统计和非号码制货车停留时间统计。一般来讲,对出入车数较少的车站可以采用号码制货车停留时间统计法;在出入车数较多的车站,对于中转作业车采取非号码制的货车停留时间统计法,但对有装卸、倒装作业的货物作业车,则要同时采用号码制及非号码制的货车停留时间的统计方法。

(一)号码制货车停留时间统计

这种统计方法是通过按实际时分(或十进位小时)对每一辆货车到达和发出时间的记录,以此来确定每一辆车的停留时间;然后将每一辆的停留时间加总得出总的停留时间,再

除以报告期内全部发出的车辆总数,即求得一车平均停留时间指标。在实际工作中,就是车站根据列车编组顺序表、列车运行日志、装(卸)车清单、货车调送单以及与货车运用、非运用转变有关的原始记录,在本站设置的可以反映每辆车在站停留情况的号码制货车停留时间登记簿内,登记曾经在站上停留过的每一辆车的车种、车号、到达时间、调入站线(或专用线)时间、站线(或专用线)作业完成时间、发出时间以及作业种类等,并且计算出货物作业车总停留时间及入线前停留时间、站线(或专用线)作业和出线后停留时间及中转车总停留时间(以车辆·小时为单位)。

这种统计方法的特点是对每辆货车按车号逐车登记,并计算停留时间;对其中的货物作业车按作业过程分别计算停留时间;在结算范围上,只对当日发出的货车进行结算,当日未发出的车辆推至次日统计。

这种统计方法的优点是能够精确反映出每辆车在站停留情况,因而可以把它和车站指定的货车停留时间标准进行比较,以便于按过程分析货物作业的停留时间。但是,这种方法的缺点也很明显:首先是相当繁琐,计算工作量大;其次,它只能反映在报告日内从车站发出的车辆的平均停留时间,而在报告日内发出的车辆仅为所有在站停留的车辆的一部分,这些车辆的停留,又并非全部发生在报告日内,而且由于当日未发出的货车不结算,故不能确切反映当日货车停留实绩。因此,号码制统计方法适用于每日中转车数少的车站或货物作业车需按过程统计的车站。

(二)非号码制货车停留时间统计

这种统计方法是根据每小时初的结存车数以及在该小时内每一批到达车辆和发出车辆的换算小时数,来确定该小时的车辆停留时间。也就是说,这种统计方法的特点是不逐车登记,而是按每小时出入车数登记;不分作业过程,不对单个车计算,而是成批汇总计算停留时间;对当日停站的全部货车都进行结算,不论其当日发出与否。

与号码制相比,非号码制统计方法计算工作量较小,能比较准确地反映当日工作成绩,但此法精确性受报告期长短的影响,报告期不宜少于12小时,且愈长愈准确,此外,对货物作业车不能作过程分析。鉴于上述优缺点,非号码制统计方法适用于货车作业量较大的车站。

第四节　客货车运用成绩及列车正晚点统计

一、货车运用指标

(一)货车载重力与载重力利用率

1. 指标的含义及其计算

充分利用车辆的装载能力,可以用较少的运用车完成更多的运输任务。

(1)货车平均静载重($P_{静}$)是指车辆在静止状态下,平均每车装载的货物质量。其计算公式为

$$P_{静} = \frac{\sum P_{闭}}{U_{装}} \quad (吨) \tag{4-18}$$

式中　$\sum P_{装}$——装运货物的吨数,吨;

$U_{装}$——装车数,车。

（2）货车平均动载重（$P_{动}^{重}$）　即重车动载重，是指重车在整个运行过程中的平均载荷，其计算公式为

$$P_{动}^{重} = \frac{\sum Pl}{\sum NS_{重}}$$ （4-19）

式中　$\sum Pl$——货车载重吨公里，吨·公里；

$\sum NS_{重}$——重车走行公里，车·公里。

（3）运用车动载重（$P_{动}^{运}$）　是指每一运用货车（包括空车和重车）车公里所完成的货物吨公里数，其计算公式为

$$P_{动}^{运} = \frac{\sum Pl}{\sum NS} = \frac{\sum Pl}{\sum NS_{重} + \sum NS_{空}}$$ （吨·公里／车·公里） （4-20）

式中　$\sum NS_{空}$——空车走行公里，车·公里。

（4）货车载重力利用率（$\lambda_{载}$）　是反映货车装载能力的利用程度的相对指标（质量指标），其计算公式为

$$\lambda_{载} = \frac{P_{静}}{P_{标}} \times 100\%$$ （4-21）

式中　$P_{标}$——货车标记载重，吨。

2. 提高载重力利用率的主要途径

车辆是铁路运输的主要工具，提高车辆利用率则意味着用同样多的车辆可以运送更多的货物。换言之，对同样的货物用最少的车辆来运送。提高车辆载质量利用率和加速车辆周转是提高车辆利用率的两个主要途径。

提高载重力利用率就是尽量做到满载满车，以充分利用货车的载重能力。货车的满载满车工作是铁路部门与物资部门相互配合、共同努力的结果。铁路部门与发货人在装载货物的时候，都应不断地改进装载方法，充分利用货车的载重能力与容积。具体来讲，可以从以下方面进行努力。

（1）合理调配使用货车

提高车辆载重力利用率的主要途径之一是合理调配使用车辆。这是一个综合优化问题，这主要是指车货配合问题和配装问题。车货配合问题是指当一个车站有若干种一定数量的车辆要装运若干货物时，为了提高总的车辆载重力利用率，就存在着优化选择一定数量的车种问题。在编制日班工作计划时，应该根据当日空车来源及装车计划规定装车货物种类和数量，安排每一个货物装车地点应该调配若干车种及其数量，其目标除车辆载质量利用率最高外，还应考虑调车作业量问题。所谓配装问题是指在零担货物运输中，改善货物包装状态使货物轻重配装。

合理调配使用货车的原则是车种要适合货种，车吨要适合货吨，努力做到大型车装载重质货物（简称"重货"），小型车装载轻浮货物（简称"轻货"）。调度部门和运转部门，应尽最大努力做到按货配车；货运部门则应做到按车配货，根据拨给的车辆，配装适当的货物。要充分发挥大型车的作用，尽量避免用大型车代替小型车。

对于大宗重货，在货流稳定的情况下，组织大型车固定车底循环使用，组织定编组、定货种、定点（即"定到发地点"）、定运量和定线（即"定列车运行线"）的"五定"循环直达列车，

不仅能提高车辆的使用效率,也能压缩车辆停留时间,降低运输成本,提高铁路货物运输的经济效益。

(2)改善货物包装及其状态

①包装标准化 运输包装标准化是以运输包装为对象,对包装类型、规格、容量、使用材料、包装容器的结构类型、印刷标志、产品的盛放、规格、缓冲措施、封装方法、名词术语、检验要求等给予统一的政策和技术措施。货物的运输包装标准化应适合所使用的主要车型的长度、宽度和高度,尽量减少装车后的亏损空隙,以充分利用货车的容积。对有国家包装标准或专业包装标准的,按国家包装标准或专业包装标准进行包装;对没有统一规定包装标准的货物,车站应会同发货人研究制定货物运输包装暂行标准,共同执行。

②机械打包 对于某些可以压紧的轻货,用机械打包的方式处理能够提高货物单位体积的质量,可以压紧从而提高货车的装载量。

③机械拆解 某些机械的外形不规则,占用空间很大,如能拆解装载,可以达到提高货车的载质量利用率。

(3)合理装载货物

社会生产力的发展会带来货物品种增加与形态改变,致使原来的装载方法落后甚至不适用,所以装载货物的方法需要随着社会生产的发展而不断改进,以充分利用车辆的装载空间,提高货车的装载量,要合理装载货物,可以从以下几个方面进行努力。

①根据货物的性质、规格和形状,以及所使用的车辆采用不同的装载方法,紧密装载,合理配装货物,最大限度地缩小货物间的空隙,以充分利用车辆的有效容积。例如,不同口径的货物实行套装,在大件货物内放置所需的配件等。

②充分利用敞车、平车的装载空间;在不超出机车车辆界限范围内,尽可能利用车辆的长度、宽度和高度。例如,汽车爬装、牲畜的多层装载、三车连组装载木材和支柱外绑加宽法装载竹子等。

③组织整车托运的重货与轻货合理搭配装载,以充分利用货车载重能力和容积,节约货车吨位。为了使配装得到最大效果,必须使所装载货物的加权平均单位体积质量等于车辆的比载重。

(二)货车走行公里

1. 重车走行公里

是指运用货车在载重状态下所走行的公里数。在数值上,它等于不同走行公里重车数与相应的走行公里数的乘积之和。重车走行公里的计算可采用以下方法。

(1)按实际里程计算 根据重车车流表,从每支车流的装车站(或接入站)到卸车站(或交出站),按实际里程计算其车辆公里,然后按自装自卸、接入卸车、自装交出及接运通过几部分分别汇总。对交出重车还应分别按各分界站汇总各部分车辆公里加总即为重车公里。

(2)按区段距离折半计算 为了简化计算,将在区段内产生和消失的车流,即到达区段内卸载的、区段内装出的及区段内自装自卸的车流,按该区段距离的一半计算,对通过全区段的车流,则仍按全区段实际里程计算。其汇总方法与前相同。

2. 空车走行公里

是指运用货车在空载状态下所走行的公里数。在数值上,它等于不同走行公里空车数与相应的走行公里数乘积之和。根据空车调整图查定空车流,把到、发于区段内各中间站的空车流按区段里程的一半计算,通过区段的空车流按全区段里程计算,将各区段加总即可得到铁路局或分局的空车公里数。

3. 运用车走行公里

是指运用车在重载和空载状态下所走行的公里数。在数值上,它等于重车走行公里与空车走行公里之和。

4. 空车走行率

简称空率,是指在运用车走行公里中,空车走行公里与重车走行公里的比值。

5. 管内工作车走行公里与移交车走行公里

(1)管内工作车走行公里,即管内工作车在铁路局(分局)管内所走行的公里数,它等于自装自卸重车走行公里与接入自卸重车走行公里之和。

(2)移交车走行公里,即移交车在铁路局(分局)管内走过的公里数,它等于自装交出重车行走公里与接运通过重车走行公里之和。

(三)货车周转时间及相关指标

1. 货车周转时间($\theta_{货}$)

即货车平均周转时间,是指货车每完成一个工作量平均耗费的时间(车辆日)。因而对于全路来说,货车周转时间是指货车从第一次装车完毕时起,至下一次装车完毕时止,所平均耗费的时间;对于铁路局(分局)来说,货车周转时间是指货车从第一次装车完毕时或接重车时起,至下一次装车完毕或接重车时止,在铁路局(分局)管内所耗费的时间。

货车周转时间可用车辆相关法和时间相关法进行计算。

(1)车辆相关法

假设全路每天装车 8 万辆,货车周转时间为 4 天,为了保证每天完成 8 万辆的装车任务,则共需运用车的数量为 8 × 4 = 32 万辆。由此可见,运用车数(N)、工作量(u)及货车周转时间($\theta_{货}$)三者之间的关系可表示为

$$N = u\theta_{货} \quad (车辆日) \tag{4-22}$$

按上式推导,货车周转时间应为

$$\theta_{货} = \frac{N}{u} \quad (天) \tag{4-23}$$

上式即为货车周转时间的车辆相关算法计算公式。利用车辆相关法计算货车周转时间极为简便。铁道部、铁路局、分局在统计日、旬、月、年完成的货车周转时间时,都采用这种算法。

(2)时间相关法

货车完成一个周期所耗费的时间可分为以下三部分:

① 在各区段的旅行时间($T_{旅}$);

② 在各技术站进行中转作业的停留时间($T_{中停}$);

③ 在货物装卸站的停留时间($T_{停}^{货}$)。

因此,按时间组成因素计算,货车周转时间可表示为

$$\theta_{货} = \frac{1}{24}(T_{旅} + T_{中停} + T_{停}^{货}) = \frac{1}{24}\left(\frac{l_{全}}{v_{货旅}} + \frac{l_{全}}{L_{中转}}t_{中} + k_{管}t_{货}\right) \quad (天) \tag{4-24}$$

式中　$l_{全}$——货车全周转距离(简称全周距),是指货车平均一次周转所走行的距离,公里;

　　　$v_{货旅}$——货车平均旅行速度,公里/小时;

　　　$L_{中转}$——货车平均中转距离(简称中距),表示货车平均走行多少公里中转一次,公里;

$t_{中}$——货车在技术站的平均中转时间,小时;

$k_{管}$——管内装卸率,表示货车每完成一个工作量平均完成的货物作业次数;

$t_{货}$——货车一次货物作业平均停留的时间,小时。

由以上公式容易看出,影响货车周转时间的主要因素有货车全周转距离、货车平均旅行速度、货车作业与中转停留时间。

全周距($l_{全}$)的计算公式为

$$l_{全} = \frac{\sum NS}{u} = \frac{\sum NS_{重} + \sum NS_{空}}{u} = l_{重} + l_{空} = l_{重}(l_{全} + \alpha) \quad (公里) \quad (4-25)$$

式中 $\sum$——货车走行公里,车·公里;

$\sum NS_{重}$——重车走行公里,车·公里;

$\sum NS_{空}$——空车走行公里,车·公里;

$l_{重}$——货车重周距,公里;

$l_{空}$——货车空周距,公里;

α——空率,即空车走行率。

中转距离($L_{中转}$)的计算公式为

$$L_{中转} = \frac{\sum NS}{\sum N_{中转}} \quad (公里) \qquad (4-26)$$

式中 $\sum N_{中转}$——各技术站发出的中转车总数,或称总中转次数。

管内装卸率($k_{管}$)用总货物作业次数除以工作量表示,即

$$k_{管} = \frac{u_{使} + u_{卸空}}{u} \qquad (4-27)$$

由此可见,对全路来讲,$u = u_{使} = u_{卸空}$,所以 $k_{管} = 2$;对铁路局(分局)来讲,$k_{管}$ 的值在 $0 \sim 2$ 之间变动。由于接运通过车流在管内没有装卸作业,接入卸车车流在管内只有卸车作业,自装交出车流在管内只有装车作业,因而铁路局、分局的 $k_{管}$ 一般小于2。通过车流量比重越大,则 $k_{管}$ 越小。

用时间相关法计算货车周转时间,可分别对其各作业环节进行计算、分析,以便考核其各组成部分的完成情况,找出薄弱环节,提出改进措施。

2. 管内工作车周转时间($\theta_{管内}$)、空车周转时间($\theta_{空}$)与移交车周转时间($\theta_{移交}$)

铁路局、分局的运用车需按管内工作车、移交重车和空车三部分控制和考核。因而,需相应地计算管内工作车周转时间、空车周转时间和移交车周转时间。

(1)管内工作车周转时间($\theta_{管内}$) 是指在管内卸车的重车,自管内装车完毕或从其他铁路局(分局)接入重车时起,至卸车完毕时止所耗费的时间。其计算公式为

$$\theta_{管内} = \frac{1}{24}\left[\frac{l_{管内}}{v_{货旅}} + \frac{l_{管内}}{L_{中转}}t_{中} + K'_{管}t_{货}(1 - \gamma)\right](天) \qquad (4-28)$$

式中 $l_{管内}$——管内工作车周距,公里;

$K'_{管}$——管内工作车的管内装卸率;

γ——货车空态系数,表示货车在一次货物作业停留时间内空车状态时间所占的比

重。(空状态是指装车时,自空车到达车站时起,至装车完毕时止;卸车时,自重车卸完时起至空车从车站发出时止;双重作业时,自卸车完毕时起,至装车完毕时止。)

$l_{管内}$的计算公式为

$$l_{管内} = \frac{\sum NS_{自装自卸} + \sum NS_{接入自卸}}{u_{卸空}} \quad （公里） \tag{4-29}$$

式中 $\sum NS_{自装自卸}$——管内自装自卸车重车公里,车·公里;

$\sum NS_{接入自卸}$——从外局(分局)接入自卸车重车公里,车·公里;

$u_{卸空}$——管内工作车工作量。

管内工作车周转时间也可用车辆相关法计算,即

$$\theta_{管内} = \frac{N_{管内}}{u_{卸空}} \quad （天） \tag{4-30}$$

式中 $N_{管内}$——管内工作车运用车数。

(2)空车周转时间($\theta_空$) 是指自重车卸空或空车由其他铁路局(分局)接入时起,至装车完毕或将空车交给其他铁路局(分局)时止所消耗的时间。其计算公式为

$$\theta_空 = \frac{1}{24}\left[\frac{l'_空}{v_{货旅}} + \frac{l'_空}{L_{中转}}t_中 + K''_管 t_货(1-\gamma)\right] \quad （天） \tag{4-31}$$

式中 $l'_空$——空车周距(不同于空周距),公里;

$K''_管$——空车管内装卸率。

$l'_空$的计算公式为

$$l'_空 = \frac{\sum NS_空}{u_空} = \frac{\sum NS_空}{u_使 + u_{交空}} \quad （公里） \tag{4-32}$$

$K''_管$的计算公式为

$$K''_管 = \frac{u_使 + u_{卸空}}{u_空} \tag{4-33}$$

空车周转也可用车辆相关法计算,其计算公式为

$$\theta_空 = \frac{N_空}{u_空} \quad （天） \tag{4-34}$$

式中 $N_空$——空车运用车保有量。

(3)移交车周转时间($\theta_{移交}$) 是指交给其他铁路局(分局)的重车自装车完毕或从其他铁路局(分局)接入重车时起,至移交给其他铁路局(分局)时止,所耗费的时间,其计算公式为

$$\theta_{移交} = \frac{1}{24}\left[\frac{l_{移交}}{v_{货旅}} + \frac{l_{移交}}{L_{中转}}t_中 + K'''_管 t_货(1-\gamma)\right] \quad （天） \tag{4-35}$$

式中 $l_{移交}$——移交车周距,公里;

$K'''_管$——移交车管内装卸率。

$l_{移交}$的计算公式为

$$l_{移交} = \frac{\sum NS_{自装交出} + \sum NS_{接运通过}}{u_{移交}} \quad （公里） \tag{4-36}$$

式中　$\sum NS_{自装交出} + \sum NS_{接运通过}$——自装交出和接运通过的移交车走行公里。

$K'''_{管}$的计算公式为

$$K'''_{管} = \frac{u_{自装交出}}{u_{移交}} \qquad (4-37)$$

（四）货车日车公里（$S_{车}$）和货车日产量（$W_{车}$）

1. 货车日车公里（$S_{车}$）

即货车平均日车公里，是指每一运用货车每日平均走行的距离（公里数），是表示货车运用效率的重要指标。该指标的大小反映货车流动的快慢程度，表示每一运用车每日产生的车辆公里的多少；在一定程度上也可以反映出它所产生的货物吨公里的多少。因而，在空车走行率一定的条件下，货车日车公里越高，表示货车运用成绩越好，完成同样运输任务所需要的货车数也就越少。货车日车公里可根据货车周转时间和全周距计算，计算公式为

$$S_{车} = \frac{l_{全}}{\theta_{货}} \quad （公里／天） \qquad (4-38)$$

从上式可以看出，货车日车公里与货车平均全周距成正比，与货车平均周转时间成反比。一般来说，缩短货车周转时间的因素，都可以使货车日车公里提高。但是，货车平均全周距的变动既是影响货车日车公里变动的因素，也是影响货车周转时间变动的因素。因此，假如其他因素不变，只是因为货车平均全周距的延长或缩短而使得货车周转时间变动时，则货车日车公里的变动就与货车平均周转时间的变动效果相反。

该指标也可以根据货车总走行公里和运用车数计算，计算公式为

$$S_{车} = \frac{\sum NS}{N}$$

$$（公里／天） \qquad (4-39)$$

2. 货车日产量（$W_{车}$）

即货车平均每日生产量，又称为货车生产率，是指报告期内平均每一辆运用货车在一昼夜内生产的货物运行吨公里数，是从货车载重力和时间两个方面综合考核货车运用效率的综合性指标。因为车辆运用效率的高低，主要取决于车辆装载能力的利用情况和车辆在时间上的利用程度，而这两个方面综合利用的效果，必然在货车平均每日生产的货物运行吨公里上反映出来。在营运工作中，前述每一个货车运用指标的改善，都会直接影响到货车日产量指标的变动。例如，提高货车平均静载重以及动载重、降低空车走行率、缩短货车平均周转时间、提高货车平均日车公里等，都能提高货车日产量这个指标。因此，这个指标不仅可以反映铁路内部各部门工作的好坏，同时也可以反映铁路部门与其他各有关单位、发货人之间相互协作的程度。其计算公式为

$$W_{车} = P_{动}^{运} S_{车} \quad （吨·公里／天） \qquad (4-40)$$

式中　$P_{动}^{运}$——运用车动载重。

货车日产量这个指标的综合程度很高，但是它本身也有其局限性。首先，就全国铁路而言，它比上述其他任何同类指标都能更全面地反映货车的运用质量和运用效率。但是，就单个铁路局而言，情况可能有所不同。因为一个铁路局的货车日产量在很大程度上会受从局外接入重车占其工作量的比重的影响。例如，当有的铁路局接入的重车数占其全部工作量很大比重时，这个指标就不能准确地反映本局货车运用效率的高低。其次，货车日产量的高低，往往包含着大、小型车在货车总数中所占的比重和重质货物或轻浮货物在总货运量中所

占比重的影响。因此,仅仅从货车日产量这个指标的数字增减上,难以充分说明货车运用效率的状况,还必须结合其他指标进行综合分析。

（五）运用车保有量（N）

为了完成规定的运输任务,铁道部规定各铁路局应保有一定的运用车数,称为运用车保有量。同样,铁路局应控制其所属各分局的运用车保有量。运用车保有量的标准数（N）根据工作量（u）和货车周转时间（$\theta_{货}$）确定,即

$$N = u\theta_{货} \quad （车辆·日或车） \tag{4-41}$$

上式是计算运用车保有量的基本公式。全路运用车分为重车和空车两种;铁路局和分局的运用车分为管内工作车、移交重车和空车三种,三种运用车保有量可分别按下列公式确定:

管内工作车保有量的计算公式为

$$N_{管内} = u_{卸空}\theta_{管内} \quad （车） \tag{4-42}$$

移交重车（即"移交车保有量"）的计算公式为

$$N_{移交} = u_{移交}\theta_{移交} \quad （车） \tag{4-43}$$

空车保有量的计算公式为

$$N_{空} = u_{空}\theta_{空} \quad （车） \tag{4-44}$$

铁路局（分局）运用车保有量应等于上述三部分运用车数之和,即

$$N = N_{管内} + N_{移交} + N_{空} \quad （车） \tag{4-45}$$

二、客车运用指标

在铁路上,客车的运用方式同货车的一般运用方式不同。一般的客车都是预先编成固定的车列（车底）,在它的始发站和固定的折返站之间,专为开行运行图中某一对列车（有时也可能是为开行某几对列车）而往复运行的。因此,客运机车车辆的运用在很多方面不同于货运机车车辆的运用。在客运机车车辆运用计划中,规定了铁路局在计划期内应完成的各项数量指标和质量指标。客运机车车辆运用指标主要反映客运机车、客车的运行公里、停留时间等因素,为铁路组织、指挥日常运输生产,编制和考核运输计划提供了有利的依据。

（一）旅客列车车底周转时间（$\theta_{车底}$）

旅客列车车底周转时间（简称车底周转时间或车列周转时间）,是指为了开行运行图中某一对旅客列车的车底,从第一次由配属站发出之时起,至下一次再由配属站发出之时止,所经过的全部时间。

在铁路运输工作中,因为客运工作和货运工作的性质不同,所以客车的运用方式同货车的运用方式完全不同。一般客车都是预先编成固定的车列（车底）,在它的配属站和固定的折返站之间,专为开行运行图中某一对列车（有时候也可能是为了开行某几对列车）而往复运行的。因此,客车周转时间的计算具有如下特点:

1. 不必计算平均每一客车的周转时间,而只需计算客车车底的周转时间,因为车底的周转时间,也就是车底之内所包含的每一客车的周转时间;

2. 运行图中各对旅客列车的行程各不相等,而且每天的旅客列车对数不多,可以按每一对列车分别查定和计算;

3. 直通旅客列车的行程,往往越过几个铁路局的管界,而一般又不必为每个铁路局查定如货车运用车那样的客车运用车数,因此,一般都不按铁路局计算车底平均中转时间。

车底周转时间可用下式计算:

$$\theta_{车底} = \frac{2L_客}{v_{直达}} + t_{客配} + t_{客折} \quad （小时）\qquad(4-46)$$

式中　$L_客$——列车全程运行距离，公里；

　　　　$v_{直达}$——旅客列车直达速度，公里/小时；

　　　　$t_{客配}$——车底配属站停留时间，小时；

　　　　$t_{客折}$——车底在折返站停留时间，小时。

同货车周转时间一样，客车车底周转时间是考核客车运用效率的最重要的指标之一，因为它既能反映车底周转全部过程的效率，又能反映所有与客运有关的各部门的工作效率。

（二）旅客列车速度指标

旅客列车速度指标包括技术速度、旅行速度（也可称为区段速度或商务速度）和直达速度。其中，列车直达速度（或称直通速度）（$V_直$）是指旅客列车在编成站和折返站之间的平均速度，也就是旅客列车在其运行全程的平均速度。在计算直达速度的时候，不仅要考虑旅客列车在各区段的运转时间和中间站停站时间，而且也要考虑在沿途各区段站、旅客站及其他大站的停站时间，其计算公式为

$$V_直 = \frac{24L_客}{\sum t_{运转} + \sum t_{中停} + \sum t_{技停}} \quad （公里／天）\qquad(4-47)$$

式中　$\sum t_{运转}$——列车运行时间，小时；

　　　　$\sum t_{中停}$——列车在中间站停站时间，小时；

　　　　$\sum t_{技停}$——列车在中间区段站、旅客站停站时间，小时。

（三）旅客列车车底日车公里（$S_{车底}$）及客车日车公里（$S_客$）

旅客列车车底日车公里（简称车底日车公里）（$S_{车底}$）是指某一车底或平均每一车底在一昼夜内所走行的公里数。客车日车公里（$S_客$）是指某一车底内的客车或全部客车运用车平均每辆车在一昼夜内所走行的公里数。

车底日车公里和客车日车公里可就某一旅客列车计算，也可就全部运用客车计算。就某一列车计算时，客车日车公里和车底日车公里是相等的，即

$$S_{车底} = \frac{2L_客}{\theta_{车底}} \quad （公里／车底日）\qquad(4-48)$$

就全部运用车底和运用客车计算时

$$S_{车底} = \frac{\sum NL_客}{\sum N_{车底}} \quad （公里／车底日）\qquad(4-49)$$

$$S_客 = \frac{\sum NS_客}{N_客} \quad （公里／客车日）\qquad(4-50)$$

式中　$\sum NL_客$——旅客列车公里总数，公里；

　　　　$\sum N_{车底}$——车底日总数，车底日；

　　　　$\sum NS_客$——客车公里总数，公里；

　　　　$N_客$——客车运用车数，客车日。

(四)载客人数和客座利用率

1. 载客人数

是反映客车容量利用程度的指标,可以按旅客列车平均载客人数及客车平均载客人数分别计算。

(1)旅客列车载客人数($A_{列}$)

该指标又称客车平均载运人数,是指在一定时期内,全路、一个铁路局或分局平均每一旅客列车公里所完成的人公里数,其实质是平均每辆客车在运行中所载运的旅客人数。这项指标与运用车动载重很相似。其计算公式为

$$A_{列} = \frac{\sum Al}{\sum nL_{客}} \quad (人·公里 / 列车·公里) \tag{4-51}$$

式中 $\sum Al$ ——报告期旅客周转量,人公里;

$\sum nL_{客}$ ——报告期旅客列车公里总数,列车·公里(但该指标不包括餐车、行李车、邮政车等不载客车辆的走行公里数)。

(2)客车载客人数($\lambda_{客}$)

是指在一定时期内,全路、一个铁路局或分局平均每一客车公里所完成的人公里数,即

$$A_{客车} = \frac{\sum Al}{\sum NS_{客}} \quad (人·公里 / 客车·公里) \tag{4-52}$$

2. 客座利用率($\lambda_{客}$)

这是一个以相对数来反映客车载客能力利用程度的质量指标。在数值上,它等于该车次旅客周转量和该车次客座公里数之比,也就是用百分率表示的平均每一客座公里所完成的人公里数,即

$$\lambda_{客} = \frac{\sum Al}{\sum nS_{客}} \times 100\% \tag{4-53}$$

式中 $\sum nS_{客}$ ——客座公里总数,等于该车次定员×全程运距。

其中客车定员按图定满轴编组和标记定员确定。

三、列车正晚点统计

铁路运输强调"按图行车",这里的"图"指的是列车运行图,它是客、货列车的运行计划和铁路行车组织的基础。凡是与列车运行有关的各部门都必须根据列车运行图的要求,紧密配合,协同动作,保证列车按图运行。但是,实际情况是千变万化的,任何一个部门的工作质量不佳,或者某种意外事件的发生,都可能影响到列车按规定时刻正点出发和运行。列车正点统计通过正点率指标的计算,可以反映铁路按图行车的情况,考核日(班)计划的编制质量及执行情况,为改善列车运行秩序及加强运输调度指挥提供依据。

(一)统计范围

凡以旅客列车(含混合列车)车次开行的列车,均按旅客列车统计正晚点。

凡以货物列车车次(小运转列车车次除外)及军用列车车次开行的列车,均按货物列车统计正晚点。

行包专列单独统计。

（二）列车到发时分的规定

1. 列车出发　以列车机车向前进方向起动,列车在站界(场界)内不再停车为准;

2. 列车到达　以列车进入车站,停于指定到达线警冲标内方时分为准;

3. 列车通过　以列车机车通过车站值班员室时分为准。

（三）统计指标

1. 旅客列车出发正点率($\varepsilon_{旅出}$)

是指正点出发的旅客列车数占旅客列车出发总列数的百分比,其计算公式为

$$\varepsilon_{旅出} = \frac{N_{旅出1}}{N_{旅出0}} \times 100\% \qquad (4-54)$$

式中　$N_{旅出1}$——报告期旅客列车正点出发列数;

$N_{旅出0}$——报告期旅客列车出发总列数。

这里,正点出发的旅客列车系指按图定时刻(临时旅客列车按临时时刻表规定的时刻)正点出发的列车。

2. 旅客列车运行正点率($\varepsilon_{旅运}$)

是指正点运行的旅客列车数占旅客列车运行总列数的百分比,其计算公式为

$$\varepsilon_{旅运} = \frac{N_{旅运1}}{N_{旅运0}} \times 100\% \qquad (4-55)$$

式中　$N_{旅运1}$——报告期旅客列车正点运行列数;

$N_{旅运0}$——报告期旅客列车运行总列数。

式中,正点运行的旅客列车包括:按图定时刻正点到达或正点向邻局交出的列车,不超过规定的旅行时间到达或交出的列车。

3. 货物列车出发正点率($\varepsilon_{货出}$)

是指正点出发的货物列车数占货物列车出发总列数的百分比,其计算公式为

$$\varepsilon_{货出} = \frac{N_{货出1}}{N_{货出0}} \times 100\% \qquad (4-56)$$

式中　$N_{货出1}$——报告期货物列车正点出发列数;

$N_{货出0}$——报告期货物列车出发总列数。

式中,正点出发的货物列车主要包括:

(1)根据日(班)计划规定的车次,按图定时分正点或早点不超过15分钟出发的编组始发列车;

(2)根据日(班)计划规定按图定接续运行线正点、早点或晚点不超过到达运行线图定接续中转时间出发的中转列车。

4. 货物列车运行正点率($\varepsilon_{货运}$)

是指正点运行的货物列车数占货物列车运行总列数的百分比,其计算公式为

$$\varepsilon_{货运} = \frac{N_{货运1}}{N_{货运0}} \times 100\% \qquad (4-57)$$

式中　$N_{货运1}$——报告期货物列车正点运行列数;

$N_{货运0}$——报告期货物列车运行总列数。

式中,正点运行的货物列车主要包括:

（1）按列车出发所走运行线的时分正点、早点到达或晚点不超过规定旅行时间到达的货物列车；

（2）分界站为中间站，列车早点超过 15 分钟接入，正点、早点到达的货物列车。

关于货物列车正晚点统计的其他情况详见《铁路货车统计规则》，此处不一一列举。客、货列车正点统计除计算正点率指标外，还应当对晚点列车逐列分析晚点原因，以便找出规律，采取措施，不断提高列车正点率。

第五节　车辆检修统计

一、车辆检修作业

为使车辆保持良好的技术状态，应经常对车辆进行检查和修理。编组站的车辆检修作业包括列车技术检查，不摘车的经常维修、轴箱及制动装置的经常保养，摘车的经常维修，货车的段修三类。

第一类是列车技术作业过程中的重要内容，在到发线（所谓到发线是指车站线路中能办理列车到达和出发使用的线路）上进行。

第二类是货车的站修，车辆破损程度较为严重时需摘车倒装后送往站修线或车辆段修理。

第三类段修是按车辆使用规定期限，定期入车辆段进行检修作业，有大修、中修、年修之分。

二、客货车检修统计指标

车辆检修统计反映检修车、修竣车的多少以及检修效率的高低。车辆检修统计的数量指标有 18 点检修车现有数和修竣车数；质量指标有车辆检修率和平均修车时间。

（一）车辆检修率

车辆检修率又称车辆不良率，是指检修车数与全部车辆数之比。具体来讲，客车检修率等于 18 点检修客车现有数占 18 点配属客车现有数的百分比，货车检修率等于 18 点检修货车现有数占 18 点全部货车现有数的百分比。

（二）一车平均休车时间

休车时间是指车辆因检修而停止运用的全部停留时间。一车平均休车时间是指报告期平均每辆修竣车的休车时间。这项指标值等于报告期修竣车总的休车时间除以报告期修竣车数的比值，该项指标应按各种修程分别计算。

检修车属于非运用车。压缩一车平均休车时间，便可以使检修车尽早投入运用，因而在保证质量的前提下，这项指标越小越好。

第六节　机车统计

一、机车的分类

铁路机车简称机车，是指用于牵引货物列车和旅客列车的动力车辆。它是在线路上牵引客、货列车和在车站内外进行调车作业的基本动力，但其本身不载旅客或货物。

铁路机车的运用方式与货车不同。货车是在全路范围内通用，而机车则在管理、使用上实行配属制,根据运输任务的需要配属给各铁路局和机务段保管、使用,并在固定的区段内牵引列车,或在固定的站段内担当调车作业或其他工作。

1. 铁路机车按照运用情况分为客运机车、货运机车(包括小运转)、调节机车、路用机车和其他机车。客运机车的速度较大,货运机车的牵引力较大,调节机车机动灵活。

2. 铁路机车按原动力的不同可分为蒸汽机车、内燃机车及电力机车。目前,我国铁路正线使用的机车仅包括内燃机车与电力机车,正线使用的蒸汽机车已于2005年底全部退役。

3. 铁路机车按归属权限分为配属机车和非配属机车。对于配属给某铁路局、某机务段的机车,应涂有该局、该段标志,并在资产台账内登记。铁路局、机务段的配属机车根据铁道部的配属命令,由指定的机务段负责管理和使用。

4. 铁路机车按指挥使用权限分为支配机车和非支配机车。支配机车指根据部、局命令拨交给各局、段支配使用的机车,包括入助和临时加入支配(含长交路轮乘)的机车。非支配机车包括长期备用、出租和出助机车。

支配机车按其状态分为运用机车和非运用机车。

1. 运用机车

是指参加各种运用工作的机车。

(1)运用机车按运输种别的不同分为

①客运工作机车(客运机车);

②行包专运工作机车(行包专运机车);

③货运工作机车(货运机车);

④路用工作机车(路用机车);

⑤补机工作机车(补机);

⑥专用调车工作机车(专用调机);

⑦其他工作机车。

(2)运用机车按工作种别的不同又分为

①本务机车;

②重联机车;

③有动力附挂机车;

④单机。

2. 非运用机车

是指未参加运用工作的机车,包括备用、检修及铁道部、铁路局命令批准的其他机车。

二、机车运用统计

(一)机车运用数量指标

1. 机车走行公里

该指标是指机车运行的公里数。每一台机车运行一公里即为一机车公里。由于机车所担当的工作种别不同,所产生的机车公里也应加以区别。根据机车担当的运输种别,可把机车走行公里分为客运机车走行公里、货运机车走行公里、路用机车走行公里及其他工作换算走行公里。其中,货运、客运、路用机车走行公里按机车所担任的作业性质不同又分为本务机车走行公里及辅助机车走行公里。本务机车走行公里是指牵引列车担当本务作业的机车走行公里。辅助机车走行公里是指除本务机车走行公里以外的全部机车走行公里之和。

按照是否产生实际的走行公里,机车走行公里可以分为沿线走行公里和换算走行公里,其中沿线走行公里包括本务机车走行公里、单机走行公里、重联机车走行公里、补机走行公里,而换算走行公里则包括专用调车机车、机车有火停留以及其他工作换算走行公里等。换算走行公里是指机车进行工作,或处于某种状态,不产生走行公里,或它虽然产生走行公里,但是难以进行精确的计算,因而是按照机车小时进行换算的各种走行公里之和。实际运营工作中对担当调车工作的机车,现行制度规定其走行公里是按照每机车小时换算 10 公里进行计算的;蒸汽机车有火停留是根据运输生产的需要和节约燃料的要求,对未运行的蒸汽机车不熄火的停留,按照每机车小时换算 1 公里进行统计的;担当其他工作的机车,是按照每机车小时换算 2 公里进行统计的。各种机车走行公里的分类及其关系可用下图 4-1 形象表示出来。

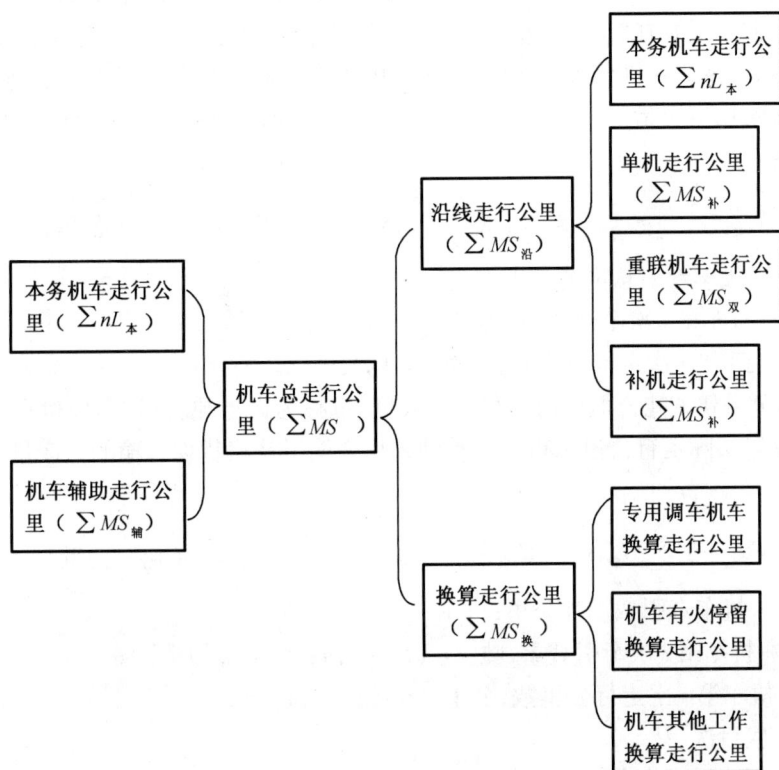

图 4-1　机车走行公里分类图

$$\sum MS = \sum nL_本 + \sum MS_单 + \sum MS_双 + \sum MS_补 + \sum MS_换 \quad (公里)(4-58)$$

本务机车走行公里计算公式为

$$\sum nL_本 = n_1 L_1 + n_2 L_2 + \cdots + n_n L_n \quad (公里) \qquad (4-59)$$

沿线走行公里计算公式为

$$\sum MS_沿 = \sum nL_本 + \sum MS_单 + \sum MS_双 + \sum MS_补 \quad (公里) \qquad (4-60)$$

机车走行公里数指标在一定程度上反映了机车工作量的大小。一般来说,机车走行公里越多,牵引的旅客列车、货物列车就越多。此外,机车走行公里可以作为确定机车检修标准和评价机车检修工作质量的参考资料,还可以作为计算机车平均日车公里、机车平均技术速度、机车平均牵引总重等机车运用统计指标和计算燃料、油脂消耗定额的必要资料。

机车走行公里指标,仅是从机车移动的距离来说明机车的工作量,没有考虑牵引质量这一因素,还不能全面地反映机车在工作过程中的工作量。因此,还必须计算机车牵引吨公里指标。

2. 机车牵引吨公里

机车牵引吨公里指机车运行中产生的吨公里数,又分为机车牵引总重吨公里和机车牵引载重吨公里。

(1)机车牵引总重吨公里 简称总重吨公里,是指机车牵引货物列车所完成的工作量,是以机车牵引列车的全部质量(包括车辆自重,但不包括运行机车本身的质量,在统计日常完成的工作量时,还包括单机附加的质量)乘以实际走行公里求得。在计算总重吨公里时,如果是双机合并牵引及挂有补机、重联机车时,应按规定比例分配,3 台机车牵引列车时,本务机车按40%,其余 2 台机车各按 30% 分配。机车牵引吨公里是反映机车工作量的指标,也是计算机车运用情况指标的依据之一,总重吨公里还是确定机车燃料、电力消耗的依据。其计算公式为

$$T_{牵总} = \sum_{i=1}^{n} G_{总i} S_i = G_{总1} S_1 + G_{总2} S_2 + \cdots + G_{总n} S_n \quad (吨 \cdot 公里) \qquad (4-61)$$

式中　$T_{牵总}$——机车牵引总重吨公里;

　　　$G_{总i}$——机车第 i 次牵引总重,吨,$i = 1, 2, \cdots, n$;

　　　S_i——机车第 i 次走行公里数,公里,$i = 1, 2, \cdots, n$。

(2)机车牵引载重吨公里 简称载重吨公里,也称为运行吨公里,是以机车牵引列车中的货物质量乘以实际走行公里求得。载重吨公里表明了铁路货物运输的生产量。其计算公式为

$$T_{牵载} = \sum_{i=1}^{n} G_{载i} S_i = G_{载1} S_1 + G_{载2} S_2 + \cdots + G_{载i} S_i \quad (吨 \cdot 公里) \qquad (4-62)$$

式中　$T_{牵载}$——机车牵引载重吨公里;

　　　$G_{载i}$——机车第 i 次牵引载重,吨,$i = 1, 2, \cdots, n$;

　　　S_i——机车第 i 次走行公里数,公里,$i = 1, 2, \cdots, n$。

3. 机车供应台次($U_{供应}$)

该指标是指一昼夜内全部机车在担当的牵引区段内的总周转次数。机车在牵引区段每往返一次,作为供应一台次。实行循环运转制的机车,每经过机务段所在站一次,即为供应一台次。在一昼夜内如只有往程或只有返程时,作为 0.5 台次。实行肩回运转制的机车,每周转一次即完成牵引一对列车的任务,亦即供应一台次。故每一区段的机车供应台次可按下式计算:

$$U_{供应} = n + n_{双} \quad (台次) \qquad (4-63)$$

式中　n——列车对数;

　　　$n_{双}$——双机车牵引的列车对数。

4. 超、欠重列车次数和吨数

(1)超重列车 列车质量按运行图规定的牵引定数超 81 吨及以上,且连续运行距离超过规定机车乘务区段 1/2 的货物列车为超重列车。发生超重列车 1 列统计为超重 1 次,其

超过牵引定数的质量统计为超重吨数。

（2）欠重列车　列车质量按运行图规定的牵引定数欠 81 吨及以上，换长欠 1.3 及以上，连续运行距离超过规定机车乘务区段 1/2 的货物列车为欠重列车。发生欠重列车 1 列统计为欠重 1 次，其不足牵引定数的部分统计为欠重吨数。对于摘挂列车、小运转列车、快运货物列车、"五定"班列、机械保温列车、固定车底循环运转列车、军用列车等，均不统计欠重。

牵引定数是指在牵引区段内，依据计算结果，并根据运输需要和具体情况在运行图中确定的机车牵引质量标准。牵引定数是保证完成运输任务的重要指标，它在很大程度上决定着各区段及整个铁路线上的通过能力、运输能力和运输成本。因此，准确地计算和确定牵引定数并制订提高牵引定数的措施是运用工作的重要任务之一。与牵引定数密切相连的是列车换长（也称列车计长），是指运行图规定的列车换长标准，根据区段内各站到发线的有效长度综合确定，一个换长是 11 米。例如，车厢全长 26.6 米是指这节车厢的全长，采用国际单位米。换长 2.4 也是指这节车厢的长度，不过用的是换长为单位，$11 \times 2.4 = 26.4$（米），最接近一个车厢的长度。超重列车与欠重列车统计将实际的列车质量和长度（以换长表示）与规定的牵引定数和列车计长相比较，可以反映机车牵引力的利用情况和车站编组列车的工作质量。

（二）机车运用质量指标

1. 机车辅助走行率（$\alpha_{辅}$）与单机走行率（$\alpha_{单}$）

（1）机车辅助走行率（$\alpha_{辅}$）　又称为机车辅助工作率，是指机车辅助走行公里与机车总走行公里的百分比。其计算公式为

$$\alpha_{辅} = \frac{\sum MS_{辅}}{\sum MS} \times 100\% \qquad (4-64)$$

机车辅助走行率指标可以反映机车担当辅助工作的情况，当机车辅助走行公里减少时，说明机车的无用走行公里越少，机车的辅助走行率就降低，机车的运用效率就高；当机车辅助走行公里增加时，说明机车的无用走行公里越多，机车的运用效率就低，浪费也大，该比值也越大。所以，机车辅助走行率越小越好。为了降低机车的辅助走行率，就必须减少机车的各种辅助走行公里，由此可以采取的措施包括：减少单机的走行，不断提高机车牵引能力，减少重联机车的走行，加强调车工作的组织，减少调车机车等。

机车辅助走行率指标还可以按照不同的工作种别分别计算，如计算货运机车的辅助走行率、客运机车的辅助走行率等。

（2）单机走行率（$\alpha_{单}$）　简称单机率，是指单机走行公里与机车总走行公里或机车沿线走行公里的比值。其计算公式为

$$\alpha_{总单} = \frac{\sum MS_{单}}{\sum MS} \times 100\% \qquad (4-65)$$

或

$$\alpha_{沿单} = \frac{\sum MS_{单}}{\sum MS_{沿}} \times 100\% \qquad (4-66)$$

单机走行率也是反映机车牵引能力利用程度的指标。单机走行一般来讲是一种非生产性的走行或者是一种未充分利用机车牵引能力的走行，一般不产生总重吨公里，是不经济的。影响单机走行的因素很多，如由于运行秩序不好、机车调度和行车调度工作不当而造成

列车运行不均衡所产生的单机走行,这部分单机走行是可以减少的。另一种单机走行是难以避免的,如由于上行货运量与下行货运量不均衡(即货流不均衡)而造成上行和下行车流不均衡所产生的单机走行。因此,对于单机走行公里产生的原因,要进行具体分析,以减少那些不必要的单机走行,努力降低单机走行率。

单机率也是越低越好。为了减少该值,可以采取的措施包括:周密地组织机车周转,压缩单机开行次数或附挂回送,严禁对开单机,减少重联等。

2. 机车平均技术速度和旅行速度

(1)机车平均技术速度($v_{机技}$) 是指本务机车在牵引区段内运行,不包括中间站停留时间在内的平均速度。其计算公式为

$$v_{机技} = \frac{\sum MS_本}{\sum MT_{纯运}} \quad (公里／小时) \tag{4-67}$$

式中 $\sum MS_本$——报告期内本务机车的走行公里数,公里;

$\sum MT_{纯运}$——报告期内本务机车纯运转时间总和,小时。

(2)机车平均旅行速度($v_{机旅}$) 是指本务机车在牵引区段内运行,包括中间站停留时间在内的平均速度。其计算公式为

$$v_{机旅} = \frac{\sum MS_本}{\sum MT_旅} \quad (公里／小时) \tag{4-68}$$

式中 $\sum MT_旅$——报告期内本务机车旅行时间总和。

机车平均技术速度和旅行速度与机车周转时间($\theta_机$)有着密切的关系,可以通过提高机车平均技术速度和旅行速度来缩短机车周转时间。它们之间存在着以下关系式:

$$t_{纯运} = \frac{L_机}{v_{机技}} \quad (小时), \qquad t_{纯运} + t_{中停} = \frac{L_机}{v_{机旅}} \quad (小时) \tag{4-69}$$

3. 机车周转时间($\theta_机$)

即机车平均全周转时间,是指机车每周转一次平均所消耗的时间,具体来讲就是指从机车作业完毕返回基本段经过闸楼时起,至下一次作业完毕返回基本段经过闸楼时止的全部时间。

机车周转时间的计算,与机车周转方式有密切关系。机车周转方式是指机车在固定担当运输任务的周转区段上的作业方法,它是根据乘务制度(包乘制及轮乘制)和机车乘务员一次连续工作时间确定的。目前,我国铁路机车的运用主要有肩回运转制和循环运转制两种方式。采用肩回运转制时,机车担当机务本段所在站两侧的两个区段上的列车作业。机车每往返担当一个区段上的列车作业,回到本段所在站后,从列车摘钩,并进入机务本段进行整备作业。循环运转制是指机车在两个或更多区段上往返担当列车作业,除了进行定期修理或中间技术检查外,经过机务本段所在站时均不进入机务本段,仅在车站进行整备作业。因此,循环运转制机车每周转一次就比肩回运转制少一次进入本段作业。

对于采用肩回运转制(肩回交路)的机车,全周转时间是指自机车由上一次作业完成返回机务段,经过站、段分界点时起,至本次作业完成返回机务段再经过站、段分界点时止的全部时间。

对于采用循环运转制(循环交路)的机车,全周转时间为上次乘务员到达换班站时起至

本次乘务员到达换班站时止的全部时间,如果在车站换班的机车,为接班时起至交班时止的全部时间。

机车全周转时间由五个部分时间组成:机车在机务本段停留时间、在机务本段所在站的停留时间、在区段内各中间站的停留时间、在折返段的停留时间以及在折返段所在站的停留时间。计算机车平均全周转时间的方法有以下几种。

(1)直接计算法 即机务段根据司机报单先计算出每台机车的全周转时间及周转次数,然后将其汇总加以平均而求得全段机车的平均全周转时间。机车周转次数是指机车担任列车本务、重联机车任务或单机运行任务,在各个牵引区段内往返走行的总次数。因为我国铁路规定以机车工作完成回段之时作为机车全周转时间的起点和终点,所以回段几台次就表示完成了几次周转。因而,机车周转次数可以用机车回库台数表示。在采用肩回运转制中,机车每周转1次就回库1次。一般来说,机车每担当1次往返复路工作即作为回库台数1台。采用循环运转制的机车,则每经过乘务员的换班站1次,即计为机车回库台数1台,如只有往路或复路时,则计为0.5台;机车临时越过担当的区段运行时,每经过1个全区段,计为0.5台。

(2)时间相关法 即根据机车在1个全周转中所消耗的各项时间来计算机车平均全周转时间。

(3)距离相关法 即根据机车周转距离和机车日车公里指标来推算机车平均全周转时间。机车平均全周转时间是从时间方面反映机车运用效率的指标,也是确定机车需要台数的资料。通常是机车每周转一次,就牵引一对列车。如果某区段在一昼夜内的待发列车对数已经确定,则牵引该区段的列车所需要的运行机车台数就可以确定。

用距离相关法,其计算公式为

$$\theta_{机} = t_{纯运} + t_{中停} + t_{本段} + t_{本站} + t_{折段} + t_{折站} = \frac{L_{机}}{v_{机旅}} + t_{本} + t_{折} \quad （小时） \quad (4-70)$$

式中 $t_{纯运}$——机车平均周转一次消耗的纯运转时间,小时;

$t_{中停}$——机车在中间站平均停留的时间,小时;

$t_{本段}$——机车在本段所在站平均停留时间,小时;

$t_{本站}$——机车在本段所在站平均停留时间,小时;

$t_{折段}$——机车在折返段平均停留时间,小时;

$t_{折站}$——机车在折返段所在站平均停留时间,小时;

$L_{机}$——机车周转距离,公里;

$v_{机旅}$——机车旅行速度,公里/小时;

$t_{本}$——机车在本段及所在站停留时间,小时,则上式中 $t_{本} = t_{本段} + t_{本站}$;

$t_{折}$——机车在折返段及所在站停留时间,小时,则上式中 $t_{折} = t_{折段} + t_{折站}$。

机车周转时间是一个从时间上反映机车运用效率的综合性指标。它的长短不仅与机务方面的各项工作的质量有关,而且与其他许多部门的工作,特别是运输部门的工作密切相关,日常运输调度与指挥车站尤其是编组站的工作组织都对它有很大的影响。通过对机车全周转时间及其组成部分的分析,可以考察机车在各项生产时间和非生产时间的分配情况。

机车平均全周转时间的长短,主要取决于下列五个方面的因素。

(1)机车平均周转距离 机车平均周转距离为机车每周转1次平均走行的公里数。

(2)纯机车平均技术速度 在其他条件不变的情况下,机车平均技术速度提高,就可减少机车在运行途中的纯运转时间,从而缩短机车平均全周转时间。

(3)机车在中间站停留时间　即机车在运行途中各中间站上的停留时间,其中包括调车工作时间以及在区间进行装卸作业而停留的时间。

(4)机车在机务本段及机务折返段停留时间是指从机车在本段或折返段入库经过站、段分界点时刻起至机车出库经过站、段分界点时刻止的全部时间。其中包括机车在段内上燃料、润滑油脂、加水、加砂等整备作业的时间以及机车等待工作与乘务组休息时间等。

(5)机车在本段所在站与折返段所在站停留时间　这部分时间是指自机车出库经过本段或折返段站、段分界点的时刻起,至由本段所在站或折返段所在站发出的时刻止的时间,以及自机车到达本段所在站或折返段所在站的时刻起,至机车由所在站入库经过机务段站、段分界点时刻止的全部时间,其中包括在站上进行调车作业的时间。这段时间的长短取决于机车的走行时间以及挂车、摘车、等待出发及到达作业等停留时间。机车平均全周转时间的长短,除受一定的客观条件(如牵引区段的长度、技术设备的状况、线路的状态等)影响外,与运营工作的质量关系极为密切。例如,采用机车的循环运转制可以减少机车进入机务本段的次数,从而减少机车在段停留时间;机车整备作业的机械化、采用平行作业以加速技术作业过程,可以缩短机车在所在站和机务段的停留时间;采用先进的机车操纵技术、消灭信号机外停车等,可提高机车的技术速度,从而缩短机车在运行中的停留时间等。

4. 列车平均总重($G_{总}$)

这是指全路、铁路局、分局或机务段平均每台本务机车牵引列车的总质量(包括货物质量和车辆自重)。该指标是衡量机车运用效率的一个重要指标,因其能够反映机车牵引力的利用程度,直接影响到列车次数、机车需要台数、机车乘务组需要数及其他相关支出的大小。该指标的计算公式为

$$G_{总} = \frac{\sum GS_{总}}{\sum nL_{本}} \quad (吨/列) \tag{4-71}$$

式中　$\sum GS_{总}$——货运总重吨公里。

注意:$G_{总}$并不等于编组始发时列车总重的平均值,而是包含距离因素在内,这是因为货物列车在运行途中常有可能根据需要甩挂车辆,因而使得列车质量发生变化。这与货车平均动载重较为相似。

5. 机车日车公里($S_{机}$)

这是指全路、铁路局、分局或机务段平均每台货运机车一天走行的公里数。要注意的是,该指标不包括补机走行公里和换算走行公里。该指标按客运机车、行包专运机车、货运机车分别计算。其值可按下面公式计算:

$$S_{机} = \frac{\sum MS_{沿} - \sum MS_{补}}{M_{货}} \quad (公里/天) \tag{4-72}$$

式中　$M_{货}$——运用货运机车台数。

因为货运机车又分为货物机车和小运转机车,故货运机车日车公里也按包括小运转机车和不包括小运转机车两种情况进行计算。对于货物机车(即不包括小运转机车),可用下式计算:

$$S_{机} = \frac{24L_{机}}{\theta_{机}} \quad (公里/天) \tag{4-73}$$

为了全面考核所有支配机车的运用情况,现行统计中还要计算支配机车日车公里指标,它是指平均每台支配机车一天走行的公里数。其计算公式为

$$支配机车日车公里 = \frac{报告期内机车总走行公里数}{报告期内支配机车台日数} \quad (4-74)$$

式中,支配机车包括了运用机车和非运用机车。

另外,客运机车日车公里一般在客车变动日常不分析不大时也不分析,仅在年或季分析。

6. 机车日产量

该指标包括支配机车日产量和货运机车日产量两个指标。

(1) 支配机车日产量

是指平均每台支配机车一天生产的总重吨公里。其计算公式为

$$支配机车日产量 = \frac{报告期内各种运输总重吨公里}{报告期内支配机车台日数} \quad (吨·公里／天) \quad (4-75)$$

(2) 货运机车日产量($W_机$)

即货运机车平均日产量(吨·公里),是指平均每台运行机车,一天内所生产的总重吨公里数。即:货运机车日产量 = 货运总重吨公里/运用货运机车台日数。

$$W_机 = \frac{\sum GS_总}{M_货} = \frac{G_总 S_机}{1 + \beta_辅} \quad (吨·公里／天) \quad (4-76)$$

$$\beta_辅 = \frac{\sum MS_双 + \sum MS_单}{\sum nL_本} \quad (4-77)$$

式中 $\beta_辅$——单机和重联机车走行率。

由公式可以看出,机车日产量综合反映了列车平均总重、机车日车公里和单机走行三个方面的关系,从时间和牵引力利用两个方面反映机车运用效率,是考核机车运用质量的一个综合性指标。要提高货运机车日产量指标,有三条途径:

① 提高列车平均总重,尽量减少欠重列车;

② 缩短机车全周转时间,提高机车日车公里,加速机车周转;

③ 降低单机率,提高本务机车走行公里的比重,在必须开行单机时候,充分利用单机挂车。

(三) 机车运用统计的原始记录

完整的机车车辆运用统计,需要不少原始资料作为依据。机车运用统计的原始记录有司机报单、列车编组顺序表、站段分界点日志、机务本段运转日志、机务折返段运转日志、机务段内停留及整备情况记录、机车检修登记簿等。此外,特别是在货车运用统计方面,还必须有各车站装卸车报告、货车停留时间报告、现在车报告和各调度区间实际列车运行图等作为原始资料。其中最重要的原始记录是司机报单,上面记载着机车乘务员情况,机车出入段时分,机车领取燃料、油脂情况,列车运行及编组情况等。

司机报单由七部分组成。第一部分记载机车乘务员姓名、出勤时间和交车时间。第二部分记载机车本次周转出、入本段和外段的时间。如 1:30 出本段,10:30 入本段。第三部分填写机车乘务组领取燃料及其消耗情况。例如,接班时收油量为2 500升,在燃料厂领取4 500升,交班时交出油量3 000升,所以实际用油量为2 500 + 4 500 - 3 000 = 4 000(升),如果每升换算为0.8公斤,实际用油量4 000×0.8 = 3 200(公斤)。第四部分记录列车运行和编组情况,如各站到发时分总重和载重、货车辆数等。第五部分记录机车领取润滑油及消耗

情况。第六部分是根据以上各部分所记载的资料,由统计人员计算司机报单上填写的各个项目,经过加工整理,可以按日期、区段和工作种类进行摘录登记,最后进行计算与汇总。根据司机报单和其他一些资料就可以计算出上述各项反映运用情况的指标。

三、机车检修统计指标

为了完成运输任务,必须确保足够数量的机车,而且机车应处于良好的技术状态。机车经过一段时间的运用,零部件可能发生不同程度的损伤,这时就需要进行检修。机车检修分为定期检修(简称定检)和临时修理(简称临修)两种。机车的定检修程规定为

内燃机车   大修、中修、小修、辅修;

电力机车   大修、中修、小修、辅修;

蒸汽机车   厂修、架修、洗修。

机车的大修在机车工厂进行,故也称厂修,其余检修在机务段进行,统称段修。

机车检修统计的数量指标有检修机车台数、检修机车修竣台数、机车大修周期、大修实物工作量,质量指标主要是机车检修率和平均修车时间。

(一)机车检修率

即检修机车占支配机车的比重。分为

$$（1）\qquad 机车检修率 = \frac{检修机车台日数}{支配机车台日数} \times 100\% \qquad (4-77)$$

$$（2）\qquad 大修机车检修率 = \frac{大修机车台日数}{支配机车台日数} \times 100\% \qquad (4-78)$$

$$（3）\qquad 段机机车检修率 = \frac{段修机车台日数}{支配机车台日数} \times 100\% \qquad (4-79)$$

$$（4）\qquad 临修机车检修率 = \frac{临修机车台日数}{支配机车台日数} \times 100\% \qquad (4-80)$$

(二)机车平均修车时间

报告期平均每台修竣机车在检修过程中所消耗的时间。显然,这项指标越小越好。机车平均修车时间按不同的修程分别计算。计算公式为

$$机车平均修车时间 = \frac{报告期修竣机车的总修车时间}{报告期修竣机车台数} \qquad (4-81)$$

(三)机车大修周期与大修实物工作量

1. 机车大修周期

机车大修周期 = 大修定检公里机车日车公里 ×365 × 机车运用率

2. 大修实物工作量

计划年度机车大修台数 = 计划机车总走行公里/机车大修定检公里

计划年度机车中修台数 = 计划机车总走行公里/机车中修定检公里 − 计划年度机车大修台数

计划年度机车小修台数 = 计划机车总走行公里/机车小修定检公里 −

(计划年度机车大修台数 + 计划年度机车中修台数)

四、机车燃料消耗统计

据统计,机车用燃料费用支出大约占铁路运输总支出成本中五分之一。因此,在降低运输成本的措施中,降低机车能耗具有重要的现实意义。机车在牵引列车、调车作业或其他工

作过程中,需要消耗大量的煤、燃油或电力等燃料。机车燃料消耗统计就是反映这方面的实际消耗量,通过与计划或定额相比照,检查机务部门能源的节约或浪费情况,同时为制订机车燃料分配计划与进行财务核算提供依据。

（一）机车能源实际消耗量

这项指标按蒸汽机车、内燃机车、电力机车这三种机车类型分别统计。

1. 蒸汽机车用煤量

是指蒸汽机车实际消耗的用煤量。包括:

（1）天然煤消耗量　机车实际消耗的各种天然煤数量（公斤）;

（2）换算煤消耗量　机车实际消耗的天然煤按铁道部规定的技术当量换算后的用煤量（公斤）。

2. 内燃机车用油量

是指内燃机车实际消耗的燃油量（公斤）。

3. 电力机车用电量

是指电力机车实际消耗的电量（千瓦·时）。

（二）机车每万吨公里能源消耗指标

这个质量指标是用来衡量单位运输量（万总重吨公里）所消耗的燃料数量的,它同样按蒸汽机车、内燃机车、电力机车这三种机车类型分别计算。计算公式为

$$蒸汽机车每万吨公里换算煤消耗量 = \frac{换算煤实际消耗量（公斤）}{万总重吨公里} \qquad (4-82)$$

$$内燃机车每万吨公里耗油量 = \frac{燃油消耗量（公斤）}{万总重吨公里} \qquad (4-83)$$

$$电力机车每万吨公里耗电量 = \frac{电消耗量（千瓦·时）}{万总重吨公里} \qquad (4-84)$$

思考与练习

一、填充题

1. _____是机车运用统计中最主要的原始单据。

2. _____是从货车载重力和时间两个方面综合考核货车运用效率的综合性指标。

3. 运行吨公里是根据_____所载的货物实际质量和实际走行距离相乘而得到的。

4. 对于大宗重货,在货流稳定的情况下,组织大型车固定车底循环使用,组织_____、_____、_____、_____和_____的"五定"运输。

二、多项选择题

1. 管内运输工作量等于（　　）。

A. 日均装车数十日均卸车数

B. 日均卸车数十日均交出重车数

C. 日均装车数十日均接入重车数

D. 日均卸车数十接入重车数

E. 日均装车数

2. 计算旅客直通列车速度时所用的时间包括(　　)。

A. 列车在各中间站停留时间

B. 列车在终到段站停留时间

C. 列车在始发段站停留时间

D. 列车纯运行时间

E. 列车在各技术站停留时间

3. 总重吨公里包括(　　)。

A. 换算吨公里

B. 守车吨公里

C. 运用车自重吨公里

D. 计费吨公里

E. 运行吨公里

4. 机车沿线走行公里包括(　　)。

A. 重联机车公里

B. 辅助机车走行公里

C. 单机公里

D. 本务机车公里

E. 补机公里

5. 从时间上反映机车运用效率的指标有(　　)。

A. 本务机车公里

B. 机车日车公里

C. 列车平均总重

D. 机车全周转时间

E. 机车日产量

6. 提高机车日产量的经济效果,主要表现在(　　)。

A. 节省机车车辆需要量与相关投资

B. 节约与运量无关的费用

C. 延长机车牵引交路长度

D. 加速车辆周转和货物送达

E. 节约与机车、列车运行相关的费用

三、简答题

1. 影响货车周转时间的主要因素有哪些?

2. 车辆及机车统计的基本任务是什么?

3. 铁路货车如何分类?

4. 铁路货车的装、卸车统计范围分别是什么?

5. 铁路货车的装、卸车分别有哪些统计指标?

6. 为什么需要统计使用车数和卸空车数?

7. 使用车数、增加使用车数、卸空车数、增加卸空车数分别有什么含义?

8. 货车工作量的含义是什么?

9. 什么是货车停留时间,如何缩短货车停留时间?

10. 货车停留时间的统计指标有哪些,它们分别有什么含义?

11. 货车停留时间的统计方法有哪些?

12. 货车运用指标有哪些,它们分别有什么含义?

13. 如何提高货车载质量利用率?

14. 客车运用的统计指标有哪些,它们分别有什么含义?

15. 列车正晚点统计指标有哪些,它们分别有什么含义?

16. 客货车检修统计指标有哪些,它们分别有什么含义?

17. 机车如何分类?

18. 机车运用数量指标有哪些,它们分别有什么含义?

19. 机车运用质量指标有哪些,它们分别有什么含义?

20. 牵引定数和换长分别有什么含义?

21. 影响机车周转时间的主要因素有哪些?

22. 机车检修统计指标有哪些,它们分别有什么含义?

23. 如何提高货运机车日产量?

24. 机车燃料消耗统计指标有哪些,它们分别有什么含义?

四、计算题

1. 甲站 2008 年 10 月 2 日共卸车 80 车,装 60 车,其中 35 车是利用卸空后空车来装车的,增加使用车数和增加卸空车数均为 4 车。求当日货物作业车数和货物作业次数。

2. 乙站 11 月 1 日一次货物作业车数为 180 车,双重作业车数 80 车,停时完成 14 小时。11 月 2 日总停时不变,一次车、双重车分别比 11 月 1 日增加 45 车和 21 车。问 11 月 2 日停时比昨日缩短多少小时?

3. 丙站 12 月 22 日完成货物作业 200 次,货物作业车总停留小时为 2 000 车·小时。计划 12 月 23 日的停时指标比 12 月 22 日压缩 3 小时若作业车总停留车小时不变,那么 12 月 23 日货物作业次数应比 12 月 22 日增加多少次?

4. 某区段下行每日开行摘挂列车 5 次,该区段长 200 公里。则该区段下行全年摘挂列车为多少列车公里?

5. A 局全年货车总走行 13 144 万公里,货车日定行 278 公里,则该局运用货车是多少车?

6. B 局日均装 500 车,卸 300 车,接入重车 400 车,货车周转时间 1.6 天。则该局运用货车多少辆?

7. C 局的全周距为 600 公里,货车平均日车公里为 400 公里,工作量为 2 000 车,求该局每天的运用车数。

8. D 局 9 月份货物发送吨数为 450 万吨,货车平均静载重为 60 吨。求该局同期平均装车数。

9. E 局 11 月份货物发送吨数为 640 万吨,日均装车数为 2 150 车,货车平均标记载重为 60 吨。求当月货车平均静载重和载重力利用率。

10. 某机务段 12 日本务机车走行公里为 12 560 公里,列车平均总重为 4 000 吨,单机总重吨公里为 2 650 吨·公里,货运机车台日数为 50 台日。求该机务段同日货运机车日产量。

11. F 铁路局 2008 年平均每日装车 4 000 车,平均每日卸车 3 500 车,平均每日接运重车 5 000 车,货车全周转距离 600 公里,货车中转距离 160 公里,货车一次中转平均停留时间为 4 小时,货车一次货物作业停留时间为 12 小时,货车旅行速度 60 公里/小时。根据以上资料计算该局同期的货车运用车数。

12. 由下表资料计算各分局和 G 路局的管内装卸率。

	A 分局	B 分局	C 分局	G 路局
装车数	2 000	2 600	2 700	
增加使用车数	150	262	268	
卸车数	1 900	2 300	2 560	
增加卸空车数	145	160	180	
接运重车数	2 800	3 000	3 200	3 600

13. 由下表资料计算货运机车平均日产量。

本务机车走行公里/公里	13 000
单机走行公里/公里	750
重联机车走行公里/公里	360
列车平均总重/吨	4 000
单机总重吨公里/万吨·公里	100
机车平均日车公里/(公里/台日)	400

14. 某站昨日结存及今日到、发装卸车数如下表所示,请计算该站现在车数并进行检验。

	重车	空车	非运用车	计
昨日结存	100	40	20	160
今日到达	400	80	30	510
今日发出	480	90	40	610
今日装车				20
今日卸车				30

15. 已知某铁路局管辖甲、乙、丙、丁共四个铁路分局,2008 年各分局日均使用车数及接运重车数如下表所示。

分局	$U_{使}$		$U_{接重}$	
	$U_{装}$	$\Delta U_{使}$	自邻局	自邻分局
甲	1 000	80	600	700
乙	1 500	90	700	750
丙	1 200	85	650	700
丁	1 800	100	1 000	800
合计	5 500	355	2 950	

16. 已知 M 铁路局近两年的资料如下表所示。计算:

(1)该局 2008 年货车全周转时间年比 2007 年延长了多少天?

(2)该铁路局 2008 年货运列车机车日产量比 2007 年增加了多少万吨·公里?

指标、项目	单位	2007 年	2008 年
一次货车中转作业平均停留时间	小时	3.6	3.8
一次货物作业平均停留时间	小时	17.2	18.0
货运列车机车日车公里	公里	450	480
货车全周转距离	公里	688	730
货车中转距离	公里	120	140
货车平均旅行速度	公里/小时	40	50
管内装卸率	次	1.50	2.60
列车平均总重	吨	2 800	2 880
单机率 + 重联率	%	9.5	9.0
调整系数			0.959 8

第五章　铁路运输统计分析

第一节　铁路运输统计概述

一、铁路运输统计的任务

铁路运输统计分析的主要任务,是使用运输统计分析方法,通过对影响铁路客货运输的各个主要指标的影响因素进行较为深入的分析,找出铁路运输成本效益的主要和次要影响因素,从而找到提高我国成本效益的有效途径,即怎样利用更少的人力资源、财务资源、物力资源和环境资源,得到更大的经济效益和社会效益产出。也就是通过提高我国铁路运输的营运质量,并利用节约的资源进一步加速我国铁路运输现代化的建设步伐,巩固铁路运输在我国综合运输网络中的骨干地位,进而优化我国综合运输网络的运行质量。

二、铁路运输统计的种类

(一)按照汇总整理的形式分类

按照汇总整理的形式,铁路运输统计可以分为两类:速报统计与精密统计。

1. 速报统计是采用逐级汇总的形式由基层单位(如车站)编制统计报表,通过电话于每日 18 点逐级上报铁路局直至铁道部。速报统计报表中指标及分组都比较简单,但报告周期短,资料上报迅速、及时。

2. 精密统计采用集中汇总的形式整理资料。它是在规定时间内,由有关单位将货物运输中的原始单据——货票或客票送交铁路统计工厂;各铁路统计工厂依据货票或客票上的各项记载进行分类、加工、处理,取得统计所需的各项指标以及有关资料,并编制出定期(月、季、年)或不定期的报表。

由此,铁路运输统计指标不但分为数量指标与质量指标、单项指标与综合指标,而且还可以分为精密统计指标与速报统计指标。货运总发送量、货物发送吨数、行包发送量、装车数和卸车数、货物周转量、行包周转量、旅客发送量、旅客周转量、总换算周转量、固定资产投资等指标是速报统计指标;其他的指标都属于精密统计指标。

(二)按照统计的对象分类

按照运输统计的对象,可以将铁路运输统计分为货物运输统计与旅客运输统计,其中旅客运输统计还包括行李、包裹运输统计。这两种统计的指标体系有很多相同的指标,也有一些具有自身特色的指标。

三、铁路运输统计的步骤

首先,记录、收集铁路运输相关的原始数据和信息。要尽量做到及时、真实、准确、全面,坚决杜绝由于人为原因造成的统计数据延缓、失真、错误、片面;

其次,整理数据。即对铁路运输的原始数据和信息按照统计分组的方法进行分组,填制

铁路运输统计表,绘制铁路运输统计图,计算铁路运输综合指标等;

再次,统计分析。即运用运输统计方法及分析对象的相关知识,用定量分析与定性分析相结合的方法进行研究。统计分析可以把数据、情况、问题、建议等融为一体,是发挥统计的信息、咨询、管理、监督和决策功能的重要内容。

第二节 铁路运输生产计划执行情况分析

一、运输生产计划

铁路运输生产计划是铁路货运营销和生产组织的总体安排,是实行运输生产集中统一指挥和建立良好运输秩序的基础和依据。现行的《铁路运输生产计划管理试行办法》所指的运输生产计划主要包括装车计划、使用车计划、排空车计划、分界口货物列车列数计划和货车保有量计划等有关运力资源分配计划。

二、运输生产计划执行情况考核

为提高运输生产计划编制质量,为铁路局资产经营和生产经营创造良好的外部环境,对各铁路局运输计划及运力占用指标实行经济考核。

1. 使用车去向和棚、敞车排空计划挂钩考核

以月度运输生产经营计划中确定的各局装到外局去向别使用车计划为基数,以每月装车实绩为依据,对各铁路局使用车计划及完成情况进行考核。装车实绩以装卸车报表(XB-1)统计车数为依据进行考核。

(1)装出部分 实际比计划少装部分按80%的比例,多装部分按50%的比例增减铁路局的棚、敞车排空计划。

(2)装入部分 根据实际到重与计划到重差数,多到部分按40%,少到部分按60%的比例增减铁路局的棚、敞车排空计划。

(3)在月度运输生产经营计划下达的分界站棚、敞车排空计划的基础上与(1)-(2)项累计计算,作为月度考核的棚、敞车排空计划。具体考核按《铁政法(1998)148号文件附件三》执行。

(4)遇有自然灾害或其他特殊原因造成停、限装时,由铁道部酌情扣减。

2. 部属非运用车,以部下达的部属备用车、路用车为基数,以每月的运输生产报告(BYB-2)为依据。超出基数部分,按2倍缴纳货车使用费。

对铁道部指定的特殊备用车的使用费,按《铁政法(1998)148号文件附件三》的规定执行。

3. 铁道部根据下达的月度运输生产经营计划及有关调度命令和电报,按月考核各铁路局去向别使用车、分界站棚、敞车排空及部属非运用车完成实绩。

4. 煤炭重点用户装车计划一经批准,装车局要均衡组织装车,接车局不得以任何理由拒收、拒卸。严禁到站后或到达相邻站后向重点电厂和其他方向变更。凡违反规定的到重煤炭,接卸局有权返回原发站或按"货规"的有关规定处理。

三、运输生产计划执行情况分析

各铁路局要指定专人负责,对运输生产计划执行情况逐月进行认真分析。每月 3 日前(遇节假日顺延)将上月计划执行情况书面报部。内容包括装车数、限制口装车数、煤炭重点用户装车、使用车去向、分界口排空(棚、敞车)、总运用车(分管内、空车和移交车)、部属现在车(分运用车和非运用车)等指标。对未完成计划的要分析原因,提出改进措施,不断提高运输生产计划编制质量。

第三节 铁路运输指标变动影响因素的分析与指标的动态分析

一、指标分析与指标变动影响因素分析

铁路运营工作的优劣,是通过各项运营指标的完成值予以反映的。然而,仅仅就完成值本身,并不能反映运营工作的好坏、成败及其原因,必须经过分析才能得出结论。

从微观上来讲,指标变动影响因素分析一般可以采用以下四类分析方法。

1. 对比分析法

通过对比分析,如与目标值或标准值对比,与竞争对手对比,与国内或国际同行业先进水平对比等,可以判定指标完成的好坏及其差值的大小。

2. 因素分析法

根据分析对象与其影响因素的数学关系,计算各影响因素的变动对分析对象的变动的影响的活动就是所谓的因素分析。

在铁路运输业中,通过对某一运营指标的全部构成因素分别对比,并就各因素对整个指标的影响值进行分析,可以判定是哪些因素影响了指标完成值的增减变化及其影响的程度。

铁路运输统计指标体系是铁路运输统计工作的核心载体。我国现行的铁路运输统计指标体系以各种铁路运输统计规则和统计报表为基础,涵盖了从客货运输、机车运用、货车运用、运输设备、固定资产投资、劳动统计、物资供应等多方面的情况,基本上满足了运输生产和管理的需要。(本书主要介绍的是客货运输、机车运用、货车运用、客车运用等方面的统计指标。)

3. 动态规律分析法

根据同一指标若干时期完成值的分析,可以探索该指标完成值的趋势或走向,也可以分析该指标的完成值是否存在着某种规律性。例如,装车数指标在一年中哪个月份最高或最低等。了解了这些规律和趋势,就便于采取相应措施,以强化其管理工作。

4. 相关关系分析法

铁路各项运营指标之间,有的存在着可以准确进行计算的相互关系,如货车中转时间和货车周转时间,旅客发送人数和旅客周转量之间都存在这种关系。但另一些指标相互间并不存在这种关系,而却可能存在相关关系,如货车周转时间和同期的旅客发送人数,我们只能肯定它们不存在可以准确进行计算的相互关系,而是否存在相关关系,还必须通过这两项指标若干时期的完成值进行相关分析后才能得出结论。如果两项指标之间经分析后彼此确有相关关系存在,在管理工作中就可以掌握主动权,这对优化管理是有益的。

从宏观上讲,考虑到铁路运输市场发展波动的短周期特点,以及我国铁路运输市场发展正处在计划经济向市场经济转轨阶段的特点,铁路运输的统计指标变动的影响因素很多,主要是国民经济的发展水平与发展速度、国家的产业政策、国家的铁路运输业政策、政府的宏观调控、对外贸易的发展水平与发展速度。

二、指标的动态分析

指标的动态分析是指从数量上研究客观现象随时间发展变化的规律,并预测其未来的发展变动趋势。

1. 通过统计指标来综合客观现象发展的基本特征。如计算发展速度、增长速度、增长水平等。

2. 通过图示或数学模型来分解或描述各种波动的变化规律。

(1)长期趋势分析　指在一段时间内循某一方向变动,通过建立回归对客观现象未来的发展进行推测。

(2)季节波动　指由于季节的影响作用而引起的波动,具有周期性,周期的长度小于12个月。季节波动通过计算季节指数来测定,其计算公式为

$$季节指数 = \frac{各年同月(季)平均数}{所有年份的月(季)平均数} \qquad (5-1)$$

季节指数大于1时,表示该月(季)的水平高于各月(季)的平均水平,可称为旺季;反之为淡季。

(3)循环波动　由一些内在的原因引起的周期性波动,但周期没有固定的长度。

(4)不规则波动　由一些偶然的随机因素造成的波动。

第四节　铁路运输业综合要素生产率影响因素分析

一、制度创新

制度创新才是最本质的创新,是经济增长的核心。研究经济增长的经济大师们经常把"制度"看作是极为重要的前提和基础。1971年,美国经济学家西蒙·库兹涅茨在接受诺贝尔经济学奖时对"经济增长"下了著名的定义:"不断扩大地供应它的人民所需的各种各样的经济商品的生产能力有着长期的提高,而生产能力的提高是建筑在先进技术基础之上,并且进行先进技术所需的制度上和意识形态上的调整"。这就明确指出了制度创新的基础性作用。

资源配置效率和经济运行质量取决于制度的优劣。因为,制度是劳动力与劳动工具之间的"黏合剂"。劳动力与劳动工具之间的结构组合、协同程度和配置方式,就其本质而言,是经济运行中资源配置的制度选择和制度安排。

同样,制度创新在铁路运输业的发展中具有基础性的促进作用。铁路运输业中制度创新,将会给劳动力资源、财务资源、运输工具资源、线路资源等资源的优化配置提供机制、环境、人才等"软件"的基础性保障,使得劳动力与运输工具之间的结构组合、协同程度和配置方式的改进以及配置效率的提高获得坚强的保障和促进。

二、科技进步

科学技术进步是指科学研究和技术开发,科学技术成果的推广应用,传统产业的技术改造,技术引进、消化、吸收与创新,高新技术产业的发展,科学技术管理,科学技术知识的普及以及科学技术为经济建设、社会发展服务的其他活动。科技进步是经济增长的原动力、社会进步的推动力,是构建和谐社会的理性力量。

运输业具有四要素,即动力、运输工具、运输通路、通信技术,其中动力是第一要素。以蒸汽机车的投入使用为标志的运输技术革命掀开了铁路运输的发展历史。内燃机车和电力机车相继投入使用,使铁路运输又随之踏上了内燃化、电气化的新征程。

20世纪50年代以后,运输市场竞争日趋激烈,铁路运输业也在残酷的竞争中受到了前所未有的挑战。面对严峻的形势,世界各国积极调整了各自的铁路发展策略,紧紧依靠科技进步,并与其他运输方式合作开展多式联运,改进运载工具和组织方式,通过不懈努力,与时俱进,铁路运输业不断收复失地,最终在各国的综合运输网络中取得了应有的地位。

20世纪80年代中期以后,以罗默、卢卡斯及其追随者在传统经济增长理论的基础上重新思考并建立了技术内生化的新经济增长模型,强调经济增长的原动力是技术进步,以吨FP(即全要素生产率,是指因技术进步而提高了的生产率)提高为标志的集约型经济增长方式实现的关键便是技术进步。科学技术的不断进步,为我国重点发展铁路高速运载与重载运输,建设铁路复线和电气化线路乃至高速铁路,采用自动闭塞及其他新技术,扩大线路运能等创造了条件。

三、资源配置

资源配置,是指将包括物质资源和人力资源在内的经济资源按比例分配在各种产品和劳务的生产上,以满足人们各种不同的需要。资源配置一般要达到两个目标:一是通过资源配置而形成的社会供给的比例与社会需求的比例相适应,避免供给与需求的脱节,也就是资源配置的合理性;二是要讲求经济效率,节约资源,作到人尽其材、物尽其用、地尽其力,也就是资源利用的充分性。达到上述两个目标,就说明资源配置是优化的,是有效率的。同时,资源配置有两个重要的要求:第一,要有与产出物结构需求一致的资源配置结构,做不到这一点,有限的资源中就会有滞存、有浪费;第二,要对资源的市场价格变化作出反应,在配置过程中既要保持所需结构又要随时进行适当调整,在保持产出物品质的条件下利用资源之间的相互替代性,使资源占用的成本最小。

资源的配置方式和配置效率对经济发展起着极其重大的直接作用。资源配置方式就是人们决定经济资源生产的方式。经济资源都是稀缺的。资源配置效率是指在现有的资源配置状态下,要想生产更多的某种产品或服务,就必须生产更少的另外一种产品或服务,或者说,对于某种既定的资源配置状态,任何改变都不可能使至少一个人的状态变好而又不使任何人的状况变坏,此时,我们就称这种资源配置状态是有效率的,这种资源配置状态称为"帕累托最优"状态。可见,资源配置效率是市场发展的关键。

资源配置通过将资源从产出弹性小的部门转移到弹性大的部门而提高生产率。对铁路运输业来讲,资源配置主要是调整行业一切可用资源以满足市场需求。所有的铁路运输企业都面临着这样一个事实:如何按市场规律配置运力资源,使铁路客货运输以市场化经营的面貌出现在客户面前。目前许多铁路运输企业针对客运建立了客流预警系统、运力配置系统和分级调控系统,实时掌握客流情况,并组织专门机构对客流密度、列车上座率等跟踪统计分析,在此基础上对车辆的运用、备用和检修进行配置,并利用分级调控来调整区段票额和列车开行调整等。此外,为了对货源与运输资源进行优化配置,还针对货运研发了零散货源组织系统。

四、规模经济

运输业有两大原理,即距离经济原理(又称递远递减原理)与规模经济原理。所谓规模经济原理是指随着一次性装运规模的扩大,单次的平均运输成本不断下降的原理。这个原理之所以存在,是因为对于同一次装运来讲,行政成本、固定资产折旧、固定营运费用等都是不变的,不断增长的装运量则会摊薄这些成本,而同时,单次的变动成本,例如劳动力成本等并不会同比增加,因此,随着装运规模的扩大,单位运输成本成下降的趋势。当然,这不是无限度,因为一旦变动成本的支出超过了总成本的节约,则会产生规模不经济。

与其他行业的规模经济现象相比,运输业的规模经济有其特殊性。这个特殊性在于其规模经济与范围经济紧密联系,并以交叉方式共同构成了网络经济。这主要是由运输产品的特殊性引起的。从运输密度经济尤其是线路通过密度经济方面容易看出,铁路运输业的规模经济现象非常明显。如一条铁路线路从始建时的单线到复线以至于多线和为了客货分线而增建客运专线,牵引动力也从蒸汽机车到内燃机车再到电力机车,再加上行车指挥技术的不断进步,其通过能力也从刚营运时候的几百万吨增加到几千万吨甚至过亿吨,运能增大的同时效率也在不断提高,单位运输成本则不断降低。运输密度经济的其他形式,包括列车和车辆的载运能力经济、站场处理能力经济等,也都与线路通过密度有关,而且又都能分别或共同地支持线路通过密度经济。

思考与练习

1. 铁路运输统计分析的主要任务是什么?
2. 铁路运输统计的种类有哪些?
3. 铁路运输生产计划有何作用,它包含哪些内容?
4. 指标变动影响因素的分析方法有哪些?

参 考 文 献

[1]卞毓宁.统计学概论[M].第二版.北京:高等教育出版社,2004.

[2]邢西治,施建军.社会经济统计学原理[M].南京:南京大学出版社,1997.

[3]李承霖.道路运输统计[M].北京:机械工业出版社,2004.

[4]鄢荣池.公路运输统计[M].北京:人民交通出版社,1991.

[5]周志麟.水运统计[M].北京:人民交通出版社,1988.

[6]王慈光.运输统计基础[M].成都:西南交通大学出版社,2004.

[7]刘延平.运输统计理论与方法[M].北京:中国铁道出版社,2005.

[8]黄世玲.交通运输学[M].北京:人民交通出版社,1988.

[9]沈志云,邓学钧.交通运输工程学[M].第二版.北京:人民交通出版社,2003.

[10]胡思继.交通运输学[M].北京:人民交通出版社,2001.

[11]国家信息中心中国经济信息网.CEI中国行业发展报告(交通运输业)[M].北京:中国
经济出版社,2004.

[12]中国铁道出版社.铁路货物运输统计规则[K].北京:中国铁道出版社,2008.

[13]中国铁道出版社.铁路旅客运输统计规则[K].北京:中国铁道出版社,2008.

[14]中华人民共和国铁道部.旅客列车正点统计规则[K/OL].1989.http://www.
bazhu.com.

[15]中华人民共和国铁道部.铁路行业统计管理规定[K/OL].2007.http://www.fazh.cn.

[16]中华人民共和国铁道部.铁路货车统计规则[K].北京:中国铁道出版社,2003.

[17]李卫东,等.我国铁路运输业统计指标体系的框架设计研究[J].北京交通大学学报:社
会科学版,2006.